西南政法大学教育部涉外法律人才教育培养基地实务教材

涉外法律实务系列

总主编 张晓君

涉外民事诉讼法律实务

The Law and Practice of foreign-related civil procedure

宋渝玲 / 主编

撰稿人（按章节先后）：
宋渝玲　宋继瑛　刘　新　王晓燕
刘元元　裴　普　张春良　徐　鹏

厦门大学出版社　国家一级出版社
XIAMEN UNIVERSITY PRESS　全国百佳图书出版单位

图书在版编目(CIP)数据

涉外民事诉讼法律实务/宋渝玲主编．—厦门：厦门大学出版社，2017.8
(涉外法律实务系列)
ISBN 978-7-5615-6422-6

Ⅰ.①涉… Ⅱ.①宋… Ⅲ.①涉外案件-民事诉讼-研究-中国 Ⅳ.①D997.3

中国版本图书馆CIP数据核字(2017)第079389号

出 版 人	蒋东明
责任编辑	邓 臻 李 宁
封面设计	李嘉彬
技术编辑	许克华

出版发行	厦门大学出版社
社　　址	厦门市软件园二期望海路39号
邮政编码	361008
总 编 办	0592-2182177　0592-2181406(传真)
营销中心	0592-2184458　0592-2181365
网　　址	http://www.xmupress.com
邮　　箱	xmup@xmupress.com
印　　刷	厦门市明亮彩印有限公司

开本	720mm×1000mm　1/16
印张	30.25
插页	2
字数	476千字
版次	2017年8月第1版
印次	2017年8月第1次印刷
定价	68.00元

本书如有印装质量问题请直接寄承印厂调换

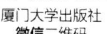

厦门大学出版社
微信二维码

厦门大学出版社
微博二维码

西南政法大学涉外法律实务系列编委会

主　任　张晓君
副主任　石经海　宋渝玲
委　员　王玫黎　陈咏梅　丁丽柏　岳树梅
　　　　张春良　裴　普　王媛媛

总　序

2013年,西南政法大学获批为教育部涉外法律人才教育培养基地,由国际法学院具体牵头建设。近些年,国际法学院积极探索创新涉外法律人才培养机制,努力培养一批具有国际视野、通晓国际规则,能够参与国际法律事务和维护国家利益的涉外法律人才;依托各种政策和发展契机,协同海内外高校和实务部门,以开设涉外法律人才实验班为重要抓手和创新载体,进一步探索实践涉外法律人才培养新模式新方式。涉外法律人才培养目标的实现需要与之相适应的教材系列。为此,在学校支持下,国际法学院精心组织策划涉外法律实务教材的系列编写,邀请来自高校和实务部门的专家学者参与本系列各教材的编写。这种"五湖四海"式组建编写团队,目的是保证本系列的实务性和高水准。

本系列围绕涉外法律实务能力和专业素质,着力突出专业和实务特色。一方面,本系列各教材主题的选定,以涉外法律人才要接触到的最广泛和经常性的国际法律实务为依据,涵盖了涉外法律实务的实体性和程序性问题,包括世界贸易组织法律实务、涉外工程法律实务、涉外民事诉讼法律实务、海商法律实务、涉外知识产权法律实务、涉外货物买卖法律实务、涉外金融法律实务、涉外民事关系法律适用实务、涉外投资法律实务等,着重阐述主要国际法律实务问题,基本涵盖了高端国际法律人才从事涉外法律实务工作必须学习和掌握的实务性专业知识。另一方面,本系列在内容结构和体例设计上,体现注重涉外法律实务知识和实务能力提高的总体要求。各教材编写,力求配合案例

总 序

教学讨论式授课模式。严格统一编写体例,每章各节在内容结构上分成知识背景或知识点、案例裁决或法律文书摘录、延伸阅读三个板块,对涉外法律实务知识进行讲解。先系统性阐释专业知识内容,之后以真实案例为素材进行案例教学,精选的经典和富有代表性案例,都摘编节选自案例原文,这样既保持案例的本来面貌,又能深化读者对基础知识和案例内容的理解和掌握。专业知识衔接案例分析或法律文书摘录学习,配以延伸知识阅读,通过这样的体例设计,帮助学生切实有效地将知识转化为运用法律解决实际问题的能力,培养学生运用法律逻辑分析问题和独立思考的习惯。

西南政法大学涉外法律实务系列,是从以灌输知识为主,向培养能力为主的教学理念和教学方法转变的有益尝试,是涉外法律人才教育培养的经验总结和创新成果,也是深化涉外法律人才教育培养的重要内容和教学载体。期望这套丛书能够不断得到完善,在推进中国涉外法律人才教育培养事业中发挥作用。

西南政法大学校长
教授、博士生导师　**付子堂**

西南政法大学国际法学院院长
教授、博士生导师　**张晓君**

2017年5月

作者简介
（按章节顺序）

宋渝玲，女，1964年生于重庆。西南政法大学国际法学院副院长、副教授，硕士研究生导师，中国国际私法学会理事，中国—东盟法律研究中心客座研究员。著有《中国涉外民商法律适用》（独著）、《保险赔偿法律制度研究》（独著）、《国际私法学》（参编）、《国际私法》（参编）、《二十一世纪中国国际私法的发展与展望》（论文）、《国际私法课程的教学改革新模式》（论文）、《中国国际私法立法模式探析》（论文）等。

宋继瑛，女，1982年生于河南省新野。武汉大学与瑞士比较法研究所联合培养博士，现为西南政法大学国际私法教研室讲师。主要研究方向为国际私法、国际知识产权法。曾在《河南师范大学学报》《郑州大学学报》等刊物上发表多篇学术论文，参与多项省部级课题，参编教材三部。

刘新，男，1984年生。俄罗斯联邦法学博士，副教授，硕士生导师，西南政法大学俄罗斯法研究中心副主任，任教于西南政法大学国际法学院。主要从事国际法、国际私法、欧盟法、国际航空法和国际空间法研究。在俄罗斯联邦核心期刊公开发表学术论文三篇，出版俄文专著一部，在欧洲国际学术会议上公开发表论文一篇。

王晓燕，女，1981年生于安徽省马鞍山。副教授，硕士研究生导师，1999年至2009年间就读于西南政法大学，并取得国际法学博士学位，主要讲授国际私法、国际民事诉讼法、国际商事仲裁法等课程。曾在《武大国际法评论》《法制日报》等刊物上发表多篇学术论文。

刘元元,女,1985年生于湖北荆州。先后在武汉大学攻读硕士学位和博士学位,现任西南政法大学讲师。主要研究方向为国际私法、国际商事仲裁法、文化遗产法等。曾在《时代法学》《河北法学》《国际法研究》等杂志发表多篇学术论文。

裴普,男,1964年生于重庆。西南政法大学国际法学院副院长,副教授,硕士研究生导师。主要研究方向为国际私法、冲突法、国际商事仲裁。主持省部级社科项目两项,参与国家社科基金项目一项,著有《冲突法研究》,并获得司法部"九五"优秀科研成果三等奖,在《现代法学》《法学》《重庆大学学报》等刊物上发表学术论文十余篇,公开发表学术成果一百余万字。

张春良,男,1976年生于四川泸县。法学博士,教授,硕士生导师,西南政法大学国际法学院国际私法教研室主任;先后于武汉大学(2009—2012)、比利时根特大学(2012—2013,留基委资助)做博士后研究,重庆市首届青年骨干教师人选,中国国际私法学会常务理事,中国—东盟法律研究中心理事;出版《国际私法演义:问题、方法与修正》等专著四部,参编教材七部,并在《中外法学》《法制与社会发展》《法商研究》《法律科学》《体育科学》等刊物发表论文五十余篇,主持国家社科、教育部、中国法学会、重庆市教委、中国博士后基金会、国家留基委等国家级、省部级资助项目九项,获中国法学会等科研奖励多项。

徐鹏,男,1973年生于湖北黄石。武汉大学法学博士,香港大学普通法硕士,西南政法大学副教授,硕士研究生导师。著有《冲突规范任意性适用研究》,参加"十一五"国家规划教材《国际商事仲裁法学》编著工作,并在《法学研究》《现代法学》《比较法研究》等期刊上发表多篇论文,主持国家社科基金项目一项,主持部级课题两项。

编写说明

《涉外民事诉讼法律实务》旨在借鉴和吸收国外立法与国际条约中的先进做法，对我国涉外民事诉讼的体系进行完整建构，并从法律实务的角度展示其巨大的实践魅力，以期最终服务于制度建设的目的，具有很高的学术价值和实践价值。

虽然诉讼程序适用法院地法是一项业已确立的通例，但在各国法律相互融合之势愈加明显的当下，固步自封地发展本国的民事诉讼法律制度显然是不合时宜的。本书在比较研究的基础上，对我国现行民事诉讼法律制度进行了有针对性的分析，不仅涵盖了传统的管辖权、司法协助、外国法院判决承认与执行等内容，还对我国的区际民事诉讼制度进行了专门的论述，较全面地展现了涉外民事诉讼立法与司法实践的概貌。

理论来源于实践，但实践方是检验真理的唯一标准。鉴于立法较之司法的相对滞后性，本书以较多篇幅呈现了一批国内外经典判决与法律文书，以期读者在理论与实践的结合与碰撞之中，更主动地关注与思考司法实践中出现的具体问题，从而建立起积极的问题意识。

本书虽沿袭了以章、节行文的传统编撰方法，但各章节的内容实则以"专题"的形式，对相关理论、立法和司法实践进行综合阐释。编者们基于各章内容的不同特点，采用了知识背景/点、案例裁决/法律文书摘录、延伸阅读等多种形式，将基础理论、国内外立法、国内外经典案例，以及权威论著等内容紧凑地融入其中。

"知识背景/点"以比较法的视角，对相关基础理论与立法进行了较完整的描述，读者可由此初步获得对该问题的学理认知。进而，旨在通过分析大量国内外典型案例，反思我国司法实践中现存的问题和可能的解决路径的"案例裁决/法律文书摘录",则可起到贯通理论与实践的桥梁作用。在"延伸阅读"部分,编者将该章节正文中因篇幅所限而未及展示的重要案例、学术论文/专著予以简要罗列,并将对此章节学习有重要价值的网络链接进行了归纳,从而为部分学有余力的读者更加深入地理解相关知识,提供了必要的指引。

本书具体撰稿人及分工如下(以撰写章节先后为顺序):第一章宋渝玲,第二章宋继瑛,第三章刘新,第四章王晓燕,第五章刘元元,第六章裴普,第七章张春良,第八章徐鹏。

本书可供高等院校法学专业研究生、本科生作为教材使用,亦可供其他专业学生和社会读者选用和研习。

编　者

2017 年 7 月

目　录

第一章　涉外民事诉讼法的一般问题 …… 1

第一节　涉外民事诉讼的内涵 …… 1

【知识背景/点】…… 1

一、涉外民事诉讼的含义 …… 1

二、与邻近部门法的关系 …… 3

三、涉外民事诉讼的历史演进 …… 5

四、涉外民事诉讼程序的法律适用 …… 7

【案例裁决/法律文书摘录】…… 9

案例一：广东省高级人民法院民事裁定书 …… 9

案例二：湖南省常德市中级人民法院民事裁定书 …… 12

【延伸阅读】…… 13

第二节　涉外民事诉讼法的渊源 …… 14

【知识背景/点】…… 14

一、国内立法 …… 14

二、国内判例 …… 15

三、国际条约 …… 16

四、国际惯例 …… 17

【案例裁决/法律文书摘录】··· 17
　　　案例一：河南省郑州市中级人民法院民事判决书························· 17
　　　案例二：北京市第一中级人民法院民事判决书···························· 21
　　【延伸阅读】·· 32
第三节　涉外民事诉讼的基本原则·· 32
　　【知识背景/点】··· 32
　　一、国家主权原则·· 33
　　二、平等与对等原则·· 35
　　三、国际条约优先和国际惯例补遗原则······································ 36
　　四、便利当事人诉讼和便利法院司法原则··································· 36
　　【案例裁决/法律文书摘录】··· 37
　　　案例一：广东省广州海事法院民事判决书································· 37
　　　案例二：山东省青岛海事法院民事判决书································· 52
　　【延伸阅读】·· 63

第二章　外国人民事诉讼地位··· 65
　引　言·· 65
　第一节　外国人民事诉讼地位的普遍原则·· 66
　　【知识背景/点】··· 66
　　一、习惯国际法——国民待遇··· 66
　　二、国际实践··· 68
　　三、中国的做法·· 68
　　【案例裁决/法律文书摘录】··· 69
　　　案例一：利比里亚易迅航运公司与巴拿马金光海外私人经营有限公司
　　　　　　　船舶碰撞损害赔偿纠纷案·· 69
　　　案例二：甘肃省公路局诉日本横滨橡胶株式会社产品责任侵权案········ 72
　　【延伸阅读】·· 83
　第二节　外国人的民事诉讼能力·· 84

【知识背景/点】……………………………………………………… 84
一、外国人的民事诉讼权利能力……………………………… 84
二、外国人的民事诉讼行为能力……………………………… 86
【案例裁决/法律文书摘录】…………………………………… 87
案例一:自然人的行为能力…………………………………… 87
案例二:日本兴业银行北京分行的诉讼主体资格争议案……… 88
【延伸阅读】…………………………………………………… 89

第三节 诉讼费用的担保和司法救助………………………… 90
【知识背景/点】……………………………………………… 90
一、诉讼费用担保…………………………………………… 90
二、司法救助制度…………………………………………… 94
【案例裁决/法律文书摘录】………………………………… 96
案例:海南某公司诉威海某航运公司案…………………… 96
【延伸阅读】………………………………………………… 97

第四节 诉讼代理制度………………………………………… 98
【知识背景/点】……………………………………………… 98
一、委托代理………………………………………………… 99
二、领事代理………………………………………………… 106
【案例裁决/法律文书摘录】………………………………… 107
案例一:ELIZABETH LIU 诉(加拿大)百乐高比萨有限公司确认
　　　　注册商标权权属纠纷案…………………………… 107
案例二:宁波波姆斯服饰有限公司与北京京港合兴服饰
　　　　有限公司等侵犯商标专用权纠纷案…………………… 112
【延伸阅读】………………………………………………… 123

第三章 管辖豁免………………………………………………… 124
　引　言………………………………………………………… 124
　第一节 国家豁免…………………………………………… 126

【知识背景/点】	126
一、国家(主权)豁免概述	126
二、国家豁免的立场	139
二、我国的立场	143
【案例裁决/法律文书摘录】	145
案例一：湖广铁路债券案	145
案例二：沈阳金杯客车制造有限公司案	148
【延伸阅读】	152

第二节 外交豁免 ················ 153
    【知识背景/点】 ················ 153
    一、外交特权与豁免 ················ 154
    二、领事特权与豁免 ················ 160
    三、比较外交特权与豁免和领事特权与豁免 ················ 162
    【案例裁决/法律文书摘录】 ················ 164
    案例：萨勒姆·阿尔-玛兹鲁塞案 ················ 164
    【延伸阅读】 ················ 166

第三节 国际组织豁免 ················ 168
    【知识背景/点】 ················ 168
    一、国际组织豁免概论和职能必要理论 ················ 168
    二、国际组织豁免的实务体现 ················ 169
    【案例裁决/法律文书摘录】 ················ 169
    案例一：马来西亚籍特别报告人案 ················ 169
    案例二：科布拉加德转岗案 ················ 171
    【延伸阅读】 ················ 171

第四章 国际民事管辖权 ················ 173
  引 言 ················ 173
  第一节 国际民事管辖权的内涵 ················ 174

【知识背景/点】 ………………………………………………………… 174
一、概念 ………………………………………………………………… 174
二、特征 ………………………………………………………………… 175
三、意义 ………………………………………………………………… 175
四、相关立法 …………………………………………………………… 176
【案例裁决/法律文书摘录】 …………………………………………… 181
案例一：菲利普诉阿曼、中央电视台侵犯著作权纠纷案 …………… 181
案例二：环球大众公司诉伍迪森案 …………………………………… 183
【延伸阅读】 …………………………………………………………… 184

第二节　国际民事管辖权的分类 ………………………………………… 185
【知识背景/点】 ………………………………………………………… 185
一、对人管辖权与对物管辖权 ………………………………………… 185
二、属地管辖权与属人管辖权 ………………………………………… 186
三、专属管辖权与任意管辖权 ………………………………………… 188
四、协议管辖权与法定管辖权 ………………………………………… 189
【案例裁决/法律文书摘录】 …………………………………………… 190
案例一：彭诺耶诉纳夫案(1877) ……………………………………… 190
案例二：国际鞋业公司案(1945) ……………………………………… 191
案例三：中华人民共和国最高人民法院民事裁定书 ………………… 192
【延伸阅读】 …………………………………………………………… 195

第三节　国际民事诉讼管辖权的冲突和协调 …………………………… 195
【知识背景/点】 ………………………………………………………… 195
一、国际民事诉讼管辖权冲突概述 …………………………………… 195
二、国际民事诉讼管辖权冲突的成因 ………………………………… 197
三、国际民事诉讼管辖权冲突的协调 ………………………………… 199
【案例裁决/法律文书摘录】 …………………………………………… 204
案例一：博帕尔惨案 …………………………………………………… 204
案例二：欧盟法院(ECJ) Turner v. Grovit(2004)案 ………………… 207

【延伸阅读】…… 209
第四节 我国的国际民事管辖权的规定…… 210
【知识背景/点】…… 210
一、我国关于国际民事诉讼管辖权的确定 …… 210
二、我国对于国际民事诉讼管辖权冲突的态度 …… 217
三、我国参加的有关国际条约 …… 218
【案例裁决/法律文书摘录】…… 220
案例一：上海市高级人民法院民事裁定书 …… 220
案例二：北京市第一中级人民法院民事裁判书 …… 224
案例三：上海市第一中级人民法院民事判决书 …… 226
【延伸阅读】…… 233

第五章 期间、诉讼保全和诉讼时效 …… 235

引　言 …… 235
第一节 期间 …… 236
【知识背景/点】…… 236
一、期间的概念和种类 …… 236
二、期间的计算 …… 238
三、期间的延误及后果 …… 238
【案例裁决/法律文书摘录】…… 239
案例：地中海航运有限公司与浏阳市新里程贸易有限公司
　　海上货物运输合同纠纷案 …… 239
【延伸阅读】…… 241
第二节 诉讼保全 …… 241
【知识背景/点】…… 241
一、财产保全 …… 242
二、海事请求保全 …… 243
三、行为保全 …… 244

四、证据保全 ………………………………………………… 245

【案例裁决/法律文书摘录】 ………………………………… 246

案例一：朗光科技有限公司诉上海桥宇国际货运代理有限公司
海上货物运输合同纠纷 …………………………… 246

案例二：上诉人VTB银行（法国）与被上诉人佛他贸易有限公司、原审被告
中国银行股份有限公司天津市分行错误申请海事请求
保全损害赔偿纠纷案 ……………………………… 248

【延伸阅读】 …………………………………………………… 252

第三节 诉讼时效 ………………………………………………… 253

【知识背景/点】 ………………………………………………… 253

一、诉讼时效概述 ……………………………………… 253

二、诉讼时效的期限及诉讼时效的中止、中断和延长 ………… 254

【案例裁决/法律文书摘录】 ………………………………… 257

案例：原告A.P.穆勒-马士基有限公司与被告上海蝉联携运物流有限公司深
圳分公司、上海蝉联携运物流有限公司海上货物运输合同纠纷案 ……
………………………………………………………… 257

【延伸阅读】 …………………………………………………… 262

第六章 国际司法协助 ………………………………………… 264

引 言 ……………………………………………………………… 264

第一节 国际司法协助的内涵 …………………………………… 265

【知识背景/点】 ………………………………………………… 265

一、国际司法协助的定义 ……………………………… 265

二、国际司法协助的原则和依据 ……………………… 266

三、国际司法协助的法律适用 ………………………… 269

四、国际司法协助中的公共秩序保留 ………………… 271

五、请求司法协助的途径 ……………………………… 272

【延伸阅读】 …………………………………………………… 274

第二节　域外送达ⵯⵯⵯⵯⵯⵯⵯⵯⵯⵯⵯⵯⵯⵯⵯⵯⵯⵯⵯⵯⵯⵯⵯⵯⵯ 275

【知识背景/点】ⵯⵯⵯⵯⵯⵯⵯⵯⵯⵯⵯⵯⵯⵯⵯⵯⵯⵯⵯⵯⵯⵯⵯⵯⵯⵯⵯⵯⵯⵯⵯ 275

一、域外送达概述ⵯⵯⵯⵯⵯⵯⵯⵯⵯⵯⵯⵯⵯⵯⵯⵯⵯⵯⵯⵯⵯⵯⵯⵯⵯⵯⵯ 275

二、域外送达的方式ⵯⵯⵯⵯⵯⵯⵯⵯⵯⵯⵯⵯⵯⵯⵯⵯⵯⵯⵯⵯⵯⵯⵯⵯⵯ 276

三、域外送达的法律冲突和合作ⵯⵯⵯⵯⵯⵯⵯⵯⵯⵯⵯⵯⵯⵯⵯⵯⵯ 280

【案例裁决/法律文书摘录】ⵯⵯⵯⵯⵯⵯⵯⵯⵯⵯⵯⵯⵯⵯⵯⵯⵯⵯⵯⵯ 281

案例：美国 Alameda 高等法院无视中国司法主权肆意侵害
中国公民诉讼权利案ⵯⵯⵯⵯⵯⵯⵯⵯⵯⵯⵯⵯⵯⵯⵯⵯⵯⵯⵯⵯⵯ 281

【延伸阅读】ⵯⵯⵯⵯⵯⵯⵯⵯⵯⵯⵯⵯⵯⵯⵯⵯⵯⵯⵯⵯⵯⵯⵯⵯⵯⵯⵯⵯⵯⵯⵯ 285

第三节　域外调查取证ⵯⵯⵯⵯⵯⵯⵯⵯⵯⵯⵯⵯⵯⵯⵯⵯⵯⵯⵯⵯⵯⵯⵯⵯⵯⵯ 286

【知识背景/点】ⵯⵯⵯⵯⵯⵯⵯⵯⵯⵯⵯⵯⵯⵯⵯⵯⵯⵯⵯⵯⵯⵯⵯⵯⵯⵯⵯⵯⵯⵯⵯ 286

一、域外取证的概念ⵯⵯⵯⵯⵯⵯⵯⵯⵯⵯⵯⵯⵯⵯⵯⵯⵯⵯⵯⵯⵯⵯⵯⵯⵯ 286

二、域外取证的方式ⵯⵯⵯⵯⵯⵯⵯⵯⵯⵯⵯⵯⵯⵯⵯⵯⵯⵯⵯⵯⵯⵯⵯⵯ 287

三、域外取证的法律冲突ⵯⵯⵯⵯⵯⵯⵯⵯⵯⵯⵯⵯⵯⵯⵯⵯⵯⵯⵯⵯⵯⵯ 289

【案例裁决/法律文书摘录】ⵯⵯⵯⵯⵯⵯⵯⵯⵯⵯⵯⵯⵯⵯⵯⵯⵯⵯⵯⵯ 292

案例：华埠公司与威海外运、威海原木材公司船舶进口代理合同、
废钢船买卖合同纠纷案ⵯⵯⵯⵯⵯⵯⵯⵯⵯⵯⵯⵯⵯⵯⵯⵯⵯⵯⵯⵯ 292

【延伸阅读】ⵯⵯⵯⵯⵯⵯⵯⵯⵯⵯⵯⵯⵯⵯⵯⵯⵯⵯⵯⵯⵯⵯⵯⵯⵯⵯⵯⵯⵯⵯⵯ 306

第四节　我国的国际司法协助制度ⵯⵯⵯⵯⵯⵯⵯⵯⵯⵯⵯⵯⵯⵯⵯⵯⵯⵯⵯ 306

【知识背景/点】ⵯⵯⵯⵯⵯⵯⵯⵯⵯⵯⵯⵯⵯⵯⵯⵯⵯⵯⵯⵯⵯⵯⵯⵯⵯⵯⵯⵯⵯⵯⵯ 306

一、我国司法协助概述ⵯⵯⵯⵯⵯⵯⵯⵯⵯⵯⵯⵯⵯⵯⵯⵯⵯⵯⵯⵯⵯⵯⵯ 306

二、我国域外送达制度ⵯⵯⵯⵯⵯⵯⵯⵯⵯⵯⵯⵯⵯⵯⵯⵯⵯⵯⵯⵯⵯⵯⵯ 307

三、我国域外取证制度ⵯⵯⵯⵯⵯⵯⵯⵯⵯⵯⵯⵯⵯⵯⵯⵯⵯⵯⵯⵯⵯⵯⵯ 310

【延伸阅读】ⵯⵯⵯⵯⵯⵯⵯⵯⵯⵯⵯⵯⵯⵯⵯⵯⵯⵯⵯⵯⵯⵯⵯⵯⵯⵯⵯⵯⵯⵯⵯ 312

第七章　外国法院判决的承认与执行ⵯⵯⵯⵯⵯⵯⵯⵯⵯⵯⵯⵯⵯⵯⵯⵯⵯ 315

第一节　外国法院判决承认与执行内涵ⵯⵯⵯⵯⵯⵯⵯⵯⵯⵯⵯⵯⵯⵯⵯ 315

【知识背景/点】ⵯⵯⵯⵯⵯⵯⵯⵯⵯⵯⵯⵯⵯⵯⵯⵯⵯⵯⵯⵯⵯⵯⵯⵯⵯⵯⵯⵯⵯⵯⵯ 315

一、外国法院判决的界定 …… 315
二、对外国法院判决的承认与执行 …… 317
【案例裁决/法律文书摘录】 …… 318
案例：秦某某诉刘某某案 …… 318
【延伸阅读】 …… 323

第二节　外国法院判决承认与执行的条件 …… 324
【知识背景/点】 …… 324
一、判决作出国具有适格管辖权 …… 324
二、判决已生效或具有执行力 …… 327
三、判决作出程序公正 …… 328
四、不违背公共秩序 …… 329
【案例裁决/法律文书摘录】 …… 330
案例一：Giant Light Metal Technology (Kunshan) Co. Ltd. v. Aksa Far East Pte Ltd. 案 …… 330
案例二：HUBEI GEZHOUBA SANLIAN INDUSTRIAL CO.,LTD. 案 …… 364
【延伸阅读】 …… 377

第三节　外国法院判决承认与执行的程序 …… 378
【知识背景/点】 …… 378
一、执行令程序 …… 378
二、重新审理程序 …… 380
三、其他程序 …… 381
【案例裁决/法律文书摘录】 …… 383
案例一：中华人民共和国某某市第二中级人民法院民事裁定书 …… 383
案例二：蒋某某申请承认新西兰国法院解除婚约的决议书效力案 …… 384
【延伸阅读】 …… 385

第四节　我国承认与执行外国法院判决的制度 …… 386
【知识背景/点】 …… 386

一、我国承认和执行外国法院判决的依据 …… 386
二、我国承认和执行外国法院判决的条件 …… 399
三、承认和执行外国法院判决的主体 …… 403
四、我国承认和执行外国法院判决的程序 …… 407
【案例裁决/法律文书摘录】 …… 411
案例一：南宁市中级人民法院民事裁定书 …… 411
案例二：花某某申请承认美国加利福尼亚州阿拉米达市
高级法庭离婚判决案 …… 412
【延伸阅读】 …… 416

第八章 我国的区际民事诉讼制度 …… 418
引 言 …… 418
第一节 我国的区际民商事管辖权 …… 419
【知识背景/点】 …… 419
一、区际管辖权概述 …… 419
二、我国区际民商事管辖权冲突解决的基本原则 …… 420
三、我国区际民商事管辖权冲突的协调机制 …… 421
【案例裁决/法律文书摘录】 …… 425
案例：永升发展公司诉吴学棋案 …… 425
【延伸阅读】 …… 427
第二节 我国的区际司法协助制度 …… 427
【知识背景/点】 …… 427
一、区际司法协助概述 …… 427
二、区际送达 …… 433
三、区际调查取证 …… 440
【案例裁决/法律文书摘录】 …… 444
案例一：浙江舟山中院协助台湾屏东地方法院送达文书案 …… 444
案例二：湖南永州冷水滩区法院请求台湾法院协助送达文书案 …… 445

【延伸阅读】……………………………………………………… 445

第三节 区际判决的承认与执行制度 ………………………………… 446

【知识背景/点】……………………………………………………… 446

一、区际法院判决的承认与执行概述 …………………………… 446

二、我国区际法院判决承认与执行的制度现状 ………………… 448

【案例裁决/法律文书摘录】………………………………………… 458

案例：陆某请求认可澳门法院离婚判决案 ……………………… 458

【延伸阅读】………………………………………………………… 461

第一章
涉外民事诉讼法的一般问题

【内容摘要】作为涉外民事诉讼法的开章,将阐明涉外民事诉讼的内涵、涉外民事诉讼法的渊源以及涉外民事诉讼法的基本原则等一般问题。其中,涉外民事诉讼法的渊源和涉外民事诉讼法的基本原则是本章的学习重点。

第一节 涉外民事诉讼的内涵

【知识背景/点】

一、涉外民事诉讼的含义

民事诉讼,或称民事程序,是指国家司法机关根据当事人的请求而进行的保护其民事权益的程序。如果在民事诉讼中,介入了国际因素,或者从某一具体国家来看,涉及了外国的因素,即构成了涉外民事诉讼。

涉外民事诉讼程序是指法院、当事人以及其他诉讼参与人进行涉外民事诉讼活动所应遵守的专门程序。涉外民事诉讼法便是这些专用的特殊程序的总和。从一个国家的角度来看,由于涉外民事诉讼程序所解决的问题与外国存在联系,因此,涉外民事诉讼程序又常常被称为"国际民事诉讼程序",如我国《民事诉讼法》第四编就是"涉外民事诉讼程序的特别规定"。

一国法院在处理涉外民事案件时,通常需要适用三种诉讼程序:一是法院地国缔结或参加的国际条约中规定的诉讼程序(法院地国声明保留条款除外);二是法院地国以国内立法或法院判例的形式确立的专门适用于涉外民事诉讼的特别程序;三是法院地国以国内立法或法院判例的形式确立的民事诉讼的一般程序。

涉外民事诉讼程序是专门适用于涉外民事诉讼的程序,其范围只包括国际条约中规定的民事诉讼程序和法院地国立法或判例中专用于涉外民事诉讼的特别程序。至于法院地国立法或判例中确立的民事诉讼的一般程序,因其并非专门适用于涉外民事诉讼,所以不属于涉外民事诉讼程序的范畴。

在民事诉讼程序中,既可以因诉讼程序本身包含有涉外因素而需要适用涉外民事诉讼规范,也可以因实体法律关系涉及涉外因素而需要适用涉外民事诉讼规范。具体说来,民事诉讼中的涉外因素主要有:诉讼当事人中有外国人;诉讼客体是涉外民事法律关系;引用的证据具有涉外因素;法院按国际条约或内国冲突法的规定应适用外国法作为案件的准据法;诉讼请求是外国法院或其他机构的判决需在内国承认或执行;诉讼程序涉及的是国际司法协助问题等。

在民事诉讼中如果介入了涉外因素,就需要由专门调整包含有涉外因素的民事诉讼的涉外民事诉讼法来解决以下各个方面的问题,如:

1.内国法院或其他机构对什么样的案件有管辖权?哪些案件属于内国法院的专属管辖权?哪些案件可由争议的双方当事人协议选择内国或外国法院管辖?等等。

2.外国人在内国的民事诉讼地位问题,诸如起诉或应诉的能力、诉讼费用担保或免除、法律救助等,应依什么法律来确定?享有外交豁免权的外国人在内国的民事诉讼地位如何?

3.涉外民事诉讼中的取证规则有哪些特殊之处?如是否允许或在什么样的条件下外交和领事人员可以取证?在间接取证时应遵循什么样的特定程序?等等。

4.外国审判程序和仲裁程序在内国发生什么样的效力(即外国法院的判决和仲裁裁决是否被内国所承认,以及在什么样的条件下内国可以承认和执行外国的判决和仲裁裁决)？

5.在内国法院或其他机构适用外国实体法时,应采用什么样的程序规则？

6.在内国法院或其他机构执行外国法院或其他机构的委托,或者委托外国法院或其他机构代为某项行为时,应适用什么程序规则？

解决上述问题,既需要直接调整规范,也需要间接调整规范,所以,涉外民事诉讼就由两种不同性质的规范,即直接调整规范和间接调整规范组成。

二、与邻近部门法的关系

调整对象的不同固然是划分部门法的基本出发点,但随着社会经济的发展,也出现了某类社会关系由若干部门法以不同角度进行调整以及一个法律部门同时调整几类社会关系的现象。从本质上说,正是因为各种社会关系之间本身存在着这种或那种的联系,所以,调整不同社会关系的各个部门法或者说法律部门也是存在着或多或少的联系的。与涉外民事诉讼法关系密切的主要有国际私法和国内民事诉讼法。

(一)与国际私法的关系

涉外民事诉讼法与国际私法具有相当密切的关系。这首先表现为二者所调整的那部分社会关系都包含有涉外的或国际的因素；其次,二者所具有的基本原则有些也是共通的,如主权原则、平等和对等原则、国际条约优先原则、国际惯例补遗原则等；再次,二者在很多具体制度上也是相同或相近的,如在涉外民事诉讼法中也存在着法律冲突,也要面临解决诸如识别、先决问题、公共秩序保留等国际私法中经常发生的问题。最后,还须特别指出的是,涉外民事诉讼法,尤其是其中的管辖权规范和判决的承认与执行规范,直接关系到国际私法所调整的涉外民事关系的当事人在实体法上的权利和义务。

此外,还应注意到,在英美法系国家、在法国及以法国法为蓝本的国家的学者,以及我国的多数学者均认为国际私法的规范除了冲突规范外,还至少应包括管辖权规范和判决的承认与执行规范等。在他们的国际私法论著中,通常都对涉外民事诉讼中出现的问题进行研究。据此,有些学者认为,涉外民事诉讼程序规范是国际私法的组成部分,涉外民事诉讼法是国际私法体系中的一个分支。但也有些学者,特别是像德国、瑞士、意大利、奥地利和匈牙利的部分学者,则认为涉外民事诉讼法是一个独立的法律部门。

作者认为,如果把国际私法看成是一个法律体系,那么涉外民事诉讼法跟冲突法、外国人法、统一实体法一样均是国际私法的一个分支,是国际私法的有机组成部分;但如果把国际私法仅仅看作是一个部门法,那么国际私法显然不能包含涉外民事诉讼法,尽管在目前,涉外民事诉讼法通常还是在国际私法里面进行研究的。

尽管涉外民事诉讼法与国际私法的关系是如此的密切,二者的区别还是很明显的。在调整方法和规范形态上,间接调整方法和间接调整规范在国际私法中无论如何都是起主要作用的,而在涉外民事诉讼法中,起主要作用的则是直接调整方法和直接调整规范。

(二)与国内民事诉讼法的关系

涉外民事诉讼与国内民事诉讼两者的关系是特别程序与一般程序的关系。我国《民事诉讼法》第259条对此作了明确的回答:"在中华人民共和国领域内进行涉外民事诉讼,适用本编规定。本编没有规定的,适用本法其他有关规定。"该法第260条进而规定:"中华人民共和国缔结或者参加的国际条约同本法有不同规定的,适用该国际条约的规定,但中华人民共和国声明保留的除外。"这就是说,一国法院无论是进行国内民事诉讼还是进行涉外民事诉讼,对于程序问题,原则上都只是适用本国法(如我国的"涉外民事诉讼程序的特别规定"列在《民事诉讼法》的第四编,从性质上讲属于本国法),只是两者在具体适用上有所区别。一国法院进行涉外民事诉讼,首先应适用本国法中专门用于涉外民事诉讼程序的那套特别规则以及遵循本国缔结或参加的国际条约的有关规定,此外,在本国的涉外民事诉讼程序规则未作规定时,则应适用国内民事诉讼的有关规则。这就表明,一国法院进行国内民事诉讼,它只适用国内民事诉讼规则就够了;而一国法院进行涉外民事诉讼,它却同时要适用涉外民事诉讼规则和国内民事诉讼规则。例如我国人民法院在确定涉外民事诉讼的管辖权问题时,首先应适用《民事诉讼法》第265条至第266条的特别规定,但除此之外,关于管辖权问题仍然应适用《民事诉讼法》第17条至第38条的一般规定。涉外民事诉讼规则大都规定在一国的国内立法中,如规定在民诉法典、民法典或其他法规中,此外还规定在一国缔结或参加的有关国际条约中;而国内民事诉讼规则则纯粹是一国国内法的组成部分,一般就规定在一国的民事诉讼法中。

此外,调整国内民事诉讼的国内民事诉讼法,是一个独立的法律部门,而调整涉外民事诉讼的涉外民事诉讼法,是不是一个独立的法律部门,至今尚无定论。有的认为它是一个独立的部门法,但更多的是认为它是国际私法的一个组成部分,也有认为是国内民事诉讼法的一部分的。

三、涉外民事诉讼的历史演进

按照马克思主义的观点,法是随着国家的产生而产生的。但是,涉外民事诉讼法这个特殊的法律制度或法律部门,与国际私法一样,是涉外民商事关系发展到一定阶段的产物。在奴隶制社会的早期,虽然国家和法律也都产生了,但是由于在那个时期外国人仅仅具有奴隶的身份,而不能成为法律关系的主体,因而缺乏涉外民事诉讼发生的前提条件。后来随着社会的进步,在特定的种族和宗教集团之间,外国人不再被看作是敌人,他在实体法和程序法上的能力也能得到一定程度的承认。虽然在当时,外国人仍不能到普通法院参加诉讼,但是一国的领域内的司法审判程序开始适用于外国人。这时就进入了古代审理外国人案件的特别法院时期,当然,审理有关外国人的案件时,是只适用其内国的程序规则。一般地说,在奴隶制时期,还没有产生现代意义上的涉外民事诉讼,但也已经涉及了涉外民事诉讼中的两个重大问题,即法院对外国人的管辖权问题和外国人的诉讼地位问题。

在封建社会早期,涉外民事诉讼没有得到明显的发展,主要也只涉及法院对外国人的管辖权和外国人的诉讼地位两个问题。只是到了封建社会的后期,随着各国之间经济交往和人员往来的日益频繁,涉外民事诉讼才得以受到重视和发展。在封建制时代,涉外民事诉讼在发展过程中最具有重大意义的事项是区分了程序方面的争议和判决方面的争议。应该承认,这一划分大大影响了涉外民事诉讼和国际私法的整个历史发展进程,直到今天仍起着重要的作用,这就是确定程序法的适用问题。当时的法学家均认为判决方面的争议只涉及当事人的诉讼能力、起诉的依据、规定举证责任的规范等，它们应该根据国际私法上的冲突规范所指引的实体法来作出裁判；而程序方面的争议则可涉及程序法方面的所有问题，如诉讼程序的正式开始、法官的回避、当事人和法院的诉讼行为、司法判决的效力和执行等等，上述所有问题都只应按照法院地法来作出决定。

涉外民事诉讼法得到较快和全面的发展，是在资本主义时期。在18世纪末已经渐渐形成了一套比较完整的涉外民事诉讼制度，有关涉外民事诉讼涉及的所有问题都被提上了议事日程，而这些问题的解决至今依然是涉外民事诉讼法学所研究的课题。值得一提的是，在19世纪中期，在德国法体系中，首先实现了诉讼法从实体法中的分离，从此，诉讼法成为一个独立的法律部门。在19世纪的最后10年里，涉外民事诉讼的重要性日益增强，各国民事诉讼法中开始大量出现涉外民事诉讼规则。但是，独木不成林，那时的涉外民事诉讼法仍没有能够从民事诉讼法中分离出来而发展成一个独立的部门法。即使是在现今，仍然没有哪个国家专门制定了一部涉外民事诉讼法典。在西方国家，有关涉外民事诉讼法的规定都是分散在民事诉讼法典（诸如德国）、民法典（如法国）、国际私法典（如瑞士）或其他法规之中的。

此外，在资本主义时期，另一令人注目的现象是通过国际社会的努力缔结有关条约来解决涉外民事诉讼法上的各种问题，并且也取得了一定的成绩，尤其是美洲国家。1928年在古巴首都哈瓦那举行的有21个国家出席的第六届泛美会议上，通过了一部以法典起草人古巴法学家布斯达曼特的名字命名的《布斯达曼特法典》，该法典共四卷，第四卷即为国际程序法（以民事诉讼规则为主体，但也包括刑事诉讼规则）。虽然该法典因许多缔约国对它作出了过多的保留声明而削弱了其重要性和普遍意义，但是，该法典的颁布毕竟是朝着涉外民事诉讼法的统一进程迈出了坚实的一步。与此相适应，在资本主义时期，特别是20世纪以来，涉外仲裁制度也得到了长足的发展。例如按照1951年缔结的《关于设立欧洲煤钢共同体的公约》设立了一个具有国际性质的法院，其中也包含了一些很重要的涉外民事诉讼法规则。特别是1958年在纽约缔结了《关于承认与执行外国仲裁裁决公约》和1965年在华盛顿签订了《关于解决各国和其他国家国民之间投资争端的公约》，更显示出国际商事仲裁制度的勃勃生机和广阔前程。

在我国,涉外民事诉讼法在1978年召开的十一届三中全会以后得到了重视和发展。1991年颁布的《中华人民共和国民事诉讼法》第四编就对此作了专门的规定;2012年通过的新《民事诉讼法》第四编对涉外民事诉讼程序的特别方面作了专编规定,涉及一般原则、管辖、送达和期间、仲裁和司法协助;《最高人民法院关于适用〈中华人民共和国民事诉讼法〉的解释》已于2014年12月18日由最高人民法院审判委员会第1636次会议通过,自2015年2月4日起施行。此外,我国还缔结和参加了若干包含有涉外民事诉讼规范的双边条约和多边公约。特别是在国际司法协助领域,我国不但于1991年加入了《关于向国外送达民事或商事司法文书和司法外文书公约》,而且相继跟法国、波兰、蒙古、比利时、罗马尼亚、意大利、西班牙、俄罗斯等签署了双边司法协助协定。

四、涉外民事诉讼程序的法律适用

(一)涉外民事诉讼程序法律适用的一般原则

"诉讼程序依法院地法"是国际私法中一项古老的原则。该原则早在14世纪法则区别说产生时便已经形成。19世纪,德国法学家萨维尼在其提出的法律关系本座说中也认为,诉讼法律关系的本座在法院地,因而诉讼程序应当适用法院地法。在当代国际私法中,诉讼程序依法院地法仍是世界各国所公认的冲突原则之一。

诉讼程序依法院地法包含两个方面的含义:第一,法院地国的立法或判例中对国际民事诉讼程序问题有特别规定的,应当适用该特别规定。在我国,这种特别规定主要是指《民事诉讼法》第四编"涉外民事诉讼程序的特别规定"。第二,法院地国立法或判例中对有关程序问题没有特别规定的,应当适用法院地国民事诉讼法的一般规定。比如在我国,根据《民事诉讼法》第259条之规定,对于国际民事诉讼程序方面的问题,如果《民事诉讼法》第四编中没有特别规定的,我国法院应当适用《民事诉讼法》的其他有关规定。

诉讼程序之所以应当适用法院地法,主要有以下几个方面的理由:

首先,规定诉讼程序的法律,在性质上属于公法。由于内国通常并不承认外国公法的域外效力,因此,内国法院在处理国际民事案件时,通常无须考虑适用外国诉讼程序法的规定。

其次,诉讼程序依法院地法一向被认为是国家主权的体现,各国从维护自身主权考虑,也必须排除外国诉讼程序法的适用。

再次,法院地国的诉讼程序规则大都属于强制性规则,由于法院在诉讼过程中必须适用法院地国的强制性规则,因此,外国的诉讼程序法在内国并无适用的机会。

(二)诉讼程序依法院地法的例外

诉讼程序依法院地法主要有以下两种例外情形:

1. 国际条约对法院地国诉讼程序规则的排除

为了便于国际民事诉讼活动的顺利进行,国际社会缔结了大量有关诉讼程序的国际条约。这些条约的规定,在一定程度上将排除法院地国诉讼程序规则的适用,根据我国《民事诉讼法》第260条的规定:中华人民共和国缔结或者参加的国际条约同本法有不同规定的,适用该国际条约的规定,但中华人民共和国声明保留的条款除外,即:法院地国国内立法中的诉讼程序规则与该国缔结或参加的国际条约中规定的诉讼程序规则不一致时,法院应当适用国际条约中规定的诉讼程序规则,而不应适用其国内立法中规定的诉讼程序规则。

2. 司法协助中外国诉讼程序规则的适用

按照诉讼程序依法院地法的原则,内国法院根据外国法院的请求向该外国法院提供司法协助时,原则上也应当依内国的诉讼程序提供协助。不过,在外国法院请求内国法院按照外国法所要求的特殊程序或者特殊方式提供司法协助的情况下,许多国家也允许采取变通的做法,即:如果外国法院请求内国法院按照特殊程序或者特殊方式给予协助,并且该特殊程序或者特殊方式又不违反内国法律的,则内国法院可以按照该特殊程序或特殊方式给予司法协助。这种变通做法,实际上是内国法院根据外国法律中的特殊程序规则向外国法院提供司法协助。

【案例裁决/法律文书摘录】

案例一：

广东省高级人民法院民事裁定书

（2010）粤高法立民终字第43号

上诉人（原审被告）：通用电气商业航空服务有限公司（GE COMMERCIAL AVIATION SERVICES LIMITED）。住所地：Aviation House，Shannon，Ireland。

法定代表人：Diarmuid Hyde、Sean Flannery，董事。

上诉人（原审被告）：天穹航空贸易第一有限公司（CELESTIAL AVIATION TRADING 1 LIMITED）。住所地：Aviation House，Shannon，Ireland。

法定代表人：Diarmuid Hyde、Sean Flannery，董事。

上列两上诉人共同委托代理人：余峰，北京市金杜律师事务所深圳分所律师。

上列两上诉人共同委托代理人：刘军，北京市金杜律师事务所广州分所律师。

上诉人（原审被告）：天穹航空贸易第二有限公司（CELESTIAL AVIATION TRADING 2 LIMITED）。住所地：Aviation House，Shannon，Ireland。

法定代表人：Diarmuid Hyde、Seamus Fitzgerald，董事。

上诉人（原审被告）：天穹航空贸易第三有限公司（CELESTIAL AVIATION TRADING 3 LIMITED）。住所地：Aviation House，Shannon，Ireland。

法定代表人：Diarmuid Hyde、Seamus Fitzgerald，董事。

上列两上诉人共同委托代理人：高峰、滕海迪，北京市金杜律师事务所深圳分所律师。

被上诉人（原审原告）：广州白云国际机场股份有限公司。住所地：广东省广州市。

法定代表人：卢光霖，董事长。

委托代理人：罗春霖，广东经伦律师事务所律师。

委托代理人：慕亚平，广东天伦律师事务所律师。

上诉人通用电气商业航空服务有限公司（下称通用电气公司）、天穹航空贸易第一有限公司（下称天穹第一公司）、天穹航空贸易第二有限公司（下称天穹第二公司)、天穹航空贸易第三有限公司(下称天穹第三公司)因与被上诉人广州白云国际机场股份有限公司(下称白云机场公司)留置权纠纷管辖权异议一案,不服广东省广州市中级人民法院(2009)穗中法民四初字第27号民事裁定,向本院提起上诉。

上诉人通用电气公司、天穹第二公司、天穹第三公司上诉称:(1)原审法院未就确定案件管辖权的事实依据和法律依据进行全面审查。原审裁定只确定可供扣押财产地这一连接点,而对其他被告在本案是否有连接点则不予考虑,对上诉人在管辖权异议申请书中提出的不是留置物所有人,与涉案留置物没有任何关系、上诉人并非实际债务人,实际债务人是东星航空有限公司(下称东星航空)、东星航空已进入破产程序等确定案件管辖权事实依据均未予审查。(2)上诉人并非本案共同诉讼人,原审法院对上诉人没有管辖权。白云机场公司的诉由是留置权纠纷,只有当本案数个当事人在留置权纠纷中诉讼标的是共同的,或者诉讼标的是同一种类,原审法院才可将各个被告作为共同诉讼当事人,并准许数个针对不同被告的争议一并在本案审理。白云机场公司的诉讼请求是基于数个案外人之间的债务纠纷,而对天穹第一公司所有的飞机行使留置权。上诉人与白云机场公司及其关联企业没有任何合同关系或事实联系,更未欠付任何款项,与诉讼标的留置物也没有任何关系,也没有任何财产被白云机场公司留置。因此,上诉人不应作为本案共同被告参与诉讼,原审法院对上诉人没有管辖权。(3)留置权纠纷案件属于担保物权纠纷案件,应由武汉市中级人民法院管辖。①留置权产生虽不以合同约定为前提,但其行使必须基于主债权的发生。原审法院割裂主债权和留置权从根本上错误理解了担保物权的特性。留置权是一种典型的担保物权,根据最高人民法院关于担保法的司法解释规定,债权人向人民法院请求行使担保物权时,债务人和担保人应当作为共同被告参加诉讼。②本案债务人是东星航空,其应作为共同被告参加诉讼。③东星航空已经破产,白云机场公司已申报破产债权。④根据破产案件集中管辖规定,本案应由武汉市中级人民法院管辖。综上所述,上诉人与本案无连接点,不应成为本案共同被告,原审法院对上诉人没有管辖权。请求撤销原审裁定,将原审法院受理的针对上诉人的起诉移送武汉市中级人民法院审理。

上诉人天穹第一公司的上诉理由与通用电气公司、天穹第二公司、天穹第三公司的第(1)点、第(3)点上诉理由一致,其认为不应单独成为本案的被告,本案应追加东星航空为共同被告,由于东星航空已破产,本案应由武汉市中级人民法院管辖,原审法院没有管辖权。请求撤销原审裁定,将原审法院受理的针对上诉人的起诉移送武汉市中级人民法院审理。

被上诉人白云机场公司未作书面答辩。

本院经审查认为,本案为涉外留置权纠纷。白云机场公司在接受原审法院询问时,明确其不向东星航空主张权利,也不同意将东星航空作为本案当事人。根据本案现有的事实、证据,本案不属于有关破产企业的诉讼,不需要移送受理破产申请的武汉市中级人民法院管辖。因此,通用电气公司、天穹第一公司、天穹第二公司、天穹第三公司上诉提出本案应移送受理破产案件的武汉市中级人民法院管辖的理由不能成立,本院予以驳回。至于通用电气公司、天穹第二公司、天穹第三公司作为本案共同被告是否适格,属于实体审理的范畴,本案在管辖权异议阶段不予审查。因本案诉争的标的物 B—6229 飞机留置在广州白云机场,根据《中华人民共和国民事诉讼法》第二百四十一条的规定,原审法院对本案享有管辖权。原审裁定驳回通用电气公司、天穹第一公司、天穹第二公司、天穹第三公司提出的管辖权异议正确,本院依法予以维持。依照《中华人民共和国民事诉讼法》第一百五十二条、第一百五十四条、第一百五十八条的规定,裁定如下:

驳回上诉,维持原裁定。

本裁定为终审裁定。

审判长 王 恒
代理审判员 邵静红
代理审判员 邹 莹
二〇一〇年三月十一日
书记员 吴 利

案例二：

湖南省常德市中级人民法院民事裁定书

(2012)常立民终字第288号

上诉人(原审原告)Brett Clifton Douglass(布莱特)，男，美国国籍，62岁。

委托代理人孙玲丽，女，49岁。

被上诉人(原审被告)王小春，男，45岁。

被上诉人(原审被告)阳光财产保险股份有限公司湖南省分公司常德中心支公司，住所地湖南省常德市武陵区武陵大道中段100号杰新集团2楼。

负责人李治，该公司经理。

Brett Clifton Douglass(布莱特)因与王小春、阳光财产保险股份有限公司湖南省分公司常德中心支公司(下称阳光保险)机动车交通事故责任纠纷一案，不服武陵区人民法院(2012)武民初字第01957号民事裁定，以"依照《中华人民共和国民事诉讼法》第十九条之规定，中级人民法院只管辖重大的涉外案件，本案属于简单的机动车交通事故责任纠纷，不属于重大涉外案件，原审法院对本案有管辖权。请求本院依法裁决"为由向本院提起上诉。本院受理后依法组成合议庭审理了本案，现已审理终结。

经审理查明，本案上诉人确系美国公民，本案为涉外侵权案件，但本案不属于《中华人民共和国民事诉讼法》第十九条所规定的重大涉外案件。根据最高人民法院的有关规定："只要涉外案件类型不属于婚姻、家庭、继承、人身损害赔偿、劳动争议这几类传统民事纠纷以及知识产权纠纷等，都应归类为涉外商事案件，纳入集中管辖范围。"即传统的民事纠纷(婚姻、家庭、继承、人身损害赔偿、劳动争议)不纳入集中管辖的范围，基层法院有管辖权。本案属于机动车交通事故责任纠纷，属于传统的人身损害赔偿案件，基层法院有权管辖。此外，依据《最高人民法院关于适用〈中华人民共和国民事诉讼法〉若干问题的意见》第141条的规定："对本院没有管辖权的案件，告知原告向有管辖权的人民法院起诉；原告坚持起诉的，裁定不予受理；立案后发现本院没有管辖权的，应当将案件移送有管辖权的人民法院。"原审法院如认为对本案没有管辖权，也只能裁定不予受理或向本院移送，而不能裁定驳回起诉,原裁定适用法律不当,处理结果错误,应予纠正。上诉人的上诉理由成立。据此,依照《中华人民共和国民事诉讼法》第一百五十三条第一款(二)项、第一百五十四条、第一百五十八条之规定,裁定如下:

一、撤销湖南省常德市武陵区人民法院(2012)武民初字第01957号民事裁定;

二、指令湖南省常德市武陵区人民法院对本案进行审理。

本裁定为终审裁定。

审判长　詹险峰

审判员　郭　洪

审判员　李常春

二〇一二年十二月十一日

书记员　曾丰琪

【延伸阅读】

一、学术论文、专著(权威论著)

1. 李浩培:《国际民事程序法概论》,法律出版社1996年版。

2. 李玉泉:《国际民事诉讼与国际商事仲裁》,武汉大学出版社1998年版。

3. 李旺:《国际民事诉讼法》,清华大学出版社2011年版。

二、网络链接

1. http://www.hcch.net　海牙国际私法会议

2. http://translaw.whu.edu.cn　武汉大学国际法研究所

第二节 涉外民事诉讼法的渊源

【知识背景/点】

法律渊源一词有双重含义：一是指实质意义上的渊源，即法律所体现的国家意志；二是指形式意义上的渊源，即法律规范的表现形式或存在形式。这里所讲的渊源，是指涉外民事诉讼法的表现形式。

涉外民事诉讼法的国际性或涉外性决定了其渊源的双重性，即除了国内立法和国内判例这两个主要渊源外，国际条约和国际惯例也可能成为涉外民事诉讼法的渊源。

一、国内立法

按照法则区别说的观点，诉讼程序应适用法院地法。这是因为，诉讼法属于公法性质，只具有属地效力。而从国家主权原则的高度而论，司法审判权当属一个国家主权的一部分。因而，一国法院审判案件包括涉外的或国际性的民事案件，也都是原则上只适用内国的诉讼程序规范。这就是说，无论是过去，还是现在或是将来，只要国家还存在，国内立法都是涉外民事诉讼法最主要的渊源。

纵观各国法律，涉外民事诉讼程序规范或国际民事诉讼程序规范在国内立法中有以下几种表现形式：

第一，在国际私法或民事诉讼法中列入专编或专章，比较系统地规定涉外或国际民事诉讼程序规范。在此，当首推1964年施行的原《捷克斯洛伐克社会主义共和国国际私法及国际民事诉讼法》，该法分为两个部分，共70条，其中第二部分"国际民事诉讼法"自第37条至第68条对国际民事案件的管辖权、诉讼程序和外国判决的承认与执行作了特别的规定。此外，1979年《匈牙利人民共和国主席团关于国际私法的第13号法令》自第9章至第11章分别规定了管辖权、诉讼程序和外国判决的承认与执行，1982年《土耳其国际私法和国际诉讼程序法》第二章专门就国际诉讼程序作了规定。我国 2012 年的《民事诉讼法》第四编自第 259 条至第 284 条也就涉外民事诉讼程序中的一般原则、管辖、送达和期间、仲裁以及司法协助等作了特别的规定。

第二,将涉外或国际民事诉讼程序规范分散地规定在国际私法的有关条款中。这当首推 1989 年生效的《瑞士联邦国际私法法规》,该法规达 200 条之多,除了在第一章第一节规定了涉外民事案件的管辖原则外,在以后的各个章、节中还具体规定了各类涉外民事案件的管辖权、外国判决的承认与执行。瑞士的做法实际上是承袭了英美法系国家对冲突法内容的界定。例如集英、美冲突法判例于大成的由里斯合著的《冲突法》,都是把冲突法体系分解为管辖权、法律适用和外国判决的承认与执行三大块的。

第三,在个别单行法规中,就某个方面的问题规定涉外或国际民事诉讼程序规范。例如 1986 年颁布的《中华人民共和国外交特权与豁免条例》和 1990 年颁布的《中华人民共和国领事特权与豁免条例》对外交人员和领事人员在我国人民法院进行民事诉讼时的地位、豁免权以及对豁免权的限制作了详细的规定。此外,我国最高人民法院还就涉外民事诉讼作了很多司法解释,如 1986 年最高人民法院《关于涉外海事诉讼管辖的具体规定》、2014 年最高人民法院《关于适用〈中华人民共和国民事诉讼法〉的解释》第 22 部分等。这些司法解释,也应当成为我国涉外民事诉讼法的渊源之一。

二、国内判例

所谓判例,是指法院的某些判决,可以成为以后审判同类案件具有法律拘束力的根据。一国法院的判例能否成为该国涉外(国际)民事诉讼的渊源,在国际社会是有不同看法的。在英美法系国家,原本就是以判例法为主,判例自然成为涉外(国际)民事诉讼法的主要渊源,其他资本主义国家一般也承认判例具有拘束力。

但是由于判例零乱分散,且互相抵触,使用不便,因而这些国家的学者就承担起编纂判例的任务。例如英国学者戴西于 1896 年编著出版的《冲突法论》(该书自 1949 年起由莫里斯等人相继予以修订,至 1988 年已出到第 11 版)以及 1971 年由美国哥伦比亚大学法学院里斯教授担任报告员所出版的《美国第二部冲突法重述》

等书中便汇集了大量的涉外民事诉讼法方面的判例。

大陆法系国家固然以成文法为主,但涉外民事诉讼法领域也在一定程度上依赖判例。比如在日本,由于有关涉外民事诉讼法的规定未臻完备,故一般依学说及具体案件的判例来加以解决。日本于1967年出版的《涉外判例百选》便汇集了很多涉外民事诉讼法方面的判例。

我国目前尚不承认判例可以作为法律的形式渊源,但学者普遍认为应重视判例的作用,因为在涉外民事诉讼中,涉及的社会关系相当繁杂广泛,立法者不可能预见并规定一切可能发生的情况,光靠成文法不足以应付司法实践之需要,在必要时,应该允许法院通过判例来弥补成文法的不足。

三、国际条约

国际条约是涉外民事诉讼法最主要的国际渊源。自从19世纪中期开始,人们一直致力于通过缔结多边或双边国际条约以谋求在一定范围内的各国有关涉外民事诉讼程序法方面的统一。目前世界上包含有涉外民事诉讼法规范的国际条约很多,比较重要的多边国际条约主要有:(1)1928年在哈瓦那缔结的《布斯达曼特法典》中的第4卷,即"国际诉讼法";(2)1954年在海牙缔结的《民事诉讼程序公约》;(3)1965年在海牙缔结的《协议选择法院公约》;(4)1965年在海牙缔结的《关于向国外送达民事或商事司法文书和司法外文书公约》;(5)1968年在布鲁塞尔缔结的《关于民商事件管辖权及判决执行的公约》;(6)1970年在海牙缔结的《民商事件国外调取证据的公约》;(7)1971年在海牙缔结的《民商事件外国判决的承认和执行公约》及其《附加议定书》;(8)1980年在海牙缔结的《国际司法救助公约》。

自1949年以来,我国积极参与国际事务,尤其是在20世纪80年代以后,我国已经缔结或参加并将更积极地缔结或参加国际条约。如我国已于1991年批准加入了《民商事件诉讼和非诉讼文件国外送达公约》,并且跟法国、波兰、蒙古、比利时、罗马尼亚、意大利、西班牙、俄罗斯、土耳其、古巴、泰国、埃及、保加利亚、白俄罗斯、哈萨克斯坦、乌克兰等国家签署了双边司法协助条约。其中,中法、中波、中蒙三个司法协助协定已生效。

根据"条约必须信守"的国际法原则,我国缔结或参加的有关涉外民事诉讼方面的国际条约都必须遵守。对此,我国《民事诉讼法》第260条规定:"中华人民共和国缔结或者参加的国际条约同本法有不同规定的,适用该国际条约的规定,但中华人民共和国声明保留的除外。"

四、国际惯例

国际惯例是在国际交往中经过反复实践所形成的行为规则。恰如《国际法院规约》第38条第1款所述,它是指"作为通例之证明而经接受为法律者"。一般说来,构成国际惯例必须具有两个条件:一是经长期普遍的实践而成为通例,二是必须经国家或当事人接受。

在实体法领域,我国法律明确规定了如果我国法律或我国缔结或参加的国际条约没有规定的,可以适用国际惯例。在涉外民事诉讼中,我国则未予以明确规定。笔者认为,这主要是因为程序法是公法,只具有属地效力,一国即使审理涉外或国际民事案件原则上也只是适用国内的程序法,因而很少考虑到国际社会的通常做法。但如果我国人民法院在审理涉外民事案件时,在程序问题上我国法律或参加的国际条约未予以规定的,则可参照国际惯例办理。

【案例裁决/法律文书摘录】

案例一:

河南省郑州市中级人民法院民事判决书

(2011)郑民三初字第304号

原告 Christopher John Pratt(中文名白旷达),男,1963年10月12日出生,美国公民,护照号为711056338,现住郑州市伏牛路与伊河路交叉口白鸽新园1号楼1202室。

委托代理人常伯阳,河南亚太人律师事务所律师。

委托代理人李双,河南亚太人律师事务所律师。

被告郑州市金水区基石外语培训中心,住所地:郑州市文化路60号。

法定代表人庞明勋。

委托代理人赵玉印、卢红斐,河南中砥律师事务所律师。

原告白旷达诉被告郑州市金水区基石外语培训中心(以下简称基石培训中心)劳务(雇佣)合同纠纷一案,本院受理后,依法组成合议庭,公开开庭审理了本案。原告白旷达及其委托代理人常伯阳,被告基石培训中心的委托代理人赵玉印、卢红斐到庭参加诉讼。本案现已审理终结。

原告白旷达诉称:2008年7月24日,原、被告签订了一份教学聘用合同,合同约定被告向原告支付每月8000元工资,每周20个课时,每月1000元奖金,一年报销机票费用11000元,并提供两居室的公寓以及其他一些零星的费用。在合同期间,原告尽职尽责并按时按质的完成了教学工作,但至今,被告仍未支付原告从2008年8月1日至2009年8月31日的工资及各项费用90917元。为维护原告的权益,诉至法院,请求判令被告:(1)支付原告拖欠工资及其他费用共计90917元;(2)承担本案诉讼费用。庭审中,原告变更第一项诉讼请求的数额为89917元,并陈述该89917元包括以下款项:(1)11个月的奖金11000元;(2)2009年7月、8月的工资16000元;(3)旅行开支15000元(包括机票费11000元和路上费用4000元);(4)超130个课时的超课时费13000元(按每个课时100元课时费计算);(5)缺两次旅游应补助1000元;(6)课间未休息时间共计135个课时,应支付13500元;(7)学校应返还多扣的房租8800元(每月扣800元,共扣了11个月);(8)医疗费用11617元。

被告基石培训中心辩称:(1)被告没有拖欠原告工资,原告在2009年7月以后没有上过一节课,其无权要求被告支付2009年7月、8月的工资。(2)原告要求被告支付的其他费用没有依据:①原告无权要求支付奖金,原告在教学和开会时多次迟到或缺席,不符合合同约定的领取奖金的条件;②被告早已通知原告领取报销机票,但原告至今未去领取;③被告无义务为原告报销医疗费用;④应当支付的超课时费被告已经支付;⑤旅行不是必需的;⑥课间休息是由教师自行安排的,合同未约定课间不休息给予补助;⑦关于房租问题,合同约定的是两居室房,但实际被告帮原告租的房屋是三居室的,被告为此每月支付房租2000元,多支付的900元被告每月从原告工资中扣除。(3)聘请律师和翻译是原告的单方行为,律师费和翻译费应由原告自己承担。请求驳回原告的诉讼请求。

第一章 涉外民事诉讼法的一般问题

本院经审理查明：2008年7月21日，基石培训中心与白旷达（Christopher John Pratt）在郑州签订了一份合同，合同约定：基石培训中心聘请白旷达（美国籍）为教师。合同期限自2008年8月1日起至2009年8月31日止。白旷达的月薪为8000元。双方还约定发生合同纠纷若协商、调解无效，可向国家外国专家局设立的外国文教专家事务仲裁机构申请仲裁。除此，合同附件A约定：白旷达应接受并完成每周20小时的授课任务，两节课之间的15分钟休息时间包括在课时之内；在每学期的期末白旷达应收到每月1000元的绩效奖金。只有白旷达遵守了附件B（教师职责）和附件C（员工守则）才能领到绩效奖金；如白旷达每周上课时间超过20个课时，超出部分基石培训中心将按照每小时100元的标准支付报酬。只有在双方协商一致时才能给白旷达分配额外的课时；基石培训中心将向白旷达提供至白旷达家乡所在城市或其他约定目的地的经济舱往返机票的费用。如果白旷达已经在中国而不需回国，基石培训中心将向白旷达提供11000元的旅行补贴；基石培训中心应向白旷达提供3次河南省内旅游。这些旅游不是必需的，如果白旷达选择不参加这些旅游也不会得到经济方面的补偿；基石培训中心每月应为白旷达提供1000元的住房费用。基石培训中心应帮助白旷达找到一处家具齐全的带厨房和卫生间的两居室公寓，白旷达将自行支付房租和其他设施的费用（天然气、水、电、电话等费用）。

庭审中，白旷达为证明其主张的超课时费向法院提交E-mail打印件数张，上面没有基石培训中心的签章。基石培训中心向法院提交房屋出租方陈予梅的证言一份，证明基石培训中心为白旷达租赁的房屋为三室一厅，租金为每月2000元。

再查明，外国文教专家事务仲裁机构已撤销。

以上事实有合同及附件A、E-mail打印件、证人证言、庭审笔录等在卷为证。

本院认为：因白旷达是美国公民，依据最高人民法院关于适用《中华人民共和国民事诉讼法》若干问题的意见第三百零四条的规定，当事人一方或双方是外国人、无国籍人、外国企业或组织，或者当事人之间的民事法律关系的设立、变更、终止的法律事实发生在外国，或诉讼标的物在外国的，为涉外案件，故本案属于涉外案件。由于双方当事人没有选择处理合同争议所适用的法律，而本案属于劳务合同纠纷，劳动者的工作地在中国河南省郑州市，依照《中华人民共和国涉外民事关系法律适用法》第四十三条的规定,本案应适用中华人民共和国内地法律来调整。

基石培训中心与白旷达于2008年7月21日签订的合同,系双方当事人的真实意思表示,且不违反国家法律、行政法规的强制性规定,为有效合同。白旷达要求基石培训中心支付工资及其他费用89917元,对于白旷达所罗列的上述款项的各组成部分,本院认定如下:(1)关于工资问题。虽然合同约定的聘用期为2008年8月1日至2009年8月31日,但庭审中,白旷达认可2009年7月、8月其在基石培训中心没有课程,故白旷达要求基石培训中心支付该两个月的工资缺乏事实依据,本院不予支持。(2)关于奖金问题。合同约定发放奖金的条件是遵守附件B和附件C,基石培训中心认为白旷达在教学和开会时多次迟到或缺席,不符合合同约定的领取奖金的条件。由于基石培训中心未提交有效的合同附件B和附件C,故对于白旷达是否符合领取奖金的条件,法院无法予以认定,对此,基石培训中心应当承担举证不能的不利后果。白旷达主张的奖金数额为11000元,但由于2009年7月、8月其没有授课,故对于该两月的工资,本院不予支持,综上,基石培训中心应当向白旷达支付奖金9000元。(3)关于旅行开支。由于白旷达没有出行,依据合同约定,基石培训中心应当向白旷达支付11000元旅行补贴。白旷达主张的4000元路上费用没有合同依据,本院不予支持。(4)关于超课时费。合同附件A约定,只有在双方协商一致时才能给白旷达分配额外的课时,而白旷达向法院提交的E-mail打印件上没有基石培训中心的签章确认,且基石培训中心不予认可,故原告主张的超课时费因证据不足,本院不予支持。(5)关于房租问题。虽然合同约定由基石培训中心为白旷达提供每月1000元住房费用,但双方均认可,实际上基石培训中心为白旷达提供的是住房。基石培训中心辩称其为白旷达提供的住房租金为每月2000元,超过了双方约定的租金数额,故每月从白旷达的工资中扣了900元房租,基石培训中心为此提交了房东出具的证言。由于证人未出庭作证,在没有其他证据相佐证的情况下,基石培训中心的上述辩解理由不能成立。白旷达关于返还租金8800元(每月800元,共11个月)的诉请,本院予以支持。(6)关于白旷达主张的课间未休息的课时费、省内两次旅游的补助、医疗费,由于没有合同依据,本院均不予支持。综上,本院认为,基石培训中心应当向白旷达支付奖金9000元、机票费11000元、返还房租8800元,共计28800元。依据《中华人民共和国合同法》第六十条、第一百零七条,《中华人民共和国涉外民事关系法律适用法》第四十三条,《最高人民法院关于民事诉讼证据的若干规定》第二条、第六十九条,《最高人民法院关于适用〈中华人民共和国民事诉讼法〉若干问题的意见》第三百零四条之规定,判决如下:

一、被告郑州市金水区基石外语培训中心于本判决生效后十日内支付原告白旷达相关费用共计人民币二万八千八百元。

二、驳回原告白旷达的其他诉讼请求。

如果被告郑州市金水区基石外语培训中心未按本判决指定的期间履行给付金钱义务,应当依照《中华人民共和国民事诉讼法》第二百三十二条之规定,加倍支付迟延履行期间的债务利息。

案件受理费2189元,由原告白旷达负担1496元,被告郑州市金水区基石外语培训中心负担693元。

如不服本判决,白旷达可在判决书送达之日起三十日内,郑州市金水区基石外语培训中心可在判决书送达之日起十五日内,向本院递交上诉状一式八份,上诉于河南省高级人民法院。

审判长　朱　梅
审判员　董小斐
审判员　龚　磊
二〇一一年五月三日
书记员　元　阳

案例二:

北京市第一中级人民法院民事判决书

(2012)一中民初字第5442号

原告 KOYJ CO.,LTD.。

法定代表人赵宰亨,代表理事。

委托代理人朱金峰,北京市经天纬文律师事务所律师。

涉外民事诉讼法律实务

委托代理人柳某,女,1982年2月18日出生,汉族,北京市经天纬文律师事务所律师。

被告北京世元达电子技术有限公司。

原告KOYJ CO.,LTD(以下简称KOYJ)与被告北京世元达电子技术有限公司(以下简称世元达公司)国际货物买卖合同纠纷一案,本院于2012年3月31日受理后,依法组成由法官常洁担任审判长,法官梁睿、人民陪审员李勇参加的合议庭审理了本案。本案审理过程中,本院依法变更合议庭组成人员,依法组成由法官常洁担任审判长、法官梁睿、吴扬新组成的合议庭审理了本案。

关于管辖权问题,因原告KOYJ系在大韩民国注册成立的公司并且系以国际货物买卖合同纠纷为由提起的本案诉讼,因此,本案具有涉外因素,属于涉外民商事纠纷。根据《最高人民法院关于涉外民商事案件诉讼管辖若干问题的规定》第一条关于涉外民商事案件由直辖市所在地中级人民法院管辖的规定以及《中华人民共和国民事诉讼法》第二百三十五条关于在中华人民共和国领域内进行涉外民事诉讼,适用本编规定,本编没有规定的,适用本法其他有关规定的规定,依据《中华人民共和国民事诉讼法》第二章第二节第二十二条第二款关于对法人提起的民事诉讼,由被告住所地人民法院管辖的规定,本案被告世元达公司的住所地位于中华人民共和国北京市北京经济技术开发区永昌南路34号,属本院辖区,故本院对本案有管辖权。

本院于2012年6月6日第一次公开开庭审理本案,原告KOYJ的委托代理人朱金峰到庭参加了诉讼,被告世元达公司经本院传票传唤,无正当理由拒不到庭应诉,本院依法缺席审理。同年11月5日本院第二次公开开庭审理本案,原告KOYJ的委托代理人朱金峰到庭参加了诉讼,被告世元达公司经本院依法公告送达传票传唤,无正当理由拒不到庭应诉,本院依法缺席审理。本案现已审理完毕。

原告KOYJ起诉称:KOYJ与世元达公司自2009年11月27日开始进行涉外贸易。KOYJ向世元达公司销售HT190WG1-600、602,HT190WG3-101、602,HT140WXB-501棱镜片(塑料制增光片)产品。2011年4月至7月31日期间,KOYJ向世元达公司销售HT190WG1-600、602型棱镜片152319片,单价0.63美元;HT190WG3-101型棱镜片52000片,单价0.75美元;HT190WG3-602型棱镜片10000片,单价0.63美元;HT140WXB-501型棱镜片220000片,单价0.43美元。KOYJ向世元达公司销售货物均签订书面合同书,结账期限为每次货到世元达公司后60日内结账。世元达公司向KOYJ发出购货订单后,KOYJ全面按照订单上的数量及型号向世元达公司履行供货义务。截止起诉时止,世元达公司尚欠KOYJ货款235860.97美元。KOYJ多次向世元达公司催要上述货款,世元达公司一直不予支付。诉讼请求:(1)依法判令世元达公司给付货款235860.97美元;(2)依法判令世元达公司承担本案诉讼费用。诉讼中,KOYJ变更其诉讼请求第一项的数额为233967.61美元。

原告KOYJ向本院提交以下证据予以证明:

一、编号为2787的公证书,证明KOYJ向世元达公司提供HT190WG1-602棱镜片7000片,合计4410美元;

二、编号为8554的公证书,证明KOYJ向世元达公司提供HT190WG3棱镜片17000片,合计12750美元;

三、编号为8555的公证书,证明KOYJ向世元达公司提供HT190WG1棱镜片25400片,合计16002美元;

四、编号为8556的公证书,证明KOYJ向世元达公司提供HT190WG1棱镜片16000片,合计10080美元;

五、编号为8557的公证书,证明KOYJ向世元达公司提供HT190WG1棱镜片13000片,合计8190美元;

六、编号为8558的公证书,证明KOYJ向世元达公司提供HT140WXB-501棱镜片60000片,合计25800美元;

七、编号为8559的公证书,证明KOYJ向世元达公司提供HT140WXB-501棱镜片100000片,合计43000美元;

八、编号为8560的公证书,证明KOYJ向世元达公司提供HT190WG1-600棱镜片39319片,合计24770.97美元;

九、编号为8561的公证书,证明KOYJ向世元达公司提供HT190WG3-101棱镜片20000片,合计15000美元;

十、编号为8562的公证书,证明KOYJ向世元达公司提供HT190WG1棱镜

片8600片,合计5418美元;

十一、编号为8563的公证书,证明KOYJ向世元达公司提供HT190WG3棱镜片3000片,合计2250美元;

十二、编号为8564的公证书,证明KOYJ向世元达公司提供HT190WG1棱镜片20000片,合计12600美元;

十三、编号为8565的公证书,证明KOYJ向世元达公司提供HT190WG1-602棱镜片10000片,合计6300美元;

十四、编号为8566的公证书,证明KOYJ向世元达公司提供HT190WG1-600棱镜片20000片(12600美元),HT140WXB-501棱镜片60000片(25800美元),合计38400美元;

十五、编号为8567的公证书,证明KOYJ向世元达公司提供HT190WG3-101棱镜片12000片,合计9000美元;

十六、编号为8568的公证书,证明KOYJ向世元达公司提供HT190WG1-602棱镜片3000片,合计1890美元;

十七、往来邮件,证明世元达公司承认拖欠KOYJ货款;

十八、对账单,证明世元达公司所欠货款金额为235860.97美元;

十九、货物签收单12份,证明世元达公司签收了KOYJ所供货物;

二十、《中华人民共和国国务院公报》(1990年第8号,第290~315页)及中华人民共和国北京市方正公证处作出的(2012)京方正内民证字第13152号公证书,证明《联合国国际货物销售合同公约》的条文内容,中华人民共和国中央人民政府已核准该公约,大韩民国已批准、加入该公约。

被告世元达公司既未作出答辩,亦未参加本院庭审。

经本院庭审质证,本院审查认为:原告KOYJ提交全部证据具有真实性、合法性及与本案的关联性,应予以确认。

本院根据上述认证查明,KOYJ与世元达公司于2011年7月29日签订编号为SYD104-ON的《合同》,约定:(1)KOYJ向世元达公司提供型号为:HT190WG1-602的棱镜片,数量为7000,单价为0.63美元,总价为4410美元;(2)装船日期为2011年7月31日,装货港:韩国仁川,交货地为:中国北京,付款方式为:T/T 每月结后 60 天。

KOYJ 与世元达公司于 2011 年 4 月 25 日签订编号为 SYD123-ON 的《合同》,约定:(1)KOYJ 向世元达公司提供型号为:HT190WG3 的棱镜片,数量为 17000,单价为 0.75 美元,总价为 12750 美元;(2)装船日期为 2011 年 4 月 26 日,装货港:韩国仁川,交货地为:中国北京,付款方式为:每月结账后 60 天电汇付款。

KOYJ 与世元达公司于 2011 年 4 月 28 日签订编号为 SYD125-ON 的《合同》,约定:(1)KOYJ 向世元达公司提供型号为:HT190WG1 的棱镜片,数量为 25400,单价为 0.63 美元,总价为 16002 美元;(2)装船日期为 2011 年 4 月 29 日,装货港:韩国仁川,交货地为:中国北京,付款方式为:每月结账后 60 天电汇付款。

KOYJ 与世元达公司于 2011 年 5 月 18 日签订编号为 SYD-KOYJ-110519 的《合同》,约定:(1)KOYJ 向世元达公司提供型号为:HT190WG1-602 的棱镜片,数量为 16000,单价为 0.63 美元,总价为 10080 美元;(2)装船日期为 2011 年 5 月 19 日,装货港:韩国仁川,交货地为:中国北京,付款方式为:每月结账后 60 天电汇付款。

KOYJ 与世元达公司于 2011 年 5 月 29 日签订编号为 SYD135-ON 的《合同》,约定:(1)KOYJ 向世元达公司提供型号为:HT190WG1 的棱镜片,数量为 13000,单价为 0.63 美元,总价为 8190 美元;(2)装船日期为 2011 年 5 月 31 日,装货港:韩国仁川,交货地为:中国北京,付款方式为:每月结账后 60 天电汇付款。

KOYJ 与世元达公司于 2011 年 6 月 17 日签订编号为 SYD139-ON 的《合同》,约定:(1)KOYJ 向世元达公司提供型号为:HT140WXB-501 的棱镜片,数量为 60000,单价为 0.43 美元,总价为 25800 美元;(2)装船日期为 2011 年 6 月 18 日,装货港:韩国仁川,交货地为:中国北京,付款方式为:每月结账后 60 天电汇付款。

KOYJ 与世元达公司于 2011 年 7 月 14 日签订编号为 SYD139-ON 的《合同》,约定:(1)KOYJ 向世元达公司提供型号为:HT140WXB-501 的棱镜片,数量为 100000,单价为 0.49 美元,总价为 49000 美元;(2)装船日期为 2011 年 7 月 14 日,装货港:韩国仁川,交货地为:中国北京,付款方式为:每月结账后 60 天电汇付款。诉讼中,KOYJ 认可该合同项下的实际发货数额为 43000 美元。

KOYJ与世元达公司于2011年7月22日签订编号为SYD135-ON的《合同》,约定:(1)KOYJ向世元达公司提供型号为:HT190WG1-600的棱镜片,数量为39319,单价为0.63美元,总价为24770.97美元;(2)装船日期为2011年7月22日,装货港:韩国仁川,交货地为:中国北京,付款方式为:每月结账后60天电汇付款。

KOYJ与世元达公司于2011年7月29日签订编号为SYD127-ON、SYD123-ON的《合同》,约定:(1)KOYJ向世元达公司提供型号为:HT190WG3-101的棱镜片,数量为20000,单价为0.75美元,总价为15000美元;(2)装船日期为2011年7月29日,装货港:韩国仁川,交货地为:中国北京,付款方式为:每月结账后60天电汇付款。

KOYJ与世元达公司于2011年4月26日签订编号为SYD125-ON的《合同》,约定:(1)KOYJ向世元达公司提供型号为:HT190WG1的棱镜片,数量为8600,单价为0.63美元,总价为5418美元;(2)装船日期为2011年4月28日,装货港:韩国仁川,交货地为:中国北京,付款方式为:每月结账后60天电汇付款。

KOYJ与世元达公司于2011年5月11日签订编号为SYDKOYJ-110513的《合同》,约定:(1)KOYJ向世元达公司提供型号为:HT190WG3的棱镜片,数量为3000,单价为0.75美元,总价为2250美元;(2)装船日期为2011年5月13日,装货港:韩国仁川,交货地为:中国北京,付款方式为:每月结账后60天电汇付款。

KOYJ与世元达公司于2011年5月20日签订编号为SYD135-ON的《合同》,约定:(1)KOYJ向世元达公司提供型号为:HT190WG1的棱镜片,数量为20000,单价为0.63美元,总价为12600美元;(2)装船日期为2011年5月21日,装货港:韩国仁川,交货地为:中国北京,付款方式为:每月结账后60天电汇付款。

KOYJ与世元达公司于2011年6月15日签订编号为SYD143-ON的《合同》,约定:(1)KOYJ向世元达公司提供型号为:HT190WG1-602的棱镜片,数量为10000,单价为0.63美元,总价为63000美元;(2)装船日期为2011年6月15日,装货港:韩国仁川,交货地为:中国北京,付款方式为:每月结账后60天电汇付款。

KOYJ与世元达公司于2011年6月29日签订编号为SYD135-ON、SYD139-

ON 的《合同》,约定:(1)KOYJ 向世元达公司提供型号为:HT190WG1-600 的棱镜片,数量为 20000,单价为 0.63 美元,总价为 12600 美元;HT140WXB-501 的棱镜片,数量为 60000,单价为 0.43 美元,总价为 25800 美元;(2)装船日期为 2011 年 6 月 29 日,装货港:韩国仁川,交货地为:中国北京,付款方式为:每月结账后 60 天电汇付款。

KOYJ 与世元达公司于 2011 年 7 月 14 日签订编号为 SYD123-ON 的《合同》,约定:(1)KOYJ 向世元达公司提供型号为:HT190WG3-101 的棱镜片,数量为 12000,单价为 0.75 美元,总价为 9000 美元;(2)装船日期为 2011 年 7 月 14 日,装货港:韩国仁川,交货地为:中国北京,付款方式为:每月结账后 60 天电汇付款。

KOYJ 与世元达公司于 2011 年 7 月 29 日签订编号为 SYD104-ON 的《合同》,约定:(1)KOYJ 向世元达公司提供型号为:HT190WG1-602 的棱镜片,数量为 3000,单价为 0.63 美元,总价为 1890 美元;(2)装船日期为 2011 年 7 月 29 日,装货港:韩国仁川,交货地为:中国北京,付款方式为:每月结账后 60 天电汇付款。

诉讼中,KOYJ 称其向世元达公司交付的货物总金额为 235860.97 美元。KOYJ 提供的邮件显示,世元达公司的工作人员王大永向 KOYJ 的工作人员洪铭晨发送电子邮件确认的世元达公司拖欠 KOYJ 的货款金额为 233967.61 美元,KOYJ 的工作人员洪铭晨回复称扣除残次品及单价补偿部分,欠款金额为 233967.61 美元。

诉讼中,KOYJ 变更其诉讼请求的数额为 233967.61 美元。本院于 2012 年 4 月 26 日向世元达公司留置送达了起诉状及证据等诉讼材料。

诉讼中,KOYJ 向本院提交了其在中华人民共和国国家图书馆科技查新中心复制的《联合国国际货物销售合同公约》及《核准书》[载于中《中华人民共和国国务院公报》(1990 年第 8 号)]的全部条文及中华人民共和国政府对前述公约的核准书。

本院经审查认为,前述公约中涉及本案争议的条款包括:第一部分适用范围和总则。第一章适用范围,第一条(1)本公约适用于营业地在不同国家的当事人之间所订立的货物销售合同:(a)如果这些国家是缔约国;或(b)如果国际私法规则导致适用某一缔约国的法律。第二条,本公约不适用于以下的销售:(a)购买供私人、家人或家庭使用的货物的销售,除非卖方在订立合同前任何时候或订立合同时不知道而且没有理由知道这些货物是购供任何这种使用;(b)经由拍卖的销售;(c)根据法律执行令状或其他令状的销售;(d)公债、股票、投资证券、流通票据或货币的销售;(e)船舶、船只、气垫船或飞机的销售;(f)电力的销售。第二章总则。第七条:(1)在解释本公约时,应考虑到本公约的国际性质和促进其适用的统一以及在国际贸易上遵守诚信的需要。(2)凡本公约未明确解决的,属于本公约范围的问题,应按照本公约所依据的一般原则来解决,在没有一般原则的情况下,则应按照国际私法规定适用的法律来解决。第十一条:销售合同无须以书面订立或书面证明,在形式方面也不受任何其他条件的限制。销售合同可以用包括人证在内的任何方法证明。第二部分合同的订立。第十四条:(1)向一个或一个以上特定的人提出的订立合同的建议,如果十分确定并且表明发价人在得到接受时承受约束的意旨,即构成发价。一个建议如果写明货物并且明示或暗示地规定数量和价格或规定如何确定数量或价格,即为十分确定。第十五条:(1)发价于送达被发价人时生效。第三部分货物销售。第二章:卖方的义务。第三十条:卖方必须按照合同和本公约的规定,交付货物,移交一切与货物有关的单据并转移货物所有权。第三十三条:卖方必须按以下规定的日期交付货物:(a)如果合同规定有日期,或从合同可以确定日期,应在该日期交货;(b)如果合同规定有一段时间,或从合同可以确定一段时间,除非情况表明应由买方选定一个日期外,应在该段时间内任何时候交货;或者(c)在其他情况下,应在订立合同后一段合理时间内交货。第三十八条:(1)买方必须在按情况实际可行的最短时间内检验货物或由他人检验货物。(2)如果合同涉及货物的运输,检验可推迟到货物到达目的地后进行。第三十九条:(1)买方对货物不符合同,必须在发现或理应发现不符情形后一段合理时间内通知卖方,说明不符合同情形的性质,否则就丧失声称货物不符合同的权利。(2)无论如何,如果买方不在实际收到货物之日起两年内将货物不符合同情形通知卖方,他就丧失声称货物不符合同的权利,除非这一时限与合同规定的保证期限不符。第三章:买方的义务。第五十三条:买方必须按照合同和本公约规定支付货物价款和收取货物。第一节:支付价款。第五十四条:买方支付价款的义务包括根据合同或任何有关法律和规章规定的步骤和手续,以便支付价款。第三节:买方违反合同的补救方法。第

第一章 涉外民事诉讼法的一般问题

六十二条:卖方可以要求买方支付价款、收取货物或履行其他的义务,除非卖方已采取与此一要求相抵触的某种补救方法。第五章:卖方和买方义务的一般规定。第三节:利息。第七十八条:如果一方当事人没有支付价款或任何其他拖欠金额,另一方当事人有权对这些款额收取利息,但不妨碍要求按照第七十四条规定可以取得的损害赔偿。第四部分最后条款:任何国家在交存其批准书、授受书、核准书或加入书时,可声明它不受本公约第一条第(1)款(b)项的约束。

中华人民共和国原外交部部长吴学谦于1986年11月26日向原联合国秘书长佩雷斯·德奎利亚尔提交了《核准书》:中华人民共和国务院已核准中华人民共和国政府代表凌青于1981年9月30日签署的1980年4月11日订于维也纳的《联合国国际货物销售合同公约》,并声名不受该公约第一条第(1)款(b)、第十一条以及与第十一条内容有关的规定的约束。

诉讼中,KOYJ向本院提交了中华人民共和国北京市方正公证处作出的(2012)京方正内民证字第13152号公证书,该公证书显示在联合国国际贸易法委员会的官方网站(http://www.uncitral.org)中的"贸易法委员会法规及其状况"项下的"国际货物销售(销售公约)"项下的"1980—联合国国际货物销售合同公约"项下的"状况"中显示中华人民共和国政府已核准《联合国国际货物销售合同公约》[对公约第一条第(1)款(b)、第十一条以及与第十一条内容有关的规定进行了保留],大韩民国已批准、加入《联合国国际货物销售合同公约》(未做保留)。

上述事实,有当事人提交的上述证据和当事人陈述意见在案佐证。

关于法律适用问题中的程序法律适用问题,本院认为,依照《中华人民共和国民事诉讼法》第四编第二百三十五条关于在中华人民共和国领域内进行涉外民事诉讼,适用本编规定;本编没有规定的,适用本法其他有关规定的规定,审理本案的程序法为《中华人民共和国民事诉讼法》第四编关于涉外民事诉讼程序的特别规定以及该法其他有关规定。

关于法律适用问题中的主体资格确认问题,本院认为,依据《中华人民共和国涉外民事关系法律适用法》第十四条关于法人的民事权利能力、民事行为能力适用登记地法律的规定,KOYJ系在大韩民国注册登记成立的有限公司,取得了法人事业者登记证(登记编号:303-85-22365,法人登记编号:280111-0073830),因此,

涉外民事诉讼法律实务

KOYJ具有相应的民事权利能力及民事行为能力。世元达公司系依据《中华人民共和国公司法》在中国大陆注册登记成立的有限责任公司,依据该法规定世元达公司具有相应的民事权利能力及民事行为能力。

关于法律适用问题中的准据法确定问题,本院认为,依据《中华人民共和国民法通则》第一百四十二条第二款关于中华人民共和国缔结或者参加的国际条约同中华人民共和国的民事法律有不同规定的,适用国际条约的规定,但中华人民共和国声明保留的条款除外的规定,本院认为凡是中华人民共和国缔结或者参加并已对中华人民共和国生效的国际条约,与中华人民共和国法律就同一事项有不同规定时,优先适用国际条约的规定。但是,中华人民共和国声明保留的条款除外。本案中,世元达公司的营业地位于中华人民共和国,KOJY的营业地位于大韩民国,中华人民共和国政府已核准《联合国国际货物销售合同公约》,大韩民国已批准、加入《联合国国际货物销售合同公约》。因此,解决本案争议的准据法为《联合国国际货物销售合同公约》(除中华人民共和国声名保留的条款外)。

关于双方争议法律关系的性质,本院认为,依据《中华人民共和国涉外民事关系法律适用法》第八条关于涉外民事关系的定性,适用法院地法律的规定,对世元达公司与KOYJ之间的法律关系性质的认定,应适用中华人民共和国法律。依据《中华人民共和国合同法》第九章关于买卖合同的规定及中华人民共和国最高人民法院《关于修改〈民事案件案由规定〉的决定》的有关规定,本案属于国际货物买卖合同纠纷。

关于《联合国国际货物销售合同公约》的内容查明问题,本院认为,KOYJ向本院提交了其在中华人民共和国国家图书馆科技查新中心复制的《联合国国际货物销售合同公约》及《核准书》的全部内容[《中华人民共和国国务院公报》(1990年第8号)]。本院经审查认为,《中华人民共和国国务院公报》是中华人民共和国国务院办公厅编辑出版的面向国内外(国内统一刊号CN11-1611,国内代号2-2,国外代号N311)公开发行的中华人民共和国中央人民政府出版物,其刊载的《联合国国际货物销售合同公约》及《核准书》的内容为标准文本,具有权威性。因此,本院认为《联合国国际货物销售合同公约》的内容已得到查明,可以直接作为本案的法律依据。

第一章 涉外民事诉讼法的一般问题

本院认为：大韩民国的 KOYJ 向中华人民共和国的世元达公司提供货物，并明确了供货的单价与数量，因此，KOYJ 与世元达公司法律关系的性质为国际货物买卖合同关系，该买卖合同关系的订立符合《联合国国际货物销售合同公约》第十四条(1)及第十五条(1)规定的合同订立程序，该合同关系的内容不违反《联合国国际货物销售合同公约》的规定，应属有效。

KOYJ 向世元达公司分批次发送了金额总计为 235860.97 美元的货物，扣除残次品及单价补偿后金额为 233967.61 美元。世元达公司理应按照合同约定在每月结账后的 60 日内电汇付款，世元达公司拖欠货款的行为应属违约。KOYJ 要求世元达公司支付前述欠款的请求符合《联合国国际货物销售合同公约》第五十三条关于买方必须按照合同支付货物价款的规定。

综合上述，原告 KOYJ 的诉讼请求有事实及法律依据，本院予以支持。依照《联合国国际货物销售合同公约》第十四条(1)、第十五条(1)、第五十三条，《中华人民共和国民法通则》第一百四十二条第二款，《中华人民共和国涉外民事关系法律适用法》第八条、第十四条，《中华人民共和国民事诉讼法》第二十二条第二款、第一百三十条、第二百三十五条之规定，缺席判决如下：

被告北京世元达电子技术有限公司于本判决生效之日起七日内给付原告 KOYJ CO.,LTD 货款二十三万三千九百六十七美元六十一美分。

如果北京世元达电子技术有限公司未按本判决指定的期间履行给付金钱义务，应当依照《中华人民共和国民事诉讼法》第二百二十九条之规定，加倍支付迟延履行期间的债务利息。案件受理费人民币一万八千二百四十二元，由被告北京世元达电子技术有限公司负担（于本判决生效后七日内交纳至本院）。

KOYJ CO.,LTD 如不服本判决，可在判决书送达之日起三十日内；北京世元达电子技术有限公司如不服本判决，可在判决书送达之日起十五日内，向本院递交上诉状，并按对方当事人的人数提出副本，同时按照不服本判决部分的上诉请求数额，交纳上诉案件受理费，上诉于中华人民共和国北京市高级人民法院。上诉期满后七日内仍未交纳上诉案件受理费的，按自动撤回上诉处理。

审判长　常　洁
代理审判员　梁　睿

代理审判员　吴扬新
二〇一二年十一月五日
书记员　宋思文

【延伸阅读】

一、学术论文、专著(权威论著)

1. 徐冬根、单海玲、刘晓红:《国际公约与国际惯例(国际私法卷)》,法律出版社1998年版。
2. 刘仁山:《国际民商事程序法通论》,中国法制出版社2000年版。
3. 李双元:《国际民事诉讼法概论》,武汉大学出版社2001年版。

二、网络链接

1. http://www.unidroit.org 罗马国际统一私法学会
2. http://www.cupl.edu.cn 中国政法大学国际私法研究所

第三节　涉外民事诉讼的基本原则

【知识背景/点】

涉外民事诉讼的基本原则,是指贯穿于涉外民事诉讼各个方面和各个阶段的,法院、当事人以及其他诉讼参与人都必须遵循的,对涉外民事诉讼具有指导意义的准则。一般认为,涉外民事诉讼应当遵循以下几个基本原则:

涉外民事诉讼的基本原则,应该是作为涉外民事诉讼程序具体规定或制度基础的,贯穿于涉外民事诉讼程序的各个领域始终的,并具有普遍的立法和司法指导意义的那些根本性的原则。根据我国2012年颁布的《民事诉讼法》第四编及有关规定,我国的涉外民事诉讼程序或者说在我国进行涉外民事诉讼应该遵循以下几

第一章 涉外民事诉讼法的一般问题

项基本原则,即国家主权原则、平等与对等原则、国际条约优先和国际惯例补遗原则、便利当事人与便利法院司法原则。

当然,我国人民法院审理涉外民事案件,除遵循上述基本原则外,还应遵守我国民事诉讼法规定的诸如法院依法独立进行审判、辩论原则等,但这些非涉外民事诉讼中特有的基本原则,故不再叙述。

一、国家主权原则

国家主权在涉外民事诉讼中表现为国家的司法主权,即一个主权国家对位于其境内的人和物以及发生在其境内的事件和行为拥有不受外国干涉的裁判权,且任何外国不得在其境内享有裁判权。具体讲,在涉外民事诉讼中,国家主权原则的内容主要包括:主权国家的法院依本国法律独立自主地对有关的国际民事案件行使司法管辖权;除条约另有规定外,诉讼程序依法院地法;外国人在内国进行民事诉讼活动时,必须遵守内国法律法令,其诉讼活动不得损害内国的主权和独立,不得违反内国的公共利益和公共秩序;主权国家及其财产享有不受他国法院管辖的特权与豁免;一国法院认为外国法院提出的司法协助请求违背本国公共秩序时,有权拒绝给予协助;一国法院认为外国法院的判决损害本国主权、安全和利益时,有权拒绝予以承认和执行。

国家主权原则原本是调整国际公法、国际私法关系的最基本原则,现代国际法就是建立在国家主权原则基础之上的。涉外民事诉讼因为具有涉外因素,涉及不同国家的司法管辖权,因此国家主权原则当然成为涉外民事诉讼程序的首要基本原则。

国家主权原则要求在涉外民事诉讼中保持国家的司法独立,国家享有独立而完整的司法管辖权。如果一个国家的司法主权不独立,不能充分和完整地行使属地管辖权和属人管辖权,就表明这个国家的主权也是不独立和不完整的。例如,在旧中国,自1840年鸦片战争后,英国率先迫使清政府订立了丧权辱国的《南京条约》,并在通商章程第13条中规定英国在我国享有领事裁判权,自此之后,其他资本主义国家纷纷援例,在我国获取了领事裁判权。当时,不论刑事或民商事案件,凡涉及有关外国的公民,概归各该国领事裁判,中国法院无权过问,这种情况恰好证明旧中国的国家主权的不独立和不完整。

司法主权原则是国家主权原则在涉外民事诉讼中的具体化,它主要表现在以下几个方面:

第一,一国法院在遵循国际法的前提下所享有的对涉外民事案件的司法管辖权不容侵犯和剥夺。根据司法主权原则,国家享有属地管辖权和属人管辖权,亦即:一国法院对位于该国境内的一切人和物,包括外国人和为外国人所有的物,都享有管辖权,但依国际法享有管辖豁免者除外;一国法院对本国公民,即使其位于本国境外,也可行使管辖权,但不应妨碍有关国家对该人行使属地优先管辖权。

此外,为了保护本国的利益,世界各国还规定了本国法院专属管辖的事项。例如我国的新《民事诉讼法》除第 33 条对因不动产、港口作业和继承遗产纠纷而提起的诉讼规定了专属管辖外,还在第 266 条中特别规定:"因在中华人民共和国履行的中外合资经营企业合同、中外合作经营企业合同、中外合作勘探开发自然资源合同发生纠纷提起的诉讼,由中华人民共和国法院管辖。"

第二,一国法院审理涉外民事案件,除国际条约另有规定外,其诉讼程序应适用哪个国家的法律,概由该国的冲突法作出规定。而在实践上,各国法院审理涉外民事案件基本上是只适用法院地的程序法的。我国《民事诉讼法》第 259 条也明确规定:"在中华人民共和国领域内进行涉外民事诉讼,适用本编规定。本编没有规定的,适用本法其他有关规定。"

第三,一国法院审理涉外民事案件,均只使用内国通用的语言、文字进行诉讼活动。用内国语言文字进行诉讼,其要求就是:外国当事人在内国法院进行诉讼活动必须使用内国通用的语言文字;外国法院请求内国法院进行司法协助时,除条约另有规定以外,有关文件须附有内国通用的语言文字的文本;内国法院给予司法协助时,也使用内国的语言文字来进行。(副文:我国《民事诉讼法》第 262 条规定:人民法院审理涉外民事案件时,应当使用中华人民共和国通用的语言、文字。第 278 条规定:外国法院请求人民法院提供司法协助的请求书及其所附文件,应当附有中文译本或者国际条约规定的其他文字文本。人民法院请求外国法院提供司法协助的请求书及其所附文件,应当附有该国文字译本或者国际条约规定的其他文字文本。)

第四,非经内国法院承认,外国法院的判决不能在内国生效,更不能在内国强制执行。如果内国法院认为外国法院判决违反内国国家主权或公共秩序的,可以拒绝承认和执行,我国《民事诉讼法》第282条对此作了明文规定。

二、平等与对等原则

根据这一原则,在涉外民事诉讼中,应给予外国人与内国当事人平等的诉讼权利,不应该歧视外国人,如要求外国人提供诉讼费用担保等。我国《民事诉讼法》第5条第1款就规定,"外国人、无国籍人、外国企业和组织在人民法院起诉、应诉,同中华人民共和国公民、法人和其他组织有同等的诉讼权利义务"。

涉外民事诉讼中的平等与对等原则,是外国人民事法律地位上国民待遇制度的延伸或必然反映。国民待遇制度,亦即平等待遇原则,其核心是所在国应给予外国人以内国公民享有的同等的民事权利地位。在涉外民事诉讼中,国民待遇原则体现为平等原则,所在国应给予外国当事人与内国当事人同等的民事诉讼权利和义务,不应是外国人而采取歧视待遇。

但此种平等的诉讼权利,不是无条件赋予外国诉讼当事人的,必须建立在对等原则的基础上,如一国对另一国当事人的诉讼权利加以限制,则该另一国有权对该国当事人的诉讼权利也作出同样的限制。我国《民事诉讼法》第5条第2款对此作了明确的规定:"外国法院对中华人民共和国公民、法人和其他组织的民事诉讼权利加以限制的,中华人民共和国人民法院对该国公民、企业和组织的民事诉讼权利,实行对等原则。"

平等与对等原则在涉外民事诉讼中主要有如下内容:

第一,在当事人诉讼地位方面,内、外国之间应互相赋予对方国家的当事人以与本国当事人同等的诉讼权利;

第二,如果内国当事人在外国进行诉讼时诉讼权利受到外国法院的限制,则该外国的当事人在内国进行诉讼时,内国法院有权实行对等限制;

第三,国家之间应当在互惠基础上彼此提供司法协助,以保证涉外民事诉讼活动的顺利进行。如果有关国家之间不存在司法协助的互惠关系的,则一国对另一国的司法协助请求有权加以拒绝。

三、国际条约优先和国际惯例补遗原则

在涉外民事诉讼中,信守国际条约的原则是指一国法院在处理涉外民事案件时,对于本国缔结或参加的国际条约中规定的诉讼程序规范,必须严格予以遵守。各缔约国之间,应当根据有关国际条约的规定互相提供诉讼上的便利,以保证涉外民事诉讼活动的顺利进行。

在涉外民事诉讼法领域,为了涉外民事诉讼程序的顺利进行,更好地保护诉讼当事人的权益,国家之间经过努力缔结了大量的有关涉外民事诉讼方面的双边或多边国际条约。根据国际法上的"条约必须信守"原则,有关条约的缔结国和参加国就必须遵守。一般来说,国家是通过以下两种方式承认条约的效力的:一是在缔结或参加某一国际条约后,通过国内立法程序把该国际条约转化为国内立法,予以实施;二是在国内法中原则规定承认国际条约的效力,并在国际条约和国内法发生冲突时,规定优先适用国际条约。我国基本上是采后一种做法。

信守国际条约是我国在对外交往中一贯奉行的原则。凡是我国缔结或参加的国际条约,我国都承认其在我国境内的效力,按照条约的规定予以适用。并且,当我国缔结或参加的国际条约和国内法有不同规定时,则根据条约优先原则适用该国际条约,当然,我国在缔结或参加国际条约时声明保留的条款除外。

由于涉外民事诉讼的复杂多样性以及国内立法的不完备,在国际条约或国内立法没有规定时,国际社会的一般实践认为可采取国际惯例补遗原则。尽管在涉外民事诉讼领域,我国法律并无明文规定这一点,但作者认为,如果我国人民法院在审理涉外民事案件时,对于程序问题,我国缔结或者参加的国际条约和我国法律没有作出规定时,则可参照适用国际惯例,只要该国际惯例的适用不违背我国的公共秩序。

四、便利当事人诉讼和便利法院司法原则

涉外民事诉讼程序的作用在于协助诉讼法律关系的主体更好地查清事实真相,以便正确适用法律。为此,从涉外民事诉讼具有国际性这个前提出发,便利当事人诉讼与便利法院司法也就成了涉外民事诉讼的一个基本原则。此原则要求在

管辖权、期间、司法协助等方面充分考虑当事人的利益,考虑法院审理和执行判决的方便程度。例如我国《民事诉讼法》第268条、第269条规定的在我国境内没有住所的被告提出答辩状的期间、当事人上诉的期间以及被上诉人提出答辩状的期间均为30日,比国内民事诉讼程序中的相应规定多了15日。

【案例裁决/法律文书摘录】

案例一:

广东省广州海事法院民事判决书

(2011)广海法初字第123号

原告:中山市××灯饰有限公司。住所地:广东省中山市古镇海洲东岸北路64号1楼、2楼。

法定代表人:李××,该公司总经理。

委托代理人:付××,广东广鸿律师事务所律师。

委托代理人:冯××,广东广鸿律师事务所律师。

被告:大连山××国际物流有限公司中山分公司。住所地:广东省中山市东区恒信花园B区9栋73-76卡二层商铺222房。

负责人:王××,该分公司经理。

委托代理人:王××,该分公司经理。

被告:大连山××国际物流有限公司。住所地:辽宁省大连市中山区港湾街2号。

法定代表人:赵淑红,该公司总经理。

委托代理人:王××,该公司中山分公司经理。

原告中山市××灯饰有限公司(以下简称××公司)为与被告大连山××国际物流有限公司中山分公司(以下简称山××中山分公司)、大连山××国际物流有限公司(以下简称山××公司)海上货运代理合同纠纷一案,于2010年9月7日向中山市第一人民法院起诉。中山市第一人民法院受理后,山××中山分公司、山××公司在答辩期内提出管辖权异议。中山市第一人民法院作出(2010)中一法民二初字第1754-1号民事裁定书于2011年1月4日将案件移送本院审理。本院受理后依法组成合议庭进行审理,于2011年3月9日召集各方当事人庭前交换证据,并于同日公开开庭进行了审理。本院还于2011年4月11日、12月19日和2012年2月9日就涉案有关事实进行了补充开庭调查。××公司委托代理人付××参加了2011年3月9日的证据交换和开庭,××公司委托代理人冯××和山××中山分公司、山××公司委托代理人王××参加了各次证据交换和开庭。本案现已审理终结。

原告××公司诉称:××公司于2010年6月29日委托山××中山分公司运输1个集装箱的货物至加拿大阿尔伯塔省埃德蒙顿市(Edmonton)。××公司于2010年7月23日支付了运费5350美元,并于2010年8月10日支付了额外费用929美元。但山××中山分公司并未按约定向××公司交付该批货物的提单,致使该批货物的收货人无法提取货物,导致××公司赔偿收货人经济损失15000美元,且损失还在继续扩大。××公司多次要求山××中山分公司交付提单并协商处理赔偿事宜,但均遭到拒绝。山××中山分公司是山××公司的分公司,山××公司应对山××中山分公司的行为承担连带责任。请求判令:(1)山××中山分公司、山××公司向××公司交付运输提单及赔偿××公司的经济损失人民币101550元(15000美元按2010年9月7日美元对人民币汇率折合人民币101550元);(2)山××中山分公司、山××公司承担本案的诉讼费用。

在诉讼过程中,××公司又称,其与 Alberta Ltd.(以下简称阿尔伯塔公司)订立的国际货物买卖合同中约定××公司代为办理租船订舱事宜,故××公司委托山××中山分公司办理涉案货物的全部货运代理事宜,货运代理费用由阿尔伯塔公司先予支付给山××中山分公司,然后再从××公司的货款中扣除。阿尔伯塔公司向山××中山分公司支付了运费5350美元。山××中山分公司在货物到达埃德蒙顿后,不予理睬××公司和阿尔伯特公司"电放"货物的要求,并称若阿尔伯塔公司不支付额外费用将安排其在加拿大的货运代理公司 Harvest Logistics(以下简称 Harvest 物流)扣留货物。××公司安排阿尔伯塔公司于8月10日支付929美元给山××中山分公司后,货物才被放行。××公司与山××中山分公司之间成立货运代理关系,山××中山分公司无故要求××公司支付额外费用后再放货的行为延误了交货时间,违反了货运代理合同义务,导致阿尔伯塔公司损失共18380.97加元,约合人民币120000元。××公司已被阿尔伯塔公司扣除相当于上述损失的货款。因涉案货物已被交付,××公司撤回要求山××中山分公司、山××公司向××公司交付运输提单的诉讼请求,要求山××中山分公司、山××公司连带赔偿××公司的经济损失。

××公司提交了以下证据:(1)山××中山分公司的企业机读档案登记资料和山××公司的企业查询资料各1份;(2)经公证认证的阿尔伯塔公司主体资格的证明;(3)国际货物买卖合同;(4)订单确认单复印件;(5)订舱单确认单复印件、提单样本复印件和原产地证书复印件;(6)装箱单传真件和运费发票传真件;(7)出具时间为2010年7月5日的涉案货物商业发票复印件;(8)5350美元和929美元支付凭证复印件各1份;(9)经公证认证的阿尔伯塔公司的律师Philip H Brose致××公司的律师函及附件;(10)以"特别费用支付证明"为题的电子邮件;(11)××公司的企业机读档案资料;(12)出具时间为2010年7月6日的涉案货物商业发票传真件;(13)格式不同的支付赔偿金确认书复印件和原件各1份;(14)深圳市远翔运输有限公司的企业法人营业执照副本复印件和该公司出具的证明、邹乐江身份证复印件;(15)铁路堆存费发票复印件1份、滞期费发票复印件1份、额外手续费付款凭证复印件1份、Dhillon lighting Inc.出具给BDC Homes的6份销售订单和出具给New Century Homes的1份发票。律师函的附件内包括了证据(8)和证据(10)、证据(15)中的滞期费发票复印件和额外手续费付款凭证复印件。

被告山××中山分公司和山××公司于2011年3月9日辩称:(1)山××中山分公司、山××公司与××公司之间不存在海上货物运输合同关系,××公司无权请求山××中山分公司、山××公司向其交付提单并赔偿海上货物运输合同项下的经济损失;(2)山××中山分公司、山××公司仅是帮助××公司联系订舱事宜,与××公司之间没有任何法律关系,即使有也仅是××公司的订舱代理人;(3)山××中山分公司、山××公司在涉案货物的订舱过程中没有任何过失,涉案货物顺利上船出运,××公司无权请求山××中山分公司、山××公司承担与涉案货物有关的任何损失。山××中山分公司和山××公司于2011年4月18日再辩称:(1)××公司提交的证据不能证明××公司与山××中山分公司、山××公司有货运代理合同关系。(2)××公司与收货人签订的是FOB合同,没有义务支付装船后的任何费用。××公司没有向山××中山分公司、山××公司支付任何费用,也没有委托任何人付款给山××中山分公司、山××公司,山××中山分公司、山××公司也没有向××公司收取任何费用,因此××公司与山××中山分公司、山××公司之间不存在货运代理合同关系。(3)××公司的证据不能证明已向阿尔伯塔公司赔偿了人民币120000元。(4)山××中山分公司从未与深圳市远翔运输有限公司有任何生意往来,××公司的证据不能证明山××中山分公司曾委托深圳市远翔运输有限公司提取涉案货物。(5)涉案货物实际由阿尔伯塔公司委托中山市古镇富中明灯饰厂(以下简称富中明灯饰厂)办理托运业务,富中明灯饰厂委托山××中山分公司办理托运业务,王××即为富中明灯饰厂的经营者,也是山××中山分公司的负责人。山××中山分公司向阿尔伯塔公司开具账单收取费用,阿尔伯塔公司却没有将费用付至山××中山分公司的账户。阿尔伯塔公司与山××中山分公司之间不成立委托关系。山××中山分公司没有收取额外费用,所有运输费用都是富中明灯饰厂与阿尔伯塔公司协议的。(6)扣货是富中明灯饰厂要求的,与山××中山分公司没有关系。

山××中山分公司和山××公司提交了以下证据:(1)厂房租用合同复印件;(2)中山市古镇福木灯饰厂的营业执照复印件;(3)富中明灯饰厂营业执照复印件;(4)出租房产和土地情况核实通知书复印件;(5)××公司的企业注册登记资料复印件;(6)公证费缴费通知书和缴费凭证;(7)Jawaha Dhillon的机动车驾驶人身体条件证明和Jawaha Dhillon护照复印件;(8)山××中山分公司垫付报关费和商检费的明细单复印件和付款凭证复印件;(9)山××中山分公司开具给阿尔伯塔公司的运费发票复印件;(10)网页下载的山××公司的对外邮件格式;(11)案外人开具给山××公司的与MSKU6263334有关的运费发票。

山××中山分公司于2011年4月26日提交了两组证据:(1)山××中山分公司负责人王××与深圳市远翔运输有限公司工作人员的QQ聊天记录;(2)深圳市远翔运输有限公司报价确认单、为案外人出具的收款收据和银行账号确认书复印件、网页下载的深圳市远翔运输有限公司的联系方式、深圳市远翔运输有限公司承运其他货物的托运单复印件和记载一方当事人为深圳市远翔运输有限公司的进出口货物运输空白格式合同。

经庭审质证,合议庭对证据审核认定如下:

山××中山分公司、山××公司对××公司提交的山××中山分公司和山××公司企业注册登记资料、订舱确认单、提单样本传真件、原产地证书、2份涉案货物的商业发票、××公司企业注册登记资料的真实性无异议,合议庭对其证明力予以认定。

山××中山分公司、山××公司对××公司提交的经公证认证的阿尔伯塔公司主体资格的证明、国际货物买卖合同和订单确认单复印件,与其无关,对真实性有异议。合议庭认为,主体资格证明和国际货物买卖合同有原件供核对,订单确认件可与国际货物买卖合同、涉案货物的商业发票相印证,对该3份证据的证明力予以认定。

山××中山分公司、山××公司对装箱单传真件和运费发票传真件真实性没有异议,但认为装箱单由阿尔伯塔公司向其发出,其安排货物装箱后再随运费发票一并回传给阿尔伯塔公司,其没有向××公司发出过这两份单据。合议庭对该两份证据的证明力予以认定,至于能否支持各方当事人的主张,将结合本案其他证据予以综合认定。

山××中山分公司、山××公司对××公司提交的经公证认证的阿尔伯塔公司的律师函及附件、5350美元和929美元支付凭证、"特别费用支付证明"为题的电子邮件、赔付确认书复印件、确认书原件、铁路费堆存费发票、滞期费发票、额外手续费付款凭证、Dhillon lighting Inc.出具给BDC Homes的6份销售订单和出具给New Century Homes的1份发票,除对律师函附件f中山××中山分公司负责人王××以"Tobyw"的用户名发给阿尔伯塔公司的联系人Vic的电子邮件予以确认外,对其他证据均不予确认。合议庭认为,律师函经公证认证具备域外形成的证据的合法有效形式,山××中山分公司、山××公司对律师函附件中山××中山分公司负责人王××以"Tobyw"的用户名分别于2010年7月19日、7月23日与阿尔伯塔公司联系人Vic之间往来的电子邮件真实性无异议,在山××中山分公司、山××公司经合议庭释明举证责任后未提供相反证据的情况下,对该律师函陈述的山××中山分公司与阿尔伯塔公司、Harvest物流与阿尔伯塔公司之间联系有关货运事务的事实及其附件的真实性予以确认；赔付确认书复印件、确认书原件、铁路费堆存费发票、Dhillon lighting Inc. 出具给 BDC Homes 的 6 份销售订单和出具给 New Century Homes 的 1 份发票的证明力将在查明原告损失情况部分予以认定。

  ××公司对山××中山分公司、山××公司提交的富中明灯饰厂营业执照、公证费缴费通知书和缴费凭证、机动车驾驶人身体条件证明、出租房产和土地情况核实通知书真实性没有异议，但认为与本案无关。合议庭认为，公证费缴费通知书和缴费凭证、机动车驾驶人身体条件证明虽有原件供核对，但与本案没有关联，对其证明力不予认定；对富中明灯饰厂营业执照、出租房产和土地情况核实通知书真实性予以认定，该两份证据能够证明富中明灯饰厂注册登记情况和营业场所，至于能否支持山××中山分公司、山××公司的其他事实主张，将结合在案的其他证据予以综合认定。

  山××中山分公司、山××公司以在涉案货物运输发生前从未与深圳市远翔运输有限公司有过交往为由，对××公司提交的该公司出具的拖车运输证明不予确认，还于 2011 年 12 月 26 日向本院申请对××公司提供的深圳市远翔运输有限公司的印章印文与其提供的深圳市远翔运输有限公司出具的收款收据上的印章印文是否具有同一性进行鉴定。合议庭认为，深圳市远翔运输有限公司出具的拖车运输证明虽是原件，但该公司未出庭接受质询，在不能与其他证据相印证的情况下，该份证据不能证明深圳市远翔运输有限公司曾根据山××中山分公司的安排派拖车在××公司处装运涉案货物的事实，对该份证明及深圳市远翔运输有限公司的企业法人营业执照副本复印件、司机邹乐江身份证复印件的证明力不予认定；另外，山××中山分公司在第 1 次庭审中确认由其派车根据××公司的指示将货物从中山运至港口，其如反悔应提供足够的相反证据证明不存在其派车从××公司处装运货物的事实，而是否由深圳市远翔运输有限公司实际承担了拖车运输并非本案争议的关键事实，在××公司提交的深圳市远翔运输有限公司出具的拖车运输证明未被采信的情况下，对该证明上的印章印文进行鉴定已无必要，故不予准许山××中山公司关于鉴定的申请。山××中山分公司提供的深圳市远翔运输有限公司的印章印文虽有原件供核对，但该份证据与涉案货物运输事实没有关联，对其不予采纳。

××公司对山××中山分公司、山××公司的其他证据均以没有原件为由不予确认。合议庭认为,被告提交的××公司企业注册登记资料与××公司提交的该资料内容一致,对该证据的证明力予以认定。山××中山分公司、山××公司提交的就涉案货物于2010年7月14日出具给阿尔伯塔公司的运费发票与××公司提交的山××中山分公司于该日出具的发票金额一致,但费用明细、收款账户不同,在××公司不予确认且不能与其他证据相印证的情况下,对山××中山分公司、山××公司提供的运费发票上记载的收费明细的证明力不予确认,但对山××中山分公司据该份发票自认其使用88362156的电话号码的事实予以确认;山××中山分公司、山××公司提交的其他证据,或没有原件供核对,或不具有合法有效的证据形式,且均与本案争议事实无关联,对其他证据的证明力不予认定。

××公司对山××中山分公司负责人王××以个人名义作出的说明不予确认。王××在说明中称其同时是富中明灯饰厂的经营人和山××中山分公司的负责人,其作出的与涉案货物运输有关的任何行为均不代表山××中山分公司,仅代表富中明灯饰厂。合议庭认为,王××是山××中山分公司的负责人,王××以山××中山分公司名义作出的与涉案货物运输有关的意思表示,在没有证据证明已明确表明仅是其个人的意思表示的情况下,应认定为是代表山××中山分公司作出的意思表示。

根据上述被认定有证明力的证据,结合庭审情况,查明案件事实如下:

××公司是于2010年6月14日在中山市工商行政管理局注册成立的有限责任公司(自然人独资),××公司登记的联系电话是23651151和13631177148,住所是中山市古镇海洲东岸北路64号1楼、2楼。山××中山分公司是2008年1月23日在中山市工商行政管理局注册成立的有限责任公司分公司,山××中山分公司登记的联系电话是8366796和13318258863,负责人是王××,经营过程中使用88362156的电话号码。富中明灯饰厂是于2009年6月30日在中山市工商行政管理局注册经营的个体工商户,经营者是王××,经营场所是中山市古镇海洲东岸北路64号首层。阿尔伯塔公司是于2007年9月14日在加拿大阿尔伯塔省注册成立的公司,公司的唯一董事是Jawaha Dhillon。

涉外民事诉讼法律实务

2010年4月28日,阿尔伯塔公司(买方)与××公司(卖方)签订国际货物买卖合同。该合同第1条约定,合同期间为2年,自2010年4月30日至2012年4月30日。第2条约定,产品的名称、规格、质量、数量、单价、总值、交货、付款、装运港口、卸货港口等详见需方向供方发送的订货单或数据电文;该订货单或数据电文系合同的有效组成部分,与合同具有同等效力。第6条就支付条件约定,直接付款。需方收到供方装运单据后7天内,以电汇或航邮向供方支付货款。第7条就单据约定:(1)全套洁净海运提单,标明"运费付讫"或"运费到付",作成空白背书并加注目的港;(2)发票一式五份,标明合同号和货运唛头,发票根据有关合同详细填写;(3)装箱清单一式两份;(4)产品质量和数量保证书;(5)货物装运后立即用信件通知需方;货发10天内,供方将上述单据(第5条除外)航邮寄两份,一份直接寄需方,另一份直接寄"目的港_____公司"。第8条就装运约定:FOB条款;(1)供方于合同规定的装运日期前15天,用信件将货单号、品名、数量、价值、箱号、毛重、装箱尺码和货抵装运港日期通知需方;(2)供方代为办理租船订舱事宜,需方承担运费(the supplier for chartering booking, the buyer undertake the freight);(3)货物越过船舷并从吊钩卸下前,一切费用和风险由供方承担,货物越过船舷并从吊钩卸下,一切费用和风险属需方。第13条就合同延期和罚款约定,除本合同第12条所述不可抗力原因,供方若不能按合同规定如期交货,按照供方确认的罚金支付,需方可同意延期交货,付款银行相应减少议定的支付金额,但罚款不得超过迟交货物总额的30%。供方若逾期10个星期仍不能交货,需方有权撤销合同。尽管合同已撤销,但供方仍应如期支付上述罚金。Jawaha Dhillon 和××公司法定代表人在合同上签字或盖章。

2010年5月5日,××公司向阿尔伯塔公司发出关于1532件灯具和木制家具的订单确认书。2010年7月,山××中山分公司接受委托办理上述买卖合同项下一票灯具和木制家具从中山出口至加拿大埃德蒙顿的货运代理业务。7月7日,货物装船出运,City Ocean Logistics Co., Ltd. 广州分公司出具了 GZEDMJG0031 号提单样本,记载托运人为 Shenzhen Miti Import & Export Trading Co., Ltd.,收货人为阿尔伯塔公司,通知方同收货人,装运港蛇口,卸货港加拿大温哥华(Vancouver),交付地加拿大埃德蒙顿,货物为 TGHU9675928 号集装箱装载的1390件灯具和11件木制家具(合计1401件),运费预付,已装船。7月16日,阿尔伯塔公司收到Harvest物流出具的涉案货物的到货通知/费用发票。该通知书记载货物预计7月24日到达埃德蒙顿,放货方式为电放,手续费60美元。7月22日,阿尔伯塔公司被Harvest物流告知,尚未收到涉案货物放货指示,货物约于7月24日到达埃德蒙顿。7月26日,阿尔伯塔公司又被Harvest物流告知,7月27日是涉案货物的最后一天免费存放在国家铁路公司,从7月28日起,国家铁路公司按每天100加元收取堆存费,船公司将按每天65美元收取滞留费。涉案货物直至8月11日才以"电放方式"被放行给收货人。

合议庭对本案有争议的事实认定如下:

(一)关于山××中山分公司是否接受××公司委托办理订舱和向承运人交付货物事宜

××公司主张,山××中山分公司受××公司委托订舱,派拖车从××公司处装运了货物,代理了涉案货物全部运输事宜,并称因根据××公司与山××中山分公司之间支付美元的交易习惯,××公司委托阿尔伯塔公司向山××中山分公司支付运费,并同意阿尔伯塔公司从应付给××公司的货款中扣除相应的运费,故山××中山分公司将运费发票开具给了阿尔伯塔公司。××公司提供了装箱单、运费发票、订舱确认单、提单、产地证以证明其主张。山××中山分公司在答辩状中确认为××公司联系订舱事宜,在庭审中先确认其曾派司机装柜,装柜后曾传真装箱单以确认装箱情况,并出具或转发过上述证据,但后又称其并非曾向××公司而是曾向阿尔伯塔公司提供过上述文件,山××中山分公司派去的拖车是在富中明灯饰厂装货,并非在××公司处装货,并称就涉案货物运输,阿尔伯塔公司委托富中明灯饰厂办理,富中明灯饰厂又委托山××中山分公司办理,因阿尔伯塔公司没有向山××中山分公司支付相关费用,所以阿尔伯塔公司与山××中山分公司之间也没有成立委托关系。合议庭认为,山××中山分公司自认为曾为××公司联系订舱并派拖车装运货物,××公司持有的装箱单和运费发票的传真件则显示发件号为山××中山分公司的电话号码88362156,收件号码为××公司的号码23651151,装箱单的抬头显示为××公司,制单人为"Rose",山××中山分公司确认的商业发票中收件人也为"Rose",运费发票的出具人为山××中山分公司,上述记载均指向山××中山分公司和××公司,能够综合证明××公司关于委托人为××公司、受托人为山××中山分公司的事实主张。根据《最高人民法院关于民事诉讼证据的若干规定》第七十四条"诉讼过程中,当事人在起诉状、答辩状、陈述及其委托代理人的代理词中承认的对己方不利的事实和认可的证据,人民法院应当予以确认,但当事人反悔并有相反证据足以推翻的除外"的规定,山××中山分公司否认自认的事实,却没有提供足够的证据证明其或者是富中明灯饰厂直接接受阿尔伯塔公司的装货和订舱委托,在山××中山分公司和山××公司不能提供相反证据的情况下,对××公司的该事实主张予以采信。

合议庭对该争议事实认定为,山××中山分公司接受××公司委托为涉案货物运输订舱,并于2010年7月1日安排拖车前往××公司处将装有涉案货物的重柜运至起运港。货物装运后,山××中山分公司向××公司发出装箱确认,确认装货1401件,向××公司传真并向阿尔伯塔公司以电子邮件形式发出一张开具给阿尔伯塔公司的运费发票,该发票记载的费用明细共两笔,其一为海运费5350美元,其二为"商业许可证明费(福木灯饰),人民币500元×12,约882.4美元",合计6232美元。

(二)关于货物滞留目的地的原因和被提取经过

××公司主张,货物到达埃德蒙顿后,山××中山分公司并未按约定向××公司交付上述货物的提单,也不予理睬××公司"电放"货物的要求,还要求付足费用以后才肯放货。××公司为尽快向阿尔伯塔公司交付货物,除安排阿尔伯塔公司向山××中山分公司支付运费5350美元外,还被迫安排阿尔伯塔公司为××公司向山××中山分公司支付了与××公司无关的额外费用929美元。××公司提供了山××中山分公司出具的运费发票、山××中山分公司于2010年7月26日和7月27日发送给阿尔伯塔公司的两份电子邮件、阿尔伯塔公司支付5350美元和30加元手续费的支付凭证、阿尔伯塔公司支付929美元和30加元手续费的支付凭证、阿尔伯塔公司发给山××中山分公司的以"特别费用支付凭证"为题的电子邮件以证明其主张。山××中山分公司在第一次庭审中确认其控制放货,并称因没有收到阿尔伯塔公司应支付的费用,所以没有通知放货。在2011年4月11日的诉讼活动中,山××中山分公司又称扣货的不是山××中山分公司,而是广州的一家公司。关于阿尔伯塔公司支付的费用,山××中山分公司在第一次庭审中确认其曾请求阿尔伯塔公司支付运费5350美元和其他费用882.4美元(合计6232.4美元),并确认曾收到阿尔伯塔公司支付的两笔费用,另还确认882.4美元的费用与××公司无关,而是其代福木灯饰厂向阿尔伯塔公司收取的月结费用,但否认通过××公司提供的支付凭证所反映的汇款行为收到两笔费用。合议庭认为,××公司提供的运费发票、5350美元及929美元的付款凭证和电子邮件之间能够证明其主张的事实,山××中山分公司和山××公司否认在××公司主张的付款时间收到××公司支付的两笔费用,但经合议庭释明举证责任后却不提供其辩称的曾通知阿尔伯塔公司更改收款人的证据,以及其持有的收款凭证以反驳××公司主张的付款金额和付款时间,也不提供证据证明其存在应向阿尔伯塔公司收取882.4美元费用的合法根据,应承担举证不能的不利后果,据此对××公司主张的事实予以采信。

合议庭对该争议事实认定为,涉案货物约于2010年7月24日到达目的地埃德蒙顿。阿尔伯塔公司于7月23日向中国银行(香港)有限公司、收款人为山××公司01281692049414账号支付了5350美元运费。山××中山分公司于7月26日和27日致函阿尔伯塔公司,称只收到5303美元,表明要求阿尔伯塔公司自己承担47美元的银行手续费用并加付余额,合计付足6232美元才能放行货物的态度。阿尔伯塔公司于8月10日又向上述账号支付了929美元。两次付款所含支付费用均为30加元。阿尔伯塔公司于8月10日致函山××中山分公司,称已支付929美元,请山××中山分公司将提单复印件通过邮件发送给Harvest物流,并把正本提单给××公司,货柜3个星期前已到达铁路堆场,为此已支付15000加元,如存放时间更长,将会支付更多费用,请山××中山分公司交付提单正本。8月11日上午,山××中山分公司致函阿尔伯特公司,称货物已经被放行很久了,请阿尔伯特公司查看附件电放单并尽快联系代理人。8月11日下午,Harvest物流致函阿尔伯特公司,称于当日从海外代理收到电放费用以及扣留解除通知,将于当日将货物放行给阿尔伯特公司,船公司的滞期费从7月30日开始起算,共计13天。因山××中山分公司没有提供证据证明其何时向承运人发出电放通知,对其在8月11日函中所称的货物已经放行很久的事实不予采信。综上,山××中山分公司以没有收足费用为由,在涉案货物运抵目的地后没有及时通知承运人放货,致使涉案货物在铁路堆场滞留至8月11日才被放行给收货人。

(三)关于××公司的损失金额

××公司主张山××中山分公司无故拒绝放行货物,致使阿尔伯塔公司遭受铁路存储费、滞期费、手续费、额外费用、利润损失和声誉损失等损失,合计18380.97加元。因被阿尔伯塔公司索赔,××公司向阿尔伯塔公司赔付了人民币120000元,因此,山××中山分公司的违约行为给××公司造成的损失为人民币120000元。山××中山分公司、山××公司认为××公司没有任何证据证明其已向阿尔伯特公司支付了人民币120000元的赔偿金。

关于××公司主张的阿尔伯塔公司向加拿大国家铁路公司支付的存储费1500加元。××公司为支持其主张提交了 Alta Pacific Transport Ltd. 出具给 Western Royal Distributor 的含有存储费1500加元的发票复印件。山××中山分公司、山××公司对该证据的真实性有异议,并认为发票出具人并非铁路公司。合议庭认为,该证据没有原件供核对,且不具有域外形成的证据的有效证据形式,对该证据的证明力不予认定,不能证明阿尔伯塔公司向加拿大国家铁路公司支付了存储费1500加元。

关于××公司主张的阿尔伯塔公司向 Harvest 物流支付的滞期费和手续费745美元(约折合790.22加元)。××公司为支持其主张提交了 Harvest 物流出具给阿尔伯塔公司的发票和银行付款水单复印件。山××中山分公司、山××公司对该2份证据真实性不予确认。合议庭认为,该2份证据经加拿大律师确认其真实性,且其中记载的集装箱信息与提单样本中记载的内容相印证,能够证明阿尔伯塔公司因涉案货物未被及时放行遭受了滞期费和手续费损失,合计745美元。

关于××公司主张的阿尔伯塔公司支付的额外手续费70美元。××公司为支持其主张提交了于2010年7月26日向 Harvest 物流支付70美元的付款凭证,山××中山分公司、山××公司对该证据的真实性不予确认。合议庭认为,××公司提交的证据虽然能够证明 Harvest 物流收取了该笔费用,但未能举证证明该笔手续费的产生原因,也不能证明该笔费用与货物滞留目的地之间的因果关系,对××公司主张的阿尔伯塔公司因涉案货物未被及时放行向 Harvest 物流支付了70

美元的额外手续费的事实不予采信。

××公司主张阿尔伯塔公司遭受了利润和声誉损失15000加元。××公司提供了Dhillon lighting Inc.出具给BDC Homes的6份销售订单和出具给New Century Homes的1份发票以证明该项损失。山××中山分公司、山××公司对该组证据的真实性不予确认。合议庭认为,××公司提交的该组证据中关于货物的描述不能与装箱单中的货物相对应,且没有记载与涉案货物相关联的信息,无法证明与涉案货物存在关联性。因此,对该组证据的证明力不予认定,不能证明阿尔伯塔公司遭受了利润和声誉损失15000加元。

××公司主张其因未能按约定时间交付货物,向阿尔伯塔公司赔付了人民币120000元。××公司为支持其主张提供了阿尔伯塔公司出具的收到赔偿金确认书,并称阿尔伯塔公司用应支付给××公司的货款抵扣了××公司应支付给其的赔偿金后出具了该确认书。山××中山分公司、山××公司对该确认书的真实性有异议。合议庭认为,该确认书为原件,在山××中山分公司和山××公司未提出实质性存疑之处并提供相反证据加以反驳的情况下,对其真实性予以认定。该确认书记载:"因××公司违反与本公司于2010年4月28日签订的国际货物买卖合同,未能按约定时间交付货物,致使本公司遭受重大损失。现本公司确认收到××公司为赔付本公司损失而支付的赔偿金120000元。"

庭审中,各方当事人一致选择适用中华人民共和国法律解决本案争议。

合议庭成员一致认为:本案是一宗海上货运代理合同纠纷。因山××中山分公司代理的货物运输是从中国中山至加拿大埃德蒙顿,本案具有涉外因素。根据《最高人民法院关于海事法院受理案件范围的若干规定》第23条的规定,本案应由海事法院专门管辖。因各方当事人均为我国的企业法人,合同履行地在本院辖区,依照《中华人民共和国民事诉讼法》第二十四条"因合同纠纷提起的诉讼,由被告住所地或者合同履行地人民法院管辖"的规定,本院对本案具有管辖权。

庭审中各方当事人均选择适用中华人民共和国法律,根据《最高人民法院关于审理涉外民事或商事合同纠纷案件法律适用若干问题的规定》的第四条第一款的规定,处理本案纠纷应适用中华人民共和国的法律。本案争议焦点在于××公司与山××中山分公司之间海上货运代理法律关系的认定,以及山××中山分公司应否向××公司承担货物滞留目的地导致的损失赔偿责任。

(一)关于涉案海上货运代理法律关系的认定

根据本案查明的事实,山××中山分公司接受××公司的委托办理了订舱和将货物运至港口交付承运人两项事务。就订舱事务,国际货物买卖合同中已约定××公司应为阿尔伯塔公司代办订舱事宜,阿尔伯塔公司承担运费,在××公司不能提供证据证明××公司与山××中山分公司约定由阿尔伯塔公司代××公司向山××中山分公司支付费用的情况下,结合阿尔伯塔公司向山××中山分公司支付了货物运费,山××中山分公司将运费发票开具给阿尔伯塔公司,特别是阿尔伯塔公司通过要求山××中山分公司交付提单正本及要求放货来行使货物控制权等事实,应进一步认定××公司接受阿尔伯塔公司的订舱委托后,又转委托山××中山分公司办理,××公司转委托取得了阿尔伯塔公司的同意,阿尔伯塔公司与山××中山分公司就订舱事务直接成立了委托关系。根据《最高人民法院关于审理海上货运代理纠纷案件若干问题的规定》第八条第二款"契约托运人是指本人或者委托他人以本人名义或者委托他人为本人与承运人订立海上货物运输合同的人"和第三款"实际托运人是指本人或者委托他人以本人名义或者委托他人为本人将货物交给与海上货物运输合同有关的承运人的人"的规定,阿尔伯塔公司委托山××中山分公司代为订舱,××公司委托山××中山分公司代为向承运人交付货物,阿尔伯塔公司、××公司分别与山××中山分公司成立合法有效的海上货运代理合同关系。就涉案货物运输而言,阿尔伯塔公司是涉案货物的契约托运人,××公司是实际托运人,山××中山分公司是同时接受涉案货物实际托运人和契约托运人委托的受托人。各方当事人应根据其所参加的货运代理合同约定的内容依法享受相应的权利,并承担相应的义务。

(二)山××中山分公司应否向××公司承担货物滞留目的地导致的损失赔偿责任

货物控制权是托运人作为海上货物运输合同的相对人享有的一项重要权利,托运人可通过要求货运代理法律关系中的受托人向其交付承运人签发的正本提单,或在约定采用"电放"方式交付货物的情况下指令受托人通知承运人交付货物来行使货物控制权。受托人在货运代理合同没有明确约定的情况下,不能以未收到费用为由,拒绝按托运人的要求交付其取得的提单或拒绝通知承运人交付货物。根据《中华人民共和国海商法》第七十二条第一款"货物由承运人接收或者装船后,应托运人的要求,承运人应当签发提单"和《最高人民法院关于审理海上货运代理纠纷案件若干问题的规定》第八条第一款"货运代理企业接受契约托运人的委托办理订舱事务,同时接受实际托运人的委托向承运人交付货物,实际托运人请求货运代理企业交付其取得的提单、海运单或者其他运输单证的,人民法院应予支持"的规定精神,作为受托人的货运代理企业履行交付提单或通知承运人放货的义务,必须以实际托运人向受托人提出民事权利的要求为前提。本案中,山××中山分公司以未收足费用为由没有应阿尔伯塔公司的要求在货物运至目的地后及时通知承运人放货,但在案证据不能证明××公司曾要求山××中山分公司向其交付提单或曾要求山××中山分公司通知承运人放货并遭拒绝。根据《中华人民共和国民事诉讼法》第六十四条第一款"当事人对自己提出的主张,有责任提供证据"和《最高人民法院关于民事诉讼证据的若干规定》第二条"当事人对自己提出的诉讼请求所依据的事实或者反驳对方诉讼请求所依据的事实有责任提供证据加以证明;没有证据或者证据不足以证明当事人的事实主张的,由负有举证责任的当事人承担不利后果"的规定,××公司以山××中山分公司拒绝交付正本提单和未按其指示通知承运人放货为由,请求山××中山分公司承担货物滞留目的地导致的损失赔偿责任,却不能证明其曾经指示山××中山分公司交付提单或电放货物,应承担举证不能的不利后果。××公司的诉讼请求因无法律依据,应予驳回。

因山××中山分公司不需向××公司承担违约赔偿责任,××公司以山××中山分公司是山××公司设立的分公司为由,请求山××公司承担连带赔偿责任的诉讼请求,一并予以驳回。

综上,依照《中华人民共和国海商法》第七十二条第一款、《最高人民法院关于审理海上货运代理纠纷案件若干问题的规定》第八条和《中华人民共和国民事诉讼法》第六十四条第一款的规定,判决如下:

驳回原告中山市××灯饰有限公司的诉讼请求。

本案受理费2331元,由原告中山市××灯饰有限公司负担。

如不服本判决,各方当事人可在判决书送达之日起15日内,向本院递交上诉状,并按对方当事人的人数提出副本,上诉于广东省高级人民法院。

审判长　宋伟莉

审判员　宋瑞秋

代理审判员　常维平

二〇一二年八月六日

书记员　张秀洁

案例二：

山东省青岛海事法院民事判决书

(2010)青海法日海商初字第 12 号

原告:东海运输有限公司(Eastern Ocean Transportation Co., Limited)。住所地:香港特别行政区中环皇后大道中 340 号 20 楼 2006 室。

法定代表人:吴清敏,董事。

委托代理人:陈卫东,上海李陈律师事务所律师。

委托代理人:潘瑞,上海李陈律师事务所律师。

被告:阿海达雅卡亚公司(PT. Adhidaya Karya Manunggal)。住所地:印度尼西亚共和国雅加达普萨特鲁科阿特普美拉 E12—15,JL Pencenongan Raya 72 号。

法定代表人:Steven Ko,董事长。

委托代理人:王中华,山东友华律师事务所律师。

委托代理人:朱兴伟,山东友华律师事务所律师。

原告东海运输有限公司因与被告阿海达雅卡亚公司海事侵权纠纷,于 2010 年 4 月 23 日向本院提起诉讼。本院受理后,依法组成合议庭,公开开庭进行了审理。原告的委托代理人陈卫东、潘瑞,被告的委托代理人王中华到庭参加诉讼。本案现已审理终结。

原告诉称:2009 年 12 月 11 日,案外人上海宝钢运输有限公司(以下简称"宝钢公司")与原告签订了航次租船合同,约定由原告将其期租的"Aston Trader I"轮为宝钢公司从印度尼西亚装运动力煤至中国。2010 年 2 月 25 日,该轮在装货港马辰港(Tanjung Pemancingan)装货完毕,计53412吨货物装上该轮,被告为托运人。该轮原定装货完毕当日(2010年2月25日)开航。但被告以其与案外人货物买家存在贸易争议为由,安排两位警察及其他人员登船并非法阻止该轮开航,致使该轮在2010年2月25日至2010年3月13日期间,在装货港被非法滞留16日,造成延滞损失达到397829.86美元、燃油损失29487美元、原告因解决船舶被非法滞留事宜支出差旅费3000美元。上述损失,系因被告的非法滞留行为所致,依法应予赔偿。原告请求判令被告赔偿原告船舶延滞损失和差旅费损失共计430493.778美元及利息并承担原告的保全费用和本案诉讼费用。

被告答辩称:原告所称的被告非法滞留船舶并无事实和法律依据;原告不具有对所谓的延滞损失提请索赔的权利;原告所称的损失无事实和法律依据。

原告为支持其诉请,提供了以下证据:

1. 航次租船确认书,用以证明原告与案外人宝钢公司签订航次租船合同、约定由原告安排船舶装运动力煤从印度尼西亚至中国的事实。

2. 装港大副收据,用以证明"Aston Trader I"轮在装货港装载53412吨货物的事实。

3. 往来电子邮件,用以证明"Aston Trader I"轮被非法滞留期间,该轮船长、装货港船舶代理Wilhelmsen Ships Services(以下简称WSS)通过电子邮件告知原告由于被告以存在贸易纠纷为由安排两位警察及其他人员登船并阻止该轮开航,该轮无法按原定计划开船的事实。

4. 装港事实记录,用以证明"Aston Trader I"轮2010年2月25日即已在装货港装货完毕,但由于被告非法滞留,直至2010年3月13日才从装货港起航,被告非法滞留长达16天的事实。

5. 定租确认书,用以证明原告于2009年12月25日以航次期租的方式从利比里亚金辉船务有限公司(Goldbeam Shipping Inc.)处租用了"Aston Trader I"轮,在租用期内原告是该轮的实际经营人。原告并称期租的该轮即为履行与宝钢公司所订立的航次租约的船舶,由于在装货港遭到被告非法滞留16天,按照该定租确认书约定日租金25000美元的标准计算,造成原告延滞损失共计397829.86美元。

6. 供油确认书和供油发票,用以证明遭到被告非法滞留的"Aston Trader I"轮被释放后,到达第一个停靠的港口日照港时,按照514.72美元/吨的价格添加燃油的事实。原告同时声称"Aston Trader I"轮停泊期间每天耗油量为3.6吨,由于被告非法滞留浪费了燃油,因此到达日照港后不得不添加燃油,非法滞留给原告造成的油耗损失为29487.02美元。

7. 受理案件通知书及申请费收据,用以证明由于被告非法滞留"Aston Trader I"轮给原告造成了损失,原告申请海事法院扣押了被告所有的货物并交纳保全费5000元的事实。

8. 提单和交付单,用以证明被告是涉案货物的托运人、原告于2010年4月9日将正本提单交给被告的事实。

9. 航次租船承租人与原告之间的往来电子邮件,用以证明根据租家及货方的要求,对证据1航次租船确认书所约定的装货港进行了变更,以及装港船舶代理WSS系宝钢公司指定的事实。

10. 船长与相关人员之间往来电子邮件,用以证明船长告知由于被告以存在贸易纠纷为由安排两名代表以及两名自称为警察的人员登船并阻止该轮开航,该轮无法按预定计划开船的事实。

11. 装港代理WSS的证言和相关附件,用以证明被告以存在贸易纠纷为由安排两名代表和两名警察登船并非法阻止该轮开航,其中一名代表Sunardi先生即为代表被告在证据4装港事实记录上签字的人员等事实。

12. 被告的印尼律师2010年3月23日致原告及船东互保协会代理的函件,用以证明被告的印尼律师明确表示警察登船阻止船舶离开是为了解决其与案外人鼎业矿产资源(香港)有限公司之间贸易争议的事实。

13. 被告2010年3月20日发给装货港代理和原告的电子邮件,用以证明被告阻止船舶起航的原因是为了阻止装载在船上货物离开的事实。

14. 被告的印尼律师与原告的律师之间往来的电子邮件,用以证明被告的印尼律师向原告的律师确认被告安排警察登船是为了阻止装载着被告货物的船舶离开的事实。

上述证据中除证据6、7外,其他证据均来源于电子邮件,原告对相关电子邮件提取打印的过程申请上海市东方公证处进行了公证。

被告未提供证据。

对于原告提供的上述证据，被告质证意见如下：

原告的证据大部分来源于电子邮件，虽然原告提交的公证书记载了有关邮件的内容，但是，首先，相关电子邮件均是从原告律师信箱中所打开的，而并非从原告所称的有关的邮件的直接收、发件人的邮箱打开，也就是说相关证据并非从有关的收、发件人信箱中直接下载打印，其真实性并不因进行了公证就可以得到确认；其次，该公证书中所附带的有关的邮件和附件，从产生的地域看大部分是在域外产生，对于这些邮件和附件仍应当办理公证认证的手续；再次，原告并不能证明该公证书中所涵盖的邮件和附件的收、发件人的身份及邮件内容本身的真实性，因为在现在的科技条件下，邮箱的名称及收发件人的身份、邮件的内容均是可以伪造的。

就具体证据被告质证称：

对于证据1，在形式上为电子邮件，属于电子证据，该邮件是从原告律师的邮箱里打印出来的，并非从原始收、发邮箱中打印。原始邮件收、发件人为境外，应办理相关认证手续，而且从原始邮件的邮箱名称和收发件人来看，既不是原告所称的东海运输公司，也非宝钢公司，因而不能证明就是原告所称与宝钢公司订立的航次租船合同。同时，该邮件仅仅是记录了一份合同条款，没有邀约和承诺的过程，不能证明该合同已经成立并生效。如果原告所称属实，那该合同的相对人应当是宝钢公司，原告应当向合同相对人来主张权利。从合同内容上看，该合同所约定的承运船舶是"海洋心灵"轮，并约定如果由其他船舶替代应有相应的确认，在双方未就替代船舶进行确认的情况下，不能证明本案所涉船舶"Aston Trader I"轮就是该合同约定的船舶。另外，该航次租船合同所约定的装货港、受载期与本案实际不符。

对于证据2，从形式上看该份证据并非原件，而且产生于印尼，应当办理公证认证手续。同时，该文件是船舶大副单方制作的，没有托运人的签字确认，不能作为认定事实的依据。

对于证据3，该证据在形式上为电子邮件，属于电子证据，该邮件是从原告律师的电子邮箱里打印出来的，并非从原始收、发邮箱中打印，对其真实性存在异议，而且该文件在域外产生，应当办理相应的公证认证手续。邮件的收、发件人身份不能确认。从内容上看,应当是船长和原告之间的往来邮件,这些人均是与原告有利害关系的人,那么其在邮件中陈述的内容应当属于当事人的自我陈述或利害关系人的证人证言,在没有其他证据的情况下不能作为认定事实的依据。该邮件中提到因警察上船导致船舶不能开航,而警察是国家公职人员,其上船应当属于执法行为,与被告无关。邮件中还提到托运人的人员上船,但不能证明托运人的人员上船和船舶延滞之间的因果关系。

对于证据4,该证据在形式上并非原件,而且系在域外形成,应当办理相应的公证认证手续。同时,该证据应当是船方人员单方制作的,被告从未见过该文件,更未在该文件上盖章。而且从时间上分析,该份文件应当是在开航之后所制作的,事实上被告不可能在船舶开航之后在该份文件上盖章。

因此,原告所提供的证据1至4,无论在真实性上还是在证明对象上,均不能证明其主张。

对于证据5,该证据在形式上为电子邮件,属于电子证据,该邮件是从原告律师的邮箱里打印出来的,并非从原始收、发邮箱中打印。原始邮件的收、发件人为境外,应办理相关公证认证手续。从内容上看,该份租约并未明确记载原告期租"Aston Trader I"轮。即使该租约真实,也是在2009年12月25日之后订立的,而非在履行租约之前签订。而且该租约载明的船东并非"Aston Trader I"轮的登记船东,约定的租金是2009年12月份的租金,而非本案所涉及的2010年2月份的租金。

对于证据6,加油确认书和供油发票在形式上并非原件,原告应提供原件。从内容上看,加油确认书和供油发票所载明的是2010年3月24日日照港的燃油价格,而原告所主张的燃油损失发生在2010年2月25日至2010年3月13日期间,因此,该证据并不能证明原告所称的船舶滞留期间的燃油损失。

对于证据7没有异议。

对于证据8中提单自身内容的真实性予以认可,但是该提单仅仅证明被告的货物装上涉案船舶的事实,除此之外不能证明其他事实。对于证据8中提单交付单的真实性不予认可。

对于证据9,该证据是原告的代理与案外人之间的邮件往来,其中所提到的变更装货港,被告并不清楚。在被告和鼎业矿产资源(香港)有限公司最初订立的买卖合同中所约定的装货港就是马辰港,并没有变更装货港的情形。

对于证据10,船长从法律上讲是船东的当然代理,船长与原告具有利害关系,因此该邮件并不能证明被告滞留船舶这一侵权行为的发生。

对于证据11,装港代理即使是由宝钢公司指定,但其仍是船舶的代理,与原告有利害关系,因此,在没有其他证据的情况下,其证词并不能作为认定事实的依据。而且根据证据规则的规定,证人亦应当出庭接受各方的质询,否则该证言不具有证据效力。另外该证言亦应当办理公证认证手续。对于该证言所附带的相关附件的真实性亦不予认可,其中所附带的有关事实记录,被告从未在记录中签字或盖章,所谓的签字人Sunardi也并非被告的工作人员,而且原告未能提供相关证据的原件。

对于证据12的真实性不予认可。

对于证据13,该证据中的邮件从形式上看是装船代理所转发,原告并不能证明邮件中的内容是由被告发出。

对于证据14中原告律师所发出的函件的真实性没有异议。但是,对于印尼律师事务所是否接受被告的委托而发出相关的邮件及是否发出了相关邮件不予认可。

本院经审查,原告提供的证据,按其证明内容可分为三个部分。第一部分为主张其是"Aston Trader I"轮实际经营人方面的证据,包括证据1、2、5、8、9,用以证明原告从利比里亚金辉船务有限公司期租了"Aston Trader I"轮后,又与宝钢公司签订航次租船合同,由"Aston Trader I"轮执行涉案航次的事实,据此主张原告的主体资格适格;第二部分为主张被告滞留"Aston Trader I"轮方面的证据,包括证据3、4、10、11、12、13、14,用以证明"Aston Trader I"轮于2010年2月25日装船完毕后,被告因与贸易方存在纠纷派出两名代表和两名警察登轮,直至3月13日才离船的事实,原告据此主张被告非法滞留"Aston Trader I"轮16天;第三部分为主张"Aston Trader I"轮被非法滞留所造成损失方面的证据,包括证据5、6、7,用以证明原告在"Aston Trader I"轮被非法滞留期间遭受的租金损失397829.86美元、油耗29487.02美元的事实,原告据此主张被告应赔偿的损失数额。对原告提供的

上述证据,具体分析、认定如下:

(一)主张原告是"Aston Trader I"轮实际经营人方面的证据

证据1,来源于原告委托代理人潘瑞的电子信箱,系原告的另一委托代理人陈卫东于2010年3月22日发送给潘瑞的电子邮件正文中的内容。该证据在形式上显示为2009年12月11日 info@freightinvesorsolutions.com 发送给 dry@olship.com 内容为租船条款的电子邮件,dry@olship.com 于2010年3月22日将该电子邮件转发给陈卫东,陈卫东又转发给潘瑞。可见,陈卫东发送给潘瑞的电子邮件属于转发邮件,相关租船条款并非从原始收发邮箱 info@freightinves、orsolutions.com 和 dry@olship.com 中提取,在形式上属于被转发的内容,不属于证据原件。同时,原告对于原始收发邮箱 info@freightinvesolutions.com、dry@olship.com 与本案的关联性即原始邮件的收发件人的真实身份未能提供相关证据。而且,在技术层面,邮件转发人完全有能力对被转发的邮件进行添加、删改、编辑,转发的内容并非必然客观真实,故不能通过多次转发后的邮件来印证原始邮件的客观存在。因此,在被告对该证据不予认可,原告又未能提供证据原件并就其关联性提供相应证据的情况下,本院对该证据的证明力不予确认。

证据2,来源于潘瑞的电子信箱,是 ops@olship.com 于2010年3月23日发送给陈卫东并抄送潘瑞的电子邮件的附件,附件内容显示为装港大副收据的扫描件。由于原告未能对电子信箱 ops@olship.com 与本案的关联性即发件人的真实身份提供证据,也未能提供装港大副收据的原件,被告对该证据又不予认可,故对该证据的证明力不予确认。

证据5,来源于潘瑞的电子信箱,系陈卫东2011年3月28日发送给潘瑞的电子邮件的附件,附件内容显示为2009年12月25日由 leader@leaderhk.com.hk 发送至 dry@olship.com 含有定租确认书内容的电子邮件。从形式上看,该附件先是由 ops@olship.com 发送给陈卫东,陈卫东又转发给潘瑞。可见,该证据来源于多次转发的电子邮件,而非直接提取于原始收发邮箱 leader@leaderhk.com.hk、dry@olship.com,不属于证据原件。同时,原告对于电子信箱 ops@olship.com、leader@leaderhk.com.hk、dry@olship.com 与本案的关联性即对相关收、发件人的真实身份也未能提供相应的证据。而且,在技术层面,邮件转发人完全有能力对被转发的邮件包括附件进行添加、删改、编辑,转发的内容并非必然客观真实,故不能通过多次转发后的邮件来印证原始邮件的客观存在。因此,在被告对该证据不予认可,原告又未能提供证据原件并就其关联性提供相应证据的情况下,本院对该证据的证明力不予确认。

证据8中的提单,因被告对该提单自身内容的真实性没有异议,故本院对其予以采信。证据8中的提单交付单,来源于潘瑞的电子信箱。在形式上,该交付单为扫描件,系作为邮件附件于2010年4月20日由 WSS.JAKARTA.SHIPSAGENCY@wilhelmsen.com 发送给 ops@olship.com,ops@olship.com 又于2010年5月25日转发给原告的委托代理人。基于和证据2相同的原因,本院对提单交付单的证明力不予确认。

证据9,来源于潘瑞的电子信箱,是 ops@olship.com 于2010年3月23日发送给潘瑞的电子邮件的附件。附件内容显示为 info@freightinvestorsolutions.com 于2010年1月15日发送给 dry@olship.com 的含有变更装卸港内容的电子邮件。基于和证据5相同的原因,本院对该证据的证明力不予确认。

(二)主张被告滞留"Aston Trader I"轮方面的证据

证据3,来源于潘瑞的电子信箱,是陈卫东于2010年2月25日发送给潘瑞的电子邮件的两个附件,两个附件的内容分别显示为 astontrader1@orcaipn.co.jp 于2010年2月25日发送给 ops@olship.com、Imam.Jarwanto@wilhelmsen.com 于2010年2月25日发送给 ops@olship.com 的电子邮件。在形式上,这两份附件先是于2010年2月25日由 ops@olship.com 发送给陈卫东,又由陈卫东于当日转发给潘瑞。基于和证据5相同的原因,本院对该证据的证明力不予确认。

证据4,来源于潘瑞的电子信箱,是 ops@olship.com 于2010年3月23日发送给陈卫东并抄送潘瑞的电子邮件的附件,附件内容形式上为装港事实记录的扫描件。基于和证据2相同的原因,本院对该证据的证明力不予确认。

证据10,来源于潘瑞的电子信箱,包括陈卫东于2010年2月25日发送给潘瑞的电子邮件的附件和2010年5月21日 ops@olship.com 发送给陈卫东并抄送潘瑞的电子邮件的附件。附件内容分别显示为 astontrader1@orcaipn.co.jp 在2010年2月25日、2月26日、3月13日发给或抄送给 ops@olship.com 的电子邮件。在形式上,这部分附件或者是由 ops@olship.com 发送给陈卫东并抄送潘瑞,或者是由 ops@olship.com 发送给陈卫东后,陈卫东再转发给潘瑞。基于和证据 5 相同的原因,本院对该证据的证明力不予确认。

证据 11,来源于潘瑞的电子信箱,包括陈卫东于 2010 年 2 月 25 日发送给潘瑞的电子邮件的附件和 2010 年 5 月 21 日 ops@olship.com 发送给陈卫东并抄送潘瑞的电子邮件的附件以及 2010 年 3 月 23 日 ops@olship.com 发送给陈卫东并抄送潘瑞的电子邮件的附件。附件内容分别显示为 Bayu.Trisnanto@wilhelmsen.com、imam.jarwanto@wilhelmsen.com、astontrader1@orcaipn.co.jp 等发送给 ops@olship.com 的电子邮件。在形式上,这部分附件或者是由 ops@olship.com 发送给陈卫东并抄送潘瑞,或者是由 ops@olship.com 发送给陈卫东后,陈卫东再转发给潘瑞。基于和证据 5 相同的原因,本院对该证据的证明力不予确认。

证据 12,来源于潘瑞的电子信箱,系陈卫东于 2010 年 3 月 24 日发给潘瑞电子邮件的附件,附件内容显示为律师函的扫描件。在形式上,该扫描件作为附件先是由 ops@olship.com 发送给陈卫东的,又由陈卫东转发至潘瑞。基于和证据 2 相同的原因,加之该附件又经过了原告委托代理人的转发,转发内容并非必然客观真实,故本院对该证据的证明力不予确认。

证据 13,来源于潘瑞的电子信箱,内容表现为 2010 年 3 月 20 日 adhidayagroup@gmail.com 发送给 WSS.JAKARTA.SHIPSAGENCY@wilhelmsen.com 的电子邮件。形式上,该部分内容系 2010 年 3 月 24 日 WSS.JAKARTA.SHIPSAGENCY@wilhelmsen.com 回复 adhidayagroup@gmail.com 并抄送 ops@olship.com 的电子邮件中所转引的内容,ops@olship.com 又将向其抄送的电子邮件制成附件于 2010 年 3 月 24 日发给陈卫东并抄送潘瑞的电子信箱。基于和证据 5 相同的原因,本院对该证据的证明力不予采信。

证据 14,来源于潘瑞的电子信箱,表现为 2010 年 3、4 月份原告的委托代理人向 adhidayagroup@gmail.com、dry@olship.com、amdan@hrm-abpartners.com 发出的电子邮件和 amdan@hrm-abpartners.com 向原告委托代理人发出的电子邮件。由于原告并不能证明 dry@olship.com、adhidayagroup@gmail.com、amdan@hrm-abpartners.com 等电子信箱与本案的关联性即不能证明对方收、发

件人的真实身份,故对该证据的证明力不予采信。

(三)主张"Aston Trader I"轮被非法滞留所造成损失方面的证据

证据5,在分析认定(一)中已对其证明力不予确认,不再赘述。

证据6,表现为供油确认书和供油发票的复印件。由于该证据并非原件,被告对其真实性又不认可,故本院对其证明力不予确认。

证据7,对其真实性应予确认。

根据上述认证意见,本案仅能查明以下事实:

2010年2月25日,"Aston Trader I"轮在印度尼西亚马辰港装载散装动力煤53412吨,其船舶代理签发了编号为KTBCHI-001/2010的清洁提单,载明托运人为被告,目的港为中国青岛/日照。

2010年3月24日,原告向本院提出海事请求保全申请,要求扣押自"Aston Trader I"轮上卸下的存放于日照港的53412吨动力煤,并责令被告提供410000美元的可靠担保。原告为此缴纳申请费5000元。

另查明,本院于2010年3月24日作出(2010)青海法日保字第28-1号民事裁定书,准许原告的海事请求保全申请,扣押自"Aston Trader I"轮上卸下的存放于日照港的53412吨动力煤;责令被告向本院提供410000美元的可靠担保。

关于原告所主张的其是"Aston Trader I"轮的实际经营人、被告实施了非法滞留"Aston Trader I"轮的行为并给原告造成损失等事实。本院认为,原告是以大量的电子邮件作为支持其主张的证据,但是,这些电子邮件均来源于原告委托代理人潘瑞的电子邮箱。其中,原告所称系与印尼律师联系的电子邮件,虽系原始邮件,但原告对于对方电子邮箱与本案的关联性即对方身份是否确为被告委托的律师并未提供证据,而且仅依据邮件内容中自我身份的介绍即认定其真实身份显然不妥,致使本院无法查明对方人员的真实身份,在此情况下,该部分电子邮件不能作为定案的根据。其他电子邮件,均系潘瑞所收到的由陈卫东或ops@olship.com转发的邮件,其中与本案相关联的内容在形式上均系所转发甚至多轮转发的他人电子邮件的正文内容或附件内容。

首先,虽然原告称dry@olship.com和ops@olship.com系原告的总代理Ocean Land的电子信箱、info@freightinvesorsolutions.com系宝钢公司委托的船

舶经纪人的电子信箱、leader@leaderhk.com.hk 系期租出租人的电子信箱、Bayu.Trisnanto@wilhelmsen.com 和 imam.jarwanto@wilhelmsen.com 以及 WSS.JAKARTA.SHIPSAGENCY@wilhelmsen.com 系装港船舶代理的电子信箱、astontrader1@orcaipn.co.jp 系"Aston Trader I"轮船长的电子信箱,但是原告对于收发件人的真实身份并未提供相应的证据,关联性欠缺,其次,被转发的内容并非原件,如前所述,在技术层面,邮件转发人完全有能力对被转发的邮件包括附件进行添加、删改、编辑,转发的内容也并非必然客观真实,不能通过转发后的甚至多轮转发后的邮件来印证原始邮件的客观存在,故原始邮件的真实性无法验证,再者,载于相关电子邮件附件中的扫描件,实质上是书证的复制件,在被告不予认可又无原件核对的情况下,缺乏证明力,载于附件中的他人电子邮件的正文内容,在制作或者转发附件时,完全可以自行添加、删改、编辑,故,该部分电子邮件也不能作为定案根据。而且,被告对于上述电子邮件还以系境外证据未进行公证认证为由提出了异议。除电子证据外,原告提供的证据中还包括供油确认书和供油发票的复印件,因未能提供原件而且被告不予认可,亦不应采信。综上所述,由于原告提供的证据存在重大瑕疵,不能作为定案的根据,故其所主张的原告是"Aston Trader I"轮的实际经营人、被告实施了非法滞留"Aston Trader I"轮的行为并给原告造成损失等事实,缺乏证据支持,本院不予认定。

本院认为:原告诉称被告非法滞留"Aston Trader I"给其造成损失,被告也依此进行答辩,该诉讼法律关系的性质应认定为海事侵权纠纷。本案原告系香港企业、被告系外国企业,属于涉外案件,应适用涉外民事诉讼程序的特别规定。根据《中华人民共和国民事诉讼法》第二百四十一条和《中华人民共和国海事诉讼特别程序法》第19条之规定,因原告在提起本案诉讼前,已申请本院扣押了被告的财产,故本院依法取得管辖权。虽然,本案作为涉外侵权案件,对于行为的性质、侵权责任的承担等实体问题应适用侵权行为地法律,但是,有关举证责任的承担、证据的审核认定以及根据证据查明案件事实等,均属于诉讼程序问题,应适用法院地法律即中华人民共和国法律。而且,也只有解决了这些诉讼程序问题,案件才会进入实体处理阶段。在本案中,原告作为权益受到侵害并要求赔偿的权利主张方,对自己提出的诉讼请求所依据的事实有责任提供证据加以证明,没有证据或证据不足以证明其事实主张的,应承担不利后果。同时,根据证据规则,原告应当提供证据原件或原物,无法与原件或原物核对的复印件、复制品不能单独作为认定案件事实的依据。具体而言,原告应对其是受害人即其是"Aston Trader I"轮实际经营人、被告实施了滞留船舶行为、造成的损失数额并已经实际发生等事实,承担举证责任,而且这三个事实连环相扣,缺一不可。然而,原告对此所提供的证据,绝大部分不属于原件,且无法证明与本案的关联性,无法查证属实,致使上述三个事实均无法认定,显然应承担不利后果,对其诉讼请求不应支持。

据此依照《中华人民共和国民事诉讼法》第二百三十五条、第六十三条第二款、第六十四条第一款、第二百四十八条,《最高人民法院关于民事诉讼证据的若干规定》第二条、第十条、第六十九条(四)项的规定,判决如下:

驳回原告东海运输有限公司的诉讼请求。

案件受理费30363元,由原告东海运输有限公司负担。

如不服本判决,可在判决书送达之日起三十日内,向本院递交上诉状正本六份,并按对方当事人的人数提出副本,上诉于山东省高级人民法院。

审判长　李培合

审判员　迟焕德

审判员　张勇

二〇一二年三月十九日

书记员　陈艳

【延伸阅读】

一、学术论文、专著(权威论著)

1. 谢石松:《国际民商事纠纷的法律解决程序》,广东人民出版社1996年版。
2. 张茂:《美国国际民事诉讼法》,中国政法大学出版社1999年版。
3. 杜新丽:《国际民事诉讼与商事仲裁》,中国政法大学出版社2009年版。

二、网络链接

1. http://www.uncitral.org/en-index.htm 联合国贸易法委员会
2. http://www.ielixmu.org/index.asp 厦门大学国际经济法研究所

第二章
外国人民事诉讼地位

【内容摘要】外国人的民事诉讼地位是指外国人在内国境内享有什么样的民事诉讼权利,承担什么样的民事诉讼义务,并能在多大程度上通过自己的行为行使民事诉讼权利和承担民事诉讼义务的法律状况。本章的主要内容包括外国人民事诉讼地位的普遍原则、外国人的民事诉讼能力以及国际民事诉讼的费用减免和诉讼代理制度等方面的内容。对外国人民事诉讼地位问题的学习,应注重理论性与实践性的结合。在此基础上掌握外国人民事诉讼地位的国民待遇原则以及相关国家实践中的大体做法、民事诉讼能力问题的解决方法以及我国在民事诉讼制度中的相关规定。

引　言

外国人的民事诉讼地位是指在国际民事诉讼中,外国人(自然人和法人)在内国所享有的诉讼权利和承担的诉讼义务,并能在多大程度上通过自己的行为行使民事诉讼权利和承担民事诉讼义务的法律状况。这里所称的外国人是指不具有内国国籍的自然人和法人,也包括无国籍或者国籍不明的人。在国际民事诉讼中,外国人的民事诉讼地位问题具有重要意义：首先，赋予外国人民事诉讼地位是外国人的民事实体权利能够实现的因素。如果一国拒绝给予外国人诉讼权利，则其民事实体权利难以得到内国司法救济。其次，赋予外国人民事诉讼地位是内国法院实施案件管辖权的必要条件。如果外国人在内国没有诉讼权利，则该国对案件的管辖权即失去实际意义。再者，赋予外国人民事诉讼地位也是为了保障本国人在外国的诉讼地位。因为各国之间一般是依据国民待遇原则来相互给予对方的国民民事诉讼地位。外国人在内国享有什么样的权利、承担什么样的义务，是内国主权范围内的事情，别国无权干涉。但一国在决定给予外国人何种法律地位时，必须考虑两个因素：一是不能与国家所承担的国际义务相违背；二是应当考虑有关的国际惯例并遵守国际法的基本原则。

第一节 外国人民事诉讼地位的普遍原则

【知识背景/点】

一、习惯国际法——国民待遇

在外国人的民事诉讼地位方面，当今世界各国普遍采用国民待遇原则。国民待遇原则是指内国给予外国人以内国公民享有的同等的民事权利地位。在国际民事诉讼领域的国民待遇原则是指在民事权利方面一个国家给予在其国境内的外国公民和企业与其国内公民、企业同等待遇，而非政治方面的待遇。国民待遇原则是最惠国待遇原则的重要补充。在实现所有世贸组织成员平等待遇基础上，世贸组织成员的商品或服务进入另一成员领土后，也应该享受与该成员的商品或服务相同的待遇，这正是世贸组织非歧视贸易原则的重要体现。国民待遇原则严格讲就是外国商品或服务与进口国国内商品或服务享受平等待遇的原则。

(一)国民待遇原则的渊源

在资本主义时期,正如马克思在《共产党宣言》中所说:"不断扩大产品销路的需要,驱使资产阶级奔走于全球各地。它必须到处落户,到处开发,到处建立联系。"此时,高度发展的商品经济,不仅要求在一国境内通商自由,而且也要求通商的国际自由。因而,资产阶级要求打破闭关锁国、自给自足的封闭状态,力求改变外国人的无权地位,使其与一国国内的自然人、法人享有的权利无多大差异。为此,在1789年的法国《人权宣言》第1条中宣称要实现"人类……在权利上是平等的"。随后,在1804年《法国民法典》第1卷第1编第11条中规定"外国人在法国享有与其本国根据条约给予法国人的同样的民事权利"。它明确规定对外国人民事权利方面实行相互平等待遇原则,亦即所谓的"国民待遇原则"。《法国民法典》对意大利、葡萄牙、西班牙、希腊、卢森堡、奥地利、挪威、瑞典等国产生巨大影响,这些国家的民法典和阿根廷的宪法均规定了类似的"国民待遇原则"。因此,国民待遇原则逐渐成为国际私法中公认的准则之一。

(二)国民待遇原则的基本内容

国民待遇是国际上关于外国人待遇的最重要的制度之一,其基本含义是指一国以对待本国国民之同样方式对待外国国民,即外国人与本国人享有同等的待遇。传统的国民待遇所涉及的权利义务关系仅局限在民事领域,随着国际经济交往的日益频繁,其内容逐渐延伸到国际投资领域,并成为该领域普遍遵守的基本法则。作为对外国投资的待遇,国民待遇是指主权国家在条约或互惠的基础上,一国给予外国国民或法人在投资财产、投资活动及有关司法行政救济方面等同于或不低于本国国民或法人的待遇。

国民待遇原则一般通过国内立法和国际条约来体现,由于该原则的适用,直接关系到东道国本身的经济利益和经济安全,因此不同的国家会采取不同的对策。一般而言,发达国家既是资本输出国又是输入国,市场机制较完善,经济发展水平较高,往往主张投资者平等竞争,普遍采取国民待遇原则。而发展中国家一般对国民待遇持比较谨慎的态度,更注重对外资采取政策和法律引导解释对国民待遇采取诸多限制。由于各方利益难以协调,国民待遇原则作为一项国际法上的普遍原则一直难以得到广泛适用。直至1994年,世贸组织乌拉圭回合谈判达成《服务贸易总协定》(GATS)和《与贸易有关的投资措施协议》(TRIMS)两项协议,国民待遇原则才第一次以国际多边条约的形式引入国际投资领域。

在当今的国际社会,国民待遇原则是调整外国人民事诉讼地位的一般原则,但一般以对等原则加以限制。

二、国际实践

对外国人的民事诉讼地位经历了从排外到合理待遇等几个发展时期。目前国际社会的普遍实践是给予外国人同内国人同等的民事诉讼地位,即在民事诉讼方面赋予外国人国民待遇。因此,国民待遇原则是有关外国人民事诉讼地位的一般原则。但为了保证本国国民在国外也能得到所在国的国民待遇,各国一般都规定在赋予在内国的外国人国民待遇时,以互惠或对等为条件,即该外国人本国对内国人也应在民事诉讼地位上给予国民待遇。

三、中国的做法

我国所采取的就是以对等为条件的国民待遇原则。根据我国《民事诉讼法》第5条第1款的规定,外国人、无国籍人、外国企业和组织在我国法院起诉、应诉,同中华人民共和国公民、法人和其他组织有同等的诉讼权利义务。这表明,依照我国法律,外国当事人在我国进行民事诉讼活动和我国当事人有同等的起诉和应诉的权利能力和行为能力,并享有进行民事诉讼活动的各项权利。同时,他们也必须像我国当事人一样承担诉讼义务。在我国进行民事诉讼的外国当事人不能只承担诉讼义务而不享有诉讼权利,也不能只享有诉讼权利而不承担诉讼义务,尤其不能享有特权。我国《民事诉讼法》第5条第2款进一步明确规定,外国法院对我国公民、法人和其他组织的民事诉讼权利加以限制的,我国法院对该国公民、企业和组织的民事诉讼权利,实行对等原则。因此,我国采取的是以对等为条件的国民待遇原则。

【案例裁决/法律文书摘录】

案例一：

利比里亚易迅航运公司与巴拿马金光海外私人经营
有限公司船舶碰撞损害赔偿纠纷案

原告(反诉被告)：利比里亚易迅航运公司(TRADE-QUICKER-INC-MONROVIA-LIBERIA)。

地址：利比里亚共和国蒙罗维亚80号。

代表人：吕晓亮，公司总经理。

委托代理人：谢生新，香港华通船务代理有限公司副总经理。

委托代理人：徐汤华，天津市第七律师事务所律师。

被告(反诉原告)：巴拿马金光海外私人经营有限公司(GOLDEN-LIGHT-OVERSEAS-MANAGEMENT-S·A-PANAMA)。

地址：日本国大阪。C/OKOTAINSTEAMSHIPCO.LTDKOTAINBUILD-ING 18-11CHOMEEDOBORINISHI-KU。

代表人：小谷道彦，公司总裁。

委托代理人：方国庆，天津市对外经济律师事务所律师。

原告利比里亚易迅航运公司(以下简称原告)"易迅"轮(M/VTRADEQUKDR)因与被告巴拿马金光海外私人经营有限公司(以下简称被告)"延安"轮(M/VYANAN)发生海上船舶碰撞损害赔偿纠纷，向天津海事法院提起诉讼，被告为此反诉。天津海事法院依法进行了合并审理。

原告诉称：原告所属"易迅"轮于1989年7月10日，在34°36′N(N表示北纬，下同)、123°05′E(E表示东经，下同)海面上，以航速9节("节"表示航海速度，1节=1.852公里/时，下同)，真航向178°，驶往香港的航行途中，当两船相距1.2海里时，被告所属"延安"轮在无任何声号的情况下，突然向左转向，造成"延安"轮船头碰撞"易迅"轮左舷尾部，致使"易迅"轮沉没和船员死亡。"延安"轮疏于瞭望，未能保向保速航行，而在临近"易迅"轮时，突然向左转向，违反了《1972年国际海上避碰规则》第五条、第七条、第八条和第十七条之规定。据此，要求被告赔偿原告经济损失 2927728 美元。

被告辩称并反诉：被告所属的"延安"轮于 1989 年 7 月 10 日 13：40，在 34°28′N、122°32′E，以真航向 103°，12.5 节的航速驶往日本国黑崎港的航行途中，当初见"易迅"轮时，采取保向保速航行，直至 14：08，两船距离缩小到 0.5 海里，发现"易迅"轮仍未让路，即采取改航向 95°。之后又见到"易迅"轮在未发出任何声号的情况下，突然向右大幅度转向，致使"延安"轮船首碰撞"易迅"轮左舷，造成"延安"轮首部严重受损。"易迅"轮严重疏于瞭望，造成两船碰撞的紧迫局面，采取避让措施过晚，违反了《1972 年国际海上避碰规则》第五条、第八条、第十五条、第十六条和第三十四条之规定，据此，原告应负主要的碰撞责任，并提出反诉，要求原告赔偿被告 370000 美元。本案诉讼前，原告曾于 1989 年 12 月 29 日提出海事请求权保全申请，天津海事法院曾依法裁定，扣押了被告所属的"延安"轮。被告通过中国人民保险公司天津分公司代日本住友海上火灾保险公司于 1990 年 1 月 11 日提供了 3000000 美元的担保函，天津海事法院于次日解除对"延安"轮的扣押。

天津海事法院审理查明：1989 年 7 月 10 日 14：00 许，本案两船航行经过的海域，天气阴，多云，东南风 3～5 级，能见距离约 10 海里，海面轻浪，流向 180°，流速 1.5 节。原告所属"易迅"轮，系远洋运输货轮，该轮船长 79.26 米，船宽 12.53 米，型深 7.10 米，主机系 1500 区马力六缸柴油机，总吨位 1206.4 吨，净吨位 659.02 吨，载重量 2985 吨。事故时，载货 2519.86 吨，前吃水 5.68 米，后吃水 6.30 米，平均吃水 5.99 米。该轮于 1989 年 7 月 8 日 14：00，自中国天津新港驶往目的港香港。7 月 10 日 12：00 许，该轮卫星导航船位为 34°46′N、123°05′E，以真航向 178°，约 9.5 节速度航行。于当日 13：41—13：55 许，"易迅"轮值班驾驶员发现本船右舷有向东航行的"延安"轮，方位约 80°，距离 4～6 海里。14：05 许，距离缩小至 1 海里左右，"易迅"轮仍未主动采取避让行动。直至 14：07—14：08，两船间的距离缩小至 0.5～0.6 海里，碰撞紧迫局面已形成，才将自动操舵改为人工操舵，在未与"延安"轮联系的情况下，采取了右舵 10°，紧接着再向右 10°，约采用右舵 1 分钟后，便开始回舵，仅以小角度右舵避让航行，直至 14：10 许发生碰撞，未曾改变过航速。被告所属"延安"轮，系远洋运输货轮，船长 135.06 米，船宽 21.83 米，型深 11.31 米，主机系 8000 匹马力六缸柴油机，总吨位 8957.04 吨，净吨位 6322.23 吨，事故时,载货 11571 吨,前吃水 7.35 米,后吃水 7.77 米,平均吃水约 7.46 米。该轮于 1989 年 7 月 9 日 23:00,自中国连云港驶往目的港日本黑崎港。该轮航行至 7 月 10 日 12:00 许,船位为 34°28′N、122°32′E,以真航向 103°,约 12.5 节航速航行。13:40 许,"延安"轮发现本船左舷向南行驶的"易迅"轮,方位约 40°,继续原向原速航行。约 14:08 许,两船间距离缩小至约 0.5 海里,预感到有碰撞危险存在,拟从"易迅"轮船尾通过,才将自动舵航向 103°改为 95°。在将要发生碰撞之时,才改为人工操舵,采取左满舵、停车、倒车的措施,终因为时已晚,于 14:10 许,"延安"轮的船首部碰撞"易迅"轮左舷船尾机舱部位。碰撞地点为:34°22′N、123°02′E。碰撞造成"易迅"轮机舱和住舱进水,船尾部迅速下沉,除"易迅"轮轮机长陈越春(CHAN YUICHUEN)随船沉没外,其余船员均登上"延安"轮。"延安"轮首部和左舷船尾及右舷中部船体受损。经两轮船员在出事海域尽力搜寻陈越春未果后,"延安"轮恢复到原航线,开往日本黑崎港。因"易迅"轮和"延安"轮注册登记同属巴拿马籍,本案应适用巴拿马共和国法律。经天津海事法院书面通知当事人提供巴拿马有关法律,但当事人均未能提供。该院在无法查明巴拿马有关法律的情况之下,经征得双方当事人的同意,决定适用法院地法为本案的准据法。天津海事法院根据《中华人民共和国民法通则》第一百一十七条第二款、第三款,第一百一十九条、第一百三十四条第一款、第一百四十二条第三款和中华人民共和国交通部关于船舶碰撞赔偿的有关规定,并参照国际海损赔偿的习惯做法,经审核认定,原告可列入本案赔偿范围的损失项目和费用如下:(1)"易迅"轮在 1989 年 7 月 10 日的船价为 920.000 美元;(2)停止营运后租金损失为 62825.40 美元;(3)沉船时油料物品等损失为 29013.59 美元;(4)人身伤亡的费用 100350.58 美元;(5)船员工资和遣返费用 36624.75 美元;(6)船东赔付船员个人财物损失费 14532.30 美元,共计 117019605 美元;(7)利息 223074.63 美元。被告可列入本案赔偿范围的损失项目和费用如下:(1)"延安"轮修船费 145168.71 美元;(2)"延安"轮检验费 1451.43 美元;(3)"延安"轮停止营运的租金损失 67604.83 美元;(4)船东为人身伤害支付的费用 3869.88 美元;(5)船东处理事故支付的代理、通讯及交通费用 4244.16 美元;(6)额外港口使用费 2145.91 美元,共计 224484.92 美元;(7)利息 37928.73 美元。

以上事实,有证人证言、有关双方经济损失的单据、庭审笔录及事故鉴定小组的鉴定结论报告佐证。

天津海事法院认为：碰撞前，当两船处于互见中，交叉相遇状态时，原告所属的"易迅"轮为让路船，被告所属的"延安"轮为直航船。"易迅"轮自两船互见至发生碰撞，未能谨慎驾驶，正规瞭望，仅凭目测观察，缺乏对两船是否存在碰撞危险局面作出充分正确的判断。"易迅"轮本应及早大幅度地避让"延安"轮，而该轮采取避让措施较晚，导致了碰撞危险局面的发生，且未能采取停车或倒车的避碰行动，避让措施仅以小角度转向避免碰撞。"易迅"轮违背了《1972年国际海上避碰规则》第五条、第八条第一款、第十五条、第十六条、第三十四条第一款之规定，原告应承担主要的碰撞责任。"延安"轮在与"易迅"轮交叉相遇时，本应保向保速航行，由于疏于瞭望，在未查明"易迅"轮是否让路，也未发出任何本船行动信号的情况下，断然对在本船左舷的"易迅"轮采取左转向避碰措施，促成两船碰撞的发生。这种盲目背离规划的避让措施显然不是最有助于避免碰撞的紧急措施。"延安"轮违背了《1972年国际海上避碰规则》第五条、第七条第二款、第十七条及第三十四条第一款、第四款之规定，被告应承担碰撞的次要责任。据此，天津海事法院依《中华人民共和国民法通则》第一百零六条第二款、第一百四十二条第三款之规定，并参照国际惯例，于1992年6月29日判决如下：

1. 原告负60%的碰撞过失责任，承担本案经济损失993410.60美元；

2. 被告负40%的碰撞过失责任，承担本案经济损失662273.73美元；

3. 被告除全部承担自身经济损失数额外，应再赔付原告399860.08美元，于本判决生效之日起30日内将再赔付款一次汇至原告。

本案诉讼费用共计为15060.14美元，原告承担9036.08美元，被告承担6024.06美元。第一审宣判后，原告和被告均未提出上诉，双方当事人均已履行了判决。

案例二：

甘肃省公路局诉日本横滨橡胶株式会社产品责任侵权案

原告：甘肃省公路局，住所地甘肃省兰州市城关区滨河东路595号。

法定代表人：赵志福，该局局长。

委托代理人：裴延军，甘肃中天律师（集团）事务所律师。

委托代理人：赵庆华，甘原告甘肃省肃中天律师（集团）事务所律师。

被告：日本横滨橡胶株式会社，住所地日本国东京都港区新桥5-36-11。

法定代表人：富永靖雄，该社社长。

委托代理人：胡蓉晖，北京市中伦金通律师事务所律师。

原告甘肃省公路局诉被告日本横滨橡胶株式会社产品责任侵权纠纷一案，本院受理后，依法组成合议庭，于2004年2月12日和2004年12月14日公开开庭进行了审理。原告甘肃省公路局的委托代理人裴延军、赵庆华，被告日本横滨橡胶株式会社的委托代理人胡蓉晖到庭参加诉讼。本案现已审理终结。

原告甘肃省公路局诉称：2001年8月9日17时05分左右，本案被害人芦恩来驾驶其所属的甘A05291福特越野车行驶至西安绕城高速公路（北段）K20+707米时，左前轮胎突然爆破，致使车辆失控，在K20+580米处碰撞紧急停车带防护钢板，冲出路面又碰撞通道水泥侧墙后侧翻失火，造成被害人芦恩来、张炳乾、安芝桂、许敬龙死亡，甘A05291号福特越野车报废。"8·9特大交通事故报告"和"道路交通事故责任认定书"均证实了本次事故是左轮胎爆破导致车辆失控所致。虽然在事故报告和责任认定书中均称：驾驶速度达到152km/h，超过《高速公路交通管理办法》限定的110km/h，但是152km/h的速度并没有超过被告所生产轮胎的限速180km/h。既然行驶速度没有超过轮胎限速，那么由于轮胎爆破致使车毁人亡的责任只能由轮胎公司承担。因为轮胎爆破是造成事故发生的直接原因。在事发后经现场勘查及检验证实，爆破的轮胎是被告生产的，因而被告应承担该起事故的民事责任。作为驾驶员只能承担由此违反交通行政法规的行政责任，而不能让其承担由于轮胎质量不合格而造成的该起交通事故的民事责任。因为其超速行驶与事故损害后果之间没有因果关系。根据《中华人民共和国民法通则》中涉外民事关系法律适用一章的第146条规定：侵权行为的损害赔偿，适用侵权行为地法律。最高人民法院《关于贯彻执行〈民法通则〉若干问题的意见》第187条对《民法通则》第146条作了解释性的规定，即：侵权行为地法律包括侵权行为实施地法律和侵权结果发生地法律。如果两者不一致时，人民法院可以选择适用。在本案中，肇事轮胎是在日本国生产的，而由该轮胎爆破导致的损害结果发生在中国境内，也就是说侵权行为地和侵权结果发生地不一致,分处在日本和中国。根据上述原则和法律规定,本案可以选择适用日本法律或中国法律作为审理本案的准据法,但是无论是适用哪一国法律,被告都应当承担该案的民事责任。这起车祸事故给原告造成的损失无法估量,鉴于因车祸丧生的人员家属已提起相关诉讼,现原告仅对福特越野车的损失提出赔偿,故请求:(1)判令被告向原告甘肃省公路局赔偿财产损失557000元;(2)判令被告承担本案的全部诉讼费用。

原告为支持其诉讼请求,向本院提交如下相关证据:

1. "8·9"特大交通事故报告书;

2. "8·9"特大交通事故责任认定书;

3. 事故档案(其向法院申请调取,本院依该申请已从有关部门调取了相关证据资料);

4. 进出口机动车辆检验证明、货物出口证明书;

5. 福特4.0L吉普车行驶证;

6. 车辆管理制度;

7. 轮胎发票;

8. (2003)西证经字第6906号公证书;

9. (2003)西莲字第0284号公证书;

10. 物证,系高管局在事故现场提取的轮胎残片一块;

11. 物证,系在"横滨公司"的零售商店中购买的P255/70R 16型轮胎一条;

12. 关于中天事务所的进一步咨询意见及日本《制造物责任法》日文原本及中文译本。

被告日本横滨橡胶株式会社辩称:原告的诉讼主张不能成立,理由如下:

第一,无论根据日本的《制造物责任法》的有关规定,还是根据中国法律及有关司法解释规定,在产品侵权诉讼中,涉案产品存在质量缺陷、使用缺陷产品导致损害以及该缺陷与损害之间存在因果关系等要件的举证责任应由原告人承担。鉴于此,本案原告人应就本案所涉的下列要件事实承担举证责任:(1)事故车辆左前轮使用的轮胎确为答辩人产品;(2)该轮胎存在产品缺陷;(3)该缺陷导致了事故及损害结果的发生。

第二,原告人必须首先举证证明事故车辆左前轮使用了答辩人产品,而原告人提供的证据材料无法证明此项待证事实。本案中,原告人递交的用以证明事故车辆左前轮使用了答辩人产品的证据材料有:(1)购胎发票;(2)轮胎残片;(3)其2003年4月购买的标有"YOKOHAMA"标识的255/70R 16规格轮胎;(4)有关交通事故报告及事故处理档案。答辩人认为,原告人提供的上述证据材料与该待证事实之间不存在任何关联性,原告主张的该项要件事实并未得到证明。

第三,答辩人至今从未向中国大陆地区出口其生产的255/70R 16规格轮胎,原告人提供的轮胎上亦无进口轮胎必需的"CCIB"标识。因此,答辩人有理由对原告人提供的轮胎产生合理怀疑,原告人须进一步就取得轮胎的合法途径进行举证。

第四,本案中,原告人提供的证据因与"事故车辆左前轮胎存在缺陷"这一待证事实不存在关联性而未能证明此项待证事实。如前所述,本案原告人应就事故车辆左前轮存在缺陷承担举证责任。原告人提供的用以证明该项待证事实的证据材料主要有:(1)《8.9特大交通事故报告》、《责任认定书》及事故处理档案;(2)车辆进口证明书及车辆行驶证;(3)甘肃省公路局机关车队车辆管理制度及司机人事档案。答辩人认为,原告人提供的上述证据材料与待证事实之间并不存在任何关联性。

第五,原告人须就产品缺陷(即使存在)是导致事故和损害发生的原因承担直接证明责任。产品缺陷与损害结果之间存在因果关系是产品侵权责任构成的一项独立要件。对此,主张产品侵权的原告人须就该项要件事实单独完成举证责任。尤其在本案中,由于轮胎爆破属于典型的多因一果情形,本案原告人更应就事故与损害结果确系左前轮胎产品质量缺陷所致单独完成举证证明。但在本案中,原告人提供的证据并未完成对此项待证事实的证明。

第六,出于对横滨产品的责任感,答辩人愿意在诉讼过程中查明本案所涉交通事故的发生原因。若原告人亦认为目前证据材料尚不能完全成其举证责任,需通过委托鉴定机构对爆胎是否为横滨产品、该产品是否存在缺陷以及该缺陷是否导致事故发生的原因等事项进行鉴定,答辩人同意由鉴定机构对上述事项进行鉴定,以期查明事故的发生原因。

第七,若原告人坚持本案应适用日本法审理,则首先完成对日本有关法律条款的内容及其有效性的举证,若具体到赔偿范围的确定,则须对法律依据及具体计算方法予以明确说明。

综上,被告为支持其抗辩事由,向本院提交如下相关证据:

1. 中华人民共和国海关总署全国海关信息中心出具的《回复函》;
2. 进口中国大陆市场的横滨轮胎外包装上的安全警示及使用说明;
3. 横滨橡胶株式会社1997年8月取得CCIB认证的编号为97VT3144号的《进口商品安全质量许可证》;
4. 《横滨轮胎目录2001》中文版;
5. 目前负责提供事故车辆残骸存放地点的村民程亚强出具的证人证言《笔录》;
6. 本案所涉《8·9特大交通事故报告书》以及《责任认定书》;
7. 友发工业(香港)有限公司出具的《情况说明》;
8. 横滨橡胶株式会社出具的《说明书》(日文原本及中文译本);
9. 横滨橡胶株式会社生产的P255/70R 16 109S G039规格轮胎依美国汽车安全标准完成的社内认定试验书(英文/日文原本及中文译本);
10. 横滨橡胶株式会社生产的P255/70R 16 109S G039规格轮胎的社内认定试验书(英文/日文原本及中文译本);
11. 横滨橡胶株式会社生产的刻有DOT认证标识的P255/70R 16 109S G039规格轮胎的照片、照片摄影说明(日文原本及中文译本);
12. 横滨橡胶株式会社生产的255/70R 16 109S G039规格轮胎的照片、照片摄影说明(日文原本及中文译文);
13. 横滨橡胶株式会社生产的刻有CCIB及E4(即ECE)认证标识的265/70R 16 112S G039规格轮胎的照片、照片摄影说明(日文原本及中文译文);
14. 横滨橡胶株式会社生产的265/70R 16 112S G039轮胎取得ECE认证的认证文件(英文原本及中文译本);
15. 横滨橡胶株式会社《产品出货前品质检查程序》(日文原本及中文译本);
16. 横滨橡胶株式会社《产品检查实施纲要》(日文原本及中文译本);
17. 三菱汽车工业株式会社随车向用户提供的横滨橡胶株式会社生产的

P255/70R 16 109S G039规格轮胎《有限担保书》(英文原本及中文译本);

18. 横滨橡胶株式会社设在美国的子公司(YTC)的产品销售目录节选(英文原本及中文译本);

19. 横滨橡胶株式会社在日本国内的产品销售目录节选(日文原本及中文译本);

20. 横滨橡胶株式会社工厂内的《横滨轮胎工厂简介》1册及其《轮胎制造流程示意图》(日文原本及流程图的中文译本);

21. 日本汽车轮胎协会《汽车轮胎的选定、使用、维修标准(节选)——2001乘用车轮胎篇》(日文原本及中文译本);

22. 日本汽车轮胎协会《检查制定手册》(日文原本及中文译本)。

根据原告甘肃省公路局之诉请事由及被告日本横滨橡胶株式会社之抗辩意见,本案争议的主要焦点:

1. 围绕本案诉讼请求,准据法应以何国法律为据;

2. "8·9"事故现场仅存的残片是否为爆胎的残片;

3. "8·9"事故现场的爆胎产品是否为被告制造的产品;

4. 若系被告制造的产品,该轮胎的爆破系何原因所致;

5. 损害赔偿金额以何计算依据及方法为标准。

围绕本案争议的主要焦点问题,本院经审理查明事实如下:

2000年3月22日,甘肃省公路局从天津开发区中汽贸易有限公司购进一辆美国产的福特吉普4.0L越野车,车牌照为甘A05291。2000年10月31日,甘肃省公路局司机芦恩来从兰州城关区宝龙汽车配件经销部购买两条型号为(255/70R 16)的轮胎,用以替换福特吉普越野车原装日本产的"凡士通"轮胎。2001年8月9日17时5分左右,芦恩来驾驶甘A05291福特越野车,由兰州往西安途经西安绕城高速公路(北段)、行驶至K20+707米下行处,由于该车左前轮胎爆破,车速过高,致使车辆失控,在K20+580米处碰撞紧急停车带防护钢板,冲出路面又碰撞通道水泥侧墙后侧翻失火,造成车内四人即芦恩来、张炳乾、许敬龙、安芝桂死亡,车辆报废的特大交通事故。该事故发生后,相关部门及有关人员配合施救。2001年8月14日,陕西省高等公路管理局西铜管理处(现更名为西安绕城高速公路生态林带管理局北段管理所)向有关人员出具了道路交通事故责任认定书,认为:驾驶员芦恩来,违反《中华人民共和国道路交通管理条例》第七条第二款及《高速公路交通管理办法》第十一条之规定,负事故全部责任。嗣后,甘肃省公路局后勤中心在 2001 年 11 月 20 日向芦恩来的遗属支付抚恤费 108051.80 元,甘肃省交通厅分别于 2001 年 9 月 25 日向安芝桂遗属支付抚恤费 114332.80 元,于 2001 年 11 月 17 日向许敬龙遗属支付困难补助 101032.80 元,于 2001 年 11 月 20 日向张炳乾遗属支付抚恤费 136272.80 元。另外,保险公司也依据投保单向甘肃省公路局进行了理赔,并支付了相应的保险金。2002 年 8 月 2 日,原告以事发后经现场勘查及检验证实,爆破轮胎是被告生产的产品,其应承担相应的民事责任等为由,将被告诉至法院。

本院受理后,双方当事人对审理本案适用的准据法各持己见。

原告认为:审理本案的准据法应适用日本的《制造物责任法》。针对该法的适用问题,其提交了《关于中天事务所的进一步咨询意见》,该意见有关责任归属的原则及举证责任的规定如下:

1. 责任归属的原则。《制造物责任法》在第 3 条中规定,因制造物的缺陷导致他人生命、身体及财产受到伤害时,该法第 2 条第 3 项规定的制造商等负有赔偿责任,并且在此过错的存在不作为要件。另外,要免除制造商等的赔偿责任须证明第 4 条所定的事由,即使证明不存在一般的过失,也不能免除赔偿责任。这就意味着《制造物责任法》采用了无过错责任的原则。

2. 举证责任。制造物的缺陷必须由被害方证实。关于缺陷在第 2 条第 2 项中有规定。

被告认为:审理本案的准据法应适用中华人民共和国法律。

本院认为:审理本案的准据法选择适用日本的《制造物责任法》较为妥当,并在开庭前,向各方当事人明确告知。

诉讼期间,原、被告双方均向法庭申请调取陕西省高等公路管理局西铜管理处处理本起交通事故的档案及相应的物证资料。该处出示的档案资料、照片、车辆残骸及当时现场提取仅存的一块长度约为 62 厘米,宽度约为 15 厘米,并印有标识为 YOKOHAMA、LANDAR G039 的轮胎残片。该残片是否为事故车左前轮爆破遗留在事故现场的轮胎残片,档案资料未记载,轮胎残片原物未经科学鉴定无法印证,处理事故的相关人员的证言对此问题也未确认。因此,庭审中法庭释明负有举证责任的当事人对该待证事实申请启动鉴定程序来确认。

原告认为,事故车辆的原配轮胎是日本产的"凡士通"轮胎,因存在质量缺陷,且有较多事故,司机芦恩来才购买两条型号为 255/70R 16 的横滨轮胎安装在甘A05291 福特越野车的两个前轮上,根据"8·9"特大交通事故报告已确认爆破轮胎为左前轮之事实,因而现场遗留的印有"横滨"标识的轮胎残片是爆破轮胎残片,本案无须对待证事实进行鉴定。但关于芦恩来是否将其购买的两条轮胎更换在事故车的两个前轮上问题,因其已在交通肇事中身亡,无从考证。原告对此亦未提供其他相关证据予以印证。另外,原告当庭承认轮胎的销售商在事故发生后已隐匿,该销售单位亦未在工商行政管理部门办理相关注册登记手续,因而,轮胎的合法来源也无法查证。

被告认为,其生产的轮胎型号中有 255/70R 16 109S,花纹 G039 的规格,但此规格轮胎是其出口北美地区的产品,从未向中国出口。事故现场遗留的轮胎残片上的标识及花纹虽然与其生产的上述型号产品相同,但是根据《中华人民共和国进出口商品检验法》、《中华人民共和国进出口商品检验法实施条例》以及《流通领域进口商品质量监督管理办法》之有关规定,外国轮胎进入中国市场必须事先取得 CCIB 安全认证,并在轮胎上印制"CCIB"安全认证标识,而该轮胎残片上无认证的标识,根据中华人民共和国海关总署全国海关信息中心出具的《回复函》证明在 1999 年和 2000 年两年期间,未发现有横滨 255/70R 16 规格轮胎的进口贸易记录,故对该残损轮胎来源的合法性提出质疑。为查明本案所涉交通事故发生的原因,被告于 2003 年 11 月 10 日向本院递交司法鉴定申请书、申请委托中国政府认定的国家级橡胶轮胎检验鉴定机构依据事故车辆残骸、事故现场照片及轮胎残片等证据材料进行技术鉴定,确定:(1)轮胎残片是否为事故车左前轮遗留;(2)事故车左前轮轮胎是否存在质量缺陷。由于鉴定所需的检材资料大部分均为案外人提供,且为了解鉴定所需费用,本院依被告申请,向国家橡胶轮胎质量监督检验中心予以咨询,该中心答复:(1)轮胎残片是否为事故车左前轮遗留,不属其鉴定范围,应通过现场痕迹进行鉴定;(2)目前的资料及物证原件是无法证明轮胎的产品质量是否存在缺陷的问题。据此,被告于 2003 年 11 月 19 日申请撤回司法鉴定申请书。

本院认为:依据审理本案所适用的准据法,原告对上述待证事实负有举证责任,并于 2004 年 2 月 20 日书面通知原告。2004 年 3 月 11 日,事故受害人的遗属王新莉、许洁、郑淑兰代表原告以书面形式向本院递交鉴定申请书,申请事项:请求西安市中级人民法院委托有关部门鉴定"8·9"特大交通事故现场遗留的印有"横滨"商标的轮胎残片是否事故车辆的左前轮胎爆破并燃烧后所留。其于 2004 年 3 月 31 日交纳了 5000 元鉴定费用。据此,本院于 2004 年 4 月 26 日向公安部物证鉴定中心递交了委托鉴定函及除事故车辆残骸外的与本案有关的全部检材资料,公安部物证鉴定中心痕迹处受理后,通知本院须预付鉴定费 5 万元、差旅费 1 万元,才能启动鉴定程序。由于原告预付鉴定费不足,本院于 2004 年 5 月 26 日,依据《人民法院诉讼费办法》第二条、第十三条之规定,通知原告自收到本通知后七日内预交鉴定所需全部费用,逾期不交,将按自动撤回鉴定申请处理。嗣后,由于原告始终未能足额预交鉴定所需全部费用,本院于 2004 年 10 月 8 日,根据最高人民法院《人民法院司法鉴定工作暂行规定》第二十三条第一款第二项之规定,通知原告终止(2002)西民四初字第 072 号委托书的鉴定事宜。2004 年 11 月 25 日,原告又以司法鉴定是证实本案事实的关键证据,如果不进行鉴定,案件难以得到公正的审理,其以交足了鉴定所需费用等为由,请求法院尽快进行司法鉴定,并再次递交了委托鉴定申请书,但被告对此持有异议,认为原告的行为直接违反了最高人民法院《关于民事诉讼证据的若干规定》,人民法院不应接受此项委托事宜。

另外,庭审中,被告认为,甘肃省公路局主张的车辆损失已由保险公司予以赔偿,根据《中华人民共和国保险法》的有关规定,其不再具有原告主体资格,故该局起诉应予驳回。

上述事实,均有相关证据在卷佐证。原、被告对对方就本案所提供的证据之形式要件的真实性无异议,但对各自围绕诉请事由及抗辩理由所阐释的观点提出质疑。另外,原、被告双方对本院依各自申请调取的事故处理档案资料及事故处理人员相关的调查取证笔录已质证,且对形式要件的真实性亦无异议。

依据审理查明之事实,本院认为:本案的被告系外国法人。原告以产品责任侵权纠纷为由起诉被告,属涉外民事案件。在中华人民共和国领域内进行的涉外民事诉讼,则适用《中华人民共和国民事诉讼法》调整。根据《中华人民共和国民事诉讼法》第二百四十三条之规定,本院对以产品责任侵权纠纷为由起诉的涉外民事案件具有管辖权。

一、围绕本案诉讼请求,如何适用准据法问题

依照《中华人民共和国民法通则》第146条之规定,涉及涉外民事侵权行为的损害赔偿案件,适用的准据法应为侵权行为地法律。根据最高人民法院《关于贯彻执行〈中华人民共和国民法通则〉若干问题的意见(试行)》第187条,即侵权行为地法律包括侵权行为实施地法律和侵权结果发生地法律,如果两者不一致时,人民法院可以选择适用。本案中,涉诉轮胎生产地为日本,涉诉的损害结果发生地在中国,本院依法既可以选择适用日本法为审理本案的准据法,也可以选择适用中国法律为审理本案的准据法。本案原告系涉诉案件的受害人,诉讼中,其明确要求适用日本《制造物责任法》审理本案,参照国际司法救济的一般原则,在审理产品缺陷责任纠纷案件中,由于受害人处于弱势地位,尽量方便受害人对产品责任的诉讼,在法律适用上对受害人要求适当予以考虑,目的在于更好地保护受害人的合法权益,因而本院选择适用日本的《制造物责任法》作为审理本案的准据法。日本于1995年7月1日制定了《制造物责任法》,并于1996年7月1日作为日本民法的特别法开始适用。原告根据最高人民法院《关于贯彻执行〈中华人民共和国民法通则〉若干问题的意见(试行)》第193条,向本院提交了日本的《制造物责任法》日文原本及中文译本。被告对此形式要件真实性未提出质疑,故本院依法对日本的《制造物责任法》日文原本及中文译本内容予以确认。

二、围绕本案诉讼请求,如何处理当事人之间主要争议焦点问题

根据原告向法庭递交的《关于中天事务所的进一步咨询意见》中明确阐述的日本《制造物责任法》适用中有关责任归属的原则及举证责任之规定,原告应当依法履行下列事项之举证责任:(1)"8·9"事故现场仅存的残片为爆胎残片;(2)"8·9"事故现场的爆胎产品是被告制造的产品;(3)该制造物的缺陷非免责事由的原因所致;(4)该制造物的缺陷导致了损害结果的发生;(5)财产损失的计算依据。关于第1项待证事实问题,从法庭调取的事故处理档案里未有明确记载,原告向法庭出示

的证据因存在轮胎来源合法性、事故车只更换两条轮胎及肇事司机已身亡等问题，也不能直接印证，因而事故现场仅存的印有"横滨"标识的轮胎残片及事故车残骸将成为查明上述待证事实的重要线索。由于待证事实属专门性问题，只有具备专门知识和技能的人员，按照法律规定的条件和程序，运用一定的科学知识、技术手段，才能对该待证事实作出鉴别和评定，故启动鉴定程序，得出鉴定结论，才是认定该残片为爆胎残片的合法依据。据此，本院根据涉外案件，举证责任适用法院地法的原则，依据最高人民法院《关于民事诉讼证据的若干规定》，书面向原告释明，限期履行举证义务。否则，将承担举证不能的法律后果。原告虽然依法对待证事实向本院递交了鉴定申请，但未在法定期限内足额交纳鉴定费用，也未说明交费不能的理由，故鉴定程序未能启动，致使该待证事实无法通过鉴定结论予以认定。嗣后，原告又再次提出鉴定申请。被告以原告的行为违反最高人民法院《关于民事诉讼证据的若干规定》为由，认为法院不应接受此项委托事宜。被告的抗辩理由，正当、合法，本院予以支持。由于第1项待证事实是认定本案损害赔偿责任存在的前提条件，而原告未履行对待证事实之举证义务，故本院依法无须再对第2项至第5项待证事实进行审核。

依据日本《制造物责任法》第1条即"为保护被害者，保障国民生活的安定及国民经济的健全发展，本法规定因产品缺陷而对人的生命、身体及财产造成损害时制造商等承担损害赔偿责任"之规定，原告要求适用《制造物责任法》追究制造商的损害赔偿责任，首先应证明"8·9"事故现场爆胎产品是被告制造的产品，及该产品存在缺陷之事实，而原告现有的证据不足以认定该事实存在，故其诉请事由，不能成立。

三、关于原告的主体资格是否适格问题

被告认为原告的车辆损失已由保险公司赔付，依据《中华人民共和国保险法》第45条之规定，原告不具备适格的主体资格。因本案已确定适用日本法，被告应援引日本法律的相关规定作为其抗辩依据，但在审理期间其既未提供日本保险方面的相关法律规定，也未依法申请调取相关的涉外法律依据，故被告认为原告不是本案适格主体的理由，因无相关法律依据的支持，本院不予采信。

综上所述，原告的诉讼请求，因证据不足，本院不予支持。依据《中华人民共和国民法通则》第一百四十六条、《中华人民共和国民事诉讼法》第七十二条、第二百四十三条、第二百四十九条,日本《制造物责任法》第1条、第2条、第3条之规定,判决如下:

驳回原告甘肃省公路局之诉讼请求。

一审案件受理费10580元,由原告甘肃省公路局负担。

如不服本判决,原告甘肃省公路局可在本判决书送达之日起十五日内,被告日本横滨橡胶株式会社可在本判决书送达之日起三十日内,向本院递交上诉状,并按对方当事人的人数提交副本,上诉于陕西省高级人民法院。

审判长　金叶善

审判员　姚建军

代理审判员　文　艳

二〇〇五年三月九日

书记员　张熠

【延伸阅读】

一、案例

1904年杰柏川克案

二、学术论文、专著(权威论著)

1. 丁伟:《"超国民待遇合理合法论"评析——外商投资领域国民待遇制度的理性思辨》,载《政法论坛》2004年第2期。

2. 乌买尔·买合木提:《论WTO之"国民待遇"原则在我国的实践》,载《新疆大学学报(哲学人文社会科学版)》2003年第3期。

3. 刘永伟:《税收优惠违反国民待遇原则悖论——兼谈我国外商投资企业税收政策的选择》,载《现代法学》2006年第2期。

4. 胡雪梅:《服务贸易总协定中的市场准入与国民待遇问题——兼论中国的服务业开放问题》,载《政法论坛》2001年第2期。

5.汤晓峰、李志文:《GATS框架下市场准入与国民待遇的冲突与衡平——兼评GATS第16条和第17条》,载《武汉大学学报(哲学社会科学版)》2014年第1期。

6.史晓曦:《〈技术性贸易壁垒协议〉项下的国民待遇原则研究》,载《国际经济合作》2013年第11期。

三、网络链接

http://www.hcch.net 海牙国际私法会议

第二节 外国人的民事诉讼能力

【知识背景/点】

一、外国人的民事诉讼权利能力

(一)民事诉讼权利能力

民事诉讼权利能力,是指享有民事诉讼权利、承担民事诉讼义务,能以自己的名义起诉、应诉的资格。有民事诉讼权利能力的人进行诉讼时,还必须有民事诉讼行为能力。民事诉讼行为能力是指能独立进行民事诉讼行为,行使民事诉讼权利、履行民事诉讼义务的能力。

1.与民事权利能力和行为能力的关系

民事诉讼权利能力和民事诉讼行为能力,一般与民事上的权利能力和行为能力相适应,有民事权利能力的人,即有民事诉讼权利能力;有民事行为能力的人,即有民事诉讼行为能力。民事诉讼权利能力与民事权利能力,民事诉讼行为能力与民事行为能力,又有所不同。民事诉讼权利能力和诉讼行为能力,是诉讼主体维护自己的民事权利而进行诉讼活动的能力;民事权利能力和行为能力,是民事主体行使自己的权利和进行民事活动的能力。民事诉讼权利能力与民事权利能力有着紧密的联系，即在通常情况下，二者是一致的。有民事权利能力的人，一般都有民事诉讼权利能力。因为民事权利主体的民事权益受到侵犯或与他人发生争议，有要求司法保护的资格。

自然人的权利能力，始于出生，终于死亡。诉讼权利能力因死亡而消灭。法人的诉讼权利能力，自其成立时开始，至其被撤销、解散时消灭。自然人的诉讼行为能力，自成年时开始，于宣告无行为能力时丧失，或者于死亡时消灭。法人的行为能力，随其权利能力的开始、消灭而开始、消灭。非法人团体没有法人所具有的权利能力，但法律允许它的代表人以其名义起诉、应诉，赋予其诉讼权利能力，使之可以成为民事诉讼主体。

2.与民事权利能力和行为能力的区别

民事权利能力是一种实体上的权利能力，是指作为民事主体的资格，而诉讼权利能力则是程序上的权利能力，是指作为诉讼主体的资格。诉讼行为能力只存在有无之分，民事行为能力则存在有行为能力、无行为能力、限制行为能力之别，限制行为能力人，可以为一定的民事行为，但不能为任何诉讼行为。对未成年人、精神病人，为维护其民事权益，法律赋予其诉讼主体的资格，而起诉、应诉由其法定代理人代理。所以，只有诉讼权利能力，而无诉讼行为能力的人，也可以作为民事诉讼当事人(见自然人、诉讼代理)。

有诉讼权利能力但没有诉讼行为能力的人，虽然也可以成为民事诉讼中的当事人，但是却不能亲自实施诉讼行为，而只能通过其法定代理人或者由其法定代理人委托的诉讼代理人代为实施诉讼行为。有诉讼权利能力但没有诉讼行为能力的人，实际上只有公民，因为公民的诉讼权利能力和诉讼行为能力在存续时间上，可能会不一致，而法人及其他组织的诉讼权利能力和诉讼行为能力同时产生，同时消灭。

(二)外国人诉讼权利能力问题

1.法律适用

外国人的诉讼权利能力是指国际民事诉讼中外国人享有民事权利和承担民事义务的资格。外国人诉讼权利能力通常依其属人法决定。法院地国给予外国人怎样的诉讼权利，由法院地法决定，如有条约规定则依条约决定。法人的诉讼权利能力通常依照法人国籍国法或住所所属国法律来确定。

2.国民待遇原则

对外国人民事诉讼权利能力,目前各国在原则上都给予外国人以国民待遇,即外国人在内国进行民事诉讼享有与本国国民同等的民事诉讼权利,承担同等的民事诉讼义务。但是,这种国民待遇通常也是有限制的,比如一般需要外国人提供诉讼费用担保,而且一般要以对等互惠为条件。为了解决无国籍人的民事诉讼权利能力问题,1954年联合国《关于无国籍人地位公约》对此作出了规定:在公约缔约国中,无国籍人可以向其惯常居住地所在国提出有关请求并享有国民待遇。因此,外国人的民事诉讼权利能力是依据国际条约和内国法确定的。

二、外国人的民事诉讼行为能力

诉讼行为能力,又称为诉讼能力,是指当事人可以亲自实施诉讼行为,并通过自己的行为,行使诉讼权利和承担诉讼义务的诉讼法上的资格。由于诉讼行为能力是当事人可以亲自为诉讼行为的资格,因此如果当事人没有诉讼行为能力,其所为的诉讼行为或者针对其所为的诉讼行为都是无效诉讼行为。外国人的民事诉讼行为能力是指在国际民事诉讼中,外国人通过自己的行为行使民事权利和承担民事义务的能力。

(一)与民事行为能力的区别与联系

公民的诉讼行为能力与其民事行为能力有着密切的联系,但在分类上,两者又不完全一致。公民的诉讼行为能力采用两分法:有诉讼行为能力和无诉讼行为能力。而公民的民事行为能力则采用三分法:完全民事行为能力、限制民事行为能力和无民事行为能力。在民事诉讼中,只有具有完全民事行为能力的公民才有诉讼行为能力。无民事行为能力和限制民事行为能力的公民都没有诉讼行为能力。

无民事诉讼行为能力人是指意思表示能力欠缺,无法独立行使诉讼权利的人,通常是指未成年人、精神病患者、弱智或痴呆病人。未成年人由于年龄限制,社会阅历浅、认知能力差,无法独立参加诉讼;而精神病患者、弱智和痴呆病人系智力发育不健全,不能正确表达自己的意志,亦无法独立参加诉讼。无民事诉讼行为能力人在民法规定的范围内,除纯获利益、不负担义务,并且不损害其他人的利益的行为无民事行为能力人可以实施外,其他行为一般均不能独立实施,而由其监护人代为行使,诉讼行为也不例外。

(二)外国人民事诉讼行为能力

1. 一般法律适用原则

通常,外国人的民事诉讼行为能力与其民事行为能力一样适用属人法,只是英美法系国家一般以外国人住所地法为依据,而大陆法系国家一般以外国人的国籍国法为依据。此外,为了保护善意当事人,许多国家在规定以属人法作为外国人的民事诉讼行为能力判断的基本原则的同时,还补充规定如果外国人依其属人法没有诉讼行为能力,但是依据法院地法有诉讼行为能力的时候,也视为有诉讼行为能力,比如德国、日本、匈牙利等都做了这一规定。但是也有一些国家,如波兰和瑞士,它们对内外国人的民事诉讼行为能力一概适用法院地法。

2. 中国的做法

我国对此无明文规定,我国学者一般认为,当事人的民事诉讼权利能力应依法院地法,即当事人是否有民事诉讼权利能力的问题应由法院地所在国的法律决定。至于当事人是否具有民事诉讼行为能力的问题,则应由当事人的属人法决定,但即使根据其属人法无民事诉讼行为能力,如果依法院地所在国的法律却有民事诉讼行为能力时,应当认定为有民事诉讼行为能力,即此时应依法院地法。

【案例裁决/法律文书摘录】

案例一:

自然人的行为能力

中国广东某纺织品进出口公司在广州市与一位年满21岁的意大利商人签订一笔纺织品原料供货合同。合同签订后,这种纺织品原料的价格在国际市场上暴涨,意大利商人如履行合同将造成巨大亏损。为达到不履行合同,又不承担违约责任的目的,该意大利商人提出按意大利法律,他系未成年人,不具有完全民事行为能力,不能成为合同主体,因此他与广东某纺织品进出口公司签订的供货合同是无效的。广东某纺织品进出口公司向法院提起诉讼,要求该意大利商人承担违约责任并赔偿损失。法院受理了案件,并进行审理。法院认为:本案合同履行地在中国,应以中国法为准据法。根据我国法律的规定,18岁为具有完全民事行为能力人,故该意大利人具有行为能力和诉讼行为能力。广东某纺织品进出口公司与该意大利人签订的合同有效,该意大利人不履行合同属违约,判令赔偿其违约给广东某纺织进出口公司造成的损失。

案例简析:公民的诉讼行为能力与公民的行为能力是相对应的。一般而言,外国人的民事诉讼行为能力跟其民事实体行为能力一样,是适用其属人法的。但如果外国人依其属人法无诉讼行为能力而依我国法律有诉讼行为能力,则认为其有诉讼行为能力。

案例二:

日本兴业银行北京分行的诉讼主体资格争议案

上诉人中国国际钢铁投资公司(简称钢铁公司)因与被上诉人株式会社第一劝业银行上海分行(简称劝业银行)、株式会社三和银行上海分行(简称三和银行)、日本兴业银行北京分行(简称兴业银行)、株式会社山口银行青岛分行(简称山口银行)借款合同纠纷一案,不服北京市高级人民法院(2000)高经初字第539号民事裁定,向最高人民法院提起上诉:被上诉人为外国银行在中国的分行地位是确定无疑的,根据《中华人民共和国商业银行法》第21条、第22条的规定,被上诉人尽管在国家工商行政管理总局领取了营业执照,也不具备法人地位。根据原《中华人民共和国公司法》(以下简称《公司法》)第13条、《民法通则》第2条之规定,被上诉人不具备法律诉讼的主体资格,且其总行与上诉人没有就修改合同达成协议,而其以自身作为诉讼主体,更改合同的约定,提起诉讼的行为是违反法律规定的。据此,根据《民事诉讼法》第153条第2款的规定,请求撤销原审裁定,驳回被上诉人的诉讼请求。

被上诉人劝业银行、兴业银行、三和银行、山口银行答辩称:中国人民银行《关于对商业银行分支机构民事责任问题的复函》规定:"根据《中华人民共和国民事诉讼法》第49条和最高人民法院《关于适用〈中华人民共和国民事诉讼法〉若干问题的意见》第40条的规定……商业银行的分支机构在总行授权范围内开展业务时，与其他公民、法人和其他组织发生纠纷的，应以分支机构作为诉讼主体，而不应以其总行作为诉讼主体。"被上诉人完全具备法律诉讼的主体资格，故请求依法驳回上诉人的上诉请求。

2001年法院5月21日法院裁定驳回上诉，维持原裁定。

案例简析：外国法人在我国的分支机构能否成为涉外案件当事人，学界存在争议。一种观点认为应严格遵守《公司法》的规定，并严格依据《民事诉讼法》的立法意图来解释"其他组织"的含义。《民事诉讼法》使用的"其他组织"是指非法人组织。外国公司分支机构包括外国银行中国分行不具备民事诉讼"其他组织"的特征，不能作为民事诉讼当事人。但是在我国的实践中普遍把外国银行中国分行作为诉讼当事人，也可以找到法律依据。总之，外国公司驻我国的分支机构与我国当事人之间缔结的合同，应该视为该外国公司的法律行为，属于涉外合同。在确定案件当事人时，可以依据我国诉讼法的规定，确定该分行为诉讼当事人。

【延伸阅读】

一、案例

荷兰阿瑟行为能力确认案(1997)

二、学术论文、专著（权威论著）

1. 李婕妤：《外国人在华民事法律地位研究》，载《湖北警官学院学报》2014年第7期。
2. 余丙南：《也谈国际私法的范围》，载《池州学院学报》2003年第5期。
3. 夏国平：《我国对外国投资待遇的规定》，载《政治与法律》1986年第2期。

三、网络链接

http://www.unidroit.org/国际统一私法协会

第三节 诉讼费用的担保和司法救助

【知识背景/点】

一、诉讼费用担保

诉讼费担保制度(Security for Costs),也被称为诉讼费保证金制度,是源于普通法系国家的一项民事诉讼规则和制度,是指在民事诉讼活动中,一方当事人以现金提存或其他方式,为另一方当事人的诉讼费用提供担保,从而使另一方当事人在胜诉时,其诉讼费用能得到补偿的制度。通常审理国际民事案件的法院依据本国诉讼法的规定,为防止原告滥用其诉讼权利或防止其败诉后不支付诉讼费用,要求作为原告的外国人或者在内国无住所的人,在起诉时提供以后可能由他负担的诉讼费用的担保。

(一)诉讼费用担保制度的由来

诉讼费担保制度源于英国。根据文献记载,英国早在17世纪就已经开始运用其固有的司法管辖权,通过命令当事人提供诉讼费担保金,规制法律程序的运行。在18世纪初期,英国主张人人均享有向法庭提起诉讼的权利,因此不论原告是富有还是贫困,是居于本土还是海外,除非法庭根据案件的具体情况认为需要命令其提供诉讼费担保金,否则在绝大部分的诉讼中都不会通过要求原告提供诉讼费担保金,阻挠其进行诉讼。但到18世纪末期,英国法庭在Pray v. Edie一案中却首次以原告居于海外这一因素要求原告就被告的诉讼费提供保证金。法庭解释说是因为原告居于海外,不受英国法例约束,如果原告败诉,被告将不能在英国实施执行诉讼费判令的程序,而需要在海外司法管辖区进行有关的法律程序,才能追讨到诉讼费,因此需要原告提供诉讼费担保金。不过直至1885年,英国国会才对诉讼费担保制度进行立法。1964年,英国国会修改了有关诉讼费担保金的法例,使其条文与今天的规定大致相同。不过从实践的情况来看,英国有关诉讼费担保金的规定,仍然有需要进一步完善的地方。

(二)诉讼费用担保制度的主要内容

诉讼费担保制度能够解决一些因诉讼费而产生的不公平问题。通常来讲,普通法系国家的诉讼费主要由三个部分组成,即:(1)法庭收取的行政管理性费用,例如存档费;(2)律师及大律师的费用;(3)专家证人费用等。在普通法国家律师费和专家证人费用通常都很高。

1.诉讼费用担保对当事人的影响

当原告决定向法院提出诉讼时,原告和被告通常都会聘请律师甚至大律师准备并参与开庭,最后法庭通常会让败诉方支付胜诉方的诉讼费。然而,如果败诉方实际上无力支付诉讼费,那么即便胜诉方在名义上可以请求对方支付诉讼费,实际上也得不到对方的支付,最终只能由自己承担诉讼费。因此,通常原告在开始任何法律程序之前,会先调查被告的经济能力,看被告是否能够支付法律程序中的费用及败诉时所需支付的诉讼费。如果被告没有足够的经济能力,原告可能会选择放弃诉讼。

然而被告却没有这种选择权。因为在原告决定进行诉讼时,除非被告承认有关的诉讼请求,否则被告就需要对有关的诉讼请求进行抗辩。如果原告没有足够的经济能力,即使法庭推翻原告的诉讼请求而判定被告胜诉,最终被告也无法成功追讨他应获得的诉讼费。另外,虽然被告在诉讼初期可以向法庭申请剔除没有披露合理诉因或属于无理缠扰的诉答文书(striking pleadings),并可命令撤销有关的诉讼,但由于这种申请也涉及法律费用问题,因此即使法庭最后满足了被告的申请,终止了原告的诉讼,被告实际上也已经蒙受了诉讼初期的诉讼费损失。因此,为保障被告在胜诉时获得对方支付的诉讼费,同时避免原告滥用法律程序进行无理的起诉,有些国家和地区规定在某些特殊情况下,被告可以在开庭之前向法庭申请一个就诉讼费提供保证的命令(Order for Security for Costs),除非原告按照该命令作出担保,否则有关法律程序将被搁置或撤销。

2.诉讼费用担保申请的提出

一般来说,当事人向受理或者审理民事案件的法院申请要求对方提供诉讼费担保的时间,最好是在对应的诉讼程序开始之前。因为如果该诉讼程序已经开始,实际上诉讼费已经发生,即使将来对方当事人无力补偿,但由于损害已经实际发生,诉讼费担保制度用于制止当事人随意行为的作用已无从发挥。

当事人向法院提出申请以后,法院无论是否同意要求对方提供诉讼费担保,都应作出裁定。而当事人对该裁定不服的,可以向该法院申请复议。

在法院作出要求提供诉讼费担保的裁定以后,如果案件还没有开始审理,那么只有在被要求提供担保的当事人提供了相应的担保以后,案件才能开始审理。如果法院要求提供诉讼费担保的裁定是在案件已经开始审理后针对特定的诉讼程序作出的,那么在被要求提供担保的当事人提供了相应的担保以前,该诉讼程序应当中止。

(三)国际社会对诉讼担保制度的态度

1.国际立法的相关规定

在大多数情况下,由于外国人交纳诉讼费用担保,实际上造成了内国人和外国人诉讼权利的不平等,目前,大多数国家通过双边协定,在互惠基础上相互免去对方国民的诉讼费用担保,同时有一些国家公约,如1928年《布斯塔曼特法典》和1954年海牙《国际民事诉讼程序公约》对免除诉讼费用担保作了规定。

1980年《海牙国际司法救助公约》第二章(第14条至第17条)涉及诉讼的费用担保的免除以及诉讼费用支付令的执行事项。公约第14条规定,在某一缔约国有惯常居所的人(包括法人)在另一缔约国法院或其他裁判机关为原告或诉讼参与人时,不得仅以其属于外国籍或现在在该国无住所或居所而要求其提供证券、债票或任何种类的提存作为诉讼费用的担保。

公约第15条规定,对在某一缔约国国内进行诉讼并依本公约第14条或该国法律的规定可免予提供证券、债票、保证金或支付款项的任何人作出的支付诉讼费和开支的命令,在其他缔约国内,经依此命令享有权益的申请人的申请,应予以执行,并毋庸缴纳任何(申请执行)费用。同时公约第16条规定,这种免费执行的申请书应由缔约国转送机关转送给被请求国中央机关,但亦可通过外交途径转送。公约第17条对此申请书的格式及所应附的文书作出了具体的规定。

根据英国和澳大利亚代表的建议,公约第28条规定,成员国在批准该公约时可以就整个第二章的内容提出保留。英、澳代表之所以提出该建议,是因为在英美法系国家内,诉讼费用担保的免除与否由法官自行决定,法官对此问题拥有自由裁量权,因而这些国家不愿该公约改变自己的这种实践。

2.各国的基本做法

目前,如无条约义务,许多国家的法院在国际民事诉讼中都在不同程度上要求外国原告提供诉讼费用担保,只有少数国家不要求原告提供担保。

规定外国人诉讼费用担保的主要目的是防止滥诉,避免因为一个没有根据的诉讼给被告和法院地国造成费用损失,同时也为了确保法院在决定由外国原告负担诉讼费用的时候能够得到顺利执行。为了保护本国利益,外国人诉讼费用担保制度基本成为各国的通行做法,除了保加利亚、智利、埃及、葡萄牙、冰岛、秘鲁、埃塞俄比亚、厄瓜多尔等少数国家不要求外国原告提供诉讼费用担保之外,大部分国家都规定了诉讼费用担保制度。

各国的规定不太一致。荷兰、比利时、伊朗、法国等主张以国籍为标准,凡是外国原告需要交纳诉讼费用担保;挪威、以色列、瑞士、美国大部分州、泰国以及一些拉美国家以住所地为标准,凡是住所不在本国的原告需要交纳诉讼费用担保;另外,一些国家规定如外国人在本国境内有可供扣押的财产,则可以免去诉讼费用担保;也有一些国家规定本国或外国的原告都要交纳诉讼费用担保,如哥斯达黎加。

(四)我国诉讼担保制度的实践

对于诉讼费用担保,我国经历了从要求外国人提供担保到实行在互惠前提下免除诉讼费用担保的过程。另外,我国与一些国家签订的双边司法协助条约一般都包括互相免除缔约对方国民诉讼费用保证金的条款。

最高人民法院于1984年发布的《民事诉讼收费办法(试行)》第十四条第二款特别规定:"外国人、无国籍人、外国企业和组织在人民法院进行诉讼,应当对诉讼费用提供担保。"1989年最高人民法院通过的《人民法院诉讼收费办法》第三十五条明文规定:"外国人、无国籍人、外国企业和组织在人民法院进行诉讼,适用本办法。但外国法院对我国公民、企业和组织的诉讼费用负担,与其本国公民、企业和组织不同等对待的,人民法院按对等原则处理。"

二、司法救助制度

司法救助,也称为诉讼救助或法律援助,与诉讼费用减免是两个有密切关联的概念。一般说来,司法救助除了包括诉讼费用减免之外,还包括其他费用。但一般说来,一国法院在作出是否给予外国当事人司法救助时,通常要考虑下面几个方面的因素:(1)当事人确实没有支付诉讼费用的能力;(2)诉讼并非显然无胜诉希望;(3)当事人提出了诉讼费用减免的申请;(4)外国当事人国籍国跟内国有条约关系或互惠关系的存在。

(一)诉讼费用减免

早在1921年,德意志魏玛共和国就开始了一项政府资助的诉讼费援助计划。此后,英国、荷兰、新西兰、挪威等国分别通过了诉讼费用援助法。诉讼费用,是指当事人进行民事诉讼依法应当向人民法院交纳和支出的费用,包括案件的受理费、申请费和其他诉讼费用。诉讼费用中案件的受理费,属于当事人应交纳的费用,而诉讼中的其他费用,则属于当事人应支出的费用。诉讼费用减免,是指对于当事人为维护自己的合法权益而向法院提起诉讼,但没有能力支付诉讼费用的,法院减少或免除当事人的诉讼费用制度。

诉讼费用制度的设立,有如下几个方面的意义:第一,收取诉讼费用,可减少国家不必要的开支;第二,收取诉讼费用,可以防止民事主体滥诉,从而减少一部分不必要的诉讼,为国家、也为社会减少了浪费;第三,收取诉讼费用,有利于维护国家主权和经济利益。

(二)我国的司法救助制度

法律面前人人平等是一条众人皆知的基本原则。然而,司法平等不单单指在进入司法领域后适用法律时的平等,更重要的是指进入司法程序的机会平等,也就是诉权平等。诉讼权是法律赋予每一个人的一项基本权利,为了保证人们寻求救济的平等,司法救助制度应运而生。诉讼费救助制度是随着欧美市场经济福利国家的出现而产生的。在福利国家中,对于弱势群体的诉讼援助,始终是这项制度的核心。

现今我国对于司法救助只明文规定了民事诉讼费救助制度。在政法委设立的司法救助专项资金,是经县(市)、区人民政府批准设立的专门用于司法救助的专项资金,专款专用,管用分离,救助对象仅限于自然人。其主要适用情形为:政法机关办理的刑事案件中,因案件未破或犯罪嫌疑人、被告人缺乏经济赔偿能力,致受害人或其赡养、抚养的直系亲属遭受严重的生活困难,其他社会救助措施又难以落实,确需救助的;政法机关办理的执行案件中,因一方当事人未到案或缺乏履行能力,致另一方当事人遭受严重的生活困难,其他社会救助措施又难以落实,确需救助的;举报人、证人因举报、作证受到打击报复,造成严重的生活困难,无法通过法律途径获得赔偿,其他社会救助措施又难以落实,确需救助的;涉法涉诉案件当事人不服处理决定长期信访,反映的问题有一定的合理性且发生严重的生活困难,其他社会救助措施又难以落实,信访人愿意接受救助,决定息诉罢访并签订息诉罢访保证书的。

《民事诉讼法》第一百零七条第二款规定:"当事人缴纳诉讼费用确有困难的,可以按照规定向人民法院申请缓交、减交或者免交。"1989年最高人民法院颁布的《人民法院诉讼收费办法》第二十七条规定:当事人交纳诉讼费用确有困难时,可向人民法院申请缓交、减交或者免交。是否缓、减、免,由人民法院审查决定。1999年最高人民法院公布了《人民法院诉讼收费办法补充规定》第四条对《人民法院诉讼收费办法》第二十七条作了修改:有下列情况之一者,人民法院应当进行司法救助,根据案件具体情况决定当事人缓交、减交或者免交诉讼费用:

(1)当事人为社会公共福利事业单位的,如福利院、孤儿院、敬老院、荣军休养单位、精神病院、SOS儿童村等;

(2)当事人是没有固定生活来源的残疾人的;

(3)当事人因自然灾害或其他不可抗力造成生活困难,正在接受国家救济或生产经营难以为继的;

(4)当事人根据有关规定正在接受法律援助的;

(5)人民法院认为其他应当进行司法救助的。

此外,最高人民法院于2000年7月27日发布了《关于对经济确有困难的当事人提供司法救助的规定》,对现行的上述两个收费办法进行了补充。其主要内容有:它所称的司法救助,是指人民法院对于当事人为维护自己的合法权益,向人民法院提起民事、行政诉讼,但经济确有困难的,实行诉讼费用的缓交、减交、免交。当事人符合上述第二条并具有下列情形之一的,可以向人民法院申请司法救助:

(1)追索赡养费、扶养费、抚育费、抚恤金的;

(2)孤寡老人、孤儿和农村"五保户";

(3)没有固定生活来源的残疾人、患有严重疾病的人;

(4)国家规定的优抚、安置对象;

(5)追索社会保险金、劳动报酬和经济补偿金的;

(6)交通事故、医疗事故、工伤事故、产品质量事故或者其他人身伤害事故的受害人,请求赔偿的;

(7)因见义勇为或为保护社会公共利益致使自己合法权益受到损害,本人或者近亲属请求赔偿或经济补偿的;

(8)进城务工人员追索劳动报酬或其他合法权益受到侵害而请求赔偿的;

(9)正在享受城市居民最低生活保障、农村特困户救济或领取失业保险金,无其他收入的;

(10)因自然灾害等不可抗力造成生活困难,正在接受社会救济,或者家庭生产经营难以为继的;

(11)起诉行政机关违法要求农民履行义务的;

(12)正在接受有关部门法律援助的;

(13)当事人为社会福利机构、敬老院、优抚医院、精神病院、SOS儿童村、社会救助站、特殊教育机构等社会公共福利单位的;

(14)其他情形确实需要司法救助的。

【案例裁决/法律文书摘录】

案例:

海南某公司诉威海某航运公司案

2007年12月,原告海南某公司与被告威海某航运公司签订《航次租船合同》,原告将5200吨白糖交给被告所属的"经纬188"轮承运,自钦州港运至营口鲅鱼圈港。在运输过程中,货物受到水湿,造成原告损失 40 多万元。

2008 年 4 月 2 日,原告起诉至北海海事法院防城港法庭,同时申请扣押被告所属的"经纬 188"轮,并要求被告提供 45 万元的担保。根据原告提供的线索,"经纬 188"轮将于 4 月 3 日至 4 日期间停靠广州黄埔港。4 月 3 日晚上 12 时,得知"经纬 188"轮已停泊黄埔港码头后,法院法官立即登上"经纬 188"轮,向船长宣读了民事裁定书及扣押船舶命令,制作了扣押笔录并向其解释了有关法律规定后扣押了该轮。"经纬 188"轮被扣押后,被告向法官承诺 2 天内筹集交纳担保金。为减少被告船期损失,办案人员没有马上离开,继续留在广州等候被告一旦交纳担保金立即为其解扣船舶。4 月 6 日上午,被告筹齐了 45 万元担保金,但因法定节假日期间银行不办理对公转账,担保金无法汇进法院账户。此时"经纬 188"轮已卸完货,正准备离港。考虑到被告的船舶在港口每滞留一天就会损失 5 万元,为不耽误船期,法院经合议后采取一个灵活的办法,即以干警个人名义在当地办理一张银行卡,由被告暂时将担保金汇入该卡,办案人员向被告出具收据。被告同意该方案,被告提供了担保金后,根据原告的申请,法庭及时解除了对船舶的扣押,"经纬 188"轮按期离港,未造成船期损失。4 月 7 日(周一)上班时,办案人员立即将银行卡里的 45 万元担保金转入了法院账户。

【延伸阅读】

一、案例

韩国世运工业株式会社诉山东正和车辆制造有限公司案

二、学术论文、专著(权威论著)

1. 吴高庆:《论治理商业贿赂的国际司法协助制度》,载《河北法学》2008 年第 3 期。

2. 李海滢:《论中国区际刑事司法协助的规范化》,载《河南财经政法大学学报》2005 年第 6 期。

3. 廖敏文:《国家与国际刑事法院的国际合作与司法协助义务述评》,载《现法学》2003 年第 6 期。

4. 王淑敏:《后 ECFA 时代？两岸投资争端的司法协助探析——以探索统一的贸易强国之路径为视角》,载《国际贸易问题》2011 年第 7 期。

5. 李庆明:《一国两制下我国区际刑事司法协助研究的回顾与展望》,载《武大国际法评论》2009 年第 1 期。

6. 曾涛:《论示范法模式在我国区际司法协助中的运用》,载《学术交流》2004 年第 1 期。

三、网络链接

http://www.court.gov.cn/最高人民法院网

第四节 诉讼代理制度

【知识背景/点】

以当事人的名义,在法律规定或者当事人授权的范围内,代理当事人一方进行相关诉讼活动的行为,称为诉讼代理。诉讼代理制度在民事诉讼中具有重要作用。首先,它可以帮助公民、法人和其他组织获得司法保护,有利于维护当事人的合法权益。其次,它可以帮助法院全面查清案情和正确适用法律,有利于保障案件的公正处理。

在国际民事诉讼中,由于法律关系的复杂和外国人对法院地国法律的生疏,因此外国人的诉讼代理问题显得更加重要。在国际民事诉讼中,诉讼代理主要可以分为委托代理、指定代理、法定代理和领事代理。由于指定代理和法定代理是内国法律明确的规定和司法机关的行为,因此国际民事诉讼中代理制度的主要问题是委托代理和领事代理。

一、委托代理

委托代理(agency by agreement)，是指代理人的代理权根据被代理人的委托授权行为而产生。因在委托代理中，被代理人是以意思表示的方法将代理权授予代理人的，故又称"意定代理"或"任意代理"。

世界各国的诉讼立法都允许国际民事诉讼程序中的外国当事人委托诉讼代理人代为进行诉讼活动，但一般规定应由律师而且是由内国律师担任诉讼代理人。这一方面是考虑到律师较其他人更为熟悉法律和司法程序，内国律师较外国律师更为精通法院国的法律，从而能更好地保护当事人的合法权益，也能使司法程序得到更为顺利的实施；另一方面是考虑到允许外国律师出席内国法院参与诉讼，将有损内国的司法主权。

外国人委托代理制度主要涉及外国人委托代理人的资格问题，而这一问题主要是由各国国内法确定的。目前，在国际民事诉讼中，委托代理人主要是律师，尤其是德国、奥地利等大陆法系国家奉行律师诉讼主义，要求一切诉讼必须由律师代理。而各国一般从维护国家司法主权出发，都规定外国人只能聘请内国的执业律师代为进行诉讼。不过也有地区规定，基于互惠的前提，符合一定条件的外国律师也可以在内国执业参与诉讼，如台湾、英国等。除了委托律师之外，也有国家规定外国当事人可以委托在法院地国的亲友以及本国使领馆官员作为诉讼代理人。

在诉讼代理人的权限方面，德国、奥地利等大陆法系国家奉行律师诉讼主义，律师可以基于授权代理从事一切诉讼行为，而当事人可以不出庭；而英美法系国家奉行当事人诉讼主义，不论当事人是否委托诉讼代理人，当事人都必须出庭。

根据我国《民事诉讼法》及其司法解释，外国人在我国法院参加诉讼，可以亲自进行，也可以委托他人进行，根据最高人民法院通过的关于《中华人民共和国民事诉讼法》的意见第308条的规定，涉外民事诉讼中的外籍当事人可以委托其本国人为诉讼代理人，也可以委托包括本国律师以非律师身份担任诉讼代理人。也就是说，考虑到我国的司法主权，我国目前不允许外国律师以律师身份在我国法院代理诉讼。

一般规定：

(1)境外当事人或其法定代表人、法定代理人有权委托一至两人作为诉讼代理人。

(2)境外当事人可以委托其本国人或符合条件的中国公民为诉讼代理人,也可以委托其本国律师以非律师身份担任诉讼代理人;需要委托律师在中国人民法院代理诉讼的,必须委托中国律师。

(3)外国使领馆的官员,受其本国国民的委托,可以个人名义担任诉讼代理人。

(4)境外当事人委托诉讼代理人必须出具由其本人或法人、其他组织的有权签字人签署的《授权委托书》。前述有权签字人在境外签署的《授权委托书》,应当履行境外公证、认证或法律规定的其他证明手续。境外自然人在法院办案人员面前签署的《授权委托书》或者经域内公证机关公证证明《授权委托书》是在境内签署的,无须办理境外公证、认证等证明手续。代表境外法人或其他组织的自然人在法院办案人员面前签署的《授权委托书》,无须办理境外公证、认证等证明手续,但在签署授权委托书时,其除了向法院办案人员出示自然人身份证明和合法入境证明外,还必须提供由该法人或者其他组织出具的证明其有权签署《授权委托书》的证明文件,且该证明文件已办理境外公证、认证或法律规定的其他证明手续。

1.内国律师

外国人、无国籍人、外国企业和组织可以亲自在我国人民法院起诉或者应诉,进行民事诉讼活动,也可以委托他人代为进行。但是,委托他人代理诉讼的,应当符合民事诉讼法的规定:

需要委托律师代理诉讼的,必须委托中华人民共和国的律师。这是因为,一国的司法制度只能适用本国,不能延伸于国外。律师制度是国家司法制度的组成部分,外国律师参加非本国法院的诉讼活动,关系到一个国家的司法主权问题。任何一个主权国家都是不允许外国律师在本国执行律师职务的,否则,无异于让外国律师干预本国的司法审判。另外,当事人委托律师代理诉讼的目的在于求得律师提供法律上的帮助。外国律师对法院地国的法律是不熟悉的,委托非法院地国的律师,往往无助于案件的解决。委托中国律师,不排斥外国当事人委托其本国公民或者其他国家的公民作为诉讼代理人,不排斥外国驻华使领馆官员,受本国公民的委托,以个人名义担任该国当事人的诉讼代理人,也不排斥外国当事人委托中国公民作为诉讼代理人。

2. 外国律师

境外当事人可以委托其本国人或符合条件的中国公民为诉讼代理人，也可以委托其本国律师以非律师身份担任诉讼代理人。

民事诉讼法规定，在中华人民共和国领域内没有住所的外国人、无国籍人、外国企业和组织委托中华人民共和国律师或者其他人代理诉讼，从中华人民共和国领域外寄交或者托交的授权委托书，应当经所在国公证机关证明，并经中华人民共和国驻该国使领馆认证，或者履行中华人民共和国与该所在国订立的有关条约中规定的证明手续后，才具有效力。授权委托书是一种重要的诉讼文书，它表示委托人的行为由代理人行使，甚至代为处分实体权利，因此，授权委托书必须具有真实性与合法性。根据民事诉讼法的规定，在我国没有住所的外国当事人从我国领域外寄交或者托交的授权委托书，必须经所在国的公证机关证明，我国使领馆认证后，其效力才能得到人民法院的认可。如果我国与该当事人所在国订有有关条约，该外国当事人履行了条约中规定的证明手续后，其授权委托书也同样具有效力。例如，我国与波兰等国签订的司法协助协定中就有免除认证的规定，由缔约一方法院或者其他主管机关制作或者证明的并加盖印章的文件，不必经过认证，即可在缔约另一国使用。如果缔约另一方国家的当事人完成上述手续，其授权委托便有效。这一规定，只适用在我国没有住所的外国当事人从我国领域外寄交或者托交授权委托书的情况。对于在我国领域内有住所的外国当事人以及在我国领域内虽无住所，但只是在我国领域内作短期停留的，如旅游、探亲、讲学、经商时，递交授权委托书，无须履行公证、认证手续。

3. 律师诉讼主义

至于诉讼代理人的权限方面，德国、奥地利等大陆法系国家奉行律师诉讼主义，律师可以基于授权代理从事一切诉讼行为，而当事人可以不出庭；而英美法系国家奉行当事人诉讼主义，不论当事人是否委托诉讼代理人，当事人都必须出庭。

德国实行强制律师代理诉讼制度。德国律师是有资格的独立法律顾问，可以是各种法律事务的代理人，也可以是刑事案件中的辩护律师。法庭可指定律师为被告人提供辩护服务。在民事诉讼中，律师原则上可以在州法庭、州高等法院和联邦法院出庭代理诉讼。在刑事案件中,任何律师都可以在联邦地区内,在任何德国法庭上辩护。德国也允许高等学校法律教师充当辩护律师。德国也和世界绝大多数国家(无论是英美法系还是大陆法系)一样,都以法律的形式明确禁止非律师人员从事职业诉讼代理业务;律师对诉讼代理的垄断是原则,非律师代理诉讼是特例,并且,非律师不得收取任何费用。

(1)职权主义的含义

职权主义是指法院在诉讼程序中拥有主导权。该主义可分为职权进行主义和职权探知主义两个方面的内容。职权主义和当事人主义相对立,具体是指在民事诉讼中,程序的进行以及诉讼资料、证据的收集等权能由法院担当。我国学者一般认为,苏联和东欧国家的民事诉讼模式属于职权主义。在19世纪产业革命浪潮中,以至整个20世纪,各国在修改民事诉讼法时,又强调了职权主义的色彩。

(2)职权主义的成因

职权主义的典型代表是1895年制定的奥地利民事诉讼法。作为当事人主义鼻祖的法国从1935年开始,在遭受人民抵触的情况下,也逐渐导入职权主义的一些规定。德国1976年民事诉讼简易化法也有此倾向。更令人深思的是,1991年美国司法制度改革法和1995年至1996年英国沃尔夫勋爵组成的司法改革小组拟定的方案,也对英美法官在民事诉讼程序中的超然地位作出变更,强调了法官对程序的干预。对此,日本学者江藤价泰曾形象地说,19世纪的民事诉讼法为当事人主义型,而20世纪则为职权主义型。

从19世纪末到20世纪初期的中国,职权主义在民事诉讼中得以盛行,究其根源有二:一是当事人主义支配下的诉讼程序造成了审判迟延、程序复杂以及费用增加等后果,因此,增强法院的职权,是为了防止不利于纠纷解决的情形出现;二是作为当事人主义基础的自由主义思想,随着19世纪末产业革命的兴起,城市化和大规模化的纠纷产生,已经不能再主宰民事诉讼程序,为了迅速且经济地解决纠纷,各国开始强化民事诉讼中的法院职权。

至于20世纪90年代英美法系主要国家应该和美国表现出的对职权主义的羡慕,自然与当事人主义泛滥有着十分密切的关系。在纯当事人主义支配下的诉讼程序,诉讼迟延与诉讼费用过高的弊端日显突出,成为司法制度改革的重要原则之一。

(3) 职权主义的特征

在职权主义模式中,法官处于主导地位,在诉讼中完全不受当事人主张的约束,在各种具体程序的启动和终结方面,法院具有主动性和决定性;法院也可以在当事人主张的证据范围之外收集任何其他的证据;同时,法院可以自主地决定诉讼对象。

职权主义体现在程序上,也主要有两个特点:

第一,在民事诉讼的发动上,为追求实体真实,法院一般要求当事人在起诉时将有关证据材料一并提供。

第二,在案件审判上,法官指挥整个庭审,由审判长主动询问当事人,收集调查证据,而不受诉辩双方所提出的证人和证据的限制,总之,法官是"起决定作用的弄清真相者"。

4. 当事人诉讼主义

(1) 当事人主义的含义

当事人主义是英美法系国家赖以解决民事纠纷的民事诉讼原则,是指在民事诉讼纠纷解决中,诉讼请求的确定,诉讼资料、证据的收集和证明主要由当事人负责。在当事人主义支配下,当事人甚至对法律的适用都是有选择的权利的。由于证据及诉讼资料的收集及提出也是由当事人负责,发现真实的主要责任也是由当事人承担,法官则处于顺应性的地位。这种顺应性,其实指的就是法官对当事人之间的争执和主张,不作干预,而是尊重当事人的意志。

(2) 当事人主义的成因

在1806年的法国民事诉讼法典中首先确定了当事人主义。1877年制定的德国民事诉讼法典和1891年制定的日本民事诉讼法典也相继确定了当事人主义。作为当事人主义开山鼻祖的法国民事诉讼法典在制定时,受到当时诉讼法理念,即自由主义诉讼观的影响,该观点认为,民事诉讼涉及私人利益的纠纷,运作诉讼和诉讼程序进行的主导权应由当事人持有,法院及法官在诉讼中的角色,是扮演严格中立者,只是依事实作出法律上的判断,而不是越过当事人意思自治的界限,无端进行干预。

当事人主义的形成还有更深层次的原因。这就是私法自治原则和市场经济的影响。从私法自治原则的角度说,私法自治与法国民事诉讼法典中表现的自由主义诉讼观是相互关联的。由于民事纠纷起因于民事上权利义务的争执,原来调整民事权利义务关系的私法及其原则便应得到贯彻和实施。而国家的干预,必然会破坏当事人之间原来建立在私法关系之上的平等关系,这也不符合民事诉讼的运行规律。再从于市场经济的关系来说,由于国家在市场经济中的地位只是为经济实施调控,并不直接干预社会经济生活,因此,反映在民事诉讼中,代表国家的法院只能是居中裁判。

(3)当事人主义的内容及特征

在当事人主义模式中,当事人在民事诉讼中起主导作用。它包含两个方面的内容:①民事诉讼程序的启动、继续依赖于当事人,法院或法官不能依职权主动启动、推动民事诉讼程序,这被称为处分权主义;②法院或法官不能主动地依职权在当事人指明的证据范围之外收集证据,他们裁判所依赖的证据资料只能依赖于当事人,这就称为"辩论主义"。在这种模式中,当事人始终处于能动和主动的地位,而作为裁判主体的法官基本上是消极和被动的,法官只能对当事人所提出的事实以真伪为根据进行取舍,不能在当事人主张的事实范围之外主动收集证据,裁判的事实以及裁判的请求都必须经过当事人双方的辩论,否则不能成为裁判的依据和对象。

当事人主义体现在程序上,主要有两个特点:

第一,在民事诉讼的发动上,当事人享有各种主动权,如主张的提出、证据的提供、为证明主张的辩论权的行使及民事权利的承认处分等,并且在提交的起诉书上不列举证据,为的是防止法院特别是法官产生先入为主之见,从而使审判做到不偏不倚,公正裁判。同时,诉讼案件的材料不随案移送,证据材料仍在起诉人手中。

第二,在案件审判上,法院和法官仅仅是在当事人讼争范围内针对讼争焦点作出裁决的裁判者。诉讼的进行、发展依赖于当事人,法官不能主动依职权推动民事审判活动的进行,同时裁判所依赖的证据资料只能依赖于当事人,法官不能在当事人指明的证据范围之外依职权主动收集证据,所以法院和法官在诉讼程序中所处的地位是中立的、公正的。

(二)民事诉讼中职权主义和当事人主义的比较

当事人主义强调民事审判以当事人双方积极的诉讼活动为核心展开,依据当事人双方的主张举证而进行,当事人可以按照自己的意志处分权利,法官评判双方在举证和辩论过程中是否违反规则,并依此对案件作出裁判,体现了私权自治和民事主体平等的原则,尊重了诉讼当事人在民事诉讼中的处分权和辩论权,注重双方当事人在诉讼中的诉讼地位和诉讼权利义务的平衡,将裁判建立在双方当事人对抗作用的基础之上,所以,其是一种当事人诉讼行为实行意思自治的民事诉讼模式。职权主义诉讼结构以法官的诉讼行为为核心,依法官的主动行为而展开,不强调当事人双方在诉讼中的对抗作用,无论是在诉讼的提起、证据的出示、认定、调查、收集、当事人处分权的形式、判决的制作等方面都赋予法院法官很大的裁量权,当事人虽然亦提出主张、辩论、质证,但法官依据其对事实的绝对探知权,可以不受当事人的主张、辩论、质证的约束,即法官是居于当事人之上的裁判者,而不是与当事人同样处于程序约束的中立裁判者。所以,其实一种注重法院职权并以此限制当事人意思自治的民事审判模式。

当事人主义模式的优点在于可以充分调动当事人的积极性,使审判活动中包含更多当事人的意愿,从而缓解当事人之间的紧张关系,但缺点是程序比较复杂,且由于法官对程序的推动、证据的调查没有任何的主导权,导致在诉讼实践中,证据开示制度被大量的滥用,致使大量的金钱支出,诉讼期限被不断的延长,从而增加诉讼成本,诉讼效率低下。职权主义的优点则在于可以更好地发挥法官的作用,一般来讲其诉讼效率较高,但由于法官参与案件,容易先入为主,对案件产生偏见,不利于实现诉讼对当事人的程序保障;同时,使当事人对法官的中立性产生怀疑;通过判决的方式解决纠纷,虽然达到了法律上解决纠纷的目的,但这些纠纷所包含的矛盾在事实上并没有真正解决,矛盾仍然存在。

所以,目前各国也并不单独采取某种主义,而是将两种诉讼模式不断地融合,吸收彼此的优点,使职权主义和当事人主义达到较完美的结合,完善民事诉讼体制。

二、领事代理

领事代理是指派遣国派驻在驻在国的领事可以根据有关国家的国内法和国际条约的规定,在其管辖范围内依照其职权代表驻在国境内的派遣国公民、法人在驻在国进行诉讼。

领事代理是职务行为,其代理不是律师身份,而是以领事身份进行,而且无须征得被代理人的委托或授权。领事代理是临时性质的,只要有关当事人指定了代理人或者亲自参加诉讼,领事代理就终止。

1. 驻在国法律规定
2. 国际条约的规定

1963年联合国《维也纳领事关系公约》第5条对这种领事代理制度作了规定,而我国是该公约的缔约国。

一般规定:

(1)境外当事人或其法定代表人、法定代理人有权委托一至两人作为诉讼代理人。

(2)境外当事人可以委托其本国人或符合条件的中国公民为诉讼代理人,也可以委托其本国律师以非律师身份担任诉讼代理人;需要委托律师在中国人民法院代理诉讼的,必须委托中国律师。

(3)外国使领馆的官员,受其本国国民的委托,可以个人名义担任诉讼代理人。

(4)境外当事人委托诉讼代理人必须出具由其本人或法人、其他组织的有权签字人签署的《授权委托书》。前述有权签字人在境外签署的《授权委托书》,应当履行境外公证、认证或法律规定的其他证明手续。境外自然人在法院办案人员面前签署的《授权委托书》或者经域内公证机关公证证明《授权委托书》是在境内签署的,无须办理境外公证、认证等证明手续。代表境外法人或其他组织的自然人在法院办案人员面前签署的《授权委托书》,无须办理境外公证、认证等证明手续,但在签署授权委托书时,其除了向法院办案人员出示自然人身份证明和合法入境证明外,还必须提供由该法人或者其他组织出具的证明其有权签署《授权委托书》的证明文件,且该证明文件已办理境外公证、认证或法律规定的其他证明手续。

3.中国的有关规定

《民事诉讼法》第263条规定外国人、无国籍人、外国企业和组织在人民法院起诉、应诉,需要委托律师代理诉讼的,必须委托中华人民共和国的律师。第264条规定在中华人民共和国领域内没有住所的外国人、无国籍人、外国企业和组织委托中华人民共和国律师或者其他人代理诉讼,从中华人民共和国领域外寄交或者托交的授权委托书,应当经所在国公证机关证明,并经中华人民共和国驻该国使领馆认证,或者履行中华人民共和国与该所在国订立的有关条约中规定的证明手续后,才具有效力。

《最高人民法院关于适用〈中华人民共和国民事诉讼法〉若干问题的意见》第308条规定:涉外民事诉讼中的外籍当事人,可以委托本国人为诉讼代理人,也可以委托本国律师以非律师身份担任诉讼代理人;外国驻华使、领馆官员,受本国公民的委托,可以以个人名义担任诉讼代理人,但在诉讼中不享有外交特权和豁免权。第309条规定:涉外民事诉讼中,外国驻华使、领馆授权其本馆官员,在作为当事人的本国国民不在我国领域内的情况下,可以以外交代表身份为其本国国民在我国聘请中国律师或中国公民代理民事诉讼。

【案例裁决/法律文书摘录】

案例一:

ELIZABETH LIU 诉(加拿大)百乐高比萨有限公司确认注册商标权权属纠纷案
一审 民事判决书(2005)二中民初字第15240号

原告 ELIZABETH LIU(中文名刘虹宏),女,加拿大公民,1967年6月1日出生,现住中华人民共和国北京市朝阳区芳草地西街23号。

委托代理人吴柏君,北京市和本律师事务所律师。

委托代理人张恩富,北京市北方律师事务所律师。

被告(加拿大)百乐高比萨有限公司(PANAGO PIZZA INC.),住所地加拿大不列颠哥伦比亚省阿博茨福德市米尔莱克路33149号。

法定代表人肯尼思·鲁克,主任和秘书/出纳。

委托代理人张永红,北京市中同律师事务所律师。

原告 ELIZABETH LIU 与被告(加拿大)百乐高比萨有限公司确认注册商标权权属纠纷一案,本院于2005年10月31日受理后,依法组成合议庭,于2006年8月16日及12月19日两次公开开庭进行了审理。原告及其委托代理人吴柏君、张恩富,被告的委托代理人张永红到庭参加了诉讼。本案现已审理终结。

原告诉称:原告于2000年1月7日取得了"Panago 百乐高"的商标注册证,注册号为1352266,原告享有该注册商标专用权。2002年,原告发现该注册商标被(加拿大)派纳高普勒斯比萨有限公司(PANAGOPOULOS PIZZA FRANCHISES LTD)(以下简称派纳高普勒斯公司)受让取得。但是原告从未与任何人签订转让该注册商标的协议,也没有授权任何人办理转让该注册商标,且派纳高普勒斯公司向国家工商行政管理总局商标局(以下简称国家商标局)提交的《转让注册商标申请书》上并非原告本人的真实签名。2001年9月7日,国家商标局《核准变更商标注册人名义及地址证明》确认第1352266号商标的注册人名义变更为被告。据此,原告请求法院依法确认被告受让第1352266号注册商标的行为无效、确认第1352266号注册商标专用权归属原告所有,并判令被告负担本案的诉讼费用。

被告辩称:被告取得涉案注册商标专用权是依照原告与被告签订的《商标转让协议》的约定,合法受让的。该协议是原告亲自签署的,是一个合法有效的协议。而被告向国家商标局递交《转让注册商标申请书》,申请国家商标局核准转让涉案商标专用权是正当履行上述协议。现涉案商标专用权已经于2000年12月18日完成了转让,国家商标局予以了公告,所以被告是涉案商标专用权的合法所有人。综上,请求法院依法驳回原告的诉讼请求。

原告为证明自己的主张,向本院提交了如下证据材料:(1)第1352266号商标注册证;(2)2001年12期《商标公告》;(3)《转让注册商标申请书》;(4)《核准转让注册商标通知单》;(5)《核准变更商标注册人名义及地址证明》;(6)京公刑技(文)检字(2003)0991号《北京市公安局刑事科学技术鉴定书》。

被告为证明自己的主张,向本院提交了两份《商标转让协议》、协议的翻译文件、公证及中国驻温哥华总领事馆的认证文件。

本院经审理查明以下事实:1998年7月27日,原告向国家商标局提出商标注册申请。经国家商标局核准,原告于2000年1月7日,取得第1352266号"Panago 百乐高"注册商标专用权,该注册商标核定使用范围为第42类商品。商标注册人名称写明:刘虹宏 ELIZABETH LIU。

2000年9月15日,国家商标局受理了关于第1352266号注册商标"Panago 百乐高"的《转让注册商标申请书》。该申请书中转让人一栏的签名是"刘虹宏",受让人一栏处有外文签名,代理人一栏的签名是朱梅,代理组织名称为北京康信知识产权代理有限责任公司,联系人为游志超。

2000年12月18日,国家商标局核准了上述申请。2001年第12期《商标公告》(下册)载明:第1352266号注册商标的转让人名义为刘虹宏,受让人名义为派纳高普勒斯公司。2001年9月7日,国家商标局出具了《核准变更商标注册人名义及地址证明》。根据该证明,第1352266号商标注册人名义变更为被告,地址变更为加拿大不列颠哥伦比亚省阿博茨福德市米尔莱克路33149号。

被告在本院审理期间,提交了派纳高普勒斯公司与 ELIZABETH LIU 签订的《商标转让协议》。该协议约定 ELIZABETH LIU 同意将"Panago"商标转让给派纳高普勒斯公司。该商标的申请号为98084586,商标类别属于第42类,申请日期为1998年7月27日。该协议出让人处有一英文手写体 ELIZABETH LIU 的签名。

原告提出第1352266号注册商标《转让注册商标申请书》中"刘虹宏"的签名不是其本人的签字。原告也不认可其签署过《商标转让协议》,该协议上的英文手写 ELIZABETH LIU 的签名也不是其本人的签字。原告向本院提出申请,请求对《转让注册商标申请书》及《商标转让协议》上"刘虹宏"及"ELIZABETH LIU"的签名进行笔迹鉴定。

根据原告提出的申请,本院要求原告提交可供鉴定的样本材料,并针对原告提交的样本材料组织了质证。经原、被告双方协商一致,本院委托了法大法庭科学技术鉴定研究所进行了笔迹鉴定。法大法庭科学技术鉴定研究所于2006年12月8日出具了法大(2006)物鉴字第115号《物证技术学鉴定书》及法大(2006)物鉴字第116号《物证技术学意见书》。上述《物证技术学鉴定书》所作出的鉴定结论为:根据现有材料倾向认为检材中(即《转让注册商标申请书》)"刘虹宏"的签名与样本中

"刘虹宏"的签名不是同一人书写。上述《物证技术学意见书》所作出的分析意见为:(1)鉴于"ELIZABETH LIU"的签名样本均为案后书写,根据现有条件暂无法确定检材中(即《商标转让协议》)"ELIZABETH LIU"与样本中"ELIZABETH LIU"是否为同一人书写。(2)检材中(即《商标转让协议》)"LIU"的签名式样与样本中"LIU"的签名式样不一致。

本院组织原、被告双方对上述鉴定结论及分析意见进行了当庭质证,法大法庭科学技术鉴定研究所也委托了工作人员李冰参加了庭审,接受质询。原告对上述鉴定结论及分析意见无异议。被告首先对法大法庭科学技术鉴定研究所出庭人员的身份提出异议,认为其不是鉴定人;其次,被告提出从原告提供的证据看,不能认定加拿大籍"ELIZABETH LIU"与中国国籍的"刘虹宏"为同一人;再次,被告认为《物证技术学鉴定书》中作出的"检材与样本中'刘虹宏'的签名不是同一人书写"的结论中未写明是否对所有样本中"刘虹宏"的签名的同一性进行了鉴定,且原告提交的样本时间跨度有三年,不应作为有效的样本使用。被告对《物证技术学意见书》的分析意见无异议,并指出因原告未能提供出可供鉴定部门鉴定的有效样本,故原告应承担举证不能的后果。

原告提交了其户口本、身份证,并称其虽然加入了加拿大籍,但是在中国的户口本和身份证并未注销,户口本和身份证上记载有姓名刘虹宏,曾用名刘虹英、出生日期、身份证号和照片,这些信息与原告提交的护照、加拿大驾驶执照、加拿大银行卡等材料上记载的信息能够相互印证,充分证明了原告的身份。原告的英文签名一直采用其护照、驾驶执照、银行卡等样本上的签名式样,不能认为原告是举证不能。

法大法庭科学技术鉴定研究所李冰提出质询意见称:其是受法大法庭科学技术鉴定研究所及鉴定人的委托前来出庭接受质询的,其也是鉴定的参与人,对本案的鉴定情况及鉴定原则很清楚。《物证技术学鉴定书》中已逐一列明了样本内容,故在鉴定结论中就无须再一一写明具体的样本,所谓样本应该是指全部样本。另外,人的书写习惯在两、三年的时间不会产生太大变化,所以样本符合鉴定要求。关于"ELIZABETH LIU"的英文签名,因除原告当庭书写的样本外,无其他样本材料,故无法作出鉴定结论;关于"LIU"的英文签名,检材中的"LIU"与样本中的

"LIU"均为花式手写体,只能认为两者的签名式样不一致,但不能排除为同一人书写的情况,故法大法庭科学技术鉴定研究所出具了分析意见而非鉴定结论。

上述事实还有原告提供的为笔迹鉴定作为样本使用的证据材料、为证明其身份提交的户口本、身份证、本院调取的原告出入境记录、法大(2006)物鉴字第115号《物证技术学鉴定书》及法大(2006)物鉴字第116号《物证技术学意见书》当事人陈述等证据材料在案佐证。

本院认为:原告系涉案第1352266号注册商标专用权的原权利人。经国家商标局核准,该注册商标专用权已经转让给了被告。现原告提出其从未将涉案商标专用权转让给被告,原告对该主张负有举证责任。

因原告不认可被告向本院提交的《商标转让协议》,以及在国家商标局备案的《转让注册商标申请书》上"LIU"的英文签名及"刘虹宏"中文签名为其本人的签字,故提出对上述两份合同上的签名进行笔迹鉴定的申请。根据法大法庭科学技术鉴定研究所作出的鉴定结论和分析意见,可以得出在国家商标局备案的《转让注册商标申请书》上的"刘虹宏"的签名与原告本人的签名笔迹不一致。在《商标转让协议》上"LIU"的手写体签名与原告本人的签名式样不一致。

被告虽对原告的身份提出异议,但本院认为原告提交的证据足以证明取得加拿大籍的原告与曾经具有中华人民共和国国籍的"刘虹宏"为同一人。在被告没有提出相反证据足以推翻原告证据的情况下,本院对被告的主张不予采信。

被告虽对法大法庭科学技术鉴定研究所针对"刘虹宏"中文签名作出的鉴定结论提出异议,但该所派出的出庭人员已经发表了质询意见,本院认为法大法庭科学技术鉴定研究所作出的鉴定结论依据充分,本院予以采信。另外,《商标转让协议》中手写体的"LIU"的签名明显与原告的签名式样不一致,被告主张原告不能举出有效的可供检验的样本,原告应负举证不能的责任。但原告提交的供鉴定使用的护照、驾驶执照、银行卡、房屋转让文件等,都证明了原告一直使用的英文签名的式样均与其当庭书写的签名式样一致。原告对自己没有使用过的签名式样当然不能举出证据,如果被告认为原告不止使用了一种式样的英文签名,被告应负举证责任。

此外,被告还提出原告与其配偶游智超,都曾与被告有过合作,对商标转让的情况都知晓并认可,但被告没有提交任何证据加以证明,对其主张本院不予采信。

综上,依据《中华人民共和国商标法》第三十九条之规定,判决如下:

第1352266号"Panago 百乐高"的注册商标专用权归原告 ELIZABETH LIU 享有。

案件受理费1000元,由(加拿大)百乐高比萨有限公司负担(于本判决生效之日起7日内交纳)。

如不服本判决,当事人双方可在判决书送达之日起三十日内,向本院递交上诉状,并按对方当事人的人数提出副本,上诉于中华人民共和国北京市高级人民法院。

审判长　刘　薇

代理审判员　宋　光

代理审判员　梁立君

二〇〇六年十二月二十日

书记员　孙春玮

案例二:

宁波波姆斯服饰有限公司与北京京港合兴服饰有限公司等侵犯商标专用权纠纷案
二审民事判决书(2008)高民终字第320号

上诉人(原审原告)宁波波姆斯服饰有限公司,住所地中华人民共和国浙江省宁波市保税区商务大厦1220。

法定代表人陈文武,总经理。

委托代理人李庆民,上海市邦信阳律师事务所北京分所律师。

委托代理人袁静,上海市邦信阳律师事务所北京分所律师。

被上诉人(原审被告)北京京港合兴服饰有限公司,住所地中华人民共和国北京市海淀区双榆树东里甲22号楼五层东一号。

法定代表人陈五一,常务董事。

委托代理人安晓地,北京市安伦律师事务所律师。

委托代理人田晓东,北京市安伦律师事务所律师。

被上诉人(原审被告)Number One 时装有限公司(Number One Fashion Limited),住所地中华人民共和国香港特别行政区皇后大道东1号太古广场三座28层。

法定代表人曾少媚,法人董事代表。

委托代理人安晓地,北京市安伦律师事务所律师。

委托代理人田晓东,北京市安伦律师事务所律师。

被上诉人(原审被告)索德(卢森堡)公司(SO. DE. CO. LUX S. A.),住所地卢森堡大公国自由大街68号(68 Avenue de la Liberté Luxembourg)。

法定代表人 Charles DURO,Lydie LORANG,Marianne GOEBEL,董事。

委托代理人安晓地,北京市安伦律师事务所律师。

委托代理人田晓东,北京市安伦律师事务所律师。

上诉人宁波波姆斯服饰有限公司(简称波姆斯公司)因侵犯商标专用权纠纷一案,不服中华人民共和国北京市第二中级人民法院(2007)二中民初字第9986号民事判决,向本院提起上诉。本院于2008年3月10日受理本案后,依法组成合议庭,于2008年4月15日公开开庭进行了审理。上诉人波姆斯公司的委托代理人李庆民、袁静,被上诉人北京京港合兴服饰有限公司(简称京港合兴公司)、Number One 时装有限公司(简称 Number One 公司)和索德(卢森堡)公司共同的委托代理人安晓地、田晓东到庭参加了本案诉讼。本案现已审理终结。

北京市第二中级人民法院查明:1999年1月7日和1999年5月14日,索德(美国)公司[SO. DE. CO. (USA) L. C]经核准取得第1236720号"BRUMS"商标、第1273649号"波姆斯"商标和第1273650号"布劳姆斯"商标专用权,核定使用的商品均为第25类服装、鞋、帽子等。

2003年1月18日,索德(美国)公司以《承诺函》的形式将上述三项注册商标的使用权许可给卓越纪元有限公司(Marvellous Era Limited,另一译名为妙乐年华有限公司,简称卓越纪元公司)在中华人民共和国范围内(不包括香港、台湾与澳门)进行使用授予分许可,该许可于2003年10月24日向中华人民共和国国家工商行政管理总局商标局(简称商标局)申请备案。

涉外民事诉讼法律实务

2003年2月28日,卓越纪元公司与波姆斯公司签订《商标许可协议》将上述三项注册商标在中华人民共和国范围内(不包括香港、台湾与澳门)的独家使用权授予波姆斯公司,使用期限为五年,许可费每年分两次支付,还约定了许可费每年按销售值支付的比例和最低许可费保证。另外,双方约定如果波姆斯公司违反授权许可协议的相关义务,卓越纪元公司可以书面通知波姆斯公司立即终止协议;因协议而产生的任何争议应最终按照瑞士仲裁法由瑞士卢加诺仲裁法院选任三名仲裁员进行仲裁。该协议于2003年10月24日向商标局申请备案。

另外,索德(美国)公司还与波姆斯公司签订《商标使用许可合同》,将上述三项注册商标专用权授予波姆斯公司在相关商品上使用,许可期限自2003年1月18日至2008年1月18日止,许可使用费的支付方式按照波姆斯公司与索德(美国)公司授权的卓越纪元公司签订的商标许可协议中的有关内容来支付。该合同纠纷解决方式按照瑞士仲裁法由瑞士卢加诺仲裁法院选任三名仲裁员进行仲裁。该协议于2003年4月2日向商标局申请备案。索德(卢森堡)公司对该合同的真实性不予认可,并提交了经公证认证的 Alessandro Beccaro Migliorati 的证言,该证言称:"索德(美国)公司与波姆斯公司所签的《商标使用许可合同》、该合同的《商标使用许可合同备案申请书》、委托办理商标使用许可合同备案的《商标代理委托书》上的'Alessandro Beccaro Migliorati'的签名并非我真实的签名。在2003年我是索德(美国)公司的合法在职的授权代表人,但我的权利是受到限制的,所以我不可能签署上述文件,且在上述文件的签署日我不在中国,没有机会签署上述文件。"

波姆斯公司在取得了上述三项商标权的使用许可后,开始生产、销售使用上述三项商标的童装等产品。2004年7月14日,上述三项注册商标权经核准,转让给索德(卢森堡)公司。2003年10月1日,索德(卢森堡)公司与卓越纪元公司签订《商标许可协议》,将上述三项注册商标的使用权许可给卓越纪元公司在一定地域及相关商品上使用。该协议于2004年3月31日向商标局申请备案。2005年12月2日,卓越纪元公司以波姆斯公司存在一系列违约行为为由,通知波姆斯公司2003年2月28日双方签订的《商标许可协议》立即终止。2005年12月9日,索德(卢森堡)公司以卓越纪元公司违约为由通知卓越纪元公司双方于2003年10月1日签订的《商标许可协议》于2006年3月9日终止。卓越纪元公司确认其收到上述信函,并声明其将从 2006 年 3 月 9 日开始终止此协议。2007 年 1 月 16 日,卓越纪元公司再次通知波姆斯公司,重申双方 2003 年 2 月 28 日签订的《商标许可协议》已经于 2005 年 12 月 2 日终止,波姆斯公司不再享有商标使用权。波姆斯公司称未收到卓越纪元公司发给其的上述两封函件。2006 年 8 月 1 日,索德(卢森堡)公司与 Number One 公司签订《商标使用许可协议》,将上述三项注册商标权的非排他性使用许可给 Number One 公司,Number One 公司可以依照该协议之规定,就在一定区域内在授权产品上或在与授权产品有关的方面使用商标进行分许可。2006 年 9 月 1 日,Number One 公司与京港合兴公司签订了经销协议,许可京港合兴公司在中国(不包括香港、台湾、澳门)的相应区域内在其经销的儿童服装及服饰上使用上述三项注册商标。2007 年 5 月 28 日,波姆斯公司分别在北京市海淀区金源新燕莎 MALL 商场和北京市朝阳区的世贸天阶购物中心公证购买京港合兴公司经销的"BRUMS"牌儿童上衣各一件。波姆斯公司为本案诉讼支出公证费 2020 元、律师费 185000 元。

北京市第二中级人民法院认为:波姆斯公司主张其从索德(美国)公司处合法地取得了上述三项商标在中国区域内(不包括香港、澳门、台湾地区)、在指定的商品上独占使用权,故其起诉索德(卢森堡)公司、Number One 公司的许可和分许可行为、京港合兴公司的经销行为侵犯了其所享有的上述独占使用权。但京港合兴公司、Number One 公司和索德(卢森堡)公司针对波姆斯公司所享有的上述商标独占使用权提出异议。首先,索德(卢森堡)公司提交了 Alessandro Beccaro Migliorati 的证人证言,该证人证言称波姆斯公司与索德(美国)公司签订的《商标使用许可合同》不真实,据此否认该份合同的真实性,也不认可波姆斯公司是基于此协议取得的商标使用权;其次,索德(卢森堡)公司提交了卓越纪元公司的证据材料,这些证据材料证明波姆斯公司存在违约行为,导致卓越纪元公司两次通知波姆斯公司,双方于 2003 年 2 月 28 日签订的《商标许可协议》已经于 2005 年 12 月 2 日终止,波姆斯公司不再享有三项商标的使用权。对于上述主张,波姆斯公司均提出了相应证据加以反驳。

对此,本院认为波姆斯公司提出本案诉讼的权利基础是其取得的上述三项注册商标的独占使用权,但现在作为该项权利基础的两份商标许可使用合同的效力均发生争议,而两份合同的当事人索德(美国)公司和卓越纪元公司均未参加本案诉讼,故无法查清两份商标许可使用合同的效力。而且无论是索德(美国)公司与波姆斯公司签订的《商标使用许可合同》,还是卓越纪元公司与波姆斯公司签订的《商标许可协议》都约定合同纠纷解决的方式是按照瑞士仲裁法由瑞士卢加诺仲裁法院选任三名仲裁员进行仲裁,故本院在本案中也无权审查两份商标许可使用合同的效力。在波姆斯公司现有的商标独占使用权是否有效无法确定的情况下,本院对波姆斯公司提出的三被告的行为侵犯了其商标独占使用权的诉讼请求,不能予以支持。

综上,北京市第二中级人民法院依据《中华人民共和国商标法》第三十九条第一款、《中华人民共和国仲裁法》第五条之规定,判决:驳回波姆斯公司的诉讼请求。波姆斯公司不服原审判决,向本院提起上诉,请求撤销原审判决,并改判支持波姆斯公司原审全部诉讼请求。其主要理由是:(1)波姆斯公司对本案三项注册商标在中国的使用权有确定的事实和法律依据,即波姆斯公司与卓越纪元公司签订的《商标许可协议》以及波姆斯公司和索德(美国)公司签订的《商标使用许可合同》,这两份合同均向商标局备案,也均处于有效期内。(2)波姆斯公司与卓越纪元公司签订《商标许可协议》在履行期间虽有争议但始终有效,没有证据证明卓越纪元公司向波姆斯公司发布终止该协议的函件,因此波姆斯公司依据该协议取得的商标使用权不受影响。(3)本案中也没有证据证明波姆斯公司与索德(美国)公司签订的《商标使用许可合同》履行中存在争议,仅依据一份证人证言不足以否定波姆斯公司所享有的商标使用权。(4)三被上诉人在波姆斯公司享有商标使用权的区域内使用本案三项注册商标构成侵犯波姆斯公司的商标使用权,给波姆斯公司造成重大经济损失,在声誉上更形成恶劣影响,应当承担相应的民事责任。京港合兴公司、Number One 公司和索德(卢森堡)公司服从原审判决。

经审理查明:1999 年 1 月 7 日,索德(美国)公司经商标局核准注册了"BRUMS"文字商标,核定使用的商品是第 25 类:服装、鞋、帽子,商标注册号为第 1236720 号。1999 年 5 月 14 日,索德(美国)公司经商标局核准注册了"波姆斯"和"布劳姆斯"文字商标,核定使用的商品是第 25 类:服装、鞋、袜、帽子、领带、围巾、手套、腰带,商标注册号分别为第 1273649 号及第 1273650 号。2004 年 3 月 17

日,索德(美国)公司向商标局申请商标转让。2004年7月14日,经商标局核准,索德(美国)公司将三项注册商标专用权转让给索德(卢森堡)公司。2003年1月18日,索德(美国)公司出具了一份《承诺函》(英文),内容为:卓越纪元公司是上述三项商标权的被许可人,并拥有充分授权在中华人民共和国范围内(不包括香港、台湾与澳门)就上述商标的使用授予分许可,以卓越纪元公司认为适当的条款和条件签署相关的商标许可协议。索德(美国)公司保证商标注册于分许可协议约定的整个期限和范围内将保持有效,并承诺该《承诺函》作为有关分许可协议的附件,以昭信守。2003年10月24日,上述《承诺函》内容向商标局申请许可备案。2003年2月28日,卓越纪元公司与波姆斯公司签订了一份《商标许可协议》,该协议约定:卓越纪元公司授予波姆斯公司就上述三项商标一项独家的和不可转让的使用许可,波姆斯公司可在中华人民共和国范围内(但不包括香港、澳门和台湾地区)、在与(意大利)Preca Brummel S. P. A.公司(以下简称 Preca Brummel 公司)达成的《专有技术许可协议》中约定的相关产品上使用上述三项商标。使用期限五年。许可费每年分两次支付,5月底之前支付一次,11月底之前支付一次。双方约定了许可费每年按销售值支付的比例和最低许可费保证。双方还约定如果波姆斯公司违反本协议第2条、第4.3条、第5条项下的任何义务,卓越纪元公司可以书面通知波姆斯公司的形式立即终止本协议。凡因本协议而产生的任何争议应最终按照瑞士仲裁法由瑞士卢加诺仲裁法院选任三名仲裁员进行仲裁。该协议以中英文签署共四份。索德(美国)公司出具的《承诺函》及波姆斯公司与意大利 Preca Brummel 公司签订的《专有技术许可协议》作为该协议的附件。2003年10月24日,上述许可协议向商标局提出备案申请。2003年2月28日,波姆斯公司与 Preca Brummel 公司又签订了一份《专有技术许可协议》,该协议约定:许可方(Preca Brummel 公司)是与童装、饰品以及其他相关产品生产和销售有关的某些设计和专有技术的所有权人。鉴于被许可方(波姆斯公司)将和卓越纪元公司签订一项与产品销售相关的《商标使用许可协议》、被许可方将和中国从前的专有技术被许可人北京帆飞服装服饰有限公司(以下简称帆飞公司)签订一项《买卖合同》,购买相关资产,因此,许可方在此授予被许可方在本协议期限内一项独家的和不可转让的许可,在中国领土(但不包括香港、澳门和台湾)地域内就产品有关方面使用专有技术。被许可方特别承诺,运用专有技术生产的全部产品应冠以本协议引言中所述商标协议中将提及的商标(即指本案三项商标)。双方在该协议中还约定了专有技术交付的方式和时间、许可使用费的交付方式和时间,该协议的有效期限为五年。该协议以中英文签署,共四份。

2003年3月7日,波姆斯公司与帆飞公司签订了一份《买卖合同》,该合同约定:卖方(帆飞公司)一直在中国发展童装业务,公司决策将于近期开始清算。买方(波姆斯公司)经营同类业务,已与卖方发展了长期的合作关系,并有意接手卖方现存的资产和业务,为此目的,买方已与有关各方签署了作为本合同附件一之《商标许可协议》和附件二之《专有技术许可协议》。卖方愿意出售和转让、买方愿意购买和取得上述卖方的资产。双方同意资产转让的对价为等价于40万美元的人民币加上应付的增值税。付款方式为分三期支付。波姆斯公司主张帆飞公司是在波姆斯公司之前取得本案三项商标独家使用许可的公司,三被上诉人未提异议。该合同签订后,波姆斯公司向帆飞公司支付了人民币335万元合同款。该协议以中英文签署,共四份。

另外,索德(美国)公司还与波姆斯公司签订了一份《商标使用许可合同》,该合同约定:索德(美国)公司许可波姆斯公司在相关商品上使用本案三项注册商标,许可期限自2003年1月18日至2008年1月18日止。合同期满,如需延长使用时间,由双方另行续定商标使用许可合同。许可使用费的支付方式按照波姆斯公司与索德(美国)公司授权的卓越纪元公司签订的商标许可协议中的第5条中的有关内容来支付。该合同纠纷解决方式按照瑞士仲裁法由瑞士卢加诺仲裁法院选任三名仲裁员进行仲裁。该许可合同没有签约的时间和地点,合同为中文,共两份,约定由波姆斯公司向商标局备案。2003年4月2日,该许可合同向商标局申请备案。

2003年4月2日,索德(美国)公司委托北京亚业商标事务所有限公司就其与波姆斯公司签订的上述许可合同向商标局申请备案。三被上诉人在二审庭审中提交了北京亚业商标事务所有限公司的《情况说明》,该说明称:其受委托提交的本案三项商标权许可备案申请虽在委托书上写明委托人为索德(美国)公司,但上述申请实际是由波姆斯公司指示其提交的,委托书和《商标使用许可合同》也是由波姆斯公司提供的,并未与索德(美国)公司有过任何联系。波姆斯公司认为,该说明为证人证言,在证人未出庭质证的情况下不应予以采信。

索德(卢森堡)公司向原审法院提交了一份 Alessandro Beccaro Migliorati 的书面证人证言,该证言内容为:"索德(美国)公司与波姆斯公司所签的《商标使用许可合同》、该合同的《商标使用许可合同备案申请书》、委托北京亚业商标事务所有限公司办理商标使用许可合同备案的《商标代理委托书》上的'Alessandro Beccaro Migliorati'的签名并非我真实的签名。在 2003 年我是索德(美国)公司的合法在职的授权代表人,但我的权利是受到限制的,所以我不可能签署上述文件,且在上述文件的签署日我不在中国,没有机会签署上述文件。"该证言经过了意大利共和国米兰公证员的公证,并经中华人民共和国驻米兰总领事馆认证。波姆斯公司认为证人未能出庭接受质证且作证的内容也不符合事实,因此,对该证词内容的真实性、合法性、关联性均不予认可。

波姆斯公司成立于 2003 年 2 月 19 日,其在取得了本案三项商标的使用权后,即开始在生产、销售的童装等产品上使用三项商标。2003 年 10 月 1 日,索德(卢森堡)公司与卓越纪元公司签订了一份《商标许可协议》,内容为:索德(卢森堡)公司许可卓越纪元公司在一定地域及相关商品上使用本案三项注册商标。该协议自双方签订之日起生效,在商标注册和续展期内有效。许可使用费的支付方式和数额约定在附件一中。该协议约定纠纷解决方式按照香港法律提交香港法院专属管辖。2004 年 3 月 31 日,索德(卢森堡)公司委托北京专商投资咨询服务有限公司就上述许可合同向商标局申请备案;同时,卓越纪元公司与波姆斯公司签订的上述许可协议也再次申请备案。索德(美国)公司给卓越纪元公司的《承诺函》,卓越纪元公司与波姆斯公司签订的《商标许可协议》,索德(美国)公司与波姆斯公司签订的《商标使用许可合同》,索德(卢森堡)公司与卓越纪元公司签订的《商标许可协议》以及依据上述许可向商标局提交的许可备案申请书均系原审法院向商标局调取。2005 年 12 月 9 日,索德(卢森堡)公司向卓越纪元公司发函,告知卓越纪元公司:根据你我双方于 2003 年 10 月 1 日签订的《商标许可协议》,由于你方违反了该协议中的若干条款,其中包括第三条的许可费支付,故我方特此通知你方,该协议将于 2006 年 3 月 9 日终止。卓越纪元公司随即发函给索德(卢森堡)公司,确认其收到上述信函,声明其将从2006年3月9日开始终止此协议。三被上诉人主张:卓越纪元公司于2005年12月2日致函波姆斯公司,该函件声明:因波姆斯公司存在一系列违约行为,按照双方签订的《商标许可协议》第7.3条的约定,双方签订的协议立即终止。2007年1月16日,卓越纪元公司再次致函波姆斯公司,重申双方签订的协议已于2005年12月2日终止,波姆斯公司不再享有商标使用的权利。波姆斯公司否认其收到卓越纪元公司的上述两封函件。三被上诉人也未提供波姆斯公司有签收卓越纪元公司函件的证据。

索德(卢森堡)公司向原审法院提交了卓越纪元公司授权代表周启和的一份书面证人证言,该证言主要内容为:我们确认索德(卢森堡)公司与我公司间的商标使用许可,事实上覆盖并取代了商标的前所有人索德(美国)公司与我公司间关于三项商标曾经有过的许可。因此,在索德(卢森堡)公司与我公司间的商标使用许可于2006年3月9日终止后,我公司已不再对三项商标拥有权利。但是,在我公司与波姆斯公司终止分许可关系后,其仍然在使用三项商标,因此,我公司于2007年1月16日再次致函波姆斯公司重申商标分许可关系的终止。该书面证言和卓越纪元公司的授权书由中华人民共和国司法部委托的香港特别行政区律师予以了公证,并经中国法律服务(香港)有限公司加章转递。波姆斯公司对周启和的证言内容的真实性、合法性和关联性不予认可。

波姆斯公司按照原审法院要求于庭后提交了其2004年、2005年向卓越纪元公司支付商标许可使用费的票据及缴税凭证,以证明其向卓越纪元公司交纳了商标许可使用费。三被上诉人对上述支付商标许可使用费票据的真实性予以认可,但三被上诉人指出这些票据显示波姆斯公司所有费用的支付均未按约定时间支付,均是延迟一年支付的,且2004年的许可费支付不足、2005年的许可费一次未付,不能证明波姆斯公司履行了其与卓越纪元公司的合同。三被上诉人对缴税凭证与商标许可使用费的关联性不予认可。

2006年8月1日,索德(卢森堡)公司与Number One公司签订了一份《商标使用许可协议》,主要内容为:索德(卢森堡)公司是三项商标的所有人,许可Number One公司一项非排他性使用许可,Number One公司可以依据该非排他性使用许可,在本协议的期限内,依照本协议之规定,就在一定区域内在授权产品上或在与授权产品有关的方面使用商标进行分许可。本协议自双方签字之日起生效,在商标注册有效期内以及商标注册续展期内本协议始终有效。

2006年9月1日,Number One公司与京港合兴公司签订了一份经销协议,主要内容为京港合兴公司可以在中国(不包括香港、台湾、澳门)的相应区域内在其经销的儿童服装及服饰上使用三项商标。2007年5月28日,波姆斯公司的委托代理人在北京市海淀区金源新燕莎MALL商场购买了京港合兴公司经销的"BRUMS"牌儿童上衣一件,单价为178元,并当场取得编号为1619959的销售发票和销售小票各一张。同日,波姆斯公司又到北京市朝阳区的世贸天阶购物中心购买了京港合兴公司经销的"BRUMS"牌儿童上衣一件,单价为98元,并当场取得销售小票一张,未取得销售发票。北京市公证处对波姆斯公司委托代理人的上述购买行为进行了公证,并于2007年5月29日出具了(2007)京证经字第13974号《公证书》。波姆斯公司还提交了在天津伊势丹有限公司购买京港合兴公司经销的"BRUMS"牌童装产品一件和销售发票、京港合兴公司使用"BRUMS"商标的专卖店的照片。

波姆斯公司为本案诉讼支出了2020元公证费、185000元律师费。

以上事实有三被上诉人提交的商标注册证及转让证明、波姆斯公司提交的商标注册证副本、索德(美国)公司将本案三项商标许可给卓越纪元公司的《承诺函》、卓越纪元公司与波姆斯公司签订的《商标许可协议》、波姆斯公司与Preca Brummel公司签订的《专有技术许可协议》、波姆斯公司与帆飞公司签订的《买卖合同》、索德(美国)公司与波姆斯公司签订的《商标使用许可合同》、商标使用许可合同备案申请书、委托北京亚业商标事务所有限公司提出商标许可备案申请的《委托书》以及北京亚业商标事务所有限公司的《情况说明》、Alessandro Beccaro Migliorati的证人证言、卓越纪元公司致波姆斯公司的两封函件、索德(卢森堡)公司致卓越纪元公司的函件、卓越纪元公司致索德(卢森堡)公司的函件、卓越纪元公司的代表周启和的证言及授权证明、(2007)京证经字第13974号公证书及其童装实物、发票、专卖店照片、企业信息查询结果、转让商标申请书、购买帆飞公司资产的凭证、公证费发票、律师费发票、交纳商标使用费的凭证及当事人陈述等证据在案佐证。

本院认为:波姆斯公司在本案中主张商标使用权的依据有二:一是索德(美国)

公司以《承诺书》的形式将本案三项注册商标的使用权授予卓越纪元公司,卓越纪元公司通过《商标许可协议》又将该三项商标使用权授予波姆斯公司,之后,索德(卢森堡)公司又与卓越纪元公司签订《商标许可协议》确认了索德(美国)公司与卓越纪元公司之间的授权关系;二是索德(美国)公司通过《商标许可使用合同》将该三项商标使用权授予波姆斯公司。

对于索德(卢森堡)公司授权给卓越纪元公司、卓越纪元公司授权给波姆斯公司的商标使用权,索德(卢森堡)公司已经在2005年12月9日向卓越纪元公司发函通知双方的合同于2006年3月9日终止,卓越纪元公司随后回函对此予以确认。三被上诉人主张卓越纪元公司在2005年12月2日和2007年1月16日两次致函波姆斯公司终止与其签订的《商标许可协议》,波姆斯公司否认其收到过任何终止函件,但波姆斯公司也承认其与卓越纪元公司之间就《商标许可协议》存在争议。在索德(卢森堡)公司已经撤销对卓越纪元公司的授权的情况下,波姆斯公司能否依据其与卓越纪元公司之间存在争议的《商标许可协议》取得并向商标权人等主张商标使用权,涉及对该《商标许可协议》效力的认定,而该协议的当事人卓越纪元公司并未参加本案诉讼;根据该协议的约定,纠纷解决的方式是按照瑞士仲裁法由瑞士卢加诺仲裁法院选任三名仲裁员进行仲裁,故本院不仅无法审查而且无权审查该协议的效力。因此,对波姆斯公司依据该协议主张三被上诉人的行为侵犯其商标使用权的上诉理由,本院不予支持。

索德(卢森堡)公司作为本案三项注册商标的所有人对于索德(美国)公司与波姆斯公司签订的《商标使用许可合同》的真实性不予认可,并提供了该合同上显示的签字人 Alessandro Beccaro Migliorati 的证言作为否定该合同存在的证据,由此导致各方当事人对该合同效力存在争议,在索德(美国)公司未参加本案诉讼的情况下,本院无法查清并对该合同效力作出认定。另外,根据该合同的约定,纠纷解决的方式是按照瑞士仲裁法由瑞士卢加诺仲裁法院选任三名仲裁员进行仲裁,故本院也无权审查该合同的效力。因此,对波姆斯公司依据该合同主张三被上诉人的行为侵犯其商标使用权的上诉理由,本院亦不予支持。

综上,原审判决认定事实清楚,适用法律正确,应予维持。波姆斯公司的上诉请求及其理由缺乏事实和法律依据,本院对此不予支持。依照《中华人民共和国民

事诉讼法》第一百五十三条第一款第(一)项之规定,判决如下:

驳回上诉,维持原判。

一审案件受理费人民币 24400 元,由宁波波姆斯服饰有限公司负担(已交纳);二审案件受理费人民币 24400 元,由宁波波姆斯服饰有限公司负担(已交纳)。

本判决为终审判决。

审判长　张　冰

审判员　莎日娜

代理审判员　钟　鸣

二〇〇八年六月二十五日

书记员　陈　明

【延伸阅读】

一、案例

1. 内格斯.米勒离婚诉讼代理案
2. 越南金奖公司委托律师代理诉讼案

二、学术论文、专著(权威论著)

1. 韩德培、韩健:《美国国际私法(冲突法)导论》,法律出版社 1994 年版。

2. [美]吉尔摩(Gilmore, G.)、[美]布莱克(Black, C. L.):《海商法》,中国大百科全书出版社 2000 年版。

3. [德]奥特马·尧厄尼希著:《民事诉讼法》,周翠译,法律出版社 2003 年版。

4. Jack H. Friedenthal, Arthur Raphael Miller, John E. Sexton. *Civil Procedure: Cases and Materials*, West Academic Publishing, 2013.

三、网络链接

1. http://www.ccmt.org.cn/中国涉外商事海事审判网
2. http://www.chinalegalaid.gov.cn/中国法律援助网

第三章
管辖豁免

【内容摘要】在涉外民事诉讼中,由于国际法和有关公约、协议的限制,各国内国法院的管辖权不能无限扩张。这就导致一定的享有管辖豁免的主体按照国际法和有关公约,可以在涉外民事诉讼中享有一定的豁免权。与此同时,不同的享有管辖豁免的主体享有不同种类、内容、程度的豁免权。本章以享有豁免的主体为分类依据,分别讨论国家豁免与国家行为理论、外交豁免与《维也纳外交关系公约》,以及国际组织豁免与联合国专门机构等的相关情况。本章需要了解和熟悉的是管辖豁免的概念与其分类,国际组织豁免的界定与豁免程度等。需要重点掌握的是国家豁免的概念、内容、有关学说与理论,外交豁免的概念和内容、理论来源、我国法律的规定等。

引　言

管辖权(Jurisdiction)是指在国际法允许的框架内,依据国家主权原则,对与其有利害关系的事件、财产、行为、人,加以规制和管控,从而维护国家重要利益的权力。由于法律冲突和管辖权限问题,在国际法原则的基础上,国家在行使管辖权之时,必须同时履行尊重其他国家主权和平等的国际法义务。只有这样,正常的国际交往才得以维护。这就是说,国家行使管辖权的过程,必须受到国际法的限制。辩证地看,这种限制一方面体现在国家需在国际法允许的范围内行使管辖权,另一方面,就是本章所要讨论的管辖豁免(Jurisdictional Immunity)制度。

旧的国际法理论讨论的管辖豁免问题,仅涉及两类享有管辖豁免的主体:外国国家和外交代表。亦即我们现在所讨论的国家管辖豁免或主权豁免(State immunity or Sovereign immunity)和外交豁免(Diplomatic immunity)。从国际法的发展沿革来看,外交豁免早于主权豁免产生。从基本原则和理论上来看,二者有着十分紧密的联系。他们都以"域外"和"礼仪"为主要元素。而外交豁免制度只是更加显著地侧重于外交人员行使职能的必要(即《维也纳外交关系公约》所采用的"职务需要说")。

随着国际法的不断发展,新的理论认为政府间国际组织的豁免也是管辖豁免理论的重要组成部分。政府间的国际组织成了享有管辖豁免的主体。和国家豁免对比来看,政府间国际组织的豁免制度,完全是基于国际组织履行其独特职能必要性的基础。和外交豁免制度相比,政府间国际组织的豁免制度虽然在具体条款与规定上,在很多方面类似于外交豁免,但是由于其享有豁免权的主体断然不同,二者亦不可混为一谈。

围绕当下国际法中对豁免制度的讨论,学界一致认为三种豁免制度相互间既有不同程度的联系,又存在性质上的重大差别。逐一而论,首先,就国家豁免制度而言,目前国际社会只有一部,而且是尚未生效的公约——2004年的《联合国国家及其财产管辖豁免公约》。在区域范围内,也仅有一部——1972年当时"欧共体"成员国缔结的《欧洲国家豁免公约》,这部区域性公约生效于1976年6月11日。其次,就外交豁免制度而言,它是一个相对来说比较完善和成熟的制度。在这方面,不仅因为存在长久的历史积淀和大量的相关国家实践,而且目前绝大多数国家业已加入1961年《维也纳外交关系公约》,已经将有关的原则和规则都做了较为详细和系统的规定。最后,对于政府间国际组织的豁免问题,则一般都是由国际组织的章程加以规定的。此外1946年《联合国特权与豁免公约》以及同年的联合国与美国之间订立的《总部协定》通常可以作为政府间国际组织豁免的范本。

第一节 国家豁免

【知识背景/点】

一、国家(主权)豁免概述

"一个国家不受另一个国家的管辖"是国家(主权)豁免的基础和基本表述。这可以在国际法"国家主权平等"这一原则中找到理论支撑和渊源。因此,国家(主权)豁免制度是从国家主权平等这一国际法基本原则引申出来的一项重要的国际法原则。国家主权平等原则的结果之一就是"平等者之间无管辖权",也就是说,非经国家自己同意,该国不从属于任何外国的法律秩序,任何外国也不得对该国主张甚至行使管辖权。据此,一国(即外国)在国际法上享有不受另一国(即法院地国)管辖的权利,这就是国际法上国家(主权)豁免概念的含义所在。由于国家管辖权包括立法、裁判和执行管辖,管辖豁免原则也应体现在这三个不同层面上,就是说,国家(主权)管辖豁免既包括立法管辖的豁免,也包括裁判和执行管辖的豁免。

在实践中,国家(主权)豁免问题主要是在一国的司法机关(通常为法院)中针对某一外国国家或其机关或其财产提起的诉讼中引起的。这类诉讼主要涉及两个问题:其一,一国法院能否对该外国国家或其机关或其财产行使裁判管辖权?这是裁判管辖豁免的问题。其二,一国法院能否以外国国家或其机关或其财产作为其判决的执行对象?这是执行豁免的问题。

下面,将分别从五个方面介绍国家(主权)豁免的基本理论和重要立法

1. 国家(主权)豁免的理论来源与历史沿革

国家豁免权这一概念,最早可以追溯到 1234 年,当时教皇格里高利九世在一部教规中提出了"平等者之间无管辖权"的思想。最初的豁免权是给予外国君主的,因为他是一个国家的象征,君主就代表国家,后来随着共和制国家的普遍出现,给予外国君主的豁免就自然成了给予外国国家的豁免。到 19 世纪,随着西方国家

关于国家豁免问题的理论研究和司法实践逐渐系统化、制度化,各国相互给予管辖豁免,拒绝对对方国家及其财产、代表机构和代表人员行使司法管辖权。

在国际关系中,国家豁免原则既来源于国家主权原则的要求,又来源于维护和巩固国家主权原则的需要。尽管长期以来,国家及其财产豁免原则已得到国际法学者、各国司法实践、有关法律文件、政府意见以及联合国国际法委员会的充分肯定,但对于在国际关系中国家及其财产为什么享有豁免的问题,各国的理论与实践则有不同的回答。归纳起来,主要有治外法权说、国际礼让说、互惠说和国家主权说等。其中,国家主权说是得到广泛支持的主张。此说认为,国家豁免权和国家的属地管辖权(或领土管辖权)一样,是国家主权派生出来的一项国家权利。因此也可以说,国家及其财产豁免原则是国家主权原则派生出来的一项独立的国际法原则。我们知道,国家主权是国家具有的独立自主地处理自己的对内和对外事务的国家权力。国家主权具有两个方面的特性,即在国内是最高的,在国际上是独立和平等的。国家主权在本国领土内享有最高权力这一特性派生出属地管辖权和属人管辖权,而国家主权在国际关系中的平等和独立性则派生出国家豁免权,因为"平等者之间无管辖权"。由此可见,国家豁免权是国家固有的权利,国家及其财产豁免原则来源于国际法的基础——国家主权原则。理论上,对于国家(主权)豁免,学者们先后提出治外法权说、尊严说、国际礼让说、主权平等说等学说。这些学说都能为国家(主权)豁免提供理论上的依据和指导。但经过国际法理论的发展,各国外交实践的增多,时间的推移,最终主权平等说得到了最广泛的认可和支持,想必是国际法中"国家主权平等"基本原则的彰显。

总结起来,国家(主权)豁免原则产生于19世纪,主要是来自于西方国家的判例。在实践中,大致经历了以下两个阶段:(1)使馆及外交使节和国家元首的豁免。(2)工业革命之后,西方国家政府的职能逐渐向经济发展方面拓展。国际经济交往导致了国家与私人的经济纠纷,产生了私人在一国法院起诉外国政府的情况。

国家豁免权的根据就是国家主权原则,即国家的豁免权来自于国家的主权。自1234年罗马教皇格列高里九世颁布"平等者之间无管辖权"的教谕以来,国家主权原则就已经在世界各国得到接受和遵守。主权是指国家独立自主地处理其对内、对外事务的权力,这种权力在国内是最高的,在国外则是独立的和平等的,排除来自任何其他国家的管辖和支配。主权是构成国家的基本要素,是国家的固有属性,任何国家都具有主权,不具有主权的国家就不是严格意义上的国家,不能成为完全的或完善的国际法主体。主权又是平等的,平等者之间互不隶属、互不服从、互无管辖权。因此,如果一国法院受理了以另一国家为被告的诉讼,就违反主权平等原则对他国实施了管辖权,侵犯了他国的主权。在这种情况下,被诉国向受诉国法院主张豁免权,抗辩其司法管辖权,依据的也是主权平等原则。总之,国家的豁免权就是从国家主权中派生出来的一项内在的、固有的权利,国家对这项权利的享有,不是基于其他国家的赋予,也不以其他国家的承认为前提。除非国家主动放弃,如国家作为原告主动向外国法院提起诉讼,或者在事先或被诉时明确放弃豁免权或主动应诉答辩而不对有关外国法院的管辖权提出抗辩,任何其他国家不得以任何理由对其豁免权予以限制或剥夺。

2. 国家及其财产豁免权的主要内容

国家及其财产豁免权的主要内容包括以下三个方面:

(1)司法管辖豁免。其含义可表述为:除非一国明示同意,其他国家不得受理以该国家为被告或以该国家的财产为标的的诉讼。

(2)诉讼程序豁免。其含义可表述为:一国放弃司法管辖豁免,主动向其他国家的法院起诉或自愿在其他国家的法院应诉的情况下,其他国家的法院未经该国同意不得对该国或其财产采取诉讼程序上的强制措施。

(3)强制执行豁免。其含义可表述为:即使一国放弃司法管辖豁免,主动向其他国家的法院起诉或自愿在其他国家的法院应诉,其他国家的法院未经该国同意不得依其判决对该国财产采取强制执行措施。

3. 放弃豁免的情况

又称豁免放弃(waiver of immunity)。

一国表示对其特定行为不享受管辖豁免,而同意服从另一国国内法院的管辖。放弃是国家对外国国内法院行使管辖权所表示的同意,是国家的自愿放弃。

放弃可以是明示的或默示的表示,前者如条约、合同中的放弃条款以及争端发生后所发表的正式声明等,后者如国家在另一国法院提起诉讼、参与诉讼或提出反诉等诉讼行为。

通常，国家在外国法院放弃管辖豁免不包括国家财产对于强制措施的豁免，即执行豁免。国家对其财产的执行或扣押豁免的放弃，必须另作明确的表示。

4. 国家行为理论

与国家豁免制度密切相关的一个问题就是所谓的"国家行为"问题。国家行为一般被理解为一个主权国家的官方行为或其代表的行为或其官方承认的国家行为。通常一个国家的法院并不究问另一个主权国家在其本国领域内所从事的官方行为或其代表的官方行为，或官方承认的行为，是否具有法律效力或合法性。目前，这一原则究竟是国际法原则还是国内法原则，尚存争议。但是所涉及的问题是，一国的代表，就其履行国家代表的职务行为在另一国被提起诉讼，或者被另一国司法机关所指控，当这种情况发生时，所涉及的国际法规则是什么？

国家行为理论是指对一国制定的法令或在其领土内实施的官方行为，其他国家的法院不得就其有效性进行审判。各个国家在其领土内得排他性地独立地行使其管辖权，一国制定的国内法令或在本国领土内实施的官方行为，只要不明显地违反国际法，别国法院就不能对其有效与否加以裁判。

国家行为理论与国家主权豁免原则之间，既有联系也有区别。二者的联系在于，它们都产生于国际法上的主权平等观念，都寻求减少由于对外国政府的活动进行司法审查而导致的国际紧张关系，《奥本海国际法》一书认为对外国官方行为的承认是国家平等的重要后果之一。二者的区别在于，国家主权豁免是一种对管辖权的抗辩，只能由外国国家提出此类抗辩；而国家行为理论则是一种"可审判性原则"是就一国法院对他国国家行为的合法性进行审判提出的抗辩，既可以由外国国家提出，也可以由私方当事人提出。

除美国外，国家行为理论目前也存在于其他一些国家，如英国、意大利、法国等，不过，这些国家奉行的国家行为理论与美国的国家行为理论不尽相同。

根据确立的国际法原则，一国的代表，就其履行国家代表的职务行为而言，在另一国享有管辖豁免。因为，如果另一国就该代表履行代表国家职务的行为提起诉讼，这就等于间接地对该代表的国家提起诉讼。但是晚近的国际法发展使这一原则产生例外。即所涉及的行为如果是战争罪、危害和平罪和危害人类罪，则不得援引国家豁免的原则。

5. 若干个国家豁免的重要立法

(1)1972年《欧洲豁免公约》

未规定国家豁免是一般原则,而是直接规定例外。

(2)1978年《英国国家豁免法》

首先规定国家豁免是一般原则,然后规定例外。

(3)1976年《美国外国主权豁免法》

也首先规定国家豁免是一般原则,然后规定例外。

(4)2004年《联合国国家及其财产管辖豁免公约》(以下简称《公约》)

《公约》主要由6个部分,33个条款和1个附件构成,其中较为重要的是第2部分、第3部分、第4部分,分别规定了有关国家豁免的"一般原则"、"不得援引国家豁免的诉讼"和"在法院诉讼中免于强制措施的国家豁免"等内容。

①国家豁免的一般原则。根据《公约》第5条之规定,一国本身及其财产遵照公约的规定在另一国法院享有管辖豁免,亦即享有司法管辖豁免和财产执行豁免的权利。《公约》第6条第1款还补充强调,一国应避免对在其法院对另一国提起的诉讼行使管辖,以实行第5条所规定的国家豁免,并应为此保证其法院主动地确定该另一国根据第5条享有的豁免得到尊重。

②国家豁免的主体。国家豁免的主体事关哪些机关以及个人有权在外国法院代表国家并援引管辖豁免。对于行使管辖权的国内法院来说,豁免主体又意味着什么是"外国国家"的问题。依照《公约》第2条对公约中"国家"一词的解释,享有国家豁免权的主体具体有四类:(a)国家及其政府的各种机关;(b)有权行使主权权力并以该身份行事的联邦国家的组成单位或国家的政治区分单位;(c)国家机构、部门或其他实体,但须它们有权行使并且实际在行使国家的主权权力;(d)以国家代表身份行事的国家代表。

③国家豁免的放弃。与确立国家享有豁免权这一基本原则相对应,《公约》还对国家对其豁免权的放弃这一实践中可能碰到的问题做了规定。依照《公约》第7条之规定,一国如以下列方式明示同意另一国法院对某一事项或案件行使管辖,就不得在该法院就该事项或案件提起的诉讼中援引管辖豁免:(a)国际协定;(b)书面合同;(c)在法院发表的声明或在特定诉讼中提出的书面函件,此即国家豁免的明

示放弃形式。依照《公约》第8条和第9条的规定,如果一国本身就该事项或案件在他国法院提起诉讼,介入诉讼或提起反诉,则亦不得在另一国法院中援引管辖豁免,此即国家豁免的默示放弃形式。

由于国家豁免权的放弃意义十分重大,为避免对被诉国国家主权的任意贬损,《公约》还就放弃的认定作了相应的限制。综合《公约》第7条和第8条之规定,在如下几种情形下,一国之行为不应解释为同意另一国的法院对其行使管辖权:(a)一国同意适用另一国的法律;(b)一国仅为援引豁免或对诉讼中有待裁决的财产主张一项权利之目的而介入诉讼;(c)一国代表在另一国法院出庭作证;(d)一国未在另一国法院的诉讼中出庭。

④国家司法管辖豁免的限制。虽然《公约》第5条确认了国家在他国享有司法管辖豁免权之原则,但受限制豁免主义理论和发达国家豁免实践之影响,《公约》第10条至第16条规定,一国在因下列事项而引发的诉讼中,不得向另一国原应管辖的法院援引管辖豁免:(a)商业交易;(b)雇佣合同;(c)人身伤害和财产损害;(d)财产的所有、占有和使用;(e)知识产权和工业产权;(f)参加公司或其他集体机构;(g)国家拥有和经营的船舶。不过,在(b)、(c)、(d)、(e)和(g)项情势中,如有关国家间另有协议,被告国亦可主张管辖豁免。

此外,《公约》第17条还就一国与外国自然人或法人订立的书面仲裁协议与该国援引管辖豁免权的关系做了规定,即:除仲裁协议另有规定,该国不得在另一国原应管辖的法院中就有关下列事项的诉讼援引管辖豁免:(a)仲裁协议的有效性、解释或适用;(b)仲裁程序;(c)裁决的确认或撤销。

附《联合国国家及其财产管辖豁免公约》开篇及部分内容

第五十九届会议议程项目142

04-47853

大会决议

根据第六委员会的报告(A/59/508)通过

59/38.联合国国家及其财产管辖豁免公约

铭记《联合国宪章》第十三条第一项(子)款,

涉外民事诉讼法律实务

回顾其1977年12月19日第32/151号决议,其中建议国际法委员会着手研究国家及其财产管辖豁免的法律,以逐渐发展与编纂这些法律,并回顾其后大会1991年12月9日第46/55号、1994年12月9日第49/61号、1997年12月15日第52/151号、1999年12月9日第54/101号、2000年12月12日第55/150号、2001年12月12日第56/78号、2002年11月19日第57/16号和2003年12月9日第58/74号决议。

又回顾国际法委员会在其第四十三届会议工作报告第二章中提出关于国家及其财产管辖豁免法律的条款草案终稿案文及评注。

还回顾根据大会1998年12月8日第53/98号决议规定提交的第六委员会不限成员名额工作组的报告,以及国际法委员会国家及其财产的管辖豁免问题工作组的报告。

回顾其第55/150号决议,其中决定设立国家及其财产的管辖豁免问题特设委员会,同时开放给各专门机构的成员国参加,以进一步推展已完成的工作,整理达成协议的方面和解决未决的问题,以期根据国际法委员会通过的国家及其财产管辖豁免条款草案,并根据第六委员会不限成员名额工作组的讨论,拟定一份一般可以接受的文书,审议了国家及其财产的管辖豁免问题特设委员会的报告,强调统一和明确的国家及其财产管辖豁免法律的重要性,并着重指出一项公约在这方面可以发挥的作用,注意到缔结一项国家及其财产管辖豁免公约的工作获得广泛支持,考虑到特设委员会主席介绍特设委员会报告的发言。

1. 高度赞赏国际法委员会和国家及其财产的管辖豁免问题特设委员会在国家及其财产管辖豁免法律方面所作出的宝贵工作;

2. 同意在特设委员会达成的一般性谅解,即《联合国国家及其财产管辖豁免公约》不涉及刑事诉讼程序;

3. 通过载于本决议附件的《联合国国家及其财产管辖豁免公约》,并请秘书长作为保存机关将《公约》开放供签字;

4. 邀请各国成为《公约》缔约方。

2004年12月2日
第65次全体会议

附件

联合国国家及其财产管辖豁免公约

本公约缔约国,考虑到国家及其财产的管辖豁免为一项普遍接受的习惯国际法原则,铭记《联合国宪章》所体现的国际法原则,相信一项关于国家及其财产的管辖豁免国际公约将加强法治和法律的确定性,特别是在国家与自然人或法人的交易方面,并将有助于国际法的编纂与发展及此领域实践的协调,考虑到国家及其财产的管辖豁免方面国家实践的发展,申明习惯国际法的规则仍然适用于本公约没有规定的事项,议定如下:

第一部分 导言

……

本公约不影响与本公约所涉事项有关的现有国际协定对缔约国所规定的,适用于这些协定缔约方之间的权利和义务。

……

争端的解决

1.缔约国应致力通过谈判解决关于本公约的解释或适用方面的争端。

2.两个或两个以上的缔约国之间关于本公约的解释或适用方面的任何争端,不能在六个月内谈判解决的,经前述任一缔约国要求,应交付仲裁。如果自要求仲裁之日起六个月内,前述缔约国不能就仲裁的组成达成协议,其中任一缔约国可以依照《国际法院规约》提出请求,将争端提交国际法院审理。

3.每一个缔约国在签署、批准、接受或核准本公约或加入本公约时,可以声明本国不受第2款的约束。相对于作出这项保留的任何缔约国,其他缔约国也不受第2款的约束。

4.依照第3款的规定作出保留的任何缔约国,可以随时通知联合国秘书长撤回该项保留。

……

本公约应在2007年1月17日之前开放给所有国家在纽约联合国总部签署。

……

1.任何缔约国可书面通知联合国秘书长退出本公约。

2.退出应自联合国秘书长接到通知之日起一年后生效。但本公约应继续适用于在退出对任何有关国家生效前,在一国法院对另一国提起的诉讼所引起的任何国家及其财产的管辖豁免问题。

3.退出决不影响任何缔约国按照国际法而非依本公约即应担负的履行本公约所载任何义务的责任。

……

本公约的阿拉伯文、中文、英文、法文、俄文和西班牙文文本同等作准。

本公约于2005年1月17日在纽约联合国总部开放供签字。下列签署人经各自政府正式授权在本公约上签字,以昭信守。

……

第10条中的"豁免"一词应根据本公约全文来理解。

第10条第3款并不预断"掀开公司面纱"的问题,涉及国家实体故意虚报财务状况或继而减少其资产,以避免清偿索赔要求的问题,或其他有关问题。

……

第11条第2款(d)项所提到的雇主国"安全利益"主要是针对国家安全事项和外交使团和领事馆的安全而言。

1961年《维也纳外交关系公约》第41条和1963年《维也纳领事关

系公约》第 55 条规定,条款提及的所有个人都有义务遵守东道国的法律规章,包括遵守东道国的劳工法。同时,1961 年《维也纳外交关系公约》第 38 条和 1963 年《维也纳领事关系公约》第 71 条规定,接受国有义务在行使管辖时,不对使团或领馆开展工作造成不当妨碍。

……

"确定"一词不仅指查明或核查是否有受保护的权利,而且也指评价或评估此类权利的实质,包括其内容、范围和程度。

"商业交易"一词包括投资事项。

……

(c)款"实体"一词系指作为独立法人的国家,以及具有独立法人地位的联邦制国家的组成部分、国家政治区分单位、国家的机构或部门或其他实体。

(c)款"与被诉实体有联系的财产"一语应理解为具有比"所有"或"占有"更广泛的含义。

第 19 条并不预断"掀开公司面纱"的问题,涉及国家实体故意虚报其财务状况或随后减少其资产,以避免清偿索赔要求,或其他有关问题。

6. 不得援引国家豁免的诉讼的情况:

(1)商业交易

①一国如与外国一自然人或法人进行一项商业交易,而根据国际私法适用的规则,有关该商业交易的争议应由另一国法院管辖,则该国不得在该商业交易引起的诉讼中援引管辖豁免。

②第①款不适用于下列情况:

(a)国家之间进行的商业交易;

(b)该商业交易的当事方另有明确协议。

③当国家企业或国家所设其他实体具有独立的法人资格,并有能力:

(a)起诉或被诉;和

(b)获得,拥有或占有和处置财产,包括国家授权其经营或管理的财产,

其卷入与其从事的商业交易有关的诉讼时,该国享有的管辖豁免不应受影响。

(2)雇用合同

①除有关国家间另有协议外,一国在该国和个人间关于已全部或部分在另一国领土进行,或将进行的工作之雇用合同的诉讼中,不得向该另一国原应管辖的法院援引管辖豁免。

②第1款不适用于下列情况:

(a)招聘该雇员是为了履行行使政府权力方面的特定职能;

(b)该雇员是:

ⓐ1961年《维也纳外交关系公约》所述的外交代表;

ⓑ1963年《维也纳领事关系公约》所述的领事官员;

ⓒ常驻国际组织代表团外交工作人员,特别使团成员或获招聘代表一国出席国际会议的人员;

ⓓ享有外交豁免的任何其他人员;

(c)诉讼的事由是个人的招聘,雇用期的延长或复职;

(d)诉讼的事由是解雇个人或终止对其雇用,且雇用国的国家元首,政府首脑或外交部部长认定该诉讼有碍该国安全利益;

(e)该雇员在诉讼提起时是雇用国的国民,除非此人长期居住在法院地国;

(f)该雇员和雇用国另有书面协议,但由于公共政策的任何考虑,因该诉讼的事由内容而赋予法院地国法院专属管辖权者不在此限。

(3)人身伤害和财产损害

除有关国家间另有协议外,一国在对主张由可归因于该国的作为

或不作为引起的死亡或人身伤害,或有形财产的损害或灭失要求金钱赔偿的诉讼中,如果该作为或不作为全部或部分发生在法院地国领土内,而且作为或不作为的行为人在作为或不作为发生时处于法院地国领土内,则不得向另一国原应管辖的法院援引管辖豁免。

(4)财产的所有、占有和使用

除有关国家间另有协议外,一国在涉及确定下列问题的诉讼中,不得对另一国原应管辖的法院援引管辖豁免:

(a)该国对位于法院地国的不动产的任何权利或利益,或该国对该不动产的占有或使用,或该国由于对该不动产的利益或占有或使用而产生的任何义务;

(b)该国对动产或不动产由于继承、赠予或无人继承而产生的任何权利或利益;

(c)该国对托管财产、破产者财产或公司解散前清理之财产的管理的任何权利或利益。

(5)知识产权和工业产权

除有关国家间另有协议外,一国在有关下列事项的诉讼中不得向另一国原应管辖的法院援引管辖豁免:

(a)确定该国对在法院地国享受某种程度,即使是暂时的法律保护的专利,工业设计,商业名称或企业名称,商标,版权或任何其他形式的知识产权或工业产权的任何权利;

(b)据称该国在法院地国领土内侵犯在法院地国受到保护的,属于第三者的(a)项所述性质的权利。

(6)参加公司或其他集体机构

①一国在有关该国参加具有或不具有法人资格的公司或其他集体机构的诉讼中,即在关于该国与该机构或该机构其他参加者之间关系的诉讼中,不得向另一国原应管辖的法院援引管辖豁免,但有以下条件:

(a)该机构的参加者不限于国家或国际组织;

(b)该机构是按照法院地国法律注册或组成,或其所在地或主要营业地位于法院地国。

②但是,如果有关国家同意,或如果争端当事方之间的书面协议作此规定,或如果建立或管理有关机构的文书中载有此一规定,则一国可以在此诉讼中援引管辖豁免。

(7)国家拥有或经营的船舶

①除有关国家间另有协议外,拥有或经营一艘船舶的一国,在另一国原应管辖的法院有关该船舶的经营的一项诉讼中,只要在诉讼事由产生时该船舶是用于政府非商业性用途以外的目的,即不得援引管辖豁免。

②第1款不适用于军舰或辅助舰艇,也不适用于一国拥有或经营的,专门用于政府非商业性活动的其他船舶。

③除有关国家间另有协议外,一国在有关该国拥有或经营的船舶所载货物之运输的一项诉讼中,只要在诉讼事由产生时该船舶是用于政府非商业性用途以外的目的,即不得向另一国原应管辖的法院援引管辖豁免。

④第3款不适用于第2款所指船舶所载运的任何货物,也不适用于国家拥有的,专门用于或意图专门用于政府非商业性用途的任何货物。

⑤国家可提出私有船舶,货物及其所有人所能利用的一切抗辩措施、时效和责任限制。

⑥如果在一项诉讼中产生有关一国拥有或经营的一艘船舶,或一国拥有的货物的政府非商业性质问题,由该国的一个外交代表或其他主管当局签署并送交法院的证明,应作为该船舶或货物性质的证据。

(8)仲裁协定的效果

一国如与外国一自然人或法人订立书面协议,将有关商业交易的

争议提交仲裁,则该国不得在另一国原应管辖的法院有关下列事项的诉讼中援引管辖豁免:

(a)仲裁协议的有效性,解释或适用;

(b)仲裁程序;

(c)裁决的确认或撤销,但仲裁协议另有规定者除外。

(9)国家财产的执行豁免

与国家援引管辖豁免存在诸多限制相比,一国在其国家财产的执行豁免方面具有更多的"绝对性"。依照《公约》第18条和第19条之规定,除非一国明示同意放弃执行豁免,或者该国已经拨出或专门指定某项财产用于清偿对方的请求,另一国法院不得在诉讼中对该国财产采取判决前的强制措施,如查封和扣押措施,亦不得采取判决后的强制措施,如查封、扣押和执行措施。也就是说,在执行豁免方面,国家豁免的放弃只存在明示放弃的形式,而不存在默示放弃的形式。《公约》第20条就此还特别强调,即使依《公约》第7条认定一国明示同意放弃管辖豁免,另一国亦不得基于此而认为该国已默示同意对其国家财产采取强制措施。

二、国家豁免的立场

在国际上认为应该坚持国家及其财产豁免的原则,是为了保证国家能在国际上独立地,不受干扰地行使其权利和从事必要的民事活动,并且在19世纪就形成了绝对豁免的理论和实践。但是后来有人认为随着客观情况的发展,经济和商业活动已越来越成为各主权国家的主要活动领域,从而大大地改变了国家豁免的态度。

(一)绝对豁免

它主张国家及其财产的豁免来源于主权者平等以及"平等者之间无管辖权"这一习惯国际法原则。这一原则不允许任何国家对他国及其机构和财产行使主权权力。享有国家豁免的主体包括国家元首、国家本身、中央政府及其他国家机构、国有公司或企业等。国家主权是一个统一的不可分割的整体,不可能认为它在从事统治权活动时是一个人格,而在从事事务权活动时又是另一个人格。另外,它主张在国家未自愿接受管辖的情况下,通过外交途径解决有关国家的民事争议。它还主张,如果采用限制豁免说,为了判定国家行为的性质,要求其他国家的法院依据国内法进行识别,这等于说国家所为的行为要受到外国法院和外国法律的支配。显然这都是同国家主权原则不相容的。从20世纪30年代起,限制豁免或职能豁免的理论与实践便逐渐抬头和发展了起来,并且与绝对豁免理论形成了尖锐的对立。

第二次世界大战以后,国际法学界出现了废除豁免理论和平等豁免理论。前两种理论在一些国家的实践中得到了贯彻和支持,而后两种理论尚限于理论上的探讨。因此,本书着重讨论绝对豁免说和限制豁免说,对废除豁免理论和平等豁免理论仅作简单的介绍。

绝对豁免理论得到了克沃斯(Hackworth)等的支持,并在国际法院判决的"比利时国会号案"、"佩萨罗号案"(S. S. Pesaro)中获得了支持。绝对豁免说在19世纪曾经得到了几乎所有西方国家的支持,只是自20世纪30年代以来,西方国家渐渐地放弃了这种理论。但一些发展中国家都支持绝对豁免说。

根据传统的国际法,国家在国际法上所享有的管辖豁免是一种"绝对的"豁免(absolute immunity)。根据这一原则,国家及其机关的所有行为,包括商业行为都无例外地在另一国的法院享有管辖豁免。一国法院不得受理以外国国家作为被告的案件,一国法院不得受理针对外国国家行为的诉讼案件,外国国家财产也不得成为一国法院的诉讼对象,国家在外国的财产一般也不得为了执行当地法院的判决而被扣押和执行。这里需要强调的是,国家在国际法上享有的这种豁免只是针对外国法院的管辖豁免。按照一般国际法,国家并不享有因其国际不法行为所导致的国际法上国家责任的豁免。

至于这类诉讼是否还涉及立法管辖豁免的问题,即一国法院是否有权根据适用于一外国国家行为的法律规则来评判该外国国家行为的是非曲直,则是一个目前尚未引起充分注意的问题。

需要注意的是,"绝对豁免"只是相对于后来"有限豁免"的学说而言的。其实,即使是传统意义上的国家豁免也并不是所谓"绝对的豁免",这是因为,豁免是可以被放弃的,而且对于豁免也有一定的限制和例外,这种限制和例外随着国家不主张豁免的原因的性质不同而有所变化。虽然中国政府长期以来曾一直坚持绝对豁免的原则,但是中国的国有企业在开展跨国商业贸易活动时却并不主张其享有外国法院的管辖豁免。

(二) 限制豁免

限制豁免论(doctrine of restrictive immunity),又称有限豁免论或相对豁免论(doctrine of relative immunity)。它主张,国家只能对其主权行为或统治权行为享有豁免,而对其非主权行为或事务权行为不能享有豁免。区分国家行为性质的标准主要有三种:目的标准、行为性质标准和混合标准。现在,赞成国家行为性质标准的占多数,在识别国家行为性质上,他们主张适用法院地法。限制豁免说实质上是通过对"商业行为"的自由解释为限制外国国家的主权提供了借口,因而与国家主权原则是不相容的,它把国家行为划分为主权行为和非主权行为也是不科学的。目前,坚持绝对豁免说的国家虽仍占多数,但主张限制豁免说的已在不断增加(至少25个国家采用,另外11个国家也原则上支持),其中最有影响的有1976年《美国外国主权豁免法》、1972年《欧洲豁免公约》、1978年《英国国家豁免法》、1982年《外国国家在加拿大法院豁免法》和2004年《联合国国家及其财产管辖豁免公约》等。虽然这些立法仍不否认国家及其财产豁免是习惯国际法上的一项"一般原则",但是它们规定了相当广泛的不予豁免的例外事项,包括外国国家所从事的商业行为,外国国家的官员或雇员在职务范围内的活动中所发生的侵权,国家通过继承或遗赠而取得的财产等等。

限制豁免论把国家的活动划分为主权行为和非主权行为,或统治权行为和事务权行为,或公法行为和私法行为。按照这种理论,在国际交往中,一个国家的主权行为在他国享有豁免,而其非主权行为在其他国家则不享有豁免。抽象地说,它仍然承认国家豁免是国际法上的一般原则,但却将国家不享有豁免的情况作为各种例外,并规定得非常具体。依照限制豁免论区分主权行为和非主权行为的标准有三种:即目的标准、行为性质标准和混合标准,赞同行为性质标准的人居多。限制豁免论还主张以法院地法来识别外国国家的所谓主权行为和非主权行为。

另外,还有两种学说:"废除豁免说"和"平等豁免说"。这两者虽然没有前两种学说那样理论鲜明,特征突出,但是也可简单地作理论上的探讨。

废除豁免说这种学说产生于20世纪40年代末50年代初。英国国际法学家劳特派特是该理论的创始人,瑞士的拉里夫(Lalive)、荷兰的鲍切兹(Bouchez)也赞同这一理论。废除豁免说主张从根本上废除国家豁免原则,并确定国家不享有豁免是一般原则,在某种情况下出现的豁免是例外。它不仅反对绝对豁免说,也与限制豁免说所主张的国家享有豁免是一般原则,不享有豁免是例外的观点相反。在立法技术上,它主张采用否定列举式。这种观点目前只停留在少数学者的学说阶段,在实践中还没有哪个国家采用。

平等豁免说。这个理论是由德国学者弗里兹·恩德林首先提出的。它认为,国家豁免是平等原则派生出来的权利,同时,又是国家主权的一个实质组成部分。由于国家主权不是绝对的,国家豁免也同样不是绝对的。因此,国家不享有绝对豁免,只享有平等豁免。平等豁免说将国家的司法管辖豁免称为"关于组织的豁免",而把执行豁免称为"关于资产的豁免"。关于组织的豁免把国家的组织分为两类:一类是要求国家豁免的组织,指靠国家预算维持并实现政治、行政或社会和文化职能的国家机构或组织;另一类是当然已放弃豁免的组织,指具有独立经济责任的国营公司或企业。平等豁免说可以说是在绝对豁免说和废除豁免说的一种折中措施,这个理论有一定道理,但还有待于进一步发展完善。这种理论主要是针对社会主义国家公有制占主体地位的情况而提出来的。1990年10月3日民主德国以并入联邦德国的方式实现了两德的统一,全德实行资本主义制度,平等豁免说正经受着考验。

在实践中,限制豁免说虽然在当前已为越来越多的国家所接受,但是它还没有形成为一项普遍的国际法原则。为了协调和统一各国的立场,联合国国际法委员会自1978年起,即着手编纂一部《国家及其财产管辖豁免公约》。中国政府也十分关注并积极参加该项国际立法活动。2004年第59届联合国大会通过了《联合国国家及其财产管辖豁免公约》。

目前,坚持绝对豁免说的国家虽然占多数,但是主张限制豁免说的国家数量已经在不断增长,其中最有影响的有美国在1976年通过的《外国主权豁免法》和1976年的《关于国家豁免的欧洲公约》以及1978年英国的《国家豁免法》。2004年第59届联合国大会通过了《联合国国家及其财产管辖豁免公约》。这个公约确定了国家及其财产在外国法院享有管辖豁免的一般原则,并规定了国家在设计商业交易、雇佣合同、人身伤害和财产损失、财产的所有、占有和使用、知识产权、参加公司和其他机构、国家拥有或经营的船舶、仲裁协定的效果等民商事案件中不能援引豁免的情况。《联合国国家及其财产管辖豁免公约》为统一各国相关立法和实践提供了基础和保障。

三、我国的立场

我国一直以来坚持国家及其财产享有豁免权的国际法基本原则。这一坚持长期指导了我国国家(主权)豁免制度建立的理论和实践。理论界多认为,在国际关系中,国家及其财产豁免于他国内国法院管辖的权利,仍然是国际上一项普遍的原则。

1991年《民事诉讼法》对享有司法豁免权的外国人,外国组织和国际组织在民事诉讼中的豁免权作了原则性规定。中国法院尚未审理过涉及外国国家及其财产豁免的案件。但自中华人民共和国成立以来,中国曾被动地在其他一些国家或地区被诉,例如"1949年两航公司案"、"1957年贝克曼诉中华人民共和国案"、"1979年杰克烟火案"、"1979年湖广铁路债券案"(这4个案例可参加李双元、欧福永主编:《国际私法教学案例》,北京大学出版社2007年版,第50～52、57～58、49～50、9～11页。)和"2003年仰融诉辽宁省政府案"等。2005年9月签署了《联合国国家及其财产管辖豁免公约》,这进一步显示了中国对通过法治来促进国际和谐交往的坚定支持。

中国理论界多认为,国家及其财产豁免于他国内国法院的管辖直接来源于国家是主权者,而主权者是平等的,平等者之间无管辖权这一客观事实,其意义在于防止利用内国法院对其他主权国家滥用自己的司法管辖,以任意干涉和侵犯他国的主权和权利。这一点,即使在当今国家大量参加经济和民事活动的情况下,也应毫不动摇地加以承认。所以,在国际关系中,坚持国家本身或者说以国家名义从事的一切活动享有豁免,除非国家自愿放弃豁免,也就是说坚持绝对豁免论。但在对外贸易及司法实践中,中国把国家本身的活动和国有公司或企业的活动区别开来,认为国有公司或企业是具有独立法律人格的经济实体,不应享受豁免,因而,中国坚持的绝对豁免说与原来意义上的绝对豁免说不同。但是,由于国家参加民商事活动的情况越来越多,我国的理论与实践也主张应在坚持国家主权原则的前提下,有关国家之间通过条约,协议可以自愿放弃国家及其财产的豁免权。

2005年10月25日,第十届全国人大常委会第十八次会议通过了《中华人民共和国外国中央银行财产司法强制措施豁免法》。该法规定,中华人民共和国对外国中央银行财产给予财产保全和执行的司法强制措施的豁免;但是,外国中央银行或者其所属国政府书面放弃豁免的或者指定用于财产保全和执行的财产除外。本法所称外国中央银行,是指外国的和区域经济一体化组织的中央银行或者履行中央银行职能的金融管理机构。本法所称外国中央银行财产,是指外国中央银行的现金、票据、银行存款、有价证券、外汇储备、黄金储备以及该银行的不动产和其他财产。外国不给予中华人民共和国中央银行或者中华人民共和国特别行政区金融管理机构的财产以豁免,或者所给予的豁免低于本法的规定的,中华人民共和国根据对等原则办理。

我国一向坚持国家及其财产享有豁免权是一项国际法上的一般原则。我国1991年《民事诉讼法》对享有司法豁免权的外国人、外国组织和国际组织在国际民商事诉讼中的豁免权作了原则性规定。而1986年《外交特权与豁免条例》只对外交豁免问题作了规定,对国家豁免问题则未涉及。因此,我国今后还需加强这方面的国内立法。

迄今为止,我国法院尚未受理过任何涉及外国国家及其财产的案件。但是,自新中国成立以来,我国却曾经被动地在其他一些国家或地区频频被诉,如"贝克曼诉中华人民共和国案"、"湖广铁路债券案"等。在这些案件中,我国一再表明了自己的立场,归纳起来,主要有以下几点:

1. 坚持国家及其财产享有豁免权是国际法上的一般性原则,反对限制豁免论和废除豁免论。

2. 坚持作为主权者的国家本身以及以国家名义从事的一切活动享有豁免权,除非国家主动或自愿放弃其豁免权,即坚持绝对豁免论。

3. 在对外贸易及司法实践中,我国已开始把国家本身的活动和国有公司或企业的活动区别开来,认为国有公司或企业是具有独立法律人格的经济实体,不属于享有国家豁免权的主体。这表明,我国在实际运用中,能够针对绝对豁免论所存在的缺陷尽量予以克服,以实现对该理论的发展和完善。

4.赞成通过协议来消除各国在国家豁免问题上的分歧。根据我国1980年参加的1969年《国际油污损害民事责任公约》第11条的规定,我国实际上已放弃在油污损害发生地所处的缔约国法院的司法豁免权。

5.如果外国国家无视我国主权,对我国或我国财产粗暴行使司法管辖权,我国保留对该国进行报复的权利。

6.我国在外国法院出庭主张豁免权的抗辩,不得被视为对该外国法院司法管辖的接受或服从。

【案例裁决/法律文书摘录】

案例一:

湖广铁路债券案

1911年,清政府为修建湖北至广东等地的铁路,向美、英、法、德等国的银行财团借款,签订了总值为600万英镑的借款合同。合同规定,上述外国银行以清政府名义在金融市场上发行债券,即"湖广铁路五厘利息递还英镑借款债券",年息五厘,合同期限为40年。但该种债券从1938年起停付利息,1951年本金到期也未归还。一些美国人在市场上收购了这种债券。

1979年,美国公民杰克逊等人在美国亚拉巴马州地方法院对中华人民共和国提起诉讼,该法院受理此案并向中华人民共和国发出传票,要求中华人民共和国在收到传票20日内提出答辩,否则将作出缺席判决。

杰克逊等人要求中华人民共和国政府偿还湖广铁路债券的本息,指称这笔债券是清朝政府发行的商业债券,清政府被推翻后,国民政府在1938年以前曾付过利息。因此,中华人民共和国政府有义务继承这笔债券。

中国政府拒绝接受传票和出庭,并照会美国国务院,声明中国是一个主权国家,享有司法豁免权,不受美国法院管辖。

1982年9月1日,亚拉巴马州地方法院作出缺席裁判,判决中华人民共和国

涉外民事诉讼法律实务

偿还原告41313038美元,外加利息和诉讼费等,并声称:如果中国政府对该判决置之不理,美国法院将扣押中国在美的财产,以强制执行判决。其理由是:根据现行国际法原则,一国的政府更迭通常不影响其原有的权利和义务,作为清朝政府和国民政府的继承者的中华人民共和国政府有义务偿还其前政府的债务。此外,根据美国1976年《外国主权豁免法》第1605段的规定,外国国家的商业行为不能享受主权豁免。湖广债券是商业行为,不能享受国家主权豁免。

中国政府拒绝接受美国法院的判决,指出:"主权豁免是一项重要的国际法原则,它是以联合国宪章确认的国家主权平等原则为基础的。中国作为一个主权国家,无可争辩地享有司法豁免权。美国地方法院对一项以一个主权国家为被告的诉讼行使管辖权,作出缺席判决,甚至威胁要强制执行这项判决,这完全违反了国家主权平等的国际法原则和联合国宪章。中国政府坚决反对把美国国内法强加于中国的这种有损于中国主权和国家尊严的做法。如果美国地方法院无视国际法,强制执行上面提出的判决,扣押中国在美国的财产,中国政府保留采取相应措施的权利。"

1983年8月12日,中国通过聘请当地律师特别出庭,提出撤销缺席判决和驳回起诉的动议。同时,美国司法部和国务院向亚拉巴马州地方法院出具了美国利益声明书,表示支持中国的动议。在此情况下,1984年2月,该法院重新开庭,以1976年《外国主权豁免法》不溯及既往为理由,裁定撤销上述判决;10月,判决驳回原告起诉。1986年7月,杰克逊等人不服,提出上诉,被上诉法院驳回。1987年3月,美国最高法院驳回原告复审此案的请求。至此,湖广铁路债券案终于获得圆满终结。

本案是中美两国建交后发生的一个涉及司法豁免权和国家债务继承的重要案件。

国家及其财产享有司法豁免权是国际法的一项公认原则,它源于"平等者之间无管辖权"这一习惯规则,是国家主权平等原则的重要内容之一。根据这一原则,一国法院不得受理以外国国家为被告、以外国国家财产为诉讼标的的诉讼,除非得到后者同意。即使一国在另一国法院应诉或败诉,也不能对它采取强制措施,尤其是不得强制执行判决。简言之,一国法院不得以外国国家作为诉讼的对象和强制执行的对象。在本案中，中国是一个主权国家，与美国建立有正常的外交关系，承认中国在美国享有司法豁免权是美国的法律义务。美国法院无视国际法和美国承担的义务，对一个主权国家行使管辖权，向中国外交部部长发出传票，竟对一个主权国家作出缺席判决，这在国际法的历史上是极为罕见的。主权豁免作为中国所固有的权利，除非自己放弃，任何国家或其机关都无权剥夺这一权利。尽管随着国家参与经济活动而出现了有限豁免原则，但它并没有成为一项习惯法规则。有限豁免原则以国家行为及其财产的性质来判定是否给予豁免的做法在理论和实践上都有很大的问题。美国转向有限豁免立场后颁布的《外国主权豁免法》只是一项国内法。该法规定国家的商业性行为不能享有主权豁免，那只是美国单方面的主张。在没有国际条约规定的情况下，一国通过其国内法单方面地剥夺他国的主权豁免是不适当的。而且，就如美国上诉法院所说，即使1976年法律有效，其效力也不能追溯到1911年的行为。因此，中国反对美国法院行使管辖权、拒收传票、拒绝出庭和拒绝判决的立场是合法的。

国际法上的继承是一个重要的法律问题。它是一个国家或新政府如何处理旧国家或旧政府在国际法上的权利义务问题。在这里，只涉及新政府的债务继承问题。对于国家债务的继承，"恶债不予继承"是一项公认的国际法规则。这个规则在英美的实践中早已得到承认。湖广铁路债券是清政府为了修建一条便于镇压南方各省的革命运动的铁路而发行的，根本不是什么商业行为。该债券在英、法、德、美列强之间认购，是列强划分在华势力范围的历史证据。因此，这笔债务毫无疑问的是"恶债"，中华人民共和国政府当然不予继承。中华人民共和国政府是推翻国民党政府而建立的新政府并且是中国唯一合法的政府，因此，我国政府在处理旧政府的债务时，也坚决适用"恶意债务不予继承"原则，这完全符合国际法原则，而且也是为国际法实践所证明的。

总结起来，总共有三点可以作为中华人民共和国的正当辩护理由。

1. 中华人民共和国在美国享有豁免权。这是因为，国家主权豁免是国际法的一项重要原则，其根据是联合国宪章所确认的国家主权平等原则。国家与国家之间是完全独立和平等的，任何一个国家不能对另一个国家行使管辖的权利，一个国家的法院没有经过国家的同意，不能受理以外国国家作为诉讼对象的案件。中国作为一个主权国家无可非议地享有司法豁免权。

2. 美国1976年的《国有主权豁免法》不适用湖广铁路债券案。这是因为,美国地方法院以一个主权国家作为被告诉讼,行使管辖权,作出缺席判决甚至以强制执行其判决相威胁,这是完全违反国家主权平等的国际法原则,违反联合国宪章的。对于这种将美国国内法和美国法院的管辖强加于中国,损害中国主权,损害中国民族尊严的行为,中国政府理应坚决拒绝。现在,本案由于中国坚决站在维护国家主权的立场上,坚持国际法的原则,最后并没有按照美国法院的"缺席判决"执行。1987年3月9日,美国最高法院作出裁定,驳回了美国债券持有人的复审要求,撤销了不利于中国的判决。

3. 湖广铁路的债券是恶债,因为这次借债是1911年,清朝政府为了维护其反动统治和镇压中国人民的辛亥革命,勾结在华划分势力范围的帝国主义列强决定加快修建铁路,由于财政危机只能向帝国主义借债。中国政府无任何义务继承这笔用于镇压革命的恶债。因为,这涉及新政府对前政府的债权问题,新政府如何处理债权取决于该政府政策利益等方面,国际法上的继承是一个重要的法律问题。它是一个国家或新政府如何处理旧国家或旧政府在国际法上的权利义务问题。在这里,只涉及新政府的债务继承问题。中华人民共和国政府是推翻国民党政府而建立的新政府并且是中国唯一合法的政府,因此,我国政府在处理旧政府的债务时,也坚决适用"恶意债务不予继承",这一久已公认的国际法原则。因为这次借债是1911年,清朝政府为了维护其反动统治和镇压中国人民的辛亥革命,勾结在华划分势力范围的帝国主义列强决定加快修建铁路,由于财政危机只能向帝国主义借债,因此,我国政府理所当然地不予承认这一债务,这完全符合国际法原则,而且也是为国际法实践所证明的。(摘自福建省人民政府外事办公室、福建省人民政府港澳事务办公室网)

案例二:

沈阳金杯客车制造有限公司案

1991年仰融与辽宁省沈阳市成立了一家生产汽车的合资企业。该合资企业

第三章 管辖豁免

名为沈阳金杯客车制造有限公司（沈阳汽车），其主要合作方是由仰融全资拥有的在香港设立的华博财务公司（华博）和沈阳市政府拥有的金杯汽车控股有限公司（金杯）。合资企业设立之时，金杯拥有沈阳汽车60%的股权，华博拥有25%，另一合作方海南华银国际信托投资公司（海南）拥有15%的股权。华博随后收购了海南的股权，使得沈阳汽车的股权结构变为60∶40，即金杯控股60%，华博控股40%。

为通过进入美国资本市场从而扩大企业规模，合作方准备将沈阳汽车在纽约证交所上市。仰融作为沈阳汽车的首席执行官和经理，在百慕大成立了百慕大控股有限公司（华晨中国）作为沈阳汽车在纽约证交所上市的融资工具，并将其40%的股权转让给了华晨中国。金杯亦将其在沈阳汽车的11%股权转让给了华晨中国。至此，华晨中国拥有沈阳汽车51%的权益。作为转让11%股权的回报，金杯取得了华晨中国21.57%的股份，使仰融在华晨中国的股份减至78.43%。在向美国证券交易委员会登记股票，筹备在美国的首次公开发行以及纽约证交所上市过程中，中国政府高层官员通知仰融，上市公司的大股东应是一家中国实体，而非某香港私人企业，这样，将是50年来中国公司首次在美国登记和上市。仰融理解如果该上市公司的大股东由一家中国非政府组织担任即可满足中国政府的要求。1992年5月，华博、中国人民银行及另外几家中国政府机构成立了一家非政府组织——中国金融教育发展基金会（以下简称基金会）。中国人民银行副行长尚明担任基金会主席，仰融任副主席。

1992年9月，华博将其在华晨中国的股份转让给了基金会。最终，仰融与尚明同意"基金会将为华博托管股份，事实上作为华博的被指定人"，仰融全权管理，控制和支配基金会在华晨中国的股份。被转让的华晨中国的股份以基金会的名义持有。在这一安排下，加之2002年10月华晨中国出售了28.75%的股权，基金会拥有了华晨中国55.85%的股权，金杯拥有15.37%的股权。根据仰融的指示，华博支付了华晨中国股票登记和上市的费用，并为基金会支付了各项管理费用。他还负责华晨中国的主要股东在沈阳汽车的工作，安排为丰田和通用汽车生产汽车。沈阳汽车的所有生产设施均在辽宁省。

与此同时，2002年初，辽宁省政府成立了一个由省长助理领导的"工作小组"。

涉外民事诉讼法律实务

2002年3月,工作小组宣布基金会名下的所有股权,包括仰融在华晨中国的权益,均为国有资产,要求他将这些股份转让给省政府。仰融拒绝之后,工作小组通知仰融和华晨中国董事会,基金会不再承认华博在华晨中国的受益权益。根据辽宁省政府的指示,华晨中国董事会解除了仰融总裁,首席执行官和董事的职务,将工作小组成员安排在这些职务和其他管理职务上。2002年10月,新组建的华晨中国董事会不再支付仰融工资,并于次月解除了其经理职务,终止其劳动合同。辽宁省政府还成立了华晨汽车集团控股有限公司(新华晨),任命省政府官员作为新公司的管理人员。大约两个月后,新华晨以市场价格的6%即1800万美元收购了名义上由基金会为华博托管的华晨中国的股份。新华晨与华晨中国董事会并对剩余的华晨中国的股份,包括纽约证交所交易的股份进行了要约收购,导致2002年12月18日至19日华晨中国股票在纽约证交所停牌。

当工作小组进行收购时,仰融代表华博在各级法院寻求救济。2002年9月27日,华博财务向北京高院提出诉讼告中国金融教育基金会,要求确认其在基金会的投资权益,包括华晨股权。2002年10月14日,北京市高级人民法院经济庭正式受理该案。2002年10月18日,辽宁省检察院以涉嫌经济犯罪为名批准逮捕仰融。2002年12月2日,华博收到一份通知称,北京高院驳回起诉,并本着"先刑事后民事"的原则将此案移交辽宁省公安厅调查。至此,北京的起诉结束,仰融出走美国。

2002年12月18日,华晨中国在香港发布公告称,辽宁国有独资公司华晨汽车集团控股有限公司同基金会就基金会所持有的39.4%股权正式签署收购协议。2003年1月,仰融以基金会股权不明为由,提请百慕大法院发出禁止令,禁止华晨中国出售其股权。百慕大高等法院经过调查,于2月12日宣布驳回禁止令。针对仰融在百慕大起诉华晨中国汽车控股有限公司,中国金融教育发展基金会和华晨汽车集团有限公司一案,2003年12月31日,百慕大法院已作出判决,驳回仰融的诉讼。

在百慕大法院驳回禁止令后,2003年8月7日,仰融在美国华盛顿联邦法院以个人名义起诉辽宁省政府,此案在当地时间8月7日一经受理便在海内外引起了巨大反响。一些观察人士认为,事实上,仰融正在将这场私人产权纠纷案作为

"人质",向一个地方政府"挑战"。

2003年8月8日,美国华盛顿哥伦比亚特区联邦地区法院立案受理新中国历史上首例美国公民状告中国地方政府的诉讼案:华晨中国汽车控股有限公司的前主席仰融在美国起诉辽宁省政府。

8月21日,美国联邦法院哥伦比亚特区分庭,就仰融等起诉辽宁省政府非法侵占财产一案,正式向辽宁省政府发出民事案传票,并以特快形式寄往中国司法部,由司法部传送辽宁省政府。该传票称:被告方需在送达后的60日内答辩,如被告未按时送达答辩,法庭将以缺席判决被告方败诉,并按原告方诉状要求的赔偿请求作出判决。

中国司法部已经拒绝仰融律师提出的司法文书送达请求。司法部有关人士指出,根据国际法和公认的国际关系准则,任何外国司法机构都不能对另一个主权国家、国家机构行使管辖权。根据《海牙送达公约》第13条第1款"执行请求将损害被请求国家主权或利益"的不予送达的规定,中国司法部拒绝仰融的律师的送达请求,拒绝函已经寄送请求方,并退回仰融的律师的请求及其所附的司法文书。

中国司法部10月8日拒绝仰融在美诉辽宁省政府产权纠纷案的律师司法文书的送达请求后,次日,美国律师即通过哥伦比亚地方法院,以外交途径将文件递交到美国国务院,由其下属的特殊领事服务司负责,将该案的法律文书送往中国外交部。到美方通过外交途径转递的传票后,辽宁省政府积极出庭应诉,请求美法院驳回仰融的诉讼请求。美国哥伦比亚地区法院审理后认为,辽宁省政府征收华晨中国的股份是主权行为,辽宁省政府享有豁免。地区法院根据美国《联邦民事诉讼规则》在2005年作出判决,驳回仰融的起诉。仰融随后提出上诉,对地区法院拒绝适用商业行为例外提出质疑。

美国上诉法院哥伦比亚特区巡回法庭在2006年7月7日就仰融的上诉作出判决,维持地区法院因缺乏标的管辖权而驳回起诉。

本案中,仰融提出辽宁省政府"实施征收原告股份、其他股权利益和其他财产的方案,为自己的商业利益而控制这些财产"属于《美国法典》第28卷第1605(a)(2)款项下第三种情形下的"商业行为",即是"发生在美国领土之外、与该外国国家在别处的商业行为有关,并且在美国产生了直接影响的行为"。本案行为发生在美国之外,这一点没有争议。争议的问题是:(1)省政府的行为是否与在中国的"某商业行为有关";(2)如果是这样,该行为是否"在美国产生了直接影响"。本案当事方对构成仰融诉讼基础的辽宁省政府的行为有不同的意见。仰融侧重于省政府的全部行为——包括沈阳市最初参与沈阳汽车合资项目、工作小组设立新华晨、将华晨中国的股份从基金会转让给新华晨及新华晨要约收购华晨中国剩余的公开交易的股份——称这些行为是市场私营参与者的行为。省政府则侧重仰融所主张的其财产"被辽宁省政府错误征收";省政府称仰融指控其征收华博在华晨中国的股权,而征收是典型的政府行为。根据省政府的说法,其控制了基金会以及华晨中国股份之后的任何行为——包括将股份转让给新华晨——仅与已被征收的资产的最终处分有关;省政府还指出,这些行为不能将最初的征收行为转换成商业行为。仰融反驳说工作小组的成立是为了通过基金会接管华晨中国,省政府坚持认为构成了诉状基础的这一行为,是只有主权国家才能实施的行为。上诉法院认可了被上诉人的主张,认为中国辽宁省政府的行为仍然是主权行为,从而享有豁免权。据此,上诉法院维持了地区法院的判决,驳回了上诉。

仰融案在中美法律界引起极大关注,该案涉及众多法律问题,特别是涉及国际私法、国际公法等方面的问题,如涉外案件的域外送达问题,涉外案件的管辖权问题,国家主权豁免问题等。近年来,中国政府在国外特别在美国面临多次被诉。在以往的案件中,中国政府坚持绝对豁免论,并且美国国务院也会出面干预此类案件中。可在近年来的案件中,美国国务院基本不再插手此类案件,而让中国直接出庭应诉。例如,在仰融案件中,美国国务院就没有对美国法院提供有关意见。

【延伸阅读】

一、案例

1. 杰克因放烟花受伤索赔案

2. 斯库诺交易号案

3. 刚果(金)案

二、学术论文、专著(权威论著)

1. 邓杰:《国际私法总论》,知识产权出版社 2005 年版。
2. 李庆明:《斯库诺交易号案 国家豁免与诉诸法院之权利——以欧洲人权法院的实践为中心》,载《环球法律评论》2012 年 11 月 28 日。
3. 聂婴智:《公共选择视角下的反垄断法农业豁免制度研究》,载《改革与开放》2011 年 6 月 25 日。
4. 吴莹:《论反垄断法的豁免制度》,载《上海社会科学院》2009 年 3 月 1 日。
5. 刘万玉:《国家及其财产豁免问题研究》,载《南昌大学》2009 年 10 月 15 日。
6. 张薇:《〈联合国国家及其财产管辖豁免公约〉最新进展与争议》,载《2008 全国博士生学术论坛(国际法)论文集——国际公法、国际私法分册》2008 年 10 月 1 日。

三、网络链接

http://www.hcch.net 海牙国际私法会议

http://www.court.gov.cn/zgcpwsw/ 裁判文书网

第二节 外交豁免

【知识背景/点】

外交豁免权全称为外交代表的管辖豁免权。外交豁免权指一国派驻外国的外交代表(不论是常驻代表或临时使节)享有一定的特殊权利和优遇;豁免是指对驻在国管辖权的豁免,也可以包括在外交特权之内。按照国际法或有关协议,在国家间互惠的基础上,为了保证和便利外交代表执行正常职务,各国根据相互尊重主权和平等互利的原则,按照惯例或有关协议相互给予。外交特权和豁免本质上属于代表的国家,而不属于外交代表个人,因此个人无权自行放弃。

外交豁免权不仅规定国际公约,如《维也纳外交关系公约》《维也纳领事关系公约》等,在我国,还能见诸《中华人民共和国外交特权与豁免条例》《民事诉讼法》中。《民事诉讼法》第239条明确规定:"对享有外交特权与豁免的外国人、外国组织或者国际组织提起的民事诉讼,应当依照中华人民共和国有关法律和中华人民共和国缔结或者参加的国际条约的规定办理。"

一、外交特权与豁免

为了保证外交代表、外交代表机关以及外交人员进行正常的外交活动,各国根据相互尊重主权和平等互利的原则,按照国际惯例和有关协议相互给予驻在本国的外交代表、外交代表机关和外交人员一种特殊权利和优遇。这种特殊权利和优遇,在外交上统称外交特权和豁免。

外交代表管辖豁免是整个外交特权与豁免的组成部分。只有对整个外交特权与豁免制度有所了解,才能更好地理解外交代表管辖豁免的制度。外交特权与豁免是指外交代表机关及其人员在接受国所享有的特殊权利和优惠待遇的总称。长期以来,外交特权与豁免的规则多为国际习惯法规则。1961年联合国国际法委员会在对关于外交特权与豁免的国际习惯法规则进行系统编纂的基础上制定了《维也纳外交关系公约》。目前,世界上绝大多数国家为该公约的缔约国,因此,它是目前国际法上外交特权与豁免制度的主要法律根据。

(一)外交特权与豁免的概念和根据

关于外交特权与豁免的学说,国际法理论界大体上有三种,分别是"代表说"、"治外法权说"、"职务需要说"。其中,第三种学说得到了较为广泛的认可。下面将分别简单介绍这三种学说。

1. 代表说

外交代表是国家的代表,因此,"平等者之间无管辖权"。

2. 治外法权说

外交使馆为派遣国的领土延伸,不受接受国的管辖。该说由于逻辑上的荒谬和实践中的有害,早已被废弃。

3. 职务需要说

外交人员因执行职务需要,应免受接受国的管辖,否则,将对其执行职务构成严重的不便和影响。维也纳外交关系公约采代表说与职务需要说之结合。

(二) 外交特权与豁免的主体

按国际惯例,享有外交特权与豁免的人员大体有以下几类:

1. 出国进行访问的国家元首、政府首脑、政府部长、特使以及由他们率领的代表团成员、国际会议的代表和国际组织的工作人员。

2. 外交使节和具有外交官身份的全体官员。

上述人员的配偶和子女,国际上公认享有一定的外交特权,但各国对此条的应用范围又有细微的差别。例如,根据《维也纳外交关系》的规定,外交代表与其构成同一户口之家属,如非接受国国民,得享有规定的特权与豁免;但有的国家限制在外交人员的配偶和未成年子女的范围内;也有的国家把外交特权给予与外交人员共同生活的双亲或姐妹。中国规定,外交特权适用于外交人员的配偶及其未成年之子与未结婚之女。外交人员及其配偶的父母若与他们同住在北京,在一些方面也享有某些特权与豁免。

3. 根据有关国际协议和惯例,联合国系统各组织代表机构的代表、顾问和副代表;国际组织的代表、委员会委员、高级官员等。

4. 途径或短期停留的各国驻第三国的外交人员、外交信使。

5. 各国参加国际会议的官方代表。

6. 根据双边协定应享有特权与豁免的人员。如中美正式建交前双方驻对方的联络处人员等。

除上述人员外,对外交代表机关的非外交人员,如行政技术人员、公务人员、私人仆役是否享有外交特权,各国的规定和实践不尽相同。多数国家承认他们享有部分外交特权,但也有些国家对非外交人员的特权有所保留。在实践中,一般仍然照顾到国际通常的做法,给予一定的优待和方便。中国对非外交人员的待遇,同世界上大多数国家一样,赋予他们某些特权。例如,行政技术人员及其家属享有不可侵犯权、刑事管辖的豁免权,免纳各种捐税等。但对民事和行政管辖的豁免,不适用于执行公务范围以外的行为,对于他们抵任后六个月内进口的私人物品,免征关税等。

外交人员通常自进入驻在国国境前往就任地点时起,即享有特权与豁免。如果他们原已在驻在国,则从将他的身份通知驻在国外交部并得到承认后开始。在离任时,外交人员自离境之时或离任后的一定时间内即中止其外交特权。外交人员离任时未带走的行李以后托运出境,仍享有免税的待遇。

国际上一般都认为,即使两国间发生战争或断绝外交关系,外交人员的特权亦适用到他们离开驻在国国境。

而对于外国武装力量及其成员,根据一般国际法律习惯和特殊的国际条约,享有一些豁免。

中国《民事诉讼法》第 239 条明确规定:"对享有外交特权与豁免的外国人、外国组织或者国际组织提起的民事诉讼,应当依照中华人民共和国有关法律和中华人民共和国缔结或者参加的国际条约的规定办理。"就目前而言,中国缔结或者参加的这方面的国际条约主要就是指《维也纳外交关系公约》和《维也纳领事关系公约》以及大量的双边领事条约中的有关规定;而"中华人民共和国有关法律"则是指 1986 年颁布的《外交特权与豁免条例》和 1990 年颁布的《领事特权与豁免条例》。

根据《外交特权与豁免条例》(以下简称《条例》)第 14 条的规定,外交代表享有民事管辖豁免和行政管辖豁免,但下列各项除外:(1)以私人身份进行的遗产继承的诉讼;(2)违反本《条例》第 25 条第 3 项规定在中国境内从事公务范围以外的职业或者商业活动的诉讼。此外,外交代表一般免受强制执行,也无以证人身份作证的义务。根据该《条例》第 15 条的规定,上述豁免可由派遣国政府明确表示放弃;外交代表和其他依法享有豁免的人,如果主动向中国人民法院起诉,与本诉有关的反诉,不得援用管辖豁免;放弃民事或行政管辖豁免的,不包括对判决的执行也放弃豁免,放弃对判决执行的豁免必须另作明确表示。

(三)外交特权与豁免的内容

1.人身不可侵犯权

为保障外交人员得以正常执行职务,联合国大会曾于 1973 年通过了《关于防止和惩处侵害应受国际保护人员包括外交代表的罪行的公约》。1981 年 1 月联大又通过了一项题为《考虑有效措施以加强对外交和领事团和代表的保护及其安全》的决议。再次提请各国政府对严重侵犯外交和领事人员安全的罪犯,绳之以法,并防止发生这种事件。

《维也纳外交关系公约》第 29 条规定:"外交代表人身不得侵犯。外交代表不受任何方式之逮捕或拘禁。接受国对外交代表应特示尊重,并应采取一切适当步骤以防止其人身、自由或尊严受有任何侵犯。"

2. 馆舍、财产、公文档案不可侵犯权

《维也纳外交关系公约》第 22 条、第 30 条规定,"一、使馆馆舍不得侵犯。接受国官吏非经使馆馆长许可,不得进入使馆馆舍。二、接受国负有特殊责任,采取一切适当步骤保护使馆馆舍免受侵入或损害,并防止一切扰乱使馆安宁或有损使馆尊严之情事。三、使馆馆舍及设备,以及馆舍内其他财产与使馆交通工具免受搜查、征用、扣押或强制执行"。还规定,外交人员的私人寓所、文书及信件、财产同样享有不可侵犯权。

外交代表机关使用的交通工具也不受侵犯。在国际上对挂国旗的外交使节车辆尤为尊重。

外交代表机关的公文、档案,包括外交人员的文件和信件也不可侵犯,即不可加以检查、扣留或毁损。按国际惯例,两国断绝外交关系或发生战争,驻在国也不得检查、扣留公文、档案。

3. 刑事管辖豁免

《维也纳外交关系公约》第 31 条规定,"外交代表对接受国之刑事管辖享有豁免"。在外交实践中,对于触犯驻在国刑法的外交人员,鉴于他们免受司法管辖,驻在国一般不提起诉讼,不由司法部门判决,而是通过外交途径解决,即由驻在国外交机关出面口头或书面照会提出交涉。《中华人民共和国刑事诉讼法》规定,"对于享有外交特权和豁免权的外国人犯罪应当追究刑事责任的,通过外交途径解决"。例如,五十年代,某驻华使馆外交人员以不法手段欺骗引诱中国妇女,加以侮辱,经外交部向该使馆提出交涉后,此人被其本国政府调回。

对触犯驻在国法令的外交人员,如是一般违法,通常由驻在国外交机关向有关代表机关提请注意或发出警告。如违法和犯罪情节比较严重,驻在国宣布其为"不受欢迎的",要求派遣国限期将其召回。当严重威胁驻在国安全时,驻在国对犯罪的外交人员可予以驱逐出境。

4. 民事管辖豁免

外交人员所享有的民事管辖豁免的情况与刑事豁免大致相同。驻在国不得因外交官的债务而对他提起诉讼或进行判决。但是,《维也纳外交关系公约》在第31条中,规定了下述情况外交人员不能援引民事管辖的豁免权,即:涉及外交人员在驻在国私有不动产的物权(如房屋)诉讼;外交人员以私人身份卷入的遗产继承诉讼;外交人员在驻在国从事获利的商业和其他私人职业活动引起的诉讼。上述情况在国内并不常见,但在其他一些国家中则时有所闻。

5. 行政管辖豁免

《维也纳外交关系公约》第31条规定,外交人员对接受国的行政管辖享有豁免。各国的法令和实践一般都规定这项豁免。例如,外交人员除向驻在国外交部按规定作到任、离任通知并办理身份证件外,不作户口登记,不服兵役和劳务,外交人员的死亡、子女出生等都不许履行驻在国有关行政规定的手续。

6. 无作证的义务

《维也纳外交关系公约》第31条规定,"外交代表无以证人身份作证的义务"。外交人员之所以享有作证的豁免,是因为作证本身实际上也就是受某种管辖和强制,而这同管辖豁免是抵触的。但是,这并不意味着外交人员在任何情况下都要拒绝作证。只要派遣国政府同意,外交人员也可以为某一案件作证。作证的方式一般是,提供书面证词或要求法院派人到使馆听取证词,当然也可以亲自出庭作证。但是,有的国家法院按国内法随意下令要使馆人员出庭作证,这是不能接受的。

7. 通讯自由

外交代表机关为执行职务,需要向本国政府报告情况,请示问题并接受领导部门的指示,同时也需同本国驻第三国的外交代表机关取得联系,而且这些通信联络必须保密。所以驻在国应给予各国外交代表机关以通信方便,并加以保障。这是使馆执行职务的重要条件之一。

《维也纳外交关系公约》第27条规定,"接受国应允许使馆为一切公务目的自由通讯,并予保护。使馆与派遣国政府及无论何处之该国其他使馆及领事馆通讯时,得采用一切适当方法,包括外交信差及明密电信在内"。

派遣外交信使和使用外交信袋。派遣外交信使运送外交信袋是国际通行的做法。信使可以是专业性的,也可以是临时性的,但两者都需持有证明其身份的官方文件。外交信袋国际上公认不可侵犯,即不得开拆、检查、扣留或毁损,但外交信使的私人行李不享有免验优待,实际上各国通常不进行检查。信袋内以装载外交文件或公务用品为限。

8. 捐税豁免

捐税豁免是一个极其复杂和细致的问题。由于社会制度和国情不同,各国在具体做法上颇不相同。《维也纳外交关系公约》仅仅确定了若干条原则性的规定,归纳起来有:外交代表机关公用物品和外交人员及其家属私人用品入境免纳关税;外交代表机关在驻在国拥有或租赁的供使馆使用的房舍免纳国家、区域或地方性捐税等。

9. 免纳关税

通常外交人员及其家属进出驻在国或路过第三国时,其随身携带的行李(包括附载于同一交通工具上的行李)享有免税优待。外交人员分离寄运(包括邮寄)的自用物品和外交代表机关办公用品进出口,在驻在国海关规定的许可范围内免纳关税和免除进出口许可手续,但申报手续一般仍不可免。超出部分则需办理许可证。

外交代表机关的公用物品一般指国旗、国徽、馆牌、办公文具、表册等。对于汽车、建筑材料、烟、酒之类的物品,在许多国家则认为是私人物品,一般均予以免税放行,但规定有一定的限额。对于有争议的物品,各国一般掌握两个处理原则:一是尊重驻在国的规定,一是要求互惠对等。

为了维护本国的政治和经济利益,各国根据各自情况对外交代表机关和外交人员公私物品进出口,在数量、品种、出售、转让等方面都有所限制。且禁止随意出售和转让。

10. 免纳直接捐税

税收历来是国家财政收入的来源之一。不同制度的国家,税种各不相同。捐税大体可分直接税和间接税。对纳税人的收入或财产征收的捐税和对消费者直接征收的捐税,统称直接税。附加在商品或服务价格中的捐税称为间接税。国际上一般公认的原则是外交人员可以免纳直接税,不能免纳间接税。

由于各国税收的规定和税目颇不相同,因此,许多国家要求在免税问题上达成互惠双边协议。

11. 其他权限

外交使节和外交代表机关有权在其住所和办公处悬挂本国国旗和国徽,外交使节个人乘用的交通工具上可挂本国国旗。

在驻在国的礼仪庆典活动场合,外交使节有占有荣誉席位的权利。驻在国一般都把他们安排在显要的地位,享有较高的礼遇,受到驻在国的尊敬。外交使节在礼仪场合的位次则按在先权排定。

(四)外交特权与豁免的放弃

外交人员享有豁免权,但亦可放弃豁免权,但必须服从驻在国的管辖。凡有外交人员放弃管辖豁免,得由派遣国或其外交代表机关明确表示后,方可确认。豁免的放弃常见的有以下两种情况:(1)如果外交人员或其配偶在驻在国为私人利益从事某种职业或经商,则他们就丧失了外交人员身份,同时也放弃了享有的外交特权与豁免。例如,外交人员的夫人在驻在国从事教育工作或在校学习,则须放弃其享有的外交特权和豁免,服从学校当局的管理。(2)享有管辖豁免的外交人员主动向当地法院提起诉讼,这表明他使自己负有服从法院规章的义务。因此,当被诉者提起同主诉直接相关的反诉时,该名外交人员就不能要求管辖豁免。

二、领事特权与豁免

领事特权与豁免是指为了领事人员在接受国能够有效地执行职务而由接受国给予的特别权利和优遇。1963年4月24日《维也纳领事关系公约》规定,领事特权与豁免的目的不在于给予个人以利益,而在于确保领事机关能代表本国有效地执行职务。

领事特权与豁免低于外交特权与豁免,按照国际习惯法和《维也纳领事关系公约》,领事特权主要包括:

1. 人身不可侵犯权。接受国对领事官员应表示适当尊重,采取一切适当步骤防止领事官员的人身自由或尊严受到任何侵犯。领事官员除非犯有严重罪行,不得逮捕候审,或羁押候审,不得施以监禁或对其人身自由加以任何其他方式之拘束,但为执行有确定效力的司法裁决者不在此限。

2.馆舍不可侵犯权。接受国负有特殊责任采取一切适当步骤保护领馆馆舍免受侵入或损害,并防止任何扰乱领馆安宁或有损领馆尊严之情事。接受国的官吏非经领馆馆长或其指定人员或派遣国使馆馆长同意,不得进入领馆馆舍中专供领馆工作之用的部分,但在遇火灾或其他灾害须迅速采取保护行动时,可以推定领馆馆长已表示同意(这后一点在《维也纳外交关系公约》中没有规定)。领馆馆舍的不可侵犯权也及于领馆内的财产和交通工具。

3.档案和公文不可侵犯权。档案和文件不论何时,也不论位于何处,都不受侵犯。

4.通讯自由。领馆的通讯自由限于为公务目的,可以用密码电信,但装置和使用无线电发报机须经接受国许可;可以使用外交或领馆信差和邮袋,信差的人身不可侵犯,接受国对邮袋不得开拆或扣留。

5.司法和行政管辖之豁免。领事官员及领馆雇员为执行领事职务而为之行为,不受接受国司法和行政机关的管辖。享有特权豁免的人员负有尊重接受国法律规章和不干涉该国内政的义务。领馆人员不以派遣国代表身份签订的契约所引起的诉讼以及第三者因车辆船舶或航空器在接受国内造成的意外事故而要求损害赔偿的诉讼,不在豁免之列。如对领事官员提起刑事诉讼,该员须到管辖机关出庭。领馆人员的豁免权不完全免除他作证的义务。领馆人员对于其职务所涉及的事项,无义务出庭作证,但于可能的情况下,不得拒绝在其寓所或领事馆录取证言或作书面陈述。遇有领事人员因犯严重罪行而受逮捕或羁押候审,或对其提起刑事诉讼时,如是馆员,应通知其馆长;如是馆长,应通过外交途径通知派遣国。

6.免除关税和捐税。领馆和领馆人员及领事官员家属享有免除接受国直接捐税和公共劳役的优待,也享受免除关税和行李免验的优待,但进口的消费用品不得超过有关人员本人直接需要的数量。

7.悬挂国旗和国徽的权利。领事可以在领馆、领馆馆长寓所和交通工具上悬挂国旗或国徽。

领馆人员的特权自其进入接受国国境之时或就任领馆职务之时开始,职务终止离开接受国国境时或离境之合理期间终了时终止。

根据《领事特权与豁免条例》第14条的规定,领事官员和领馆行政技术人员执行职务的行为享有司法和行政管辖豁免。领事官员执行职务以外的行为的管辖豁免,按照中国与外国签订的双边条约或者根据对等原则办理。但领事官员和领馆行政技术人员享有的司法管辖豁免不适用于下列民事诉讼:(1)涉及未明示以派遣国代表身份所订的契约的诉讼;(2)涉及在中国境内的私有不动产的诉讼;(3)以私人身份进行的遗产继承的诉讼;(4)因车辆,船舶或航空器在中国境内造成的事故涉及损害赔偿的诉讼。

关于领事特权与豁免,除上述《维也纳领事关系公约》和习惯国际法外,国家间往往订立双边条约,对一些具体事项作与上述规定略有不同的规定。例如,1982年2月生效的《中美领事条约》关于领馆人员及其家庭成员免受接受国刑事管辖,不以执行领事职务为条件;领事馆不受侵犯的权利不限于办公处所,也适用于领事官员的住宅;关于初到任时运入个人用品免税权利,也适用于领馆工作人员的家属。

三、比较外交特权与豁免和领事特权与豁免

相同点:

(一)馆舍的特权与豁免

1.馆舍都不受侵犯。馆舍是指供外交使馆以及馆长寓所使用或者领事馆所用的建筑物或者建筑的各部分以及其附属的土地。对于馆舍的保护,接受国都负有安全的责任。但是在馆舍的特权上也存在区别:(1)在发生紧急事件的情况下例如火灾的情形下,接受国的救助人员未经允许也不得进入使馆;但是在领事馆发生上述事实时接受国可以采取保护行动。(2)外交使馆内的财物如交通工具绝对不受征用,而领事馆内的财产在必要时可以被征用,但应给予适当的补偿。

2.馆舍内的文件不受侵犯。无论是外交使馆还是领事馆内的文件都不受侵犯,无论何时何地,也不论两国的外交关系处于何种状态。

3.通讯自由的特权。外交使馆和领事馆都具有为公务目的的通讯自由权,其来往的公文不受扣押、开拆等侵犯。

4.馆舍免纳捐税的权利。外交使馆和领事馆可以免纳驻在国国家的、区域的

或者地方的税捐,但是不包括为使馆提供特定的服务所受的费用,如水、电或者清洁等服务;使馆的公务收入免纳税捐,但是储存、运送等类似服务费不在此列。

5.馆舍人员有行动的自由和私人行李免受检查的权利。

6.外交使馆和领事馆都有使用派遣国国家标志的权利。

(二)外交人员或者领事人员的特权与豁免

1.无论是外交人员还是领事人员都享有人身不受侵犯的权利。包括接受国对其人格尊严的尊重、接受国对其人身安全的保护责任。但是对于外交人员而言,接受国不得对其进行司法程序的处置;对于领事人员而言,接受国一般也不得予以逮捕或者羁押候审,但是对于严重的罪行或者司法机关已经裁判执行的除外。

2.外交人员和领事人员都享有管辖上的豁免。包括刑事管辖豁免、民事和行政管辖的豁免。但是对于外交人员或者领事主动提起的诉讼而引起的反诉不能享有管辖的豁免。对于领事人员的管辖豁免存在不同于外交人员的例外:(1)因为领事官员并未明示或者默示以派遣国代表的身份而订立契约所发生的诉讼除外;(2)第三者因为车辆、船舶或者航空器在接受国境内所造成的意外事故而要求损害赔偿的除外。

3.外交人员和领事人员都享有作证义务的免除的权利。外交人员不仅没有被迫在法律程序中作为证人出庭作证的义务而且没有提供证词的义务。但是对于领事人员除了对其执行职务所涉及的事项没有作证或者提供有关公文或者文件的义务外,在可能的情况下可以在领事馆录取证言,但是不得强制实施。

4.外交人员和领事人员都有捐税和关税的免除的权利。主要是免除个人所得税和私人用品的关税的免除。

5.外交人员和领事人员都享有私人行李不接受检查的权利。但是领事人员的行李在有重大事由的情形下,可以要求检查,但是应该在领事或者家属在场的情况下检查。

6.对于特权或者豁免的放弃都必须由派遣国作出明示书面的表示。

区别:

领事特权与豁免和外交特权与豁免相比较,前者比后者的范围要窄些。主要区别有:

1.领馆馆舍不得侵犯是在一定限度内的,使馆馆舍不得侵犯无此限制。具体表现在以下三点:(1)接受国官员未经同意不得进入领馆馆舍中专供领馆工作之用的部分,馆舍的其余部分不包括在内,而使馆则是规定不得进入使馆馆舍;(2)领馆如遇火灾或其他灾害须迅速采取救护行动时,得推定领馆馆长已表示同意从而进入领馆,而使馆无此规定;(3)领馆馆舍、馆舍设备以及领馆之财产与交通工具应免受征用,但确有必要,仍可征用,而使馆无这种例外的规定。

2.领事官员人身不可侵犯受到一定限制,而外交人员人身不可侵犯不受此种限制。如当领事官员犯有严重罪行时,依当地司法机关裁判,可予以逮捕或拘押。为了执行有效的司法裁决,可施以监禁或对其人身自由加以拘束。如对领事官员提起刑事诉讼,该员须出庭应诉。对外交人员的犯罪行为,接受国不能对其提起刑事诉讼,只能通过外交途径解决。

3.领事官员作证义务的免除,与外交人员相比,领事官员作证义务的免除是有一定限度的,领事官员就其执行职务所涉事项,无作证或提供有关来往公文及文件的义务。但领馆人员得被请求在司法或行政程序中到场作证,除其执行职务所涉事项外,不得拒绝作证。而外交人员无任何作证的义务。

【案例裁决/法律文书摘录】

案例:

萨勒姆·阿尔-玛兹鲁塞案

2005年年初,美国弗吉尼亚警方把视线集中到了一个多次向幼童和少女下手的家伙——一个40岁左右的男子。这次他又开车4个小时,去与从互联网上认识的一个少女约会,并答应要向她传授有关性方面的知识。不过这个"少女"其实是警方派出的一名女警探。结果几名警员在一个购物中心将该男子逮捕。令警方感到吃惊不已的是,这个身份被查明叫萨勒姆·阿尔-玛兹鲁塞的犯罪嫌疑人居然是来自阿拉伯酋长国的一名外交官——享有"外交豁免权"。于是警察们只得放人。几天之后,阿尔-玛兹鲁塞离开了美国,没有蹲一天大牢。

有媒体在评论这类事件时不无嘲讽的指出,它与其说是"外交豁免权"倒不如说是"外交免罪权"。由于有关国际公约早就在外交领域规定了这种制度,使外交官和大使馆、领事馆工作人员在驻在国得到保护并享有某些特权,所以当外交人员在别国犯事之后,既不能被驻在国逮捕、起诉,也不能要求其缴纳税款、罚款……

纽约市是美国人口最拥挤的大都市,也是联合国总部所在地。在这座城市的街道上违章泊车和醉酒驾车是屡见不鲜的,而其中也包括联合国的雇员和各国领事馆的外交人员。据统计,从1997年到2002年年底,各国的外交人员因违章停车而累计的未支付罚款单已达到15万张——欠款达1800万美元,正是由于外交豁免权的原因使纽约市政府丧失了追索权。另据纽约警方2006年4月的一个案例显示,俄罗斯的一名年轻外交官伊尔雅·什基耶维克·莫洛佐夫有一次醉酒驾车,高速冲向一条已被封闭的路段,撞倒了试图要求他停车的一名警官,致使其身负重伤。由于他享有外交豁免权,所以没有被起诉就获得了释放。

如何防止有人利用外交邮袋偷运毒品和其他违禁品入境也是美国有关机构多年来面临的难题。2006年7月,联邦缉毒局宣布了起诉某联合国雇员以外交文件专递邮袋运毒的一起案件。由于有关部门在外交邮袋入境时无权对它进行检查,从而使得不仅是毒品,而且还有其他违禁品,如武器、化学品和破坏性材料都有过被偷运入境的案例。

外交人员如果虐待自己雇用的劳务人员在美国也会触犯刑律。美国反奴工团体最近发表文章,提醒某些外国驻美外交官不要以外交豁免权为挡箭牌,从事虐待他人的行为。早在1999年,一个名叫莎迈拉·伯格姆的孟加拉国妇女投诉说,她在她的雇主,一位巴林(西南亚国家)驻联合国外交代表的家中做佣人时过着被奴役的生活。这家外交官夫妇不但没收了她的护照,还殴打她。在工作的10个月期间,总共只支付给她800美元,且只允许她离开过其在纽约的公寓两次。当伯格姆起诉其雇主时,美国联邦司法部的律师却指出,这桩诉讼案必须撤诉,因为这位巴林的外交代表和他的夫人具有外交豁免权,而美国宪法中有关禁止奴工的条款根本不能约束外交人员(伯格姆后来与其雇主达成了庭外和解)。有资料显示,在过去的20年中,有数百名妇女曾受到她们的外国外交人员雇主的剥削。

20世纪80年代,正值美国国会审查外交豁免权条款之际,一名纽约警探作证说,有一名犯罪嫌疑人曾连续强奸了多名妇女,而有两名女性受害者也指证了这名犯罪嫌疑人。然而警方却在扣押了这个家伙45分钟之后放了人,因为他是一个来自加纳的外交官的儿子。当这个惯犯离开后,作证的警探告诉前来采访的《纽约时报》记者,"那个家伙不但洋洋得意地对我说,'我告诉过你我有外交豁免权',而且还嘲笑在现场指控他的两名妇女"。这一案件已过去了20年,但现状并没有多少改变。

按照外交豁免权,外交人员在美国是不必为他们用于公务的房产缴纳房地产税的。然而有些人却将其挪作他用,将这些房产变成了牟利的工具。据纽约市的某些官员披露,来自菲律宾的外交人员在他们的曼哈顿综合楼里开办了银行、餐馆,甚至用作航空公司的办公室——却没有交付应缴纳的100多万美元的税款。

由于纽约市政府不能直接向外交官追讨税款,于是便转而起诉这些外交人员服务的政府。可是当纽约市政府在2003年起诉土耳其政府,追讨拖欠多年的7000万美元的税款后,它最终所讨到的钱只不过区区500万美元。再举另一个赖账的例子。扎伊尔的几名外交官员欠下了他们租住的私人公寓的房租累计达40万美元。当房东们提起诉讼,讨要房租时,美国国务院却为这些扎伊尔人辩护,强调他们受到外交豁免权保护,一家巡回法庭也表示了赞同的观点。于是房东们迫不得已切断了水电供应。而这些外交官依然分文不付,拍拍屁股溜之大吉(据报道,后来房东们与扎伊尔政府达成了"友善的协议")。

在评论"外交豁免权"这一目前国际奉行的规则时,美国企业研究所的联合国事务评论员约苏阿·穆拉维奇克指出:"它正在遭受滥用,可以确定地说,以豁免权为掩护的做法在普遍被使用。"

【延伸阅读】

一、案例

1. 2002年哥伦比亚驻英武官外交官谋杀案
2. 2000年南非驻英外交官调戏空姐案

二、学术论文、专著(权威论著)

1. 赵秀文:《国际商事仲裁及其适用法律研究》,北京大学出版社 2002 年版。

2. 范愉:《非诉讼程序(ADR)教程》,中国人民大学出版社 2002 年版。

3. 李双元、欧福永、熊之才编:《国际私法教学参考资料选编》(上,中,下册),北京大学出版社 2002 年版。

4. 李双元、欧福永主编:《国际私法教学案例》,北京大学出版社 2007 年版。

5. 菲利普·福盖德、伊曼纽尔·盖:《国际商事仲裁》,中信出版社 2004 年版。

6. Shelby R. Grubbs, docsou. comnal Civil Procedure, docsou. comw docsou. comnal, 2003

docsou. comn T. docsou. comll, docsou. comnal Civil docsou. com, LLP, 1995.

7. Michael docsou. com, Dispute docsou. com Asia, docsou. comw docsou. comnal, 2002.

docsou. com A. Frey, docsou. comive Methods of Dispute docsou. comn, Delmar docsou. comg, 2003.

8. docsou. comen B. docsou. comrg, Frank E. A. docsou. comr, Nancy H. Rogers. , Dispute docsou. comn ; docsou. comn, docsou. comn, and Other docsou. com, docsou. comw & docsou. coms, 1999. .

9. Gray B. Born, docsou. comnal docsou. comdocsou. com the United docsou. com, 2008

Dennis docsou. comll, docsou. comg docsou. coms and docsou. comg docsou. comnce Abroad, London, 1998

三、网络链接

http://www.hcch.net 海牙国际私法会议

http://www.court.gov.cn/zgcpwsw/ 裁判文书网

第三节　国际组织豁免

【知识背景/点】

一、国际组织豁免概论和职能必要理论

在豁免问题下的国际组织，指的是在国际范围内从事活动的，由若干国家或政府通过条约设立，并取得国际法人资格的团体。规范地讲，国际组织是指三个或三个以上国家（或其他国际法主体）为实现共同的政治经济目的，依据其缔结的条约或其他正式法律文件建立的常设性机构。因此，国际组织亦称为国际法人。

国际组织豁免的理论依据是国际法和国际组织法上的一个基本问题，有关该问题的争论由来已久。国际组织豁免与国家豁免和外交豁免的理论依据各异。职能必要理论是国际组织享有豁免的主要理论依据。同时，国际组织豁免存在的其他理由是对职能必要理论的补充和完善。明确国际组织豁免的理论依据，有助于国内法院在裁决涉及国际组织豁免案件的司法实践中作出正确的法律推理。

国际组织的法律人格来源于组成国际组织的基本法律文件。国际组织作为国际关系中的一个实体，必然要与其他国家，国际组织，法人或自然人发生经济、民事关系。国际组织作为国际私法主体有特殊性，即政府间国际组织在参与国际民商事关系时享有一定的特权和豁免。

职能必要（Functional Necessity）理论是普遍认可的国际组织豁免的主要理论依据。根据该理论，授予国际组织豁免，是为了便于其独立履行职能，以实现组织目的。而且，职能必要不仅具有理论上的价值，在实践中也成为有关司法机构裁决案件和相关实务部门作出决策的依据。而国际组织豁免的其他存在理由虽然大多数具有一定的合理性和可取之处，但往往不可避免地存在局限和缺陷。因此，充其量只能作为职能必要理论的补充。

二、国际组织豁免的实务体现

联合国大会第一届会议批准的《联合国特权及豁免公约》规定,这些组织的资产或财产,无论位于何地,也无论处于何人控制之下,都是享有绝对豁免的。当然,它可以放弃这种特权与豁免。联合国享有在各会员国境内为进行其职务和达成其宗旨所必需的法律能力,并享有所必需的特权与豁免。而联合国各专门机构既属政府间组织,根据1947年《关于联合国专门机构的特权与豁免公约》或组成有关专门机构的公约,同样是享有上述豁免权的。

值得注意的是,中国、哈萨克斯坦共和国、吉尔吉斯共和国、俄罗斯联邦共和国、塔吉克斯坦共和国和乌兹别克斯坦共和国于2004年6月17日签署的《上海合作组织特权与豁免公约》对上海合作组织的国际人格、资产、收入和其他财产的豁免、官员的特权和豁免,为组织执行使命的专家和常驻代表的特权和豁免作了规定。中国全国人大常委会于2005年2月28日通过了《关于批准〈上海合作组织特权与豁免公约〉的决定》,其中首推联合国专门机构这类政府间组织。

【案例裁决/法律文书摘录】

案例一:

马来西亚籍特别报告人案

2001年,联合国经社理事会下人权委员会一位马来西亚籍特别报告人在执行其使命的过程中,就马来西亚司法体系中存在的某些弊病接受了媒体的采访。有关该采访的报道刊登在英国《国际商业诉讼》杂志上。但马来西亚几家公司认为,该特别报告人在采访中所言诋毁了他们的名誉,并因此在马来西亚法院对该特别报告人提起诉讼。该特别报告人认为,其作为联合国专家,在执行其使命过程中所为之言行豁免一切法律程序。因而,该专家向马来西亚上诉法院和联邦法院提起上诉,要求马来西亚审判法院承认其所享有之豁免,但上诉被驳回。联合国秘书长向马来西亚当局发出证明书,对该专家享有之豁免加以确认。

但马来西亚有关当局并未将此确认通告马来西亚审判法院,马来西亚外交部部长向马来西亚法院发出的证明书也暗示本国法院在决定该专家是否享有豁免方面拥有自由裁量权。马来西亚法院判定该专家不享有豁免而应承担相应的法律责任。至此,联合国与马来西亚之间就人权委员会特别报告人是否豁免于法律程序问题产生争议。双方曾试图通过谈判与协商解决该争议,但均未奏效。

根据《联合国特权与豁免公约》第30节的规定,按照《联合国宪章》第96条第2款和《国际法院》第65条第1款,此案经由联合国经社理事会的一项决议而提请国际法院发表咨询意见。4月29日,国际法院就该案提出如下意见:(1)《联合国特权与豁免公约》第六条第二十二节在涉及该特别报告人的本案中可以适用;该特别报告人在接受采访中所言豁免于一切法律程序。(2)马来西亚政府有义务将联合国秘书长确认该特别报告人豁免一切法律程序的判定通告马来西亚法院;马来西亚法院在处理有关豁免于法律程序的问题时,有义务在诉讼初始阶段将该问题作为预备性问题尽快加以裁决。(3)该专家应免于一切马来西亚法院所要求的经济赔偿。(4)马来西亚政府有义务将此咨询意见通告马来西亚法院,以便马来西亚的国际义务得以履行,该专家所享有的豁免得到尊重。

评论:联合国秘书长不享有排他的决定性权威。对于联合国秘书长就联合国专家在执行使命过程中所言所为可否豁免法律程序是否拥有排他性的决定权问题,国际法院没有做肯定的答复。但国际法院在对其咨询意见的论证过程中一再强调,秘书长对该豁免的确认,除非存在强有力的理由(compelling reasons),应作为充分的证据而被给予极大的重视。联合国秘书长在此类豁免问题上扮演着至关重要的角色。也正是基于这一看法,国际法院将秘书长用以确认该特别报告人享有豁免的证明(certificate)视为有力而充足的证据,连同联合国经社理事会对该特别报告人的再度任命这一事实一起,从而得出该特别报告人在接受采访中所言豁免于一切法律程序的结论。该咨询意见无疑进一步扩大了联合国秘书长在有关此类豁免问题上的发言权。在不存在强有力的理由的情况下,联合国秘书长所作出的判定是不应受到包括会员国及其内国法院在内的相关当事方的质疑的。但秘书长并不因此而享有排他性的决定权威。

案例二：

科布拉加德转岗案

科布拉加德是印度驻纽约副总领事,她于 2013 年 12 月 12 日被美逮捕,罪名是涉嫌伪造女仆的签证材料以及克扣其工资。驻美使节被捕引发印度政府及印度人的愤怒,曼哈顿联邦检察官普瑞特·巴哈纳纳强调,他是在保障科布拉加德女仆的权利。印希望将其外交身份转至联合国以增强其外交豁免权。科布拉加德作为驻美的领事官员,只享有较低的外交豁免权,而一旦她成为驻联合国代表,将享有更高的豁免权,印度也更容易将其送回国。联合国发言人莫拉纳表示:"我们确信联合国在审核印度的请求时完全符合正常标准。"联合国于 12 月 25 日已经批准被美逮捕的印度女外交官科布拉加德女士为印度常驻联合国代表团的一员。这名女外交官在美被关押以及搜查的经历引起了严重的外交风波。印度以眼还眼,剥夺了一些美国特使在印旅行的特别通行证,印度警察移走了美驻新德里大使馆外用来管制交通的安全屏障,同时,反美街头抗议也在新德里爆发。

【延伸阅读】

一、案例

1. 2012 年 IMF 总裁卡恩豁免案

2. 国际锡理事会案

3. Camera confederale del lavoro and Sindicato scuolla CGIL v. Instituto di Ban del Centro internazionale di alti studi agronomics medsterranei

二、学术论文、专著(权威论著)

1. 李双元:《再论起草我国涉外民事关系法律适用法的几个问题》,载《时代法学》2010 年第 8 期。

2. 王传纶、周汉荣、周小明:《国际金融百科全书》,中国金融出版社 1993 年版。

3. 刘万玉:《国家及其财产豁免问题研究》,载《南昌大学》2009 年版。

4. 李双元、谢石松:《国际民事诉讼法概论》,武汉大学出版社2001年第2版。

5. 李浩培:《国际民事程序法概论》,法律出版社1996年版。

6. 杜新丽主编:《国际民事诉讼和商事仲裁》,中国政法大学出版社2005年版。

7. 宋航:《国际商事仲裁裁决的承认与执行》,法律出版社2000年版。

8. Paul docsou. coms, docsou. comnal enforcement of foreign judgments, U. K: docsou. comw, 2006.

9. Dennis docsou. comll, docsou. comnal docsou. comainst docsou. combtors (docsou. comr 1,2,3), New York, 1999.

三、网络链接

http://www.court.gov.cn/zgcpwsw/裁判文书网

http://www.court.gov.cn/最高人民法院网

第四章
国际民事管辖权

【内容摘要】国际民事管辖权的确定作为开启国际民事诉讼程序的基本前提,获得了理论与实务界极为广泛的关注。鉴于各国立法就此问题的相关规定存在明显的差异,比较研究应成为本章最主要的研究方法。通过本章的学习,可对国际民事管辖权问题有一个比较全面、系统的了解,并掌握国际民事管辖权的内涵与分类、国际民事管辖权的冲突和解决方法,以及我国的国际民事管辖权的规定。在此基础上,对照我国当前立法与司法实践,应能运用所学知识分析和解决现实生活中比较典型的一些国际民事诉讼案例。

引　言

国际民事管辖权作为各国法院对涉外民商事争议行使管辖的依据,不仅可以影响法律适用的问题,关系判决的承认与执行,还同一国主权密切相关。故此,各方人士均对其表现出极大的关注。立法者与法官深谙国际民事管辖权的确定对于裁判涉外案件的严重影响,当事人和律师也日益重视国际民事管辖权与争议利益的直接关联,甚至以挑选法院的方式追逐自我诉讼利益的最大化。随着各国对国际民商事交往依赖程度的不断加深,各国曾一度极力扩张本国的国际民事管辖权,以期加强对于涉外民事案件的影响和控制,保护本国公民、法人和国家的民事权益。但由此所引发的管辖权积极冲突的迅速增加,也促使各国不得不反思过度管辖的弊病,并正视管辖权基础的合理性要求。在此趋势之下,各国不同程度地作出了对国际民事管辖权进行适当自我限制、扩大协议管辖范围、注重保护弱者等努力,国际民事管辖权也逐步纳入协调化的轨道。尽管目前尚不存在一个全球化的关涉国际民事管辖权方方面面问题的统一法,但相关的努力正在进行,有关的条约和文件也在不断涌现。统一之路虽然漫长,但是行者已在路上。

第一节 国际民事管辖权的内涵

【知识背景/点】

一、概念

管辖权(jurisdiction)作为国际法所确认的国家基本权利之一,是国家对其领域内的一切人和物行使国家主权的表现。国际民事管辖权是指一国法院或具有审判权的其他司法机关根据本国缔结或参加的国际条约以及国内法的规定,对特定的涉外民事案件行使审判权的资格或权限。它以国家权力为基础,旨在国际社会范畴内进行管辖权的分配。

就某一具体国家而言,国际民事管辖权主要解决两个方面的问题:其一,某特定案件应由哪个国家行使管辖权;其二,应由该国的哪一级的哪个地方法院行使管辖权。本章所论国际民事管辖权主要为前种意义上的管辖权,即在相关国家之间确定管辖权的归属,一般不涉及有关涉外民商事案件国内管辖权的分配问题。

二、特征

（一）强制性

国际民事管辖权的强制性源于其作为国家权力的这一根本属性，是一种司法管辖权。国家的有权机构行使此权力时，乃以国家权力为基础，不必以双方当事人的合意为前提。虽然协议管辖也是国际民事管辖的一种基本类型，但是双方当事人意思自治的行使选择往往受到诸多的限制，如在特定案件中方可进行选择，不得改变级别管辖，不得排斥专属管辖等。该种特征也是国际民事管辖权与国际商事仲裁管辖权的本质区别所在。

（二）国际性

国际民事管辖权具有国际性，这使其明显区别于内国民事管辖权。所谓国际性，即与两个或两个以上的国家存在一定程度的联系。详言之，国际民事管辖权的渊源不仅体现为国内法的规定，同时还包括国际惯例，一国缔结或参加的国际条约，具有双重性。而国内民事管辖权仅源于一国国内法的规定，仅受国内法的调整与支配。此外，国际民事管辖权规范主要解决国与国之间关于涉外民事案件管辖权的分配问题，而国内民事管辖权规范主要解决国内不同法院之间关于国内民商事案件管辖权的分配问题。

三、意义

（一）国家主权的具体体现

根据国家主权原则，每一个主权国家都具有属地管辖权和属人管辖权。根据属地管辖权，主权国家有权管辖在其领域内的一切人和物（包括外国人和外国人所有的物）以及在该国境内发生的一切行为。而根据属人管辖权，国家有权管辖在国外的本国公民。因此，对国际民事案件行使管辖权是国家管辖权的一种具体表现，是国家主权在司法领域的必然延伸和表现。

鉴于国际民事管辖权所反映出的主权利益，当前各国都很重视并争夺国际民事管辖权，有时即使案件跟本国没有任何直接联系，内国法院也可能通过协议管辖等方式获得管辖权。

(二)国际民事案件须先予解决的问题

"打涉外官司,先打管辖权,再打时效问题和法律适用问题,最后才谈事实和法律。"根据处理涉外民事案件的这样一种惯常思路,只有先确定一国法院对某一国际民事案件享有管辖权,才能开始国际民事诉讼后续的其他程序,例如诉讼文书的域外送达、域外调查取证,以及判决的域外承认与执行等。

(三)确定当事人诉讼地位的基础

根据"诉讼程序依法院地法"的原则,当事人在哪个国家的法院进行诉讼活动,就应当依哪个国家的法律享受诉讼权利和承担诉讼义务。在有关国家对当事人的诉讼权利和诉讼义务规定不同的情况下,案件由不同国家的法院受理,当事人的诉讼权利和义务也就有所不同。

(四)承认与执行判决的前提

目前,国际社会普遍认为,如果一国法院的民事判决需要得到外国的承认与执行,原审法院必须具有合法的管辖权。在有关国家间的双边与多边条约中,原审法院对案件具有合法的管辖权,往往是被请求国决定是否承认与执行判决的一个基本条件。而判断原审法院是否具有合法的管辖权,有时不仅要适用法院地法,还须符合被承认执行地国家的有关法律规定。

四、相关立法

关于国际民事管辖权的立法最初表现为国内立法,且各国皆根据本国对涉外民商事交往的参与程度、经济发展水平等因素,确定本国管辖涉外民商事争议的立法方式和内容。随着国与国之间民商事交往的不断加强,管辖权立法的巨大差异凸显出诸多不便。虽然国际民事管辖权充分体现着各国的主权利益,但是过分强化管辖权的主权特征,只会引发日益严重的国际民事管辖权的冲突,助长"挑选法院"之风。为了促进国际民商事交往和国际经济贸易的发展,国际社会开始逐渐重视国际条约对此问题的协调功能。

(一)国内立法

1.瑞士

有别于其他国家在程序法中规定国际民事管辖权的做法,瑞士在1874年《联

邦宪法》中对此问题进行了直接的规定。该宪法第59条规定：对在瑞士有住所并有清偿能力的债务人提起的对人诉讼应由债务人的住所地法院受理。其财产不能被在住所地以外的州查封扣押。其中的对人诉讼，是指一切发生于"私法"上的具有金钱价值的诉讼（继承诉讼除外）。事实上，司法实践中的绝大多数此种案件即债务案件。

这条虽然是对州际管辖的规定，但是也被同时引申适用于国际管辖。该规定既排除了债务人住所地以外的州的管辖权，更排除了债务人住所地国以外的国家的管辖权，即便其案件与该外国有关联或者当事人协议由外国法院管辖。由此，对住所在瑞士并有支付能力的人所作的外国判决不能为瑞士法院所承认。住所地国法院管辖这一原则平等地适用于无论本国人或外国人为被告的场合，除非案件涉及因车祸而发生的损害赔偿、不正当竞争、不法使用他人发明等的特别管辖。

2. 德国

德国在成文法中很少直接规定国际民事管辖权，一般是基于当事人或诉讼标的同一国的关联来进行确定的。在司法实践中，联邦德国法院对于国际民事案件一般援用国内管辖权的相应规定。

按照1950年联邦德国《民事诉讼法》第12条、第13条、第17条的规定，一般诉讼根据普通审判籍确定管辖。自然人的普通审判籍为被告住所，法人的普通审判籍为其管理中心地。联邦德国法院对具备上述地域管辖条件的涉外案件行使国际民事管辖权。该法典规定某些种类诉讼适用特别管辖，如关于财产权的诉讼、侵权行为诉讼，则除依被告普通审判籍来定管辖权外并得分别向财产所在地国法院和行为地国法院起诉。不动产诉讼由不动产所在地国法院专属管辖。上述性质的涉外案件，如其连结根据是在联邦德国境内的，该国法院就有权受理。

3. 英国

英国作为普通法系的发源地，其行使国际民事管辖权的基础——"有效原则"（被告身在受诉法院境内并经有效送达传票），对其他普通法系国家的管辖权制度产生了深远的影响。

对人诉讼，在英国法律中国际民事管辖权决定于受诉法院对于被告能否实际上行使权力。按照普通法,除婚姻案件外,只要被告"身在"英国境内并在诉讼开始时亲身收到传票,即使被告在英国并无住所或惯常居所,甚至仅是路过或刚刚到达,英国法院也可对其行使管辖权。

对物诉讼的对象往往只限于船舶。根据英国的判例,英国法院仅对在英国境内的船舶有国际民事管辖权,且对物诉讼的起诉传票不能在管辖国领域以外送达。

4. 美国

迁徙和流动是美国的一个重要特征。自美国建国以来,广泛地吸收外来移民始终是美国一项重要的对外政策。当然,这与美国政府及民众对于同化外来移民的坚定信心与强大能力密不可分。鉴于境内大量移民的存在,美国法院势必需要强势掌控涉外案件的管辖权。故普通法传统上的"有效原则"在美国得到了充分的体现。

美国没有国际民事管辖权的统一法则,由联邦法院和各州法院分别立法,不过国际管辖或州际管辖的具体内容基本相似。美国法院行使国际民事管辖权的基本前提为依据本法院所在州的民事诉讼立法程序对在境内的被告合法送达。因为按照《美国宪法修正案》第14条有关"正当法律程序"条款的规定,对不在诉讼地的被告送达起诉传票可能会引起宪法问题,故美国法院会特别审慎地审查其送达方式是否符合宪法。如今,在受诉法院所属州境内向本人进行有效送达往往已不足以作为行使国际民事管辖权的唯一依据。和英国法律一样,美国各州立法采取了其他连结根据作为该原则的例外适用。

实践已经证明,宽泛的管辖权一方面能够保障美国法院得到其想要的"应得"案件,另一方面也会引来大量其不愿意受理的"麻烦"案件。对于后者,美国法院一般以不方便法院原则排除管辖。同时,为防止与美国有关的"重要"案件流出境外,美国法院可能通过发布禁诉命令的方式,指示受美国法院属人管辖的一方当事人不得在外国法院起诉或参加预期的或未决的外国诉讼。

(二)国际条约

至今,在国际民事管辖权问题上尚无一个全球性的、较全面的国际公约。各国由于立场不同、意见分歧,故只能缔结一些区域性公约或对个别问题作出规定的国际公约。

1. 区域性公约

美洲地区较有代表性的区域性公约主要为南美国家间的1889年蒙得维的亚《诉讼程序法条约》和美洲国家间的1928年《布斯塔曼特法典》。

1888年,由乌拉圭、阿根廷两国发起,南美七国(秘鲁、阿根廷、玻利维亚、智利、巴西、巴拉圭、乌拉圭)在乌拉圭首都蒙得维的亚召开会议,于1889年通过了包括《国际民事诉讼程序公约》在内的九个条约。1939年,为纪念条约签订50周年,阿根廷及乌拉圭两国政府邀请上次会议参加国于乌拉圭首都举行第2次南美国际私法会议,修改1889年的有关条约。《国际民事诉讼程序公约》经重新审议后于1940年3月19日重新颁布。

1889年,美国召集拉美国家在美国首都华盛顿召开了第一届美洲国家会议即泛美会议,会议将统一全美洲的国际私法作为其重要任务。1928年1月,在古巴首都哈瓦那召开的第六届泛美会议上,经与会的21个国家讨论,以18个国家赞同通过了由古巴著名法学家布斯塔曼特主持起草的《布斯塔曼特法典》。《布斯塔曼特法典》共437条,分为国际民法、国际商法、国际刑法、国际程序法4卷,内容十分详细,是美洲国家数十年来统一国际私法运动所取得的最重大的成就。该法典获得了15个拉丁美洲国家的批准,并于1928年11月25日生效。

欧洲地区较有代表性的区域性公约为欧洲共同体国家间的1968年《关于民商事司法管辖和判决执行公约》(Brussels Convention on Jurisdiction and the Enforcement of Judgments in Civil and Commercial Matters)(简称《布鲁塞尔公约》)。该公约旨在欧共体内部建立统一的民事案件管辖权规则,简化判决的承认程序,并引入高效快捷的判决执行程序,最终为统一的内部市场的发展创造条件。1993年1月1日,欧盟正式成立后,为进一步推动欧盟内部的司法合作,欧盟理事会决定对《布鲁塞尔公约》进行修订,并于2000年12月22日通过了《关于民商事案件管辖权与判决承认及执行的规则》(Council Regulation EC No 44/2001 of 22 December 2000 on Jurisdiction and the Recognition and Enforcement of Judgments in Civil and Commercial Matters)(简称《布鲁塞尔规则Ⅰ》)。该规则共8章76条,从2002年3月1日起生效。《布鲁塞尔规则Ⅰ》与《布鲁塞尔公约》相比,并未对有关管辖权的问题进行大的变动,修改之处主要是对电子商务新形式下的消费合同纠纷案件,设置了消费者住所地法院的绝对管辖权原则。从《布鲁塞尔公约》到《布鲁塞尔规则Ⅰ》的转变,标志着欧盟国际私法统一化运动的最新进展,这意味着无须各成员国逐一批准,该规则即可在欧盟内部直接发生法律效力。鉴于《布鲁塞尔公约》仅规范财产关系案件的裁判管辖问题,不涉及婚姻与亲子关系案件,欧盟理事会历经波折,终于在2003年通过了《有关婚姻与父母责任管辖权和判决承认与执行的规则》[*Council Regulation（EC）No 2201/2003 of 27 November 2003 Concerning Jurisdiction and the Recognition and Enforcement of Judgments in Matrimonial Matters and in Matters of Parental Responsibility, Repealing Regulation（EC）No 1347/2000*]（简称布鲁塞尔规则Ⅱ）(the new Brussels Regulation II or the Brussels II bis）。

2. 特定领域内的国际公约

目前,在特定领域内存在一些全球性的民事管辖权公约,如1952年《船舶碰撞中民事管辖权方面若干规则的国际公约》、1961年《保护未成年人管辖权和法律适用公约》和1965年《协议选择审判籍公约》。

此外,还有一些偶有涉及国际管辖权问题的国际公约,如1902年《离婚及分居的法律与管辖抵触规则公约》,1929年《统一国际航空运输某些规则的公约》,斯堪的纳维亚5国缔结的1931年《关于婚姻、收养和监护的某些国际私法规定的公约》、1933年《外国判决的承认和执行公约》和1934年《继承和遗产管理公约》等3条约,1956年《国际货物公路运输合同公约》,1971年《民商事外国判决的承认和执行公约》和1970年《承认离婚和分居公约》等。

2005年海牙《协议选择法院公约》是海牙国际私法会议在国际民商事管辖权和外国判决承认与执行领域取得的最新和最重大的成果。该公约旨在调整基于选择法院协议而提起的国际民商事诉讼,对各国选择法院协议和外国判决的承认与执行规则进行协调。

第四章 国际民事管辖权

【案例裁决/法律文书摘录】

案例一：

菲利普诉阿曼、中央电视台侵犯著作权纠纷案

北京市第一中级人民法院民事判决书

(2008)一中民初字第 11472 号

原告：Richard Philippe Jean Michel(中文名菲利普)。

委托代理人：柴智锋，北京市大成律师事务所律师。

被告：Arman Darbo(中文名阿曼)。

法定代理人：Igor Darbo(中文名东方熠)。

法定代理人：Dana Ziyasheva(中文名曾丹娜)。

委托代理人：陈宇，北京市洪范广住律师事务所律师。

被告：中央电视台，住所地中华人民共和国北京市海淀区复兴路 11 号。

法定代表人：焦利，台长。

委托代理人：俞蓉，北京市浩天信和律师事务所律师。

委托代理人：朱玉子，北京市浩天信和律师事务所律师。

原告 Richard Philippe Jean Michel(下称菲利普)诉被告 Arman Darbo(下称阿曼)、中央电视台侵犯著作权纠纷一案，本院于 2008 年 8 月 21 日受理后，依法组成合议庭，于 2009 年 4 月 2 日公开开庭进行了审理，原告菲利普及其前任委托代理人陈明涛、张露藜，被告阿曼的委托代理人陈宇，被告中央电视台的委托代理人朱玉子到庭参加了诉讼。本案现已审理终结。

原告菲利普诉称：原告于 2007 年 12 月创作了歌曲《2008 年，永远的骄傲》，该歌曲受《中华人民共和国著作权法》(简称《著作权法》)的保护。被告阿曼是原告的学生，为了支持阿曼的演唱事业，原告同意阿曼在 2008 年 5 月法国电视台 M6 频道的《66 分钟》节目中对该歌曲中的一小段进行演唱。原告没有授权阿曼在其他节目及场合进行表演，且在原告与被告的法定代理人 Igor Darbo(下称东方熠)的电子邮件及手机短信交流中，原告已明确拒绝东方熠提出的使用该歌曲的请求。同时，原告在与被告中央电视台《大风车》节目导演王琰的电话沟通中，也明确告知

王琰其没有授权阿曼在《大风车》节目中使用其作品。但二被告却在2008年8月1日《大风车》节目中使用了原告的作品,甚至篡改了作品上的词曲作者署名。2008年8月16日,原告特意询问了《大风车》节目中"署名"的人Alexandre Fouquet,其向原告明确表示自己并非作品的词曲作者。二被告的行为侵犯了原告的发表权、署名权、保护作品完整权、表演权、广播权、信息网络传播权、摄制权等权利。故请求法院判令:(1)二被告立即停止侵权;(2)二被告在中央电视台《大风车》栏目上向原告公开赔礼道歉;(3)二被告赔偿原告经济损失人民币18万元,赔偿原告为制止侵权和因诉讼支出的合理费用人民币9000元;(4)二被告向原告支付精神损害抚慰金人民币11000元。

被告阿曼辩称:(1)原告不能证明其对歌曲《2008年,永远的骄傲》享有著作权。(2)阿曼在中央电视台演唱的歌曲并非原告主张权利的歌曲,二者存在重大区别。(3)即使阿曼演唱的歌曲确系原告创作,其演唱行为实际得到了原告的书面同意,且没有超过被许可的范围。(4)阿曼的表演属于对已发表作品的合理使用。(5)阿曼的表演属于联合国教科文组织为北京2008年奥运会所举办活动的组成部分,是一种公益性活动,且受到有关国际组织和政府的肯定。(6)作为外交人员的家属,阿曼应当享有外交豁免权。综上,原告的诉讼请求缺乏事实和法律依据,请求法院驳回原告的诉讼请求。

被告中央电视台辩称:原告证据不能证明其是中央电视台《大风车》节目中所播放歌曲的著作权人。中央电视台已尽到审查义务,没有任何过错,且没有获取任何利益,不构成侵权,亦不应承担赔偿责任。原告的诉求没有事实及法律依据,请求法院驳回原告的诉讼请求。

本院认为:

······

三、关于被告的其他抗辩主张能否成立

······

被告阿曼抗辩称其享有外交豁免权。对此本院认为,外交代表的管辖豁免并不包括外交代表在接受国内,在公务范围以外所从事的民商事活动而引发的诉讼,故无论被告阿曼是否属于享有外交豁免权的外交代表,其因本案的被控侵权行为而引发的诉讼均不属于外交代表豁免的范畴。

……

四、关于民事责任的承担

最高人民法院《关于贯彻执行〈中华人民共和国民法通则〉若干问题的意见(试行)》第180条规定,外国人在我国领域内进行民事活动,如依其本国法律为无民事行为能力,而依我国法律为有民事行为能力,应当认定为有民事行为能力。……

案例二:

环球大众公司诉伍迪森案

原告Harry和Robinson是一对夫妇,1976年当他们还在纽约市居住时在纽约向航海大众汽车公司买了一部奥迪新车,第二年,他们举家开此车从纽约迁往亚利桑那州,在途经俄克拉何马州时,另一部汽车碰到原告汽车的尾部,引起汽车着火,造成他们全家严重烧伤。原告夫妇向俄克拉何马地区法院提起诉讼,诉称其所买的汽车油箱及燃料系统设计和安装存在缺陷。在该诉讼中,原告夫妇将汽车制造商(德国奥迪NSU汽车公司)、汽车进口商(美国大众汽车公司)、汽车的地区经销商(环球大众汽车有限公司)和零售商(航海大众汽车有限公司)作为共同被告。该汽车的地区经销商和零售商在法院进行特别出庭从而提出对人管辖权异议,认为地区经销商的营业处设在纽约,且仅经销纽约、新泽西州和康涅狄格州三个州的零售商。而作为零售商的航海大众汽车公司的营业处也在纽约,其业务范围更小,其汽车展室也设在纽约。他们既没有在俄克拉何马销售汽车也没有在该州从事其他业务。因此,两被告认为俄克拉何马法院对其行使对人管辖权违反《宪法》修正案第14条的正当程序条款。在被俄克拉何马地区法院和州最高法院驳回请求后,两被告又向联邦最高法院提出上诉。联邦最高法院认为最低限度联系应当是指被告在法院所在地州的活动和该活动与法院所在地州的联系使其应合理地预计到可能在该州被诉,而外州被告对其所售产品将途经法院所在地州的可能性的应当预见并不能说明其与法院所在地州存在最低限度联系。本案中,原告购买汽车的行为发生在纽约,而且其购买汽车时是纽约州居民,在俄克拉何马州使用该汽车仅仅是一个非常孤立的事件,仅仅是由于原告单方的行为所致,除此之外,两被告与该州再无其他联系。这些说明两被告中的任何一个都不曾作出努力直接或间接地在俄克拉何马州开辟产品市场,也未期望在该州获得一定利益和获得法律保护,因此,他们同俄克拉何马州的最低限度联系不能成立,俄克拉何马州的法院不能对其行使对人管辖权。

【延伸阅读】

一、案例

1. 1957 年 McGee v. International Life Ins. Co.
2. 1997 年 Cybersell Inc. V. Cybersell Inc.
3. 欧盟 2004 年 Eurofood Finacial Service Center Ltd. 破产案

二、学术论文、专著(权威论著)

1. James,F. Jr. and Hazard,G. C. Jr,*Civil Procedure*,3rd ed.,1985.
2. 李浩培著:《国际民事程序法概论》,法律出版社 1996 年版。
3. 张茂:《美国国际民事诉讼法》,中国政法大学出版社 1999 年版。
4. 刘力:《国际民事诉讼管辖权研究》,中国法制出版社 2004 年版。
5. 杜新丽主编:《国际民事诉讼与国际商事仲裁》,中国政法大学出版社 2005 年版。
6. 李双元、欧福永主编:《现行国际民商事诉讼法程序研究》,人民出版社 2006 年版。
7. 黄进、邹国勇:《欧盟民商事管辖权规则的嬗变》,载《东岳论丛》2006 年第 5 期。
8. 张玲:《欧盟跨界破产管辖权制度的创新与发展》,载《政法论坛》2009 年第 2 期。
9. 焦燕:《涉外民事诉讼的被告财产管辖权:比较法之考察》,载《环球法律评论》2011 年第 2 期。

三、网络链接

http://www.hcch.net 海牙国际私法会议

第二节 国际民事管辖权的分类

● ● ●

【知识背景/点】

国际民事管辖的分类是一个很复杂的问题,在不同的国家往往有不同的分类。一般说来,在国际民事诉讼法理论中,根据不同的标准,可以将国际民事管辖权作多种不同的分类。

一、对人管辖权与对物管辖权

英美法中,传统上以诉讼目的为标准,将国际民事诉讼管辖权区分为对人管辖权与对物管辖权,并根据"有效控制"原则来确定内国法院对这两类诉讼的管辖权。

(一)对人管辖权

按照习惯法,对人管辖权只有在本国或本州境内向被告直接送达传票或被告本人服从管辖时才开始生效。成文法将该规则大为放宽,只要被告的住所、居所、国籍、侵权行为地、营业地等在本国或本州境内,或与法院所在地国(州)有某种合理的最低限度联系时,便可对在外国或外州的被告发出传票并行使管辖权。

美国《第二次冲突法重述》第 24 条即规定:"对人司法管辖权所依据的原则:如果一人与一州之间的联系使该州能够合理地对该人行使司法管辖权,该州即有权对其行使管辖。"

一般而言,法院行使对人管辖权须符合两个基本条件:其一,法院须对特定的财产抑或是对特定当事人具有使其承担责任的权力;其二,法院须已给予被告有关该诉讼足够的通知及接受听审的机会。

(二)对物管辖权

与对人管辖权不同,对物管辖权的行使的目的并非为了直接对人施加责任,而是为了影响某人对特定物的利益。对物管辖权作为对人管辖权的补充,可以帮助法院确定某一特定财产的权利和当事人的权利,这种管辖权不仅及于有关的双方当事人,还及于所有与当事人或该特定财产有法律关系的其他人,如有关房地产的诉讼以及海商案件都属于对物管辖的范围。法院的这种管辖权以有关当事人的住所或习惯居所在法院地国境内,或有关标的物在法院地国境内为基础。

如美国《第二次冲突法重述》第56条规定:"对物司法管辖权所依据的原则:一州因其与某物的联系而能够合理地行使司法管辖权以影响该物中的权益,该州即有权行使这种管辖权。"在英美法中,涉及身份行为的诉讼,如有关婚姻的效力、离婚、婚生子女确认、认领等问题均被视为对物诉讼,不管有关当事人是否于诉讼开始时正处于法院地,其住所地法院均有管辖权。

二、属地管辖权与属人管辖权

(一)属地管辖权(territorial jurisdiction)

属地管辖原则又称为地域管辖原则或领土管辖原则。它是以领土为标志来确定国际民事管辖权的。凡国际民事案件的当事人、诉讼标的物或被告的财产在一国领域之内,或者有关的民事行为或事件发生在一国领域之内,该国法院即对案件具有管辖权。从各国的立法和实践来看,依属地管辖原则确定管辖权的根据主要有:

1. 当事人的住所地或者居所地

大多数国家都将"原告就被告"作为确定国际民事管辖权的一般原则,即只要被告的住所或者居所地在本国境内,本国法院便具有管辖权。此外,在有关身份关系的诉讼案件中,许多国家还规定,对居住在国外的被告提起的有关身份关系的诉讼,原告住所地法院具有管辖权。

需要说明的是,英美法系国家虽然也将"原告就被告"作为确定国际民事管辖权的一般原则,但是其法院行使管辖权是以所谓的"有效控制"为依据的,即在"对人诉讼"中,只要法院能在本国领域内有效地向被告送达传票,法院就可以主张管辖权。因此,法院确定管辖权的标志除了被告的住所以外,还包括被告的居所、临时居所甚至被告出现地。

2.诉讼标的物或被告财产所在地

由于诉讼标的物所在地或被告财产所在地法院作出的判决通常能够得到有效的执行,因此许多国家规定,有关合同或者财产权益纠纷的案件,即使被告的住所或居所不在本国境内,但只要诉讼标的物在本国境内或者被告在本国境内有财产,本国法院也具有管辖权。

3.法律行为发生地

以法律行为发生地作为行使管辖权的根据,主要适用于合同纠纷案件和侵权行为案件。合同纠纷案件,各国普遍主张合同订立地或履行地法院具有管辖权;侵权行为案件,各国普遍主张侵权行为地法院具有管辖权。如1984年《秘鲁民法典》第2058条规定:"秘鲁法院在下述情况下,对于住所地在国外者的承袭财产案件同样有司法管辖权:……诉讼涉及应在共和国境内履行的债,或者因在共和国境内订立的合同或发生的事实而产生的债。对于因在共和国境内实施或产生后果的罪行而引起的民事诉讼,为专属管辖权……"

(二)属人管辖权(nationality jurisdiction)

属人管辖权是以当事人国籍为标志确定国际民事管辖权的。采用属人管辖原则的主要有法国、意大利、荷兰、比利时、卢森堡、西班牙以及南美洲的部分国家,其中以法国最为典型。1804年《法国民法典》第14条规定:"不居住在法国的外国人,曾在法国与法国人订立契约者,因此契约所生债务的履行问题,得由法国法院受理;其曾在外国订约,对法国人负有义务者,亦得由法国法院受理。"第15条规定:"法国人在外国订约所负的债务,即使对方为外国人的情形,得由法国法院受理。"按照这些规定,只要一方当事人具有法国国籍,无论其是被告还是原告,法国法院对案件都有管辖权。此外,法国法院在司法实践中还对上述条文作了扩大的解释,将它们扩大适用于有法国人参加的除了涉及国外不动产案件以外的所有其他诉讼,不论被告在法国有无住所,也不问案件的实质跟法国有无关系,法国法院皆有管辖权。

由于属人管辖权的目的在于保护本国当事人的利益,因而存在诸多的弊端。

首先,外国当事人往往处于相对不利的地位,管辖的公平性不足。其次,如果该当事人位于国外,则诉讼中往往会出现取证困难的问题,且有关当事人参与诉讼也会明显不便。再次,在现代社会人口流动频繁的背景之下,当事人的国籍可能并不具有任何实质意义。最后,若出现当事人国籍的消极或积极冲突,则属人管辖权极易发生冲突。

三、专属管辖权与任意管辖权

根据管辖权的强制性程度,可将国际民事诉讼管辖权区分为专属管辖权与任意管辖权。排除其他国家的法院对这类案件行使管辖权。

(一)专属管辖权(exclusive jurisdiction)

专属管辖权也称独占、排他管辖权,实质为有关国家对一定的国际民商事案件无条件地保留受理和裁判的权力,具体表现为一国规定某些国际民事案件只能由本国法院管辖,而不承认他国法院对此类案件的管辖权。凡属一国专属管辖的案件,如果其他国家法院行使了管辖权,则其他国家法院作出的判决在该国将无法得到承认和执行。

专属管辖案件的范围,一般由各国根据本国的具体情况自行决定。各国比较一致的主张是,有关不动产的案件由不动产所在地法院专属管辖。此外,有些国家还将有关当事人的权利能力和行为能力的案件,有关登记效力的案件以及有关婚姻、家庭、亲属、收养、继承等方面的案件,纳入专属管辖的范围。为了协调国家之间的关系,有些国际条约也规定了专属管辖问题。根据欧盟理事会《布鲁塞尔规则 I》第 22 条的规定,实行专属管辖的案件包括:(1)以位于成员国内的不动产或租赁权为标的的案件,专属于财产所在地的法院管辖;(2)以公司、其他法人组织、自然人或法人的合伙的有效成立、无效或解散,或以有关机构的有效性为标的的案件,专属于该公司、法人组织或合伙所在地的成员国的法院管辖;(3)以确认公共登记效力为标的的案件,专属于保管登记等的成员国的法院管辖;(4)有关专利、商标、设计模型或必须备案或注册的其他类似权利的注册或效力的案件,专属于业已申请备案或注册或已备案或注册,或按照共同体法律中文件或国际公约的规定被视为已经备案或注册的成员国的法院管辖;(5)有关判决执行的案件,专属于已经执行或将要执行判决的成员国的法院管辖。

(二)任意管辖权(optional jurisdiction)

任意管辖权与专属管辖权相对,主要针对与一国重大政治经济利益关系并不密切的国际民商事案件,各国规定既可由内国法院管辖,又可由外国法院管辖。法律在设定任意管辖权时,主要考虑的是当事人的利益,以便利当事人参加诉讼和平衡原、被告的利益为出发点。在任意管辖的范畴内,法律允许双方当事人通过协议予以变更。

四、协议管辖权与法定管辖权

根据管辖权产生的根据,可将国际民事诉讼管辖权区分为法定管辖权与协议管辖权。法定管辖权乃以国内立法或国际条约中的规定为根据行使管辖权,协议管辖权则是根据当事人明示选择或默示同意将他们之间的争议交给某国法院管辖而行使的管辖权。当然,两者的区分并不绝对,因为协议管辖权的获得仍须以"法定"为基础,即须以国内立法或国际条约规定允许当事人进行此种选择为法律依据。

(一)法定管辖权

在各国的诉讼程序法规则中,除了少数可以依当事人约定而确定协议管辖以外,其他的管辖权问题,尤其级别管辖和地域管辖,一般皆由法律直接予以明确规定。

级别管辖的层次划分的合理性会直接影响到当事人诉讼权利的实现程度。虽然各国级别管辖的具体状况有所差异,但是在划分法院体系上下级之间对第一审民事案件的分工和权限时,一般皆以案件的性质、影响的范围和诉讼价额为标准。在实践中,多数国家都将民事案件第一审交给处于较低等级的两类法院,最高一级法院不承担任何民事案件的一审。

地域管辖,又称区域管辖、土地管辖。根据法院的辖区和当事人所在地、诉讼标的所在地的关系来划分第一审民事案件的管辖,即在级别管辖的基础上,进一步划分同级人民法院对第一审民事案件的分工和权限。级别管辖是从纵的方面划分,地域管辖是从横的方面划分。

(二)协议管辖权(jurisdiction by agreement)

协议管辖亦称合意管辖,是指双方当事人可以协议将他们之间可能发生或已经发生的纠纷交付给某国法院管辖和审理。由于协议管辖能够有效地解决因各国对管辖的规定不同所造成的管辖冲突并且有利于法院判决的顺利执行,所以许多国家的立法中都规定有协议管辖制度。

各国在承认协议管辖原则的同时也对该原则的适用规定了若干限制。主要的限制包括:(1)协议管辖只适用于合同和其他财产权益纠纷案件,而不适用于有关身份方面的案件;(2)协议管辖只限于选择一审法院,二审时当事人无权选择管辖法院;(3)当事人协议选择管辖法院不得违反有关国际条约和国内立法关于专属管辖的规定;(4)当事人协议选择的管辖法院应与案件有实际联系。

对当事人协议选择管辖法院的方式,各国的规定和要求不尽相同。有的国家规定,协议管辖必须以双方当事人明示的协议为依据,但也有国家除承认明示协议外还承认默示的协议,即:在双方当事人没有选择管辖法院的明示协议的情况下,如果原告向一国法院起诉而被告未就该国法院的管辖提出异议并应诉答辩的,就视为被告承认该国法院对案件的管辖权。如1982年《南斯拉夫法律冲突法》第49条规定明示的协议管辖之后,第50条又规定:"当南斯拉夫社会主义联邦共和国法院的管辖权是以被告同意南斯拉夫社会主义共和国法院审理为依据时,被告作出对起诉的答辩表示其同意进行审理,但对支付命令提出异议,不应认为是反对管辖。"此外,对于协议管辖的案件范围,各国规定也不尽一致。一些国家只限于一定的案件,例如《罗马尼亚社会主义共和国民事诉讼法》第19条规定,商业贸易活动中发生的各种诉讼,可以由当事人协议管辖。另一些国家不作任何限制,例如《俄罗斯联邦民事诉讼法典》第120条规定,当事人可以协议改变对案件的地域管辖。

【案例裁决/法律文书摘录】

案例一:

彭诺耶诉纳夫案(1877)

彭诺耶夫妇二人及孩子分居两地,彭诺耶先生居住在新泽西州,其太太和两个孩子住在加利福尼亚州。某日,彭诺耶先生出差到加州,并顺道看望孩子,不料其妻在加州提起离婚诉讼。彭诺耶先生在加州被送达诉讼文书后返回新泽西州,他辩称,加州依宪法不应对其行使管辖权,因为他与加州的唯一联系即是其短暂出差至加州并看望孩子。但联邦最高法院的法官认为,只要被告本人在法院地被直接送达,法院即可对其行使对人管辖权,而不论其在该州停留有多久,他们进而认为,所有的美国法院都仍然允许对存在于法院地州的人进行州内送达,作为行使管辖权的住所。联邦最高法院在该案中指出:"尽管联邦各州并不是在各方面完全独立……但除受宪法约束外,他们拥有并行使独立的州的主权,对他们也适用一些公法的原则。其中之一就是每个州对其境内的人和物拥有排他的管辖权与主权。"

案例二:

国际鞋业公司案(1945)

1937年至1940年间,国际鞋业公司在华盛顿雇用了十几名华盛顿州的居民为本公司的推销员。该公司在华盛顿州没有办公室,除了让这些推销员在华盛顿州为其征集订单外,公司在华盛顿州没有其他商业活动。推销员有时在该州租用房间作为公司产品的展室,租金由公司报销。推销员没有被授权签订合同,推销员的佣金总数为31000美金。华盛顿州政府依其法律提起诉讼,试图基于该公司付给居住在本州的推销员的佣金向公司征收失业救济基金。国际鞋业公司在一审败诉后向联邦最高法院提起上诉,辩称其不是华盛顿州的公司,在华盛顿州也没有"营业活动",因而公司没有"出现"在华盛顿州。该公司认为,华盛顿州不对其拥有管辖权。联邦最高法院判定,虽然国际鞋业公司不是在华盛顿州成立的,其主要营业地也不在华盛顿州,但由于涉及本案的交纳义务直接产生于被告在华盛顿州的活动,故该公司与华盛顿州已有足够的联系。因此,华盛顿州法院对该案行使管辖权是符合宪法的。在该案中,最高法院对宪法"正当程序条款"限制下的属人管辖权作出了全新的发展:"在历史上,法院在属人诉讼中的管辖权产生于其对被告人身的实际支配能力,因此被告出现在法院所管辖的地域内是被告受法院判决拘束的前提条件,但是既然拘捕被告的命令已被传票或其他形式的通知所取代,正当法律程序所要求的仅是,如果被告没有出现在法院的辖区,法院要想使其服从属人诉讼的判决,则被告与法院之间应有某种最低限度联系。因此,该案件的审判就不会与传统的公平和公正观念相抵触。"

案例三:

中华人民共和国最高人民法院民事裁定书

(2000)经终字第 177 号

上诉人(原审原告):国华商业银行香港分行。住所地:香港特别行政区德辅道中 39—41 号。

法定代表人:陈树标,该公司董事总经理。

诉讼代理人:高宗泽,中国法律律师事务所律师。

被上诉人(原审被告):汕头宏业(集团)股份有限公司。住所地:广东省汕头市天山路宏业大厦。

法定代表人:蔡承通,该公司董事长。

诉讼代理人:任孚今,该公司副总经理。

诉讼代理人:温武拥,广东中大律师事务所律师。

被上诉人(原审被告):汕头经济特区新业发展有限公司。住所地:广东省汕头市衡山路锦龙大厦 20 楼。

法定代表人:林肇旭,该公司董事长。

诉讼代理人:王金沙,广东金粤律师事务所律师。

上诉人国华商业银行香港分行(以下简称国华银行)因与被上诉人汕头宏业(集团)股份有限公司(以下简称宏业公司)、汕头经济特区新业发展有限公司(以下简称新业公司)担保合同纠纷一案不服广东省(2000)粤法经二初字第 5 号民事裁定,向本院提起上诉。本院依法组成合议庭审查了本案,现案件已审查完毕。

经查:宏业公司、新业公司为达利丰集团有限公司(Grand Empire Holdings Limited 以下简称达利丰公司)向国华银行取得授信额度贷款,曾于 1997 年 11 月 28 日和 1998 年 4 月 17 日向国华银行出具《不可撤销担保契约》。1999 年 10 月 6 日达利丰公司因拖欠香港汇丰银行的其他欠款被申请清盘,香港特别行政区原诉讼法庭于 2000 年 1 月 2 日颁发清盘令。国华银行已根据原诉讼法庭的清盘公告，向其申请债权，经署理破产管理处接受。现达利丰公司根据香港法律进行清盘。经署理破产管理处审核，达利丰公司在授信额度范围内共拖欠国华银行的贷款为 4408215707 元港币、2577109315 美元及其利息 144338313 元港币、70851761 美元。为此，国华银行向广东省高级人民法院提起诉讼，请求判令宏业公司和新业公司对达利丰公司拖欠其欠款承担连带赔偿责任，并承担诉讼费用。

原审法院认为：本案系国华银行就其与宏业公司、新业公司的不可撤销担保契约发生纠纷而提起的诉讼。国华银行分别与宏业公司、新业公司在《不可撤销担保契约》第 20 条中约定：香港法律为本担保契约之适用法律，同时，香港法庭对本担保契约项下一切争议拥有非专属管辖权。依据该约定，该纠纷的处理应适用香港特别行政区的法律。鉴于该契约所依从的主合同的签订地、履行地均在香港，该债权已由国华银行根据香港特别行政区原诉讼法庭的清盘公告提出申请，香港署理破产管理处业已接受，并已依香港法律程序对主债作出确认。而且，国华银行与宏业公司、新业公司均约定了接受香港法院的非专属管辖。因此，依照本案当事人的约定和方便诉讼的原则，国华银行与宏业公司、新业公司的担保契约纠纷，由香港特别行政区的法院管辖更为适宜。原审法院根据《中华人民共和国民事诉讼法》第 25 条、第 38 条、第 140 条、第 244 条的规定，裁定驳回国华银行的起诉。案件审理费 50 元人民币由国华银行承担。

国华银行不服原审法院的裁定，向本院提起上诉称：原审法院依据当事人的约定和方便诉讼的原则，驳回上诉人的起诉是错误的。理由：(1) 裁定误解担保协议的原意，双方当事人没有约定本案只能由香港法院管辖。(2) 裁定以方便诉讼为由，认定本案由香港法院管辖是错误的。从执行的角度来讲，内地法院的管辖是最适宜的。请求撤销原审法院对本案的裁定，裁定原审法院审理本案。

宏业公司答辩称：(1) 担保契约中选择了纠纷由香港法院管辖，本担保协议项下的一切争议必须由香港法院管辖。(2) 双方选择管辖条款符合民事诉讼法第 244 条的规定。国华银行不能以方便执行为由推翻协议管辖。(3) 国华银行虽以债权人身份申报债权，但尚无清盘结果。请求驳回国华银行的上诉，维持原审裁定。

新业公司答辩称:(1)双方以协议形式约定在非专属管辖的情况下,只能由香港法庭管辖。(2)该协议书是惯用的格式条款,从公平和诚实信用原则出发,也应作出不利于格式化条款指定人的判决,即作出管辖地为香港的裁定。请求驳回国华银行的上诉。

本院认为:本案系国华银行就其与宏业公司、新业公司的不可撤销担保契约所提起的诉讼。依据宏业公司、新业公司向国华银行提交的不可撤销担保契约中的约定,双方选择的处理纠纷的法律是香港特别行政区的法律。香港法庭对本担保契约项下一切争议拥有非专属管辖权。该条款中明确约定香港法庭对争议享有的是非专属管辖权,因此,香港法庭的管辖权并不具有排他性。只要当事人向有管辖权的其他法院起诉,该法院可以依法享有管辖权。广东省高级人民法院作为被告住所地的法院,对本案纠纷享有管辖权。从本案的情况看,首先,国华银行根据香港特别行政区原诉讼法庭的清盘公告提出申请,香港署理破产管理处已经接受,且该担保契约所依从的主合同的债权已依香港法律作出确认。因此并不存在主合同债权不明的情况。其次,宏业公司和新业公司均为内地公司,其财产也在内地,内地法院受理本案更便于案件的审理和执行。综上,国华银行的上诉理由成立,应予支持。原审法院依照当事人的约定和方便诉讼的原则驳回国华银行的起诉,依据不足,应予纠正。本院依照《中华人民共和国民事诉讼法》第140条、第141条、第154条之规定,裁定如下:

一、撤销广东省高级人民法院(2000)粤法经二初字第5号民事裁定。

二、本案发由广东省高级人民法院审理。

审判长 付金联

代理审判员 陈纪忠

代理审判员 钱晓晨

二〇〇〇年十月二十三日

书记员 高晓力

【延伸阅读】

一、案例

1. World-Wide Volkswagen Corp v. Woodson 案（1980）.
2. Cybersell，Inc. v. Cybersell，Inc 案（1997）
3. Grigsby v. Coastal Marine Service 案

二、学术论文、专著（权威论著）

1. 韩德培、韩健:《美国国际私法（冲突法）导论》,法律出版社 1994 年版。
2. [美]吉尔摩（Gilmore，G.）、[美]布莱克（Black，C. L.）:《海商法》,中国大百科全书出版社 2000 年版。
3. [德]奥特马·尧厄尼希:《民事诉讼法》,周翠译,法律出版社 2003 年版。
4. Jack H. Friedenthal, Arthur Raphael Miller, John E. Sexton, *Civil Procedure: Cases and Materials*, West Academic Publishing, 2013.
5. 郭玉军、甘勇:《美国法院的长臂管辖权——兼论确立国际民事案件管辖权的合理性原则》,载《比较法研究》2003 年第 3 期。

三、网络链接

http://www.hcch.net 海牙国际私法会议

第三节　国际民事诉讼管辖权的冲突和协调

【知识背景/点】

一、国际民事诉讼管辖权冲突概述

鉴于各国确定国际民事管辖权的根据有所不同,国际民事管辖权之间的冲突在所难免。具体而言,这种冲突可表现为积极冲突和消极冲突两种情形。凡两个或两个以上国家的法院对同一国际民事案件交叉或重复行使管辖权的,即为积极冲突;凡对某一国际民事案件各国均无管辖权或均不行使管辖权的,即为消极冲突。在国际民事诉讼中,管辖权冲突往往表现为积极冲突,这也是国际社会最为关注的管辖权冲突问题。至于管辖权的消极冲突,各国通常是在国内立法中赋予法院一定的自由裁量权,由法院在方便当事人诉讼的情况下,例外地受理一些这类案件。

(一)积极冲突

国际民事管辖权的积极冲突的产生,需同时具备以下几个条件:

第一,对于同一国际民事案件,两个或两个以上国家的法院根据其确定管辖权的法律规定都具有管辖权,且往往也不排斥其他国家法院的管辖。

第二,当事人就同一案件向两个或两个以上有管辖权的国家的法院提起诉讼,如原告先后或分别在几个国家的法院起诉,或者几个原告分别在不同国家法院起诉,或者双方当事人互相以对方为被告分别在不同国家的法院起诉,或者案件经一国法院判决后败诉方又在另一国法院起诉。

其中,同一纠纷当事人中的一方作为原告,在两个以上国家的法院针对同一被告提起的诉讼又称为重复诉讼(repetitive suits)。发动重复诉讼的原因一般可以归结为原告追求自身利益的最大限度保护,寻求对自己最有利的判决。不过,实践中也不乏骚扰型的重复诉讼,借以对被告造成巨大的心理和经济压力。此外,如果同一纠纷当事人中的一方作为原告在甲国以对方当事人为被告提起诉讼,而对方当事人同时作为原告在乙国以甲国诉讼中的原告为被告提起诉讼,也就是原告、被告的地位在两个或两个以上国家法院中的地位发生逆转时,则为对抗诉讼(reactive suits)。

第三,两个或两个以上国家的法院都对该案件行使了管辖权。这是国际民事管辖权的积极冲突由可能变为现实的关键。

(二)消极冲突

当发生国际民事诉讼管辖权的消极冲突时,与某一国际民商事争议相联系的各国都不主张对该案件行使管辖权,当事人求诉无门,无法获得司法救济。发生这种消极冲突,一方面是因为有关国家立法存在缺失,以至于各国皆缺乏对该国际民商事纠纷行使管辖权的依据;另一方面,原本拥有管辖权的国家可能因为"不方便"等理由拒绝行使管辖权,从而导致就该国际民商事纠纷的起诉受阻。

虽然在实践中,国际民事诉讼管辖权消极冲突的现象十分少见,但是在逻辑上,仍有发生的可能性。例如,涉及国家及财产豁免的案件,如果有关各国均坚持国家及其财产的绝对豁免理论,则以某个国家为被告的民事案件便不会被与案件有关的各国法院受理。

二、国际民事诉讼管辖权冲突的成因

国际民事诉讼管辖权的冲突给当事人以及相关国家的法院造成了极大的不便,当然,也带来了极大的利益。概言之,这种冲突主要是由以下几种因素造成的。

(一)主权因素

主权是一个国家独立自主地处理内外事务,管理国家的最高权力。司法主权作为主权的一项重要内容,从外观上主要表现为司法管辖权。如前所述,司法管辖权根据不同标准有不同的分类,而不同类型的管辖权之间的冲突便难以避免。

以属地管辖与属人管辖为例,国家主权可表现为国家对其境内的人、物以及事件所具有的最高管辖权。但同时,国家也拥有对其本国公民的属人管辖权,即便其身在境外。若一个甲国人位于乙国境内,则甲国拥有对其的属人管辖权,而乙国则拥有对其的属地管辖权。此人在乙国牵涉民商事纠纷时,无疑会引发甲国和乙国的司法管辖权的积极冲突。

(二)法律因素

国与国之间在管辖权问题上存在着权力与利益的激烈争夺,故短时间内全球范围内管辖权立法的完全统一尚难以实现。鉴于此,管辖权法律规定之间的冲突难以从根源上解决,唯有尽力协调而已。具体而言,导致国际民事诉讼管辖权冲突的法律因素主要有以下三个方面:

首先,在国际民事诉讼中,管辖依据是导致管辖权冲突的一个重要原因。以属人管辖为例,一方面,建立于"国籍"的基础之上的属人管辖,与以当事人的住所、居所、财产所在地、诉讼标的物所在地等为依据的属地管辖之间存在显著冲突;另一方面,若当事人国籍出现消极或积极冲突,同样会产生管辖权的冲突。

其次,各国就法律术语解释的差异也会造成严重的管辖权冲突。例如,涉外侵权行为的损害赔偿案件,多数国家都遵循"侵权行为案件由侵权行为地法院管辖"的规则,但对于"侵权行为地"的理解,各国相去甚远。大陆法系国家一般将侵权行为地理解为"侵权行为实施地",而英美法系国家习惯将其理解为"损害结果发生地",如果案件的侵权行为发生于某大陆法系国家,而其损害结果及于某英美法系国家,则会造成管辖权的积极冲突;反之,则会产生管辖权的消极冲突。又如,许多国家均对于涉及本国公共利益的案件实行专属管辖,但对"公共利益"的理解却差异较大,以至于某案件在甲国须接受专属管辖的规范,而在乙国却是属于平行管辖的范畴。

(三)利益因素

民事诉讼以不告不理为基本原则,不同国家管辖权制度之间的差异在无相关当事人起诉的情况下,不过是一种虚拟层面的冲突。唯有在当事人积极寻求司法救济时,这种虚拟的冲突才可能转化为一种现实的管辖权冲突。当事人在利益驱动之下,就同一案件向有关多国提起诉讼的行为,虽然有利于维护自身的合法权益,但对多国法院管辖权的行使产生不利因素。

如今,旨在以最小的诉讼成本换取最大的诉讼利益的当事人"挑选法院"(forum shopping)①的行为因造成了司法资源的浪费,增加了司法机关的负担而广受诟病,但其内在的合理成分同样获得了普遍认同。在趋利避害主观动因的驱使下,当事人的选择包含了对判决结果的预期、对有利程序法的实施、诉讼费用的负担等多方因素的比较,多选一的结果顺理成章。然而,基于特定的立场,如果出现多选二甚至以上,或者双方当事人均进行了有利法院的选择,则原本根据有关法律规定拥有对该案管辖权的国家可能纷纷对其进行管辖,于是,国际民商事管辖权的冲突便成为现实。而原本旨在利益最大化的"挑选法院",也使得当事人同样遭受不利,如承受不断增加的诉讼费用,面临各国判决的相互矛盾和冲突,无法获得有

---

① 即"在国际民事诉讼中,当事人选择一个最有利的国家或法院去提起诉讼的行为"。布莱恩·加纳主编:《布莱克法律词典》,汤姆森出版集团 2004 年第 8 版,第 681 页。

利判决的域外承认和执行等。

三、国际民事诉讼管辖权冲突的协调

当发生国际民事管辖权的积极冲突时，不同国家的法院可能分别适用不同的法律对案件作出不同的判决，以至于当事人的权利义务关系难以确定。同时，这些国家的法院相互之间往往会拒绝承认和执行其他法院对该案所作的判决，这既不利于当事人权利的实现，也不利于发展正常的国际民事交往。因此，怎样协调国际民事管辖权的冲突，已经引起世界各国的高度重视。从有关国际条约的规定以及各国的立法和实践来看，协调国际民事管辖权的冲突主要有以下几种途径：

（一）国际条约

这是协调国际民事管辖权冲突的最主要的途径。在20世纪，国际社会已经缔结了一系列协调国际民事管辖权的国际条约，如1928年《布斯塔曼特法典》、1952年《关于船舶碰撞中民事管辖权若干规则的国际公约》、1958年《国际有体动产买卖协议管辖公约》、1965年《协议选择法院公约》、1968年《关于民商事件管辖权及判决执行的公约》、1969年《国际油污损害民事责任公约》等，都规定有国际民事管辖权规则，这些规则在一定范围内起到了协调国际民事管辖权冲突的作用。

国际条约对国际民事管辖权冲突的协调，主要有以下两种措施：

一种措施是为缔约国规定统一的管辖原则和标准，以防止或者减少国际民事管辖权的冲突。如1968年《布鲁塞尔公约》第2条确立了被告住所地法院管辖的原则；被告在缔约国内有住所的，在公约没有特别规定的情况下，必须在该缔约国法院被诉。第16条规定了五类案件的专属管辖；第17条和第18条分别规定了明示协议管辖和默示协议管辖。

另一种措施是要求有关缔约国在一定条件下放弃自己的管辖权。如1968年《布鲁塞尔公约》第19条至第23条规定：对某一缔约国的法院专属管辖的案件，其他缔约国的法院应宣布自己无管辖权；相同当事人就同一诉因在不同缔约国法院起诉时，后受诉的法院应主动放弃管辖权，由先受诉的法院受理；有关联的案件在不同缔约国的法院起诉时，根据一方当事人的请求，后受诉的法院应放弃管辖权，由先受诉的法院受理；属于几个法院专属管辖的诉讼，先受诉法院以外的其他法院

应放弃管辖权,由先受诉法院审理。

(二)国内立法

缔结国际条约是目前协调国际民事管辖权冲突的最为理想的方式,但因这类条约的缔约国和参加国的数量较为有限,故借助于国内立法来减少国际民事案件管辖权的冲突成了一条更值得依赖的途径。总体而言,为了避免管辖权的消极冲突,各国立法应尽可能宽地确定内国管辖权的范围,而为了避免积极的管辖权冲突,则应缩小内国管辖权的范围。

1.消极冲突的解决

管辖权消极冲突是一个相对简单的问题,就内国立法者而言,在便利当事人诉讼并保护当事人利益的原则下,增加一些管辖的连结因素或依据,或者赋予法官一定的自由裁量权,便可以达到受理别国法院均不受理的案件的目的。目前,国内立法往往通过设置必要管辖(jurisdiction by necessity)条款解决管辖权消极冲突的问题。即某一案件如果不可能在外国进行或不能合理地要求在外国起诉时,内国法院虽然并非一个适合审理的地点,但是如果不行使管辖权,当事人就无法获得司法救济时,法院得行使管辖。不过,必要管辖绝非法官随意管辖的借口,它通常须符合以下要求:其一,该案在外国被拒绝管辖或无法审理;其二,该案与本国有足够的联系。《魁北克民法典》第3140条便规定:在紧急情况或严重不方便的情况下,出于对在魁北克的人身及财产的保护,无管辖权法院认为在必要时可以行使管辖权。《瑞士联邦国际私法》第3条也规定:本法未规定在瑞士的任何地方的法院有管辖权而情况显示诉讼不可能在外国进行或不能合理地要求诉讼在外国提起时,与案件有足够联系的地方的瑞士司法或行政机关有管辖权。

2.积极冲突的化解

鉴于管辖权冲突最主要表现为积极冲突,如何在必要时适当缩小内国管辖权的范围,获得了更广泛的关注。概言之,各国解决管辖权积极冲突的方法主要有以下三种。

(1)拒绝管辖特定类型的案件

各国可以在其国内立法中规定本国法院对某些类型的国际民事案件不行使管辖权,以消除或减少国际民事管辖权的冲突。如《秘鲁民法典》第2067条规定,除另有规定以外,秘鲁法院不得受理下列案件:①位于外国的不动产的物权诉讼;②当事人协议选择外国法院管辖的案件;③诉因与秘鲁无实际联系的有关自然人身份、能力或者家庭问题的案件。

(2)不方便法院原则

所谓不方便法院(forum non conveniens),是指对某一国际民事案件具有管辖权的法院,根据案件的具体情况,认为自己不方便受理该案件,而有另一个更方便的国家的法院可以对该案件行使管辖权时,即不对该案件行使管辖权。由此,法院可以灵活地对具体个案决定拒绝管辖。不方便法院原则起源于苏格兰,后来得到了其他许多国家的仿效。

不方便法院原则的产生,一方面是为了防止原告恶意挑选法院,以体现诉讼的公平,并便于纠纷的顺利解决;另一方面是为了避免法院耗费大量的精力去处理那些与本国并无多大关系的案件,从而缓解法院所面临的讼案太多的压力。

一般认为,法院以不方便为由拒绝对案件行使管辖权,应当具备三个基本条件:其一,受诉法院必须对案件有管辖权。受诉法院对案件具有合法的管辖权是适用不方便法院制度的前提。无论拒绝管辖还是放弃管辖都必须以法院具有管辖权为基础。如果受诉法院对案件没有管辖权,那么法院应不予受理或者驳回起诉,根本不需要被告以"不方便法院"为理由提出申请。其二,受诉法院不方便审理案件,有另一个更方便的地点的法院可以受理原告提起的诉讼,且原告在该更方便的地点的法院进行诉讼不会遭受重大不利。一般情况下,各国法院都会综合考虑与诉讼有关的各种因素,分析法院审理案件是否会给被告或法院带来沉重的负担或给被告造成的压制远超出给原告带来的便利或严重影响了法院自身的行政管理,从而作出"不方便"的决定。归纳起来,判断"不方便法院"的因素包括:证据和证人的地理位置、证据取得和证人到庭的难易程度及相应的出庭费用;强制不愿出庭者到庭程序的可获得性;诉讼中现场勘验的可能性以及当事人的出庭费用;第三方可能对争议事项提出请求的方便程度;替代法院是否存在证据开示程序;判决作出后的可执行性;避免挑选法院及减少法院的审理负担;审判地与争议的利害关系;以及可能适用外国法所带来的困惑等等。其三,应由被告提出不方便法院的异议并举证。一般认为,如果法院主动启用不方便法院制度,就有丧失中立性之嫌,因此,被告提出不方便法院的异议是法院行使自由裁量权的前提。根据谁主张,谁举证的原则,被告在提出异议的同时还必须承担举证责任,来证明如下事项,如他不是置于正常的或适当的具有管辖权的法院管辖之下;还存在其他明确的或明显的更适合于诉讼的法院。当被告成功举证证明存在一个适当的可替代法院后,举证责任就转移给原告,由原告对被告所举证的事实进行抗辩,证明被告所提供的法院并不是更适当的可替代法院。如果证明被法院采信,法院就会驳回被告的不方便法院的异议,继续对本案行使管辖权;如果原告证明不成功,那么法院就对被告提出的替代法院的适当性进行分析,以决定是否适用不方便法院制度。除以上条件外,在有的国家,还需要附加一些条件来确保存在一个充分的可替代法院使原告获得救济。其中包括被告同意到更方便的法院受审、被告放弃诉讼时效的辩护、被告同意接受替代法院的任何最终判决、被告使证人证据在替代法院可以被适用等。

不方便法院原则的适用条件极具弹性,各国并无统一的标准。从英、美等国的实践来看,法院在裁量自己是否方便受理案件时,通常考虑的因素包括:原告选择在该国法院起诉的意图、双方当事人的住所地、证人的住所和传唤证人出庭之可能性、取证的难易程度、可供选择的其他法院、强制执行法院判决的可能性、法院地国在该问题上的利害关系等。然而,因为担忧该原则的过分灵活性会损害成文法体系之下法律的确定性和可预见性,加之其内含的过大的自由裁量空间可能会诱致法官的恣意妄为,长期以来,绝大多数大陆法系国家对其态度较为冷漠。

实践中,不方便法院原则的运用,通常按以下步骤进行:

首先,被告应向法院提出动议。即原告在某一法院提起诉讼之后,被告方应当提出该法院不方便受理的意见,并请求该法院拒绝受理。同时,被告应当证明事实上有另一个更方便的地点的法院可以受理此案。

其次,法院根据被告的动议对案件情况进行审查,并对自己是否不方便受理此案作出判断。如果法院认为自己确实不方便受理此案,便批准被告的动议,并作出对原告的起诉不予受理的决定。反之,如果被告的请求不能成立,则法院对被告的动议不予批准,仍对案件行使管辖权。

(3)先受理法院管辖原则

先受理法院管辖原则是指相同当事人就同一涉外民商事纠纷基于相同事实以

及相同目的分别在不同国家起诉时,原则上应由最先受理的国家的法院行使审判管辖权。通行的考虑因素即诉讼的先后顺序,如果已有法院受诉在先,则后受案法院应解除其本国诉讼程序。在具体实践中,该原则可转化为一事不再理、未决诉讼中止令、禁诉令三种规则。

一事不再理的核心是要求受案法院对别国法院诉讼在先的同一争议或别国法院审结的同一争议不予受理。禁止重复起诉是诉讼的重要原则,它包括两层含义:①当事人已经就某一纠纷提起诉讼即所谓"诉讼受理后",禁止其再以同一诉讼标的向法院起诉;②法院就某一案件已作出判决而当事人一方对此又起诉的,如果前诉与后诉的诉讼标的不相同,则判决的效力只及于前诉的诉讼标的,并不能约束当事人的后诉的诉讼标的;但如果法院经审查认为后诉的诉讼标的与已裁判过的诉讼标的相同时,后诉的诉讼标的则受前诉判决效力的约束,当事人不得就该诉讼标的起诉,对方当事人也可以主张既判力抗辩以阻止起诉。实践中已经有国家从自我抑制的角度,有效地保障一事不再理。如《秘鲁民法典》第2066条规定,秘鲁法院拒绝受理外国法院已作出判决的案件。

未决诉讼规则(The Lis Alibi Pendens Doctrine)是在发生国际诉讼竞合时,为了支持在他国法院进行的涉及相同或类似当事人及争议事项的诉讼,内国法院主动中止本国诉讼的程序性手段。在发布未决诉讼案件中止令之后,外国法院可继续进行诉讼并予以判决,而且该判决通常将获得内国法院的承认。如果该外国诉讼没有继续进行下去,则内国法院的诉讼可以恢复。通常,只有在外国诉讼先于内国诉讼开始时才能发布未决诉讼案件中止令,但是,法律对此没有强加限制,实践中有些法院为支持在后提起的外国诉讼而中止本院诉讼。未决诉讼案件中止令并无统一的适用条件,主要交由法官自由裁量。在美国,法官判断是否中止诉讼时,需综合考量礼让原则;替代法院可施救济的充分性;对司法效率的促进;两个诉讼中当事人及争议事项的一致性;替代法院及时处理的可能性;当事人、律师以及证人的方便;歧视的可能性等等。

禁诉令(Anti—suit Injunction)是由一国法院对拥有管辖权的当事人签发的,限制该当事人作为原告在外国法院继续进行诉讼的命令。虽然普通法系的法官一再重申禁诉令的发布只针对当事人,而不指向任何外国法院,但因其允许当事人在受诉法院国以外的国家提出管辖权异议,有侵犯受诉法院国司法主权之嫌,故实践中,法官们对此的运用相对谨慎。在美国,需要发布禁诉命令的情况有以下几种:①在预期的美国诉讼中占有优势的一方当事人可以要求发布禁诉命令,以阻止处于劣势的当事人在外国法院就同一争议事项重新起诉;②美国法院诉讼的一方当事人为阻止对方当事人在外国法院进行有关同一争议的未决诉讼或预期诉讼而要求发布禁诉命令;③如果在两国法院提出相关但不相同的请求,一方当事人为将诉讼合并在他所选择的法院进行从而可要求发布禁诉命令;④法院可发布反禁诉命令(countermlunction),以阻止一方当事人为反对在本院进行的诉讼而在外国法院取得的一项禁诉命令。

(三)当事人协议

当事人可以通过签订以下协议,避免可能产生的国际民事管辖权冲突。

其一,仲裁协议。双方当事人可以签订仲裁协议,约定将他们之间可能发生或者已经发生的国际商事纠纷提交仲裁解决。由于仲裁协议具有排除司法管辖权的效力,故可以有效避免国际民事管辖权冲突的发生。

其二,选择管辖法院的协议。在不违反有关的强制性或禁止性规定的情况下,许多国家都承认明示的协议管辖。双方当事人通过协议选择一个国家的法院管辖其已经发生或未来可能发生的争议,可以直接排除其他国家法院的对该争议行使管辖权的可能性,从而消解国际民事管辖权的积极冲突。此外,当事人管辖协议也具有创设司法管辖权的效力,原本无管辖权的法院可以由该协议而获得管辖权限,由此,国际民事管辖权的消极冲突也得以排除。

【案例裁决/法律文书摘录】

案例一:

博帕尔惨案

1984年12月3日凌晨,在距首都新德里以南750公里、地处印度中部丘陵地带中央邦首府博帕尔市附近的一家农药厂,装有液态剧毒气体甲基异氰酸盐的储气罐内温度上升,压力过大,一股浓烈、酸辣的乳白色气体从储存罐内渗漏出来,在

第四章 国际民事管辖权

博帕尔市内外以浓雾状游移于地表附近,经久不散。这次事故使储气罐内45吨剧毒气体泄漏殆尽。仅2天内就有2500余人丧生,另有60万人受毒气不同程度的伤害。印度医学研究委员会的独立数据显示,毒气在泄漏的最初3天里杀害了8000~10000人,此后多年里又有25000人因为毒气引发的后遗症死亡。

造成博帕尔大惨案的罪魁祸首甲基异氰酸盐是一种活动性极强的剧毒液态气体,在21摄氏度时气化,连毒物学专业工作者也不愿意在实验室里研究它。1964年,印度农业"绿色革命"运动正如火如荼,中央政府多年为亿万饥民的危机所困扰,急于解决全国粮食短缺问题,而其成败很大程度上取决于国内有无足够的化肥和农药。鉴于此,当时世界著名的美国联合碳化物公司提出了在印度开办一座生产杀虫剂农药厂的建议。该公司是一家跨国公司,在美国所有大公司中名列第37位,从事多门类产品的生产,雇员达10万人,资产则有100亿美元之多。

1975年,印度政府正式向美方颁发了在印度制造杀虫剂农药的生产许可证。1977年,美国联合碳化物公司终于在印度中部博帕尔创建了印度联合碳化物公司,这是其拥有全部产权的一家子公司,另一家子公司在本国西弗吉尼亚州。由此,美国联合碳化物公司成功回避了本国限制生产有害物质的法律规定,并节约了大量环保费用以增加利润。该公司生产一种叫甲基异氰酸盐的气体,是制造农药西维因和涕灭威的原料。根据英国化学工业协会主席的声明,英国在70年代就已停止生产和贮存大量的甲基异氰酸盐了。博帕尔工厂却继续在生产这些化学剂。而且,美国联合碳化物公司采用"双重安全标准",即在博帕尔工厂和在本国西弗吉尼亚州的相同的联合碳化物公司,安全和监督有毒物的系统大不相同。该公司为了追逐暴利,在博帕尔工厂的设计方面没有采用美国公司同类企业中安装的应急预警计算机系统和储存化学毒剂的安全可靠场所。因此,博帕尔工厂是在既无预防措施,又无安全原则的条件下,生产着剧毒的甲基异氰酸盐。21℃时就成了气体。从储气罐中渗出的毒气通常会通过一个氢氧化钠涤气器进行中和成为无害气体,但压力增加的速度如此之快,以至于涤气器来不及中和这些跑出来的毒气。当这些致命毒气开始渗出时,人们正在熟睡中,毒气喷得人们难受得摇摇晃晃从床上起来,想要跑出这毒雾笼罩的地方,引起了一片惊慌。最终造成两千余人死亡。

惨案发生后,印度政府向受害者及死者家属提供了一定数量的紧急救济。随后,受害者和印度政府在美国纽约南部联邦地方法院向美国联合碳化物公司提起了总额约为31.2亿美元的索赔诉讼。美国法院于1986年5月作出裁决,声称事故发生在印度,美国法院为不方便法院,案件应由印度审理。1986年10月,印度博帕尔地区法院正式开庭审理此案。印度政府1986年11月22日正式向法院提出,要求该公司赔偿31.5亿美元。原告认为美国母公司对该惨案的发生负有不可推卸的责任。因为博帕尔工厂是由美国母公司设计的,没有安装它在美国的同类工厂要装的应急预警计算机系统;同时,这家公司没有就这种剧毒气体的危险性对住在工厂附近的居民发出过警告,而印度子公司的资产又根本无法满足原告的赔偿请求,美国母公司应对这一惨案的发生负直接责任。至1989年印度政府与美国联合碳化物公司达成赔偿协议,美国公司以赔偿4.7亿美元作为该事故的最后解决方案。但直至1994年,受害者才从美国联合碳化物公司获得4.5亿美元的赔偿。

1999年,美国联合碳化物公司开始并入美国道化学公司(Dow Chemical Corporation)的谈判,并于2001年2月完成合并事项,原美国联合碳化物公司的资产100%被道化学公司拥有,从此美国联合碳化物公司在世界上消失。

1999年博帕尔事故受害者根据美国《外侨侵权诉讼法》(*Alien Tort Claims Act*),以污染与健康损害为由向美国联邦法院纽约地区法庭提起集团诉讼请求;2000年8月凯南法官驳回这一诉讼请求,原告方再向联邦第二巡回法庭上诉,该庭裁定,沃伦·安德森与其公司应该负损害赔偿责任,并发回地区法庭重审。2003年3月,凯南法官再次驳回此诉讼请求。

2010年6月7日,在博帕尔惨案过去26个年头后,博帕尔地方法院宣布,8名被告在毒气泄漏灾难中犯有疏忽导致死亡等罪,各自将面临最高2年的有期徒刑,同时处以10万卢比罚金。在被宣布有罪的8名被告中,包括当时发生毒气泄漏的美国联合碳化物公司在博帕尔工厂的董事长马欣德拉和其他几名管理人员。其中1名被告已经死亡。除了判决过迟过轻,更令受害者不满的是,此次被判有罪的8人皆为联合碳化物(印度)有限公司的印度籍员工,而其母公司美国联合碳化物公司及其高层却置身事外。

案例二：

欧盟法院(ECJ)Turner v. Grovit(2004)案

Turner先生以不公正和错误的解雇为由，将Grovit先生和其他人告到了英国的雇佣法庭。被告提出管辖异议，被法庭驳回。被告认为，他与Turner先生终止雇佣关系时，其雇佣的地点是在西班牙，而不是在英国，因此，英国法庭对该案没有管辖权。于是，被告向雇佣法庭的上诉法庭（即英国的 The Employment Appeal Tribunal）提出上诉。后来也败诉。该管辖权问题解决之后，尽管仍可以再上诉，雇佣法庭还是根据Turner先生的实体请求，作出了裁决，裁决由被告给予损害赔偿。

之后，被告在西班牙法院又提起了诉讼，认为Turner先生没有适当履行其职责。被告在西班牙法院的诉讼请求数额超过了Turner先生在英国法院提出的索赔额。Turner先生拒绝接受西班牙法院的诉讼文书，且对西班牙马德里法院的管辖权提出抗议，并拒不参加诉讼。Turner先生以被告滥用诉讼程序在西班牙提起诉讼为由，申请（英国）法院对该被告签发禁诉令。法院根据其单方的申请，签发了禁诉令，但不久法官撤销了该禁令。于是Turner先生向英国上诉法院上诉，并获得了上诉法院的支持。上诉法院的理由是，被告在西班牙的诉讼已构成滥用诉讼程序。除此之外，还有一个理由，即英国法院是先诉法院，根据《布鲁塞尔公约》第21条的规定，它对被告在西班牙法院提出的诉讼请求具有排它的管辖权。于是被告上诉到英国的上议院。英国上议院的判决由Hobhouse大法官作出。该判决清楚地表明，假如需要判决的问题只有一个，上诉法院的判决应当维持。但是，上议院决定将下面的问题提交欧盟法院(ECJ)裁决："若被告为了挫败或阻止在英国提起的正当诉讼，而以恶意向另一个缔约国法院提起诉讼或以提起该诉讼相威胁时，英国法院向该被告签发限制令(restraining orders)是否违反《布鲁塞尔公约》的规定？"

欧盟法院的答复称，该公约不允许签发这样的禁令，由某缔约国法院禁止其案件的一方当事人向其他缔约国法院提起诉讼或禁止其继续进行该诉讼。即使该当事人为了挫败对方的诉讼而进行恶诉，也是如此。对英国上议院提出的理由，欧盟法院完全不予接受。从下面引述的关键段落,可以看出欧盟法院的理由:"24.……该公约应当建立在互信的基础上,各缔约国应当尊重其他缔约国的法律制度和司法机构。正是这种互信才确立了强制管辖制度……

……

25.在该公约的适用范围内,该公约确立的管辖原则对所有缔约国都适用。解释和适用该管辖原则,对每个缔约国的法院都具有同样的效力,这是互信原则的必然要求。……

26.同样,除少数特殊情况外……该公约不允许一个缔约国法院审查另一个缔约国法院的管辖权……

27.但是,一个法院以惩罚作后盾,限制一方当事人在另一个缔约国法院提起诉讼或限制其继续诉讼的行为,危害了其他缔约国法院解决争议的管辖权。禁止索赔人提起此种诉讼的任何禁令,都应当视为干涉了外国法院的管辖权,不符合该公约的规定。

28.尽管向本院(欧盟法院)提出该问题的法院(即英国法院)已经作出了解释,认为,这种干涉是间接的,目的是为了防止被告在国外滥用诉讼程序,法院所作出的判决也仅仅是对被告在外国起诉的正当性进行评价,但即便如此,也不能证明这种干涉的正当性。法院的这种评价,违反了互信原则和禁止一国法院审查其他缔约国法院管辖权的原则。互信是该公约存在的基础。

29.即使禁令仅仅是为保护其诉讼程序的完整性而采取的一种程序性措施,且其本身属于内国法,但也需要注意:即使是适用国内程序法的规定,也不允许损害布鲁塞尔公约的效力。

30.有人认为,签发禁诉令有助于实现该公约的目的,即减少相互矛盾的判决、避免重复诉讼。这种理由也不能成立。第一,在解决某些未决案件(lis alibi pendens)时,采取这样的措施会使该公约确立的某些制度丧失作用;第二,容易引起某些冲突,而对这些冲突,该公约并没有相应的解决机制。不能排除这种可能性,即使缔约国签发了禁诉令,另一个缔约国法院还会作出裁决。同样,还有这样一种可能性也不能排除,即两个缔约国法院都签发了禁诉令,这两个禁诉令之间也可能相互冲突。"

【延伸阅读】

一、案例

1. 1947 年的海湾石油公司案
2. 1981 年 Piper Aircraft Co. v. Reyno 案
3. 欧盟法院(ECJ)Grasser v. MISAT(2004)案
4. 巴罗达女土邦主诉王尔德斯坦案 The Maharance of Baroda v. Wildenstein (1972)

二、学术论文、专著(权威论著)

1. 李旺著:《国际诉讼竞合》,中国政法大学出版社 2002 年版。
2. 徐卉著:《涉外民商事诉讼管辖权冲突研究》,中国政法大学出版社 2001 年版。
3. 沈达明编著:《比较民事诉讼法初论》(上册),中国法制出版社 2002 年版。
4 杨良宜、杨大明:《禁令》,中国政法大学出版社 2000 年版。
5. Friedrich K. Juenger, "Forum Shopping Domestic and International", 63 Tulane L R ,1989.
6. 张淑钿:《涉港民事管辖权冲突解决机制的重构》,载《法学论坛》2011 年第 6 期。

三、网络链接

http://ies.cass.cn/Article/cbw/ozfl/

http://en.wikipedia.org/wiki/Bhopal_disaster

第四节 我国的国际民事管辖权的规定

【知识背景/点】

一、我国关于国际民事诉讼管辖权的确定

2012年8月31日,全国人民代表大会常务委员会关于修改《中华人民共和国民事诉讼法》的决定经十一届全国人大常委会第二十八次会议通过,自2013年1月1日起施行。此前实施的《民事诉讼法》是1991年由七届人大四次会议通过的,经2007年修改后的《民事诉讼法》。此次修改是经过长期的酝酿和讨论后的产物,对实践中产生出的诸多程序性问题进行了适时的调整与回应,其中也有部分关于涉外案件管辖问题的修改。

(一)级别管辖

根据《民事诉讼法》第17条、第18条的规定,一般的涉外民事案件,应以基层人民法院为第一审法院,重大的涉外(国际)民事案件,应以中级人民法院为第一审法院。

2002年《最高人民法院关于涉外民商事案件诉讼管辖若干问题的规定》(以下简称《规定》)对旧《民事诉讼法》第19条所规定的涉外民商事案件诉讼管辖的问题作了详细的解释。因新《民事诉讼法》未对该第19条内容进行修改,故该《规定》继续有效,其内容主要如下:

第1条"第一审涉外民商事案件由下列人民法院管辖:(一)国务院批准设立的经济技术开发区人民法院;(二)省会、自治区首府、直辖市所在地的中级人民法院;(三)经济特区、计划单列市中级人民法院;(四)最高人民法院指定的其他中级人民法院;(五)高级人民法院。上述中级人民法院的区域管辖范围由所在地的高级人民法院确定。"

第2条"对国务院批准设立的经济技术开发区人民法院所作的第一审判决、裁

定不服的,其第二审由所在地中级人民法院管辖。"

第3条"本规定适用于下列案件:(一)涉外合同和侵权纠纷案件;(二)信用证纠纷案件;(三)申请撤销、承认与强制执行国际仲裁裁决的案件;(四)审查有关涉外民商事仲裁条款效力的案件;(五)申请承认和强制执行外国法院民商事判决、裁定的案件。"

第4条"发生在与外国接壤的边境省份的边境贸易纠纷案件,涉外房地产案件和涉外知识产权案件,不适用本规定。"

第5条"涉及香港、澳门特别行政区和台湾地区当事人的民商事纠纷案件的管辖,参照本规定处理。"

第6条"高级人民法院应当对涉外民商事案件的管辖实施监督,凡越权受理涉外民商事案件的,应当通知或者裁定将案件移送有管辖权的人民法院审理。"

此外,根据《最高人民法院关于适用〈中华人民共和国海事诉讼特别程序法〉若干问题的解释》第1条的规定,海事纠纷案件由海事法院作为一审法院进行管辖,其上诉审法院为各海事法院所在省、自治区、直辖市的高级人民法院。

(二)地域管辖

我国民事诉讼法与世界各国的民事诉讼法在确定地域管辖的依据上基本是一样的,主要根据两个因素来确定地域管辖:一是诉讼当事人的所在地与法院辖区的联系;二是诉讼标的、诉讼标的物所在地或者法律事实发生地与法院辖区之间的联系。前者即普通地域管辖,后者为特殊地域管辖。

1.普通地域管辖

普通地域管辖又称一般地域管辖,我国民事诉讼法与大多数国家一样,主要是以"原告就被告",即以被告住所地作为管辖的依据,原告住所地为管辖依据则是普通地域管辖的例外。

《民法通则》第15条规定:"公民以他的户籍所在地的居住地为住所,经常居住地与住所不一致的,经常居住地视为住所。"《最高人民法院关于贯彻执行〈中华人民共和国民法通则〉若干问题的意见》第9条规定:"公民离开住所地最后连续居住一年以上的地方,为经常居住地。但住医院治病的除外。"

根据我国《民事诉讼法》第20条的规定,对公民、法人或其他组织提起民事诉讼,由被告住所地人民法院管辖。以公民为被告时,如其住所地与经常居住地不一致时,由经常居住地人民法院管辖。此外,我国《民事诉讼法》第22条还对某些特殊的民事案件①作了"被告就原告"的例外规定。这些同样也是我国法院行使涉外民事管辖权的根据,即只要国际民事案件中的被告住所地或经常居住地在我国境内,我国法院就有管辖权。对符合第22条规定的案件,则可由原告住所地的中国法院管辖。

2. 特殊地域管辖

特殊地域管辖,主要是指依据一些诉讼的特殊情况,按照一般地域管辖的规定不便于当事人进行诉讼和法院行使审判权而设立的。基于"两便原则",即便于当事人经济、快速地进行诉讼,便于法院更好地审判、合理配置资源,《民事诉讼法》第23条至第32条对10种特殊类型的案件②,进行了管辖的特别规定。不过,这些特殊地域管辖的情形并不排斥一般地域管辖的适用。除了海难救助费用提起的诉讼以及因共同海损提起的诉讼外,另外8种诉讼均允许被告住所地法院与法律事实所在地、诉讼标的物所在地法院进行共同管辖,从而使多个法院对同一案件有共同管辖权。

由此,当被告住所地不在我国境内时,只要案件符合以上特征,我国法院就可以依特殊的地域标准行使管辖权。例如,因侵权行为提起的诉讼,即便被告住所地位于境外,侵权行为地人民法院仍可以进行管辖。

此外,《民事诉讼法》第四编"涉外民事诉讼程序的特别规定"第259条规定:"在中华人民共和国领域内进行涉外民事诉讼,适用本编规定。本编没有规定的,适用本法其他有关规定。"在第四编中,还有关于合同纠纷的专门规定:

---

① 主要包括:对不在中华人民共和国领域内居住的人提起有关身份关系的诉讼;对下落不明或者宣告失踪的人提起有关身份关系的诉讼;对被采取强制性教育措施的人提起的诉讼;对被监禁的人提起的诉讼。

② 分别是:因合同纠纷提起的诉讼,因保险合同纠纷提起的诉讼,因票据纠纷提起的诉讼,因公司设立、确认股东资格、分配利润、解散等纠纷提起的诉讼,因铁路、公路、水上、航空运输和联合运输合同纠纷提起的诉讼,因侵权行为提起的诉讼,因铁路、公路、水上和航空事故请求损害赔偿提起的诉讼,因船舶碰撞或者其他海事损害事故请求损害赔偿提起的诉讼,因海难救助费用提起的诉讼,因共同海损提起的诉讼。

"第二百六十五条 因合同纠纷或者其他财产权益纠纷,对在中华人民共和国领域内没有住所的被告提起的诉讼,如果合同在中华人民共和国领域内签订或者履行,或者诉讼标的物在中华人民共和国领域内,或者被告在中华人民共和国领域内有可供扣押的财产,或者被告在中华人民共和国领域内设有代表机构,可以由合同签订地、合同履行地、诉讼标的物所在地、可供扣押财产所在地、侵权行为地或者代表机构住所地人民法院管辖。"

(三)专属管辖

当今各国为了保护本国国家与当事人的利益,通常都将涉及国家的重大政治、经济利益的法律关系列入自己的专属管辖范围,我国也不例外。《民事诉讼法》第266条规定:"因在中华人民共和国履行中外合资经营企业合同、中外合作经营企业合同、中外合作勘探开发自然资源合同发生纠纷提起的诉讼,由中华人民共和国人民法院管辖。"《民事诉讼法》第33条还规定以下3种案件为专属管辖:(1)因不动产纠纷提起的诉讼,由不动产所在地人民法院管辖;(2)因港口作业中发生纠纷提起的诉讼,由港口所在地人民法院管辖;(3)因继承遗产纠纷提起的诉讼,由被继承人死亡时住所地或者主要遗产所在地人民法院管辖。

2008年《最高人民法院关于适用〈中华人民共和国民事诉讼法〉审判监督程序若干问题的解释》第14条规定:"违反专属管辖、专门管辖规定以及其他严重违法行使管辖权的,人民法院应当认定为民事诉讼法第一百七十九条第一款第(七)项规定的'管辖错误'。"从而进一步强调了专属管辖的权威性,有助于维护专属管辖的不可变更性。

1. 不动产纠纷

目前,在我国大陆地区的司法实践中,凡涉及不动产的案件,均严格依照法律条文的字面规定,由不动产所在地法院专属管辖。该专属管辖在涉外民商事争议领域同样适用。虽然如此管辖有利于案件的迅速处理和执行,但是因未充分照顾某些不动产案件的特殊性,实践中,有可能对债权人行使权利造成明显的不便。有学者建议区分纠纷的性质,对于涉及不动产自身的纠纷,如不动产质量纠纷、不动产相邻权纠纷等由不动产所在地法院专属管辖,但其他与不动产仅有牵连关系的纠纷,如房屋中介纠纷、购房款纠纷等,则不应一概由不动产所在地法院管辖。具体而言,在后种类型的案件中,法官往往无须对不动产本身进行调查,且不动产可能位于原被告住所地以外的地方,一概要求当事人前往不动产所在地法院起诉,实有悖于两便原则。因此,对涉及不动产的案件的管辖问题,不应过分笼统,宜以案件纠纷的性质来确定管辖法院。

2. 港口作业纠纷

《民事诉讼法》明确将港口作业纠纷规定为专属港口所在地人民法院管辖,《海事诉讼特别程序法》第7条亦规定其为港口所在地海事法院管辖的案件。不过,依据特别法优于普通法的规则,因沿海港口作业纠纷提起的诉讼,应由港口所在地海事法院专属管辖。这两部立法反复强调"港口所在地",其实主要也是为了调查取证、采取保全措施以及执行的便利。

港口作业纠纷主要有两类:一是在港口进行货物装卸、驳运、保管等作业中发生的纠纷;二是船舶在港口作业中,由于违章操作损坏港口设施,或损害他人人身或者财产的纠纷。实践中,港口作业纠纷以涉外侵权纠纷居多。尽管此时侵权行为地一般与港口所在地重合,基于专属管辖的特殊性,港口作业侵权纠纷案件仍应接受专属管辖,而非《民事诉讼法》第28条所规定的侵权纠纷的一般管辖规则。

3. 遗产继承纠纷

《继承法》第3条规定:"遗产是公民死亡时遗留的个人合法财产。"遗产继承纠纷通常较其他民事案件更加复杂,通说认为只有由被继承人住所地法院或主要遗产所在地法院专属管辖,才能最大限度地保障当事人的权益。并且,这也是多数国家立法的选择。

详言之,遗产继承纠纷牵涉的问题十分庞杂,包含被继承人立遗嘱时的民事行为能力状况、被继承人死亡的时间、继承人对被继承人的赡养情况、遗产的种类和数额等问题。而在通常情况下,住所与人的联系十分密切,住所所在地往往也是人们主要财产的所在地,故住所地法院便于查明案件的有关情况。目前,绝大多数国家均以住所为继承案件的管辖基础,有些国家还进一步细化了继承诉讼的种类。如日本民事诉讼法区分了关于继承权或遗留份额的诉讼、关于遗赠或因死亡而应生效的行为的诉讼、关于继承债权或继承财产的负担的诉讼。不过,实践中依然有不少住所地与主要遗产所在地相分离的情况。例如,资产颇巨的人士对于资产管理的安全性与流动性的考虑远远高于普通收入阶层,他们很可能会不远万里地将主要财产集中于银行信誉高或投资环境与法制环境良好的国家,并进行资产管理,但并不将住所设立于此。在该类跨国的遗产继承案件中,就遗产状况的查明、判决的承认与执行等问题而言,主要遗产所在地国家法院作为管辖法院,比住所地法院具有更加明显的优势。

在我国的司法实践中,对于"主要遗产所在地"的认定主要依循以下规则:首先,遗产中有动产和不动产的,一般以不动产所在地为主要遗产所在地。① 其次,遗产为同类财产的,以财产的数量和价值来确定。例如,在存款继承纠纷中,存款地应为主要遗产地,存款在不同的地方,数量最多的存款地为主要遗产所在地。而对家具、家用电器等动产继承发生纠纷,财产相对集中的放置地为主要遗产地。

第33条第3款中"被继承人死亡时住所地或者主要遗产所在地人民法院管辖"的表达,给了当事人一定的选择空间。发生继承纠纷后,当事人可在上述有管辖权的法院之中选择其中之一提起诉讼。当主要遗产所在地不易确定时,当事人可在被继承人死亡时的住所地法院起诉。

(四)协议管辖

协议管辖是意思自治原则在管辖中的体现,折射出立法者对公民选择管辖法院的自由的尊重。

修订以前的《民事诉讼法》在第242条规定了明示的协议管辖,"涉外合同或者涉外财产权益纠纷的当事人,可以用书面协议选择与争议有实际联系的地点的法院管辖。选择中华人民共和国人民法院管辖的,不得违反本法关于级别管辖和专属管辖的规定"。第243条规定了默示的协议管辖,"涉外民事诉讼的被告对人民

---

① 《民事诉讼法》第33条第1款不动产专属管辖与第3款继承专属管辖的内容,在遗产为不动产时,存在适用冲突的问题。一种观点认为,不动产继承纠纷与不动产纠纷是特殊与一般的关系,故不动产继承纠纷应由不动产所在地法院管辖。另一种观点认为,不动产继承纠纷是继承遗产纠纷中的一种,故应由被继承人死亡时住所地或者主要遗产所在地人民法院管辖。从字面意义上看,既然第3款"继承遗产纠纷"并非"继承动产遗产纠纷",便应自然地理解为适用于不动产继承纠纷。不过,在司法实践中,鉴于不动产遗产所在地法院审理案件时的明显优势,通常不动产继承纠纷皆由不动产所在地法院进行管辖。

法院管辖不提出异议,并应诉答辩的,视为承认该人民法院为有管辖权的法院"。

虽然修订后的《民事诉讼法》在第四编中删除了涉外协议管辖的所有内容,但是这并非意味着剥夺涉外案件当事人进行协议管辖的权利。根据该法第259条的规定:"在中华人民共和国领域内进行涉外民事诉讼,适用本编规定。本编没有规定,适用本法其他有关规定",由此,本适用于国内案件的第34条[①]、第127条第2款[②]便自然可以适用于涉外案件,从而继续保留了涉外协议管辖。不过,涉外协议管辖的内容却已是今非昔比。对于涉外案件的当事人而言,原第242条允许其选择任何"与争议有实际联系的地点的法院",如今的第34条仅允许其选择"与争议有实际联系的地点的人民法院"。"法院"到"人民法院"的转变,直接将当事人的选择范围从"与争议有实际联系的"任何国家的法院限制为大陆地区的法院。在各国对涉外协议管辖愈加重视和保障的趋势之下,我国的此次调整实在耐人寻味。

(五)特殊涉外事项管辖

最高人民法院于2001年7月17日发布了《关于审理涉外计算机网络域名民事纠纷案件适用法律若干问题的解释》。该解释第2条规定了涉外网络事项管辖权问题:"涉外域名的侵权纠纷案件,由侵权行为地或者被告住所地的中级人民法院管辖。对难以确定侵权行为地和被告住所地的,原告发现该域名的计算机终端设备所在地可以视为侵权行为地。"

该解释还对涉外域名管辖权进行了界定:"涉外域名纠纷案件包括当事人一方或者双方是外国人、无国籍人、外国企业或国际组织,或者域名注册地在外国的域名纠纷案件。在中华人民共和国领域内发生的涉外域名纠纷案件,依照民事诉讼法第四编的规定确定管辖。"

[①] 第34条规定:"合同或者其他财产权益纠纷的当事人可以书面协议选择被告住所地、合同履行地、合同签订地、原告住所地、标的物所在地等与争议有实际联系的地点的人民法院管辖,但不得违反本法对级别管辖和专属管辖的规定。"

[②] 第127条第2款规定:"当事人未提出管辖异议,并应诉答辩的,视为受诉人民法院有管辖权,但违反级别管辖和专属管辖规定的除外。"

二、我国对于国际民事诉讼管辖权冲突的态度

最高人民法院《关于适用〈中华人民共和国民事诉讼法〉若干问题的意见》（以下简称《意见》）第306条规定："中华人民共和国人民法院和外国法院都有管辖权的案件，一方当事人向外国法院起诉，而另一方当事人向中华人民共和国人民法院起诉的，人民法院可予受理。判决后，外国法院申请或者当事人请求人民法院承认和执行外国法院对本案作出的判决、裁定的，不予准许；但双方共同参加或者签订的国际条约另有规定的除外。"第15条规定："中国公民一方居住在国外，一方居住在国内，不论哪一方向人民法院提起离婚诉讼，国内一方住所地的人民法院都有权管辖。如国外一方在居住国法院起诉，国内一方向人民法院起诉的，受诉人民法院有权管辖。"由此，如果中国法院和外国法院对同一案件都有管辖权，则允许平行诉讼的存在。人民法院可以受理另一方当事人的起诉，而不问一方当事人是否已在他国法院起诉，或者他国法院是否已经接受起诉并正在进行审理。进言之，即使外国法院已经对此案件作出了终审判决，也不影响中国法院依一方当事人的起诉而受理此案。不少学者认为，中国法院作出判决后，外国法院申请或者当事人请求人民法院承认和执行外国法院对本案作出的判决、裁定的，也不应准许。

然而，在国内民事诉讼中，中国法律对于"平行诉讼"问题的态度却截然相反。《民事诉讼法》第35条规定："两个以上人民法院都有管辖权的诉讼，原告可以向其中一个人民法院起诉；原告向两个以上有管辖权的人民法院起诉的，由最先立案的人民法院管辖"，这与修订前的第33条完全一致。《意见》第33条还规定："两个以上人民法院都有管辖权的诉讼，先立案的人民法院不得将案件移送给另一个有管辖权的人民法院。人民法院在立案前发现其他有管辖权的人民法院已先立案的，不得重复立案，立案后发现其他有管辖权的人民法院已先立案的，裁定将案件移送给先立案的人民法院"。可见，我国立法对于国内民事诉讼中的平行诉讼明确持否定态度，这与立法中反映出的支持国际民事诉讼中的平行诉讼的立场截然相反。

在中国与其他国家缔结的双边司法协助条约中，对平行诉讼问题主要有两种不同的处理方式。多数双边条约规定，在提出司法协助请求时，如果被请求国对于相同当事人就同一标的案件正在进行审理，就可以拒绝承认与执行外国法院的判

决。依此规定,只要有关诉讼正在被请求国审理,无论被请求国法院和作出判决的法院谁先受理诉讼,被请求国均可拒绝承认与执行对方法院的判决。而根据中国与意大利、蒙古等国缔结的司法协助条约的规定,被请求国法院不能因为案件正在由其审理而当然地拒绝承认与执行外国法院的判决,只有在被请求国法院比作出判决的外国法院先受理该诉讼时,才能拒绝承认与执行外国法院的判决。在这两种方式之中,前者对于外国的判决过于冷漠,后者则体现了先受诉法院管辖的规则,更为可取,有利于国际管辖权的协调与合作。

三、我国参加的有关国际条约

为了解决各国在司法管辖权方面的冲突,国际上曾缔结了许多含有管辖权条款的国际条约和一些专门解决某个方面管辖权问题的国际条约。1949年以来,我国先后参加了其中的一些条约:1953年参加了《国际铁路货物联运协定》、1958年参加了《统一国际航空运输某些规则的公约》、1980年参加了《国际油污损害民事责任公约》。此外,在我国与有关国家签订的一系列双边司法协助协定中也有关于涉外民事管辖权的规定。

(一)《国际铁路货物联运协定》(Agreement on International Railroad through Transport of Goods)

《国际铁路货物联运协定》简称《国际货协》,是于1951年11月由原苏联、捷克、罗马尼亚、东德等8个国家共同签订的一项铁路货运协定。1954年1月我国参加后,朝鲜、越南、蒙古也陆续加入。《国际货协》是缔约各国发货人、收货人以及过境办理货物联运所共同遵循的基本文件,共设8章40条。其主要内容包括:"适用范围""运输契约缔结""托运人的义务和权利""承运人权利和义务""赔偿请求与诉讼时效"等。

《国际货协》第29条规定,凡有权向铁路提出赔偿请求的人即有权根据运送契约提起诉讼。这种诉讼只能向受理赔偿请求的铁路国的适当法院提出。

(二)《统一国际航空运输某些规则的公约》(Convention For The Unification of Certain Rules For International Carriage By Air)

1929年9月12日《统一国际航空运输某些规则的公约》,订于波兰华沙,简称《华沙公约》。公约于1933年2月13日生效,后经多次修改。我国于1957年7月加入,1958年10月公约对我国生效。1976年,我国加入了修订该公约的议定书。该公约主要内容包括航空运输的业务范围,运输票证、承运人的责任、损害赔偿标准等,形成了国际航空运输上的"华沙体系"。

《华沙公约》适用于所有以航空器运送旅客、行李或货物而收取报酬的国际运输,以及航空运输企业以航空器办理的免费运输。公约规定,承运人对旅客因死亡、受伤或身体上的任何其他损害而产生的损失,对于任何已登记的行李或货物因毁灭、遗失或损坏,以及对旅客、行李或货物在航空运输中因延误而造成的损失承担责任。根据第28条的规定,一旦发生这些方面的追索损害赔偿的诉讼,原告有权在一个缔约国的领土内,向承运人的住所地法院、承运人的主营业地法院、订立合同的承运人机构所在地法院、目的地法院提出。

为了使《华沙公约》及其相关文件与时代发展同步并逐步实现一体化,国际民航组织(ICAO)于1999年5月起定稿了《统一国际航空运输某些规则的公约》,简称《蒙特利尔公约》并于2003年11月4日正式生效。经我国立法机构批准该公约并提交批准书后,《蒙特利尔公约》已于2005年7月在我国正式生效。

1999年蒙特利尔公约,在第33条第1款中沿用了《华沙公约》所规定的4种管辖法院,但在第2款中增加了第5种管辖权。其第33条第2款规定:"对于因旅客死亡或者伤害而产生的损失,诉讼可以向本条第一款所述的法院之一提起,或者在这样一个当事国领土内提起,即在发生事故时旅客的主要且永久居所在该国领土内,并且承运人使用自己的航空器或者根据商务协议使用另一承运人的航空器经营到达该国领土或者从该国领土始发的旅客航空运输业务,并且在该国领土内该承运人通过其本人或者与其有商务协议的另一承运人租赁或者所有的处所从事其旅客航空运输经营。"

(三)《国际油污损害民事责任公约》(*International Convention on Civil Liability for Oil Pollution Damage*)

该公约是1969年在布鲁塞尔签订的,我国已于1980年加入该公约。根据公约的规定,此种损害如在一个或若干个缔约国领土(包括领海)内发生,或在上述领土(或领海)内采取了防止或减轻油污损害预防措施的情况下,有关的赔偿诉讼便只能向上述的一个或若干个缔约国的法院提出。每一个缔约国都应保证它的法院具有处理上述赔偿诉讼的必要管辖权。

经国务院批准,我国于1999年1月5日向国际海事组织交存了《〈1969年国际油污损害民事责任公约〉1992年议定书》(以下简称《1992年责任议定书》)加入书,成为该议定书的缔约国。根据议定书第13条第4款的规定,该议定书已于2000年1月5日对我国生效。较之1969年《国际油污损害民事责任公约》,《1992年责任议定书》大幅度地提高了船东的赔偿责任限额,简化了修改责任限额的程序并扩大了有关船舶、地理和预防措施的适用范围。

根据国际法中"条约必须信守原则"和我国《民事诉讼法》第260条关于"中华人民共和国缔结或者参加的国际条约同本法有不同规定的,适用该国际条约的规定,但中华人民共和国声明保留的条款除外"的规定,我国在处理有关涉外民事案件的管辖权时,应当优先遵循上述公约的有关规定。

【案例裁决/法律文书摘录】

案例一:

上海市高级人民法院民事裁定书

(2010)沪高民五(商)

上诉人(原审原告)赖某,男,汉族,某年某月某日出生,住中华人民共和国某市。

上诉人(原审原告)刘某,女,汉族,某年某月某日出生,住中华人民共和国某市。

委托代理人杨某,男,汉族,某年某月某日出生,住中华人民共和国某市。

被上诉人(原审被告)荷兰银行有限公司(ABN AMRO BANK N.V.),住所地 GUSTAv. MAHLERLAAN 10,1082 PP AMSTERDAM,THE NETHERLANDS。

委托代理人关某,某律师事务所上海分所律师。

委托代理人武某,某律师事务所上海分所律师。

上诉人赖某、上诉人刘某因与被上诉人荷兰银行有限公司财产损害赔偿纠纷一案,不服上海市第一中级人民法院(2010)沪一中民六(商)初字第6号民事裁定,向本院提起上诉。本院受理后,依法组成合议庭审理了本案。本案现已审理终结。

原审法院审理查明:2007年7月24日,赖某、刘某与荷兰银行有限公司签订《个人外汇及衍生品交易主协议》一份,该协议第13条第(15)款b项明确约定:关于任何起诉、诉讼或与此协议相关的诉讼程序以及为了银行自身的利益,合约方应不可撤销地将有关诉讼提交香港法院裁决,但并不限制银行将诉讼提交到任何其他的司法辖区。

原审法院受理本案后,荷兰银行有限公司在提交答辩状期间对管辖权提出异议,其认为:(1)就本案争议事实,赖某、刘某和荷兰银行有限公司明确约定由香港特别行政区法院排他性管辖。现赖某、刘某提出的诉讼请求及其所主张的事实均与双方签订的《个人外汇及衍生品交易主协议》有关。根据该协议的约定,赖某、刘某提出的与该协议有关的任何诉讼均应由香港特别行政区法院管辖,故本案应驳回赖某、刘某的起诉。(2)赖某、刘某任意曲解合同行为,提出所谓侵权诉讼,企图通过改变诉由来恶意规避双方间合法有效的管辖约定。赖某、刘某主张荷兰银行有限公司存在欺诈及非法处分其证券资产两项侵权行为,前者涉及荷兰银行有限公司的签约行为,后者涉及荷兰银行有限公司的合同履行行为,上述行为均与合同履行有关,故本案并不存在所谓的请求权竞合,赖某、刘某故意将该合同行为曲解为侵权行为,以达到其规避双方间协议管辖的目的。(3)即使赖某、刘某提起的确为侵权之诉,根据我国民事诉讼法关于协议管辖优先适用的原则,本案纠纷亦应由双方约定的香港特别行政区法院管辖。(4)本案争议的交易产品系由香港金融管理局审批,交易合同的订立、履行等均发生在香港,双方又约定适用英国法律,故无论从本案事实的查明,还是法律适用等多方面考虑,本案均应由香港特别行政区法院管辖更为便利。

赖某、刘某认为:(1)本案系侵权纠纷。赖某、刘某是基于荷兰银行有限公司在与赖某、刘某签订合同之前违反法律规定从事欺诈的侵权行为,以及合同依法终止、双方间债权债务消灭后,荷兰银行有限公司非法处分、侵占赖某、刘某自有资产的侵权行为提起本案诉讼,上述侵权行为均非双方签署的《个人外汇及衍生品交易主协议》约定范围内的事项。(2)即使本案系合同纠纷,也是基于《开户申请书》、《风险披露声明》、《条款与条件》、《ECP+协议》、《现金存款及证券质押协议》项下的合同纠纷,并非《个人外汇及衍生品交易主协议》项下的纠纷。(3)即使按照约定管辖原则确定本案管辖权,也应当按照《现金存款及证券质押协议》的约定确定管辖,该协议中关于管辖的约定为非排他性的。(4)《个人外汇及衍生品交易主协议》中约定的管辖条款基于荷兰银行有限公司的欺诈行为、基于"公共秩序保留"原则及基于"公平、合理"等原则应认定无效。(5)《个人外汇及衍生品交易主协议》中约定适用英国法律,根据英国法律的相关规定,该主协议中约定的管辖条款应认定为无效。

原审法院经审理认为:赖某、刘某和荷兰银行有限公司签订的《个人外汇及衍生品交易主协议》中明确约定,赖某、刘某提起的任何与该协议有关的诉讼均应由香港特别行政区法院管辖,该管辖约定具有明显的排他性,且合法有效。赖某、刘某虽主张其诉请的侵权行为不属于双方签订的《个人外汇及衍生品交易主协议》约定的权利义务范围,但其诉请所主张的侵权事实显然是由于与荷兰银行有限公司签订了上述《个人外汇及衍生品交易主协议》而引发的,故本案无论是合同纠纷还是侵权之诉,都会涉及对双方签订的《个人外汇及衍生品交易主协议》的效力及履行情况进行审查和认定,故赖某、刘某提起的本案诉讼无论是合同违约之诉,还是侵权之诉,均应由香港特别行政区法院管辖。

赖某、刘某另称,本案管辖权应根据其提交的《现金存款及证券质押协议》中约定的非排他性管辖条款确定,对此,法院注意到,赖某、刘某递交的诉状中所陈述的其提起本案诉讼所依据的事实和理由中并未涉及该《现金存款及证券质押协议》。此外,《个人外汇及衍生品交易主协议》与《现金存款及证券质押协议》系主、从合同关系,根据主合同与从合同约定的管辖条款不一致的,以主合同确定管辖的原则,本案管辖应根据《个人外汇及衍生品交易主协议》约定的管辖条款确定。

赖某、刘某另主张,根据英国法律,《个人外汇及衍生品交易主协议》约定的排他性管辖条款应为无效。对此,法院认为,管辖权的确定属于程序性问题,对于程序性问题的争议,应适用法院地法。双方当事人在《个人外汇及衍生品交易主协议》中虽选择适用英国法律作为准据法,但该准据法仅为实体法,并不包括冲突法和程序法,故对赖某、刘某提出的该辩称意见,法院不予采纳。

据此,一审法院认为荷兰银行有限公司提出的管辖异议成立,一审法院对本案不具有管辖权,赖某、刘某的起诉应予驳回。依照《中华人民共和国民事诉讼法》第244条和最高人民法院《关于适用〈中华人民共和国民事诉讼法〉若干问题的意见》第139条第1款之规定,裁定驳回赖某、刘某的起诉。案件受理费人民币142385元全额退还赖某、刘某;财产保全费人民币5000元,由赖某、刘某负担。

上诉人赖某、上诉人刘某不服一审裁定,向本院提起上诉称:(1)一审裁定错漏基本事实。两上诉人与荷兰银行有限公司存在六份协议,一审仅认定其中一份枝节性协议有关管辖权条款的约定,系认定事实根本错误。一审裁定没有正确理解双方之间的交易流程及相应的六份协议之间的勾稽关系,误解、颠倒了六份协议之间的主次关系。本案是《条款与条件》、《ECP+协议》、《现金存款及证券质押协议》、《开户申请书》、《风险披露声明》项下争议,并非《个人外汇及衍生品交易主协议》项下争议,一审对两上诉人起诉的与《个人外汇及衍生品交易主协议》毫无关联的事实视而不见。(2)一审裁定适用法律错误。作为"可供扣押财产所在地"的一审法院毫无疑问对本案是有管辖权的。综上,两上诉人请求二审法院依法撤销一审裁定,裁定一审法院对本案有管辖权。

本院认为,赖某、刘某与荷兰银行有限公司签订的《个人外汇及衍生品交易主协议》有关适用法律和司法管辖权条款明确约定:(a)此协议适用于英国法律,并相应由英国法律解释;(b)关于任何起诉、诉讼或与此协议相关的诉讼程序以及为了银行自身的利益,合约方不可撤销地将有关诉讼提交给香港法院裁决,且搁置在任何时候都可能会有的对在任何这样的法院的诉讼程序地点选择的反对意见,限制对认为在一个不方便的法庭进行的这样的诉讼程序的任何主张,并进一步免除反对这样的法庭没有相应的与此诉讼程序相关的司法审判权的权力。协议中没有规定不许银行将此诉讼提交到任何其他的司法辖区,同时将此诉讼提交到另外一个或多个司法辖区也不会妨碍将诉讼提交到任何其他的司法辖区。上述约定系双方当事人的真实意思表示,合法有效,并具有明显的排他性。解析上述协议管辖之文义,双方无论发生合同纠纷还是侵权之诉均无法脱离该协议之管辖约定,因此,在两上诉人与荷兰银行有限公司就适用法律和司法管辖权有明确约定的情况下,双方一旦发生争议就应当提交约定的香港特别行政区法院管辖,故一审法院作出其无管辖权之认定并无不当,本院予以支持。

从法律适用上,根据《中华人民共和国民事诉讼法》第242条之规定,涉外合同或者涉外财产权益纠纷的当事人,可以用书面协议选择与争议有实际联系的地点的法院管辖。本案中,虽然两上诉人抗辩本案之诉与《个人外汇及衍生品交易主协议》无涉,但是其起诉主张的事实显然与该协议密不可分,故其提起的虽为侵权之诉而非合同之诉,但仍不可避免地涉及对《个人外汇及衍生品交易主协议》的审查认定问题,根据该协议管辖条款之约定,显然本案应由香港特别行政区法院管辖。因此,一审法院对本案不具有管辖权。依照《中华人民共和国民事诉讼法》第154条、第158条之规定,裁定如下:

驳回上诉,维持一审裁定。

本裁定为终审裁定

审判长　史伟东
代理审判员　熊雯毅
代理审判员　董　庶
二〇一〇年十月二十一日
书记员　乐　静

案例二:

北京市第一中级人民法院民事裁判书

(2010)一中民终字第09600号

中国某某总公司诉北京某某物业管理有限公司物业服务合同纠纷

上诉人(原审被告)中国某某总公司。
法定代表人刘某,总经理。
被上诉人(原审原告)北京某某物业管理有限公司。
法定代表人刘某,总经理。

上诉人中国某某总公司因与被上诉人北京某某物业管理有限公司物业服务合同纠纷一案,不服北京市西城区人民法院(2010)西民初字第186号民事裁定,向本院提起上诉。本院于2010年5月13日受理后,依法组成合议庭,公开审理了本案。

北京某某物业管理有限公司在一审中起诉称:自1999年5月起,被告将位于西城、朝阳、海淀等处的房屋委托原告进行物业管理,但被告一直拖欠物业管理费。故诉至法院,要求判令被告立即给付物业管理费及利息共计1002662元并承担诉讼费用。

一审法院向被告送达起诉状后,被告中国某某总公司在提交答辩状期间对管辖权提出异议,认为:本案诉争物业费涉及不动产,应由不动产所在地法院管辖,故北京市西城区人民法院对本案无管辖权。

一审法院经审查认为,物业服务合同属于债权纠纷,被告住所地或合同履行地法院均有管辖权,故西城法院对该案有管辖权。依照《中华人民共和国民事诉讼法》第24条、第38条之规定,裁定如下:

驳回被告中国某某总公司对本案管辖权提出的异议。

中国某某总公司不服一审裁定向本院上诉,上诉理由为:物业服务的内容是对不动产进行维护,为查明案件事实,应依据法律规定,由不动产所在地法院管辖。请求二审法院撤销一审裁定,将此案移送北京市朝阳区人民法院管辖。

本院经审查认为,因合同纠纷提起的诉讼,由被告住所地或合同履行地人民法院管辖。本案系因物业服务合同引起的纠纷,不属于法律规定的专属管辖范围,故应以被告住所地或合同履行地确定管辖。因本案上诉人住所地位于北京市西城区,故北京市西城区人民法院对此案具有管辖权。上诉人中国某某总公司的上诉理由,缺乏事实与法律依据,本院不予采信。一审法院裁定正确,本院予以维持。根据《中华人民共和国民事诉讼法》第24条、第154条、第158条之规定,裁定如下:

驳回上诉,维持原裁定。

一审案件受理费70元,由中国某某总公司负担(于本裁定生效之日起7日内交至一审法院)。

本裁定为终审裁定。

审判长　黄小燕

代理审判员　娄玉玲

代理审判员　梁　溯

二〇一〇年五月二十日

书记员　张洪占

案例三：

上海市第一中级人民法院民事判决书

（2013）沪一中民四（商）初

原告陈宏昌。

被告翁雅贞。

被告周发翊。

被告吴百勋。

原告陈宏昌诉被告翁雅贞、周发翊、吴百勋退伙纠纷一案，本院于2013年3月13日立案受理后，依法组成合议庭，于2014年6月11日对本案公开开庭进行了审理。原告陈宏昌的委托代理人，被告翁雅贞、周发翊的共同委托代理人到庭参加了诉讼。被告吴百勋经本院传票传唤，未到庭参加诉讼，本院依法缺席审理。本案现已审理终结。

原告陈宏昌诉称：2002年至2003年间，陈宏昌在翁雅贞和周发翊的游说下出资新台币1500万元（2007年增至2000万元新台币），与翁雅贞、周发翊在大陆合伙经营涵沛美容健身项目（以下简称"中国涵沛"），并陆续在上海、郑州、成都、沈阳、南京设立包含"涵沛"等字样、提供美容和/或健身服务的有限责任公司、分公司、个体工商户或其他经营实体。投资初期受大陆政策影响，上述经营实体均登记在大陆人名下。其中，2002年10月29日在上海设立上海涵沛女子美容健身有限公司（以下简称上海涵沛），系"中国涵沛"的总部。截至2011年"中国涵沛"的经营实体达到24家店。自2002年起，吴百勋担任"中国涵沛"总经理一职，负责"中国涵沛"在大陆的经营管理。2006年,在未经陈宏昌同意的情况下,翁雅贞、周发翊将吴百勋作为员工代表列为共同合伙人之一。自2008年起,三名被告不再向原告披露合伙经营状况,亦拒绝分配盈利。原告多次提出要求,均未果。后原告探知"中国涵沛"的实际投资数额远未达到8000万元新台币,遂于2010年1月提请台北地方法院检察署对翁雅贞、周发翊提起公诉。在侦查过程中,翁雅贞、周发翊和吴百勋均确认了合伙关系的存在,并确认陈宏昌在"中国涵沛"的持股比例为25%,以及"中国涵沛"在大陆的经营实体达到24家店。原告陈宏昌认为,其作为"中国涵沛"的合伙人,对于合伙事务的经营管理有参与、执行及监督的权利;同时,陈宏昌对于合伙经营积累的财产享有共同所有权,三被告不得剥夺。现三被告把持合伙事务,拒绝向陈宏昌披露合伙经营状况与分配盈利,并企图霸占合伙经营积累的财产,使得陈宏昌最初缔结合伙协议的目的无法实现,侵犯了陈宏昌的合伙人权益。为此,陈宏昌诉至本院,请求本院判令:(1)解除原告陈宏昌与被告翁雅贞、周发翊、吴百勋的合伙关系;(2)被告翁雅贞、周发翊、吴百勋将合伙中原告陈宏昌的财产份额人民币1100万元(暂计)退还原告陈宏昌;(3)三被告承担本案公证认证费、公告费。

被告翁雅贞辩称:(1)本案应适用"不方便法院原则",驳回原告起诉。本案当事人均为台湾地区居民,且均常住台湾地区,在大陆没有固定居所。陈宏昌向翁雅贞交纳新台币1500万元、翁雅贞与陈宏昌签署的《股权确认协议书》均发生在台湾地区。并且,当事人之间不存在选择人民法院管辖的协议,案件也不属于人民法院专属管辖,亦不涉及大陆公民、法人或者其他组织的利益,且人民法院受理案件在认定事实和适用法律方面存在重大困难。因此,台湾地区法院对本案享有管辖权且审理本案更加方便。(2)原告与各被告之间并不存在合伙关系,原告主张退出合伙,分得24家涵沛店财产之诉请依法不能成立。陈宏昌系从翁雅贞处受让翁雅贞对24家涵沛店隐名持有的部分股权。该24家涵沛店中,6家为有限责任公司,同为该6家公司隐名股东的陈宏昌与翁雅贞、周发翊显然就此不存在合伙关系,陈宏昌无权抽回出资;18家为个体工商户,登记在案外人名下,翁雅贞、周发翊系隐名投资。近年,翁雅贞身患重疾,已不再过问"中国涵沛"之经营管理事务。周发翊与陈宏昌地位相同,从未实际参与该等企业的经营管理,亦未持有或控制该24家涵沛店的财产。未经大陆有关部门批准,台湾人隐名持有24家涵沛店的股权系无效行为,因此将该权益转让亦属无效。(3)即便如陈宏昌所言,假设陈宏昌与翁雅贞、周发翊系合伙关系,根据《合伙企业法》第46条之规定,陈宏昌退出对24家涵沛店的合伙,须以不给合伙企业事务执行造成不利影响为前提,陈宏昌对此应予举证。而陈宏昌提供的证据不仅不能证明存有该前提,相反却显示24家涵沛店长年无力支付员工工资。(4)若陈宏昌退出,需要对24家涵沛店财产变卖或取出分配,需要依法确认原、被告对该等企业享有相应的权益。现原告直接主张退出合伙,分得财产,不能成立。(5)24家涵沛店有自己的经营管理机构,陈宏昌和翁雅贞、周发翊处于同等地位,并不负责具体经营,根本不存在被告需向原告披露经营状况之说。并且,原告常亲自前往24家涵沛店了解经营状况,吴百勋被聘负责经营管理时,亦一直向原告汇报,原告了解24家涵沛店的经营状况。该24家涵沛店常年无力发放员工工资,不可能分配盈利,也不存在被告拒绝分配一说。原告的诉请不能成立,应予驳回。

被告周发翊除认同被告翁雅贞的上述答辩意见外,另补充答辩称:原、被告之间不是合伙关系。周发翊并不参与经营24家涵沛店,不掌握24家涵沛店的财产。《股权确认协议书》与周发翊无关。周发翊与陈宏昌处于同样地位,若陈宏昌可退出,周发翊也选择退出并分配财产,周发翊对此保留诉权。

被告吴百勋书面答辩称:陈宏昌在台湾起诉吴百勋,要求吴百勋向其提供"中国涵沛"的会计账簿、资产负债表、损益表、会计凭证,该诉请被台湾地区法院判决驳回。吴百勋并非"中国涵沛"的股东合伙人,没有出资,也没有拿到过分红。翁雅贞、周发翊、陈宏昌是以股份抵偿欠吴百勋的薪水。原告陈宏昌诉请退伙,没有依据,应予驳回。

本院经审理查明如下事实:

2002年12月30日、2003年1月27日,翁雅贞分别收到陈宏昌投资"中国涵沛"的资金新台币1100万元和新台币400万元。翁雅贞确认陈宏昌投资的新台币1500万元系受让翁雅贞出资的"中国涵沛"股权。2007年、2008年陈宏昌两次收到红利分配共计新台币4483000元。

原告陈宏昌、被告翁雅贞一致确认:翁雅贞、周发翊于1998年1月在郑州合资设立大陆第1家涵沛店,此后陆续在大陆各地(含上海等地)设立共计24家"中国涵沛"美容店。24家涵沛店有的性质为有限责任公司及其分公司,有的性质为个体工商户,24家涵沛店均未登记在本案当事人名下。"中国涵沛"并未在大陆被登记为合伙企业或者合伙字号,是共计24家"中国涵沛"美容店的统称。翁雅贞为"中国涵沛"原始出资人之一和最大出资人。翁雅贞确认2002年至2003年期间,陈宏昌在"中国涵沛"新台币6000万元资本内投资新台币1500万元,占全部资本的25%。2002年翁雅贞指派吴百勋为总经理,负责经营管理"中国涵沛"事务。吴百勋于2012年12月辞去总经理职务。

2009年陈宏昌在台湾地区起诉周发翊,要求周发翊将受任处理"中国涵沛"所拥有股权比例状况、"中国涵沛"会计账簿、资产负债表、损益表、会计凭证向陈宏昌履行报告义务。台湾地区法院审理后,判决驳回了陈宏昌的诉讼请求。在该案审理中,陈宏昌陈述:2003年8月3日在上海西郊宾馆,陈宏昌成为股东后,前往上海视察;陈宏昌于会议中问"中国涵沛"业绩如何,吴百勋预估来年"中国涵沛"业绩可达新台币2亿5000万元。本案中,陈宏昌诉请中提出的财产份额人民币1100万元,即由该业绩额按照25%比例换算而来。

2010年,陈宏昌在台湾地区台北地方法院检察署告诉翁雅贞、周发翊欺诈、背信(18853号),后检察署出具了结论为不起诉的处分书。该不起诉处分书中查明:翁雅贞、周发翊自1998年间起,即陆续在大陆郑州、成都、上海等处设立"中国涵沛"相关公司,有郑州涵沛女子美容有限公司、成都美妆日用品有限公司及上海涵沛营业执照影本在卷可稽。"中国涵沛"在大陆地区共有24处营业点。陈宏昌亦于投资后,平均两三个月即往大陆地区视察。陈宏昌对该不起诉处分书提起再议,经台湾地区高等法院检察署检察长命令发回续行侦查终结,结论仍为不起诉处分。该案审理期间,翁雅贞到庭辩称:翁雅贞在大陆设SPA点,统称"中国涵沛"。刚开始翁雅贞出资新台币5000万元,周发翊出资新台币1000万元,于1998年1月20日先在大陆设立郑州涵沛女子美容有限公司之中外合资经营企业,2002年5月22日在大陆成都设立成都美妆日用品有限公司、同年10月29日在上海设立上海涵沛。后来陈宏昌主动提出投资"中国涵沛",所以陈宏昌投资新台币1500万元买翁雅贞的股份。"中国涵沛"从2006年开始分红,陈宏昌共分了新台币400多万元。

涉外民事诉讼法律实务

2012年12月28日,台湾地区台北地方法院出具102号刑事裁定:声请驳回陈宏昌对告诉翁雅贞、周发翊欺诈案件驳回申请再议处分。

2012年5月,陈宏昌在台湾地区起诉吴百勋,要求吴百勋提供"中国涵沛"会计账簿、资产负债表、损益表、会计凭证。经台湾地区法院审理,对陈宏昌的诉讼请求予以驳回。该案审理中,2013年11月11日,翁雅贞作为证人向法院出庭陈述:陈宏昌出资新台币1500万元,承受翁雅贞的股权,原来合伙人只有翁雅贞和周发翊两人,陈宏昌加入后变成三人。2006年或2007年那两年有赚钱,有分红。后来股东意见不合,陈宏昌提告后,翁雅贞就只有看到流水账,没有会计账簿、资产负债表、损益表、会计凭证报告。翁雅贞投资时大陆不准外资进入,所以是用员工名义经营的。"中国涵沛"并没有会计账簿、资产负债表、损益表、会计凭证报告,是到2006年要分红了,翁雅贞才请吴百勋做些报表,因为要开股东会看,就只有在分红那两年有做报表,陈宏昌也有拿到报表。分红之后,就只有流水账,没有其他会计表册。吴百勋离职时给翁雅贞看一些流水账。翁雅贞一直生病,无力经营。吴百勋离职后,翁雅贞将流水账交给大陆涵沛24家店的挂名人,这些流水账翁雅贞自己并没有留存。吴百勋陈述:流水账放在公司,公司有会计部门,各店的账由各店的会计制作,传给会计部门汇总。总经理辖下的会计部门员工是台湾人陈美琴。吴百勋现在不持有大陆涵沛的任何账目。

上述事实由2010年4月27日、5月31日翁雅贞刑事答辩状两份、台湾地区士林地方法院1449号民事判决书、台湾地区高等法院788号民事判决书、台湾地区最高法院918号民事裁定书、台湾地区台北地方法院检察署18853号及813号不起诉处分书、台湾地区台北地方法院102号刑事裁定书、台湾地区新北地方法院民事判决1197号、台湾地区高等法院717号民事判决、翁雅贞2013年11月11日陈述、原、被告庭审陈述等证实,各方当事人对上述证据的真实性均无异议,本院依法予以采纳。

本案系涉台退伙纠纷,关于本案的准据法,由于陈宏昌主张退出的合伙事务和分配的合伙财产均涉及位于中国大陆的24家涵沛美容店,依据《中华人民共和国涉外民事关系法律适用法》第41条之规定,应适用与本案最密切联系的中华人民共和国法律作为准据法。

根据本院查明的事实和当事人的诉辩意见，本院归纳本案的争议焦点如下：(1)本案是否符合和适用"不方便法院原则"而应驳回原告的起诉？(2)本案中，能否直接认定原告与被告之间就"中国涵沛"存在合伙法律关系？如存在，合伙关系应否解除并如何分配合伙财产？

关于争议焦点一，被告翁雅贞、周发翊提出的以"不方便法院原则"驳回陈宏昌起诉的意见，其适用的前提之一为案件争议发生的主要事实不在境内且不适用中国大陆地区法律，人民法院若受理案件在认定事实和适用法律方面存在重大困难。本案原、被告虽同为台湾地区居民，但原告起诉的案由是退伙纠纷，主要民事行为发生在大陆地区，所涉及"中国涵沛"24家门店均在大陆，应依据大陆地区法律判断原告的入伙、退伙是否合法。因此本案不应适用"不方便法院原则"。

关于争议焦点二，本院认为，依据现有证据，在本案中，原告主张与被告之间就"中国涵沛"24家店的经营存在合伙关系，依据不足。《中华人民共和国合伙企业法》规定：本法所称合伙企业，是指自然人、法人和其他组织依照本法在中国境内设立的普通合伙企业和有限合伙企业。申请设立合伙企业，应当向企业登记机关提交登记申请书、合伙协议书、合伙人身份证明等文件。合伙企业的经营范围中有属于法律、行政法规规定在登记前须经批准的项目的，该项经营业务应当依法经过批准，并在登记时提交批准文件。合伙企业领取营业执照前，合伙人不得以合伙企业名义从事合伙业务。合伙企业设立分支机构，应当向分支机构所在地的企业登记机关申请登记，领取营业执照。《中华人民共和国台湾同胞投资保护法》规定：台湾同胞投资，可以举办合资经营企业、合作经营企业和全部资本由台湾同胞投资者投资的企业（以下统称台湾同胞投资企业），也可以采用法律、行政法规规定的其他投资形式。设立台湾同胞投资企业，应当向国务院规定的部门或者国务院规定的地方人民政府提出申请，接到申请的审批机关应当自接到全部申请文件之日起45日内决定批准或者不批准。设立台湾同胞投资企业的申请经批准后，申请人应当自接到批准证书之日起30日内，依法向企业登记机关登记注册，领取营业执照。台湾同胞投资企业依照法律、行政法规和经审批机关批准的合同、章程进行经营管理活动，其经营管理的自主权不受干涉。

就本案而言，原、被告确认"中国涵沛"24家店均登记在大陆地区他人名下，不存在单独的依法登记在原告或被告名下的合伙企业或者个人合伙体。原告主张其系受让了翁雅贞的合伙份额,而翁雅贞本人目前亦未被登记为"中国涵沛"24家店的合伙人。并且,翁雅贞、周发翊虽然主张自己系"中国涵沛"24家店的原始出资人之一,但在本案中却未能提供出资证明、出资协议或者合伙协议等证据。作为本案原告的陈宏昌,虽然为此提供了台湾地区法院的相关裁定和判决,但未经本院查证属实,该些裁判文书上所认定的事实并不能直接作为本案判决的事实依据。即便"中国涵沛"24家店确实存在,该24家店是否确系翁雅贞等隐名出资,在本案现有证据下,均无法作出认定。更勿论原告所主张的退出"中国涵沛"合伙并分配合伙财产。如陈宏昌以"中国涵沛"作为个人合伙体,依据《中华人民共和国民法通则》第33条的规定:个人合伙可以起字号,依法经核准登记,在核准登记的经营范围内从事经营。然"中国涵沛"未经核准登记,对于台湾地区自然人的合伙而言,未经核准登记的合伙不符合台湾同胞投资的相关法律规定。就"中国涵沛"24家店分别而言,原告陈宏昌应提供有效证据证明其本人分别系24家店的合伙人。可见,根据本案现有的证据,并不能证明原告与被告翁雅贞、周发翊之间就"中国涵沛"24家店存在合伙关系。况且,从被告翁雅贞的抗辩意见分析,对于"中国涵沛"24家店中的有限责任公司而言,在具备充分证据证明的前提下,不排除原告陈宏昌、被告翁雅贞就"中国涵沛"24家店中的有限责任公司存在隐名投资关系的可能性,其性质与合伙有本质不同,其入股和退出的法律依据亦不同,不能在本案中通过退伙纠纷关系解决。另,原告关于退伙财产的估值,系以吴百勋预估"中国涵沛"的经营业绩可达2亿5000万元新台币为基础数据。最高人民法院《关于贯彻执行中华人民共和国民法通则若干问题的意见》第51条规定:合伙人退伙时分割的合伙财产,应当包括合伙时投入的财产和合伙期间积累的财产,以及合伙期间的债权和债务。据此,原告陈宏昌对"中国涵沛"合伙资产的估值亦欠缺法律依据。本案审理期间,原告曾向本院提出证据保全申请,要求保全"中国涵沛"24家店的财务账册、会计凭证等。对此,本院认为,仅有原告与被告的一致确认,在欠缺其他有效证据证明"中国涵沛"24家店与本案当事人之间利害关系的情形下,原告提出的证据保全申请,本院不予准许。

综上所述,原告的诉讼请求在现有证据和事实下,不能成立,本院应予驳回。

鉴于被告翁雅贞、周发翊在本案审理中确认各自存在隐名出资"中国涵沛"24家店的事实,但却未能提供出资的有效依据,原告日后可视情另行主张相关权益。据此,本院依照《中华人民共和国民事诉讼法》第144条,《中华人民共和国民法通则》第33条,《中华人民共和国合伙企业法》第2条,《中华人民共和国台湾同胞投资保护法》第8条,《最高人民法院关于民事诉讼证据的若干规定》第2条之规定,判决如下:

驳回原告陈宏昌的全部诉讼请求。

本案案件受理费人民币87800元,公告费人民币460元,由原告陈宏昌负担(已预缴)。

如不服本判决,原告陈宏昌、被告翁雅贞、被告周发翊、被告吴百勋可在判决书送达之日起30日内,向本院递交上诉状,并按对方当事人的人数提出副本,上诉于上海市高级人民法院。

审判长　黄　英

代理审判员　杨　苏

人民陪审员　陈荣祥

二〇一四年八月一日

书记员　陈　月

【延伸阅读】

一、案例

1. 日本公民大仓大雄离婚案
2. 东鹏贸易公司诉东亚银行信用证纠纷案

二、学术论文、专著(权威论著)

1. 徐伟功:《不方便法院原则研究》,吉林人民出版社2002年版。
2. 江伟、姜启波主编:《新民事诉讼法精解与适用指引》,人民法院出版社2012年版。

3. 奚晓明:《论我国涉外民商事诉讼中协议管辖条款的认定》,载《法律适用》2002年第3期。

4. 徐伟功:《我国不宜采用不方便法院原则——以不方便法院原则的运作环境与功能为视角》,载《法学评论》2006年第1期。

5. 杜焕芳:《中国法院涉外管辖权实证研究》,载《法学家》2007年第2期。

6. 郭鹏:《信息网络传播权涉外侵权的中国法院管辖权分析——以〈网络著作权司法解释〉第1条完善为中心》,载《法学评论》2011年第5期。

三、网络链接

1. http://www.cnzjmsa.gov.cn/zwgk/xxgkml/gjgy/gjgy1/

2. http://www.legaldaily.com.cn/zmbm/content/2010-08/05/content_2222278.htm?node=7574

第五章
期间、诉讼保全和诉讼时效

【内容摘要】国际民事诉讼中的期间、诉讼保全和诉讼时效是审理国际民商事案件的重要组成部分。其中,国际民事诉讼中的期间通常长于国内民事诉讼的规定,国际民商事诉讼中的诉讼保全分为财产保全、海事请求保全、行为保全和证据保全。国际民商事诉讼中的诉讼时效往往是双方当事人需要调查的首要问题。通过本章的学习,应掌握国际民商事诉讼期间的基本理论知识以及我国关于期间的特殊规定,理解并掌握我国关于诉讼保全制度和诉讼时效的有关基本理论及实践知识。

引 言

诉讼期间、诉讼保全和诉讼时效是诉讼过程中十分重要的内容,直接关系诉讼当事人的权利。诉讼期间的长短、延长、中断等直接和当事人的诉讼权相关,对当事人诉讼程序的顺利进行影响甚大,而诉讼保全作为保障债权人最终权利得以实现的诉讼手段,是债权人在诉讼中常用的程序之一,诉讼时效则直接关系着诉讼当事人诉讼权利能否行使。相比较于国内民事诉讼中的期间、诉讼保全和时效,国际民事诉讼中的期间、诉讼保全和诉讼时效由于涉及国家、人员较多,更为复杂。

第一节 期间

【知识背景/点】

一、期间的概念和种类

期间是指法律规定的或法院依职权决定的,法院、当事人或其他诉讼参与人为一定诉讼行为的时间期限。期间可以分为法定期间和指定期间。法定期间是指一国民事诉讼立法所规定的进行某类诉讼行为的时间期限,法院、当事人或其他诉讼参与人都不得变更,故称为不变期间;指定期间是指法院依职权决定的进行某项诉讼行为的时间期限,其长短要视案件的客观情况而定,故称为可变期间。

国际民事诉讼同样会涉及期间问题。在国际民事诉讼中,由于当事人位于国外,或某些诉讼行为需要在国外完成,因而国际民事诉讼的期间理应长于国内民事诉讼的期间,这一点已为各国民事诉讼法所肯定。如1977年《法国民事诉讼法典》第643条规定:"向设在法国本土上的法院提起诉讼时,出庭、上诉、再审上诉以及向最高法院上诉的期限,得以增加:(1)对于居住在海外省或者海外国家的人,限期增加一个月;(2)对于居住在外国的人,限期增加2个月。"

对于国际民事诉讼当事人而言,充足、合理的期间是十分重要的,对当事人的诉讼权利的影响较大。因此,期间规定的合理性是为了便利当事人的诉讼,保护其基本的诉讼权利的体现。我国《民事诉讼法》关于国际诉讼期间的规定,较好地贯彻了这一原则。①

1. 规定当事人在国际民事诉讼中为有关诉讼行为的期间长于当事人在国内民事诉讼中为相应诉讼行为的期间。

关于一审被告的答辩期间,《民事诉讼法》第268条规定:"被告在中华人民共和国领域内没有住所的,人民法院应当将起诉状副本送达被告,并通知被告在收到起诉状副本30日之内提出答辩状。被告申请延期的,是否准许,由人民法院决定。"

关于一审当事人的上诉期间和被上诉人的答辩期间,《民事诉讼法》第269条规定:"在中华人民共和国领域内没有住所的当事人,不服第一审人民法院判决、裁定的,有权在判决书、裁定书送达之日起30日内提出上诉。被上诉人在收到上诉状副本后,应当在30日提出答辩状。当事人不能在法定期间提起上诉或作出答辩状的,申请延期的,是否准许,由人民法院决定。"

可见,以上所规定的期间比国内民事诉讼中的有关期间多出了15至20天。

2. 规定对国际民事案件审结期间长于国内民事案件的审结期间。

《民事诉讼法》第149条和第176条规定,人民法院适用普通程序审理的第一审案件和第二审案件应当在立案之日起6个月和3个月内审结;有特殊情况需要延长的,经批准后可以延长。而本法第270条规定:"人民法院审理涉外民事案件的期间,不受本法第149条、第176条规定的限制。"

表1 国内、国际民事案件期间对比表

期间	国内民事案件	涉外民事案件
被告答辩期间	15日内	30日内
上诉期间	15日内	30日内
被上诉人答辩期间	15日内	30日内
审结期间	6个月(一审) 3个月(二审)	不受前者限制

---

① 当然,也有人认为立法对涉外民事诉讼在审理期限的规制模式、时间长短、上诉期间、答辩期间等各方面的规定不同于国内民事诉讼,并没有必要。作为民事诉讼程序重要一环的期间制度,无须另行单独规定"涉外"一篇,难免兴师动众。见罗水平、熊洋:《关于涉外民事诉讼期间的几个问题》,载《法学评论》2008年第5期。

二、期间的计算

国际民事诉讼中期间的计算一般与国内民事诉讼中期间的计算相同。而且各国关于期间的计算方法的规定也基本一致。

期间的计算单位一般为时、日、月、年;期间起始的时和日,不计算在期间内;期间届满的最后一日是法定节假日的,以节假日后的第一日为期间届满的日期;期间不包括在途时间,诉讼文书在期间前交邮的,不算过期。

三、期间的延误及后果

期间的延误是指在诉讼期间内,法院或当事人应当进行某项诉讼行为而未进行的行为或事实。

延误期间,就是对法定期间或法院指定期间的直接违反,会导致一定的诉讼后果。对当事人而言,延误期间的后果就是不能再行使本可以行使的诉讼权利。如我国民事诉讼法规定了在我国领域内没有住所的当事人若不服第一审法院的判决、裁定的,有权在判决书、裁定书送达之日30日内提起上诉。根据这一规定,如果当事人未在该法定期间内或者延期申请未获批准,但又未在准许的延期内提出上述的,该当事人就丧失了原有的上诉权。在有些国家,一方当事人延误期间的行为或事实,往往会成为另一方当事人对有关诉讼提出抗辩的权利。

当然,如果当事人延误诉讼期间是因不可抗力或者非主观原因造成的,各国法律一般都允许顺延期限。如《德国民事诉讼法》第233条规定,凡当事人不是因自己的过失而是因为有关阻碍未能遵守诉讼的有关期(诸如控诉、上诉和抗诉期间)的,当事人有权申请恢复原状,即允许其像遵守期间那样为某项诉讼行为;但申请汇付原状应在障碍消失之日期两周内提出;若延误期间虽因有关障碍所致已满一年的,即使该障碍事态仍存在,当事人也不得申请恢复原状。我国《民事诉讼法》第83条规定:"当事人因不可抗力的事由或其他正当理由延误期限的,在障碍消除后10日内,可以申请顺延期限,是否准许,由人民法院决定。"

第五章 期间、诉讼保全和诉讼时效

【案例裁决/法律文书摘录】

案例：

地中海航运有限公司与浏阳市新里程贸易有限公司海上货物运输合同纠纷案

广州海事法院民事判决书

(2011)广海法初字 722 号

原告：地中海航运有限公司(Mediterranean Shipping Company S. A.)。住所地：瑞士联邦日内瓦尤金皮塔德大街40号(40, Avenue Eugene-Pittard-CH-1206 Geneva, Switzerland)。

法定代表人：简-克里斯蒂安-塞弗林(Jan Christian Severin)，法律保险董事。

委托代理人：赖轶峰，上海市建纬(深圳)律师事务所律师。

委托代理人：黄欣，上海市建纬(深圳)律师事务所实习律师。

被告：浏阳市新里程贸易有限公司。住所地：中华人民共和国湖南省浏阳市北正北路87号。

法定代表人：胡裕晓。

委托代理人：宋磊，湖南琼武律师事务所律师。

原告地中海航运有限公司为与被告浏阳市新里程贸易有限公司海上货物运输合同纠纷一案，于2011年11月7日向本院提起诉讼。本院受理后依法组成由审判员付俊洋为审判长，代理审判员翟新、平阳丹柯参加的合议庭，于2012年2月16日召集双方当事人进行庭前证据交换，并公开开庭审理了本案。原告委托代理人赖轶峰，被告委托代理人宋磊到庭参加诉讼。本案现已审理终结。

……

庭审中，原告和被告均选择适用中华人民共和国法律。

本院认为，本案是一宗海上货物运输合同纠纷。根据最高人民法院《关于海事法院受理案件范围的若干规定》第11条的规定，海上货物运输合同纠纷应由海事法院专门管辖。货物运输始发地在深圳，属于本院司法辖区范围，依照《中华人民共和国民事诉讼法》第27条之规定，本院依法对本案具有管辖权。

原告系中华人民共和国域外法人，涉案货物装货港在中国蛇口，卸货港在格鲁吉亚季波港,本案海上货物运输合同纠纷具有涉外因素。原、被告在庭审中均选择适用中华人民共和国法律,根据《中华人民共和国海商法》第269条的规定,本案争议适用中华人民共和国法律处理。

……

综上,依照《中华人民共和国海商法》第68条及《中华人民共和国民事诉讼法》第64条第1款的规定,判决如下:

一、被告浏阳市新里程贸易有限公司向原告地中海航运有限公司支付集装箱超期使用费人民币21000元及利息(按中国人民银行同期贷款利率,从2011年11月7日起计算至本判决规定的支付之日止)。

二、驳回原告地中海航运有限公司的其他诉讼请求。

本案受理费人民币5715.54元,由原告地中海航运有限公司负担人民币5305.64元,由被告浏阳市新里程贸易有限公司负担人民币409.90元。

以上金钱给付义务,应于本判决生效之日起10日内履行完毕。

如果未按本判决指定的期间履行给付金钱义务,应当依照《中华人民共和国民事诉讼法》第253条之规定,加倍支付迟延履行期间的债务利息。

如不服本判决,原告地中海航运有限公司可在判决书送达之日起30日内,被告浏阳市新里程贸易有限公司可在判决书送达之日起15日内,向本院递交上诉状,并按对方当事人的人数提出副本,上诉于广东省高级人民法院。

审判长　付俊洋
代理审判员　平阳丹柯
代理审判员　翟　新
二〇一三年七月十九日
书记员　赵　慧

【延伸阅读】

学术论文、专著

1. 韩德培:《国际私法》,高等教育出版社、北京大学出版社 2014 年版。
2. 罗水平、熊洋:《关于涉外民事诉讼期间的几个问题》,载《法学评论》2008 年第 5 期。
3. Jack H. Friedenthal, Arthur Raphael Miller, John E. Sexton, Civil Procedure: Cases and Materials, West Academic Publishing, 2013.

第二节 诉讼保全

【知识背景/点】

诉讼保全制度在民事诉讼中具有重要的地位,其立法目的在于保证受诉法院作出判决之后能够得到切实的执行,是对诉讼的一种保护制度。诉讼保全赋予了原告一些有效的手段防止被告在诉讼中隐匿或处理财产。它不仅能保证将来判决的有效执行,而且能有效维护当事人的合法权益。在国际民商事案件中,由于案情复杂,争议数额较大、诉讼周期长,案件往往时间跨度较大。当事人一方若不及时采取保全措施,当事人另一方可能将有关财产进行转移或处理,导致判决后的权利无法得到实质救济。因此,不论大陆法系国家还是英美法系国家,在民事诉讼中都存在裁判作出之前暂时处置债务人的财产或行为的强制措施,只是名称不同、内容各异。在大陆法系国家,其一般表现为财产保全和行为保全在内的"假扣押"、"假处分"。在英美法系国家,这些程序被称为判决前的救济或中间禁令。在国际民事诉讼中,诉讼保全包括财产保全、海事请求保全、行为保全和证据保全。

一、财产保全

（一）概述

财产保全是指法院在判决作出前,为了保证将来判决的执行而应当事人的申请或者依职权对有关当事人的财产所采取的一种强制措施。财产保全在有些国家如德国被称为"假扣押"或"假处分"。

在国际民事诉讼中,尤其是那些涉及贸易、运输和海事纠纷的案件,不仅案情复杂、诉讼标的额较大,而且诉讼周期较长,因而为了保证法院以后作出的判决能够得到执行,各国往往都将国内民事诉讼中的财产保全制度同等地适用于国际民事诉讼中的内外国当事人,或者在诉讼法中专门就国际民事诉讼中的财产保全规定有关的条款。保全措施能保证有关国际民事诉讼程序中双方当事人的权利义务关系相对稳定或确定,从而有利于双方当事人继续从事其他方面的民事活动。因而,它是对诉讼的一种保障制度。

财产保全是法院应当事人的申请或依职权而采取的一种强制性措施,如我国《民事诉讼法》第103条规定,财产保全可采取查封、扣押、冻结等方法;财产保全又可以被认为是一项紧急措施,如我国《民事诉讼法》第100条、第101条规定,人民法院接受申请后,对情况紧急的,必须在48小时内作出裁定,裁定采取财产保全措施的,应立即执行;保全还可以被认为是一项临时性措施,即裁定对被申请人采取财产保全措施,并不是法院对案件的最终裁判,也不意味着申请人一定胜诉而被申请人一定败诉。申请人败诉的,应赔偿被申请人因财产保全而遭受的损失。

（二）财产保全的申请

2007年的《民事诉讼法》在涉外编单独规定了财产保全的有关内容,但新的诉讼法则将有关内容删除,可以推定财产保全不区分涉外和非涉外案件,一律适用《民事诉讼法》第九章的有关规定。根据《民事诉讼法》第100条的规定,当事人和利害关系人可以依申请提出财产保全,法院也可以在必要时依职权采取保全措施。

而各国对财产保全均规定了相应的条件,如《德国民事诉讼法》第917条规定,如果对物不实施扣押,判决将无法执行或难以执行时,始得实施对物的假扣押。判决必须在国外执行,即为有充分的诉讼保全的理由。《匈牙利民事诉讼法典》也规定,作出保全措施裁定的前提条件是,提出的请求有依据,即有可以设想的将来无法满足原告人所提出的请求的危险存在。我国《民事诉讼法》第 100 条规定的条件为判决难以执行或者造成当事人其他损害,或者因情况紧急,若非立即申请保全将会使其合法权益受到难以弥补的损害的。

(三)财产保全的范围及方法

各国对此没有一致的规定。我国《民事诉讼法》第 102 条规定:"保全限于请求的范围,或者与本案有关的财物。"财产保全的方法有查封、扣押、冻结或者法律规定的其他方法。而在财产纠纷案件中,被申请人如果提供担保,人民法院应当裁定解除保全。

同时,财产保全申请人也有相应的权利限制,第一,必须符合《民事诉讼法》第 100 条和第 101 条规定的条件才能提起申请。第二,《民事诉讼法》第 101 条规定,申请人在人民法院采取保全措施后 30 内不依法提起诉讼或者申请仲裁的,人民法院应当解除保全。对旧民事诉讼法中的国内财产保全案件规定的 15 日期间,全部延长至与涉外民事案件相同的 30 日。第三,《民事诉讼法》第 105 规定,如果当事人申请有错误的,申请人应当赔偿被申请人因保全所遭受的损失。

二、海事请求保全

在国际民事诉讼中,当事人申请财产保全,通常是在诉讼开始后、判决作出之前向法院提出。在国际海事诉讼中,则经常允许海事请求权人申请诉前扣押财产,以保证海事请求权得以行使。所谓海事请求保全,就是指海事法院根据海事请求人的申请,为保障其海事请求的实现,对被请求人的财产所采取的强制措施。

(一)海事请求保全的申请

1999 年《海事诉讼特别程序法》第三章规定了海事请求保全制度。根据该章的规定,当事人在起诉前申请海事请求保全,应当向被保全的财产所在地海事法院提出。海事请求保全不受当事人之间关于该海事请求的诉讼管辖协议或仲裁协议的约束。海事请求人申请海事请求保全,应向海事法院提交书面申请。海事法院受理后,可以责令海事请求人提供担保。请求人不提供的,驳回其申请。海事法院接受申请后,应当在 48 小时内作出裁定。裁定采取请求保全措施的,应当立即执行;对不符合海事请求保全条件的,裁定驳回其申请。

(二)海事请求保全的范围和方法

海事请求保全主要涉及船舶的扣押和拍卖以及船载货物的扣押与拍卖。《海事诉讼特别程序法》做了详细的规定。

关于对船舶的扣押,该法第21条规定了当事人申请扣押船舶的22种情形、第23条规定了法院依职权扣押船舶的5种情形,第24条规定了海事请求权人申请扣押已被扣押船舶的3种例外情形。

对于船载货物的扣押与拍卖问题,该法第44条规定,海事请求人为保障海事请求的实现,可以申请扣押船载货物。申请扣押的货物,应当属于被请求人所有。

该法第26条至第43条规定了对船舶扣押的方法,其内容主要包括扣押机关、扣押期限、拍卖程序、告知程序、拍卖后船舶的移交等。第45条至第50条规定了对船载货物的扣押方法,内容主要包括扣押数额、请求扣押期限、法院对申请的审查、当事人的复议申请、对扣押货物的拍卖等。

三、行为保全

(一)海事强制令

海事强制令是我国《海事诉讼特别程序法》中规定的一项行为保全制度,是指海事法院根据请求人的申请,为使其合法权益免受侵害,责令被请求人作为或不作为的强制措施。海事强制令的发出需要满足以下条件:(1)请求人有具体的海事请求;(2)需要纠正被请求人违反法律规定或合同约定的行为;(3)情况紧急,若非立即作出将造成损害或使得损害扩大。海事法院接受请求人的书面申请后,应在48小时内作出裁定。

(二)"诉前临时禁令"制度

2000年《专利法》规定:"专利权人或利害关系人有证据证明他人正在实施或即将实施侵犯其专利权的行为,如不及时制止将会使其合法权益受到难以弥补的损害,可以在起诉前向法院申请采取责令停止有关行为和财产保全的措施。"《商标法》和《著作权法》也有类似的规定。最高人民法院于2001年分别通过了《关于对诉前停止侵犯专利权行为适用法律问题的若干规定》和《关于诉前停止侵犯注册商标专用权行为和保全证据适用问题的解释》。可见,在取得请求人适当担保的前提下,法院责令被请求人停止行为,不仅使得被请求人得到一定的保障,也可以避免或减少被请求人最终应承担的责任,是对请求人和被请求人利益的双面保护。

四、证据保全

证据保全是指对可能灭失或以后难以取得的证据,人民法院根据诉讼参加人的申请或依职权采取有关措施预先加以固定和保护的诉讼行为。由于国际民事案件耗时长、跨度大,而有关案件争议的证据随着实践的推移有消逝的危险时,需要通过适当的手段对证据进行保全和留存。我国《民事诉讼法》第81条规定:"在证据可能灭失或者以后难以取得的情况下,当事人可以在诉讼过程中向人民法院申请保全证据,人民法院也可以主动采取保全措施。

因情况紧急,在证据可能灭失或者以后难以取得的情况下,利害关系人可以在提起诉讼或者申请仲裁前向证据所在地、被申请人住所地或者对案件有管辖权的人民法院申请保全证据。"

(一)海事请求保全

海事证据保全是指海事法院根据海事请求人的申请,对有关海事请求的证据予以提取、保存或封存的强制措施。采取海事证据保全,需满足以下条件:(1)请求人是海事请求当事人;(2)请求保全的证据对该海事请求具有证明作用;(3)被请求人是与请求保全的证据有关的人;(4)情况紧急,若非立即采取证据保全就会使海事请求的证据灭失或难以取得。海事法院进行海事证据保全,根据具体情况,可以对证据进行封存,也可以提取复制件、副本,或者进行拍照、录像,制作节录本、调查笔录等。确有必要的,可以提取证据原件。

(二)知识产权侵权纠纷的诉前证据保全

最高人民法院《关于对诉前停止侵犯专利权行为适用法律问题的若干规定》第16条规定,人民法院执行诉前侵犯专利权行为的措施时,可以依据当事人的申请,参照《民事诉讼法》的规定进行证据保全。最高人民法院《关于诉前停止侵犯注册商标专用权行为和保全证据适用问题的解释》第2条规定,为制止侵权行为,在证据可能灭失或以后难以取得的情况下,商标注册人或利害关系人可以在起诉前向人民法院申请保全证据。《著作权法》第50条也规定了诉前证据保全。

【案例裁决/法律文书摘录】

案例一：

朗光科技有限公司诉上海桥宇国际货运代理有限公司海上货物运输合同纠纷

广州海事法院民事判决书

(2011)广海法初字第392号

原告：朗光科技有限公司(Lightcomm Technology Co., Limited)。住所地：香港特别行政区中环。

法定代表人：黄亚先，该公司董事。

委托代理人：熊卫国，广东广和律师事务所律师。

被告：上海桥宇国际货运代理有限公司。住所地：上海市青浦区。

法定代表人：陈永华，该公司总经理。

委托代理人：孙景亮，上海通泽律师事务所律师。

原告朗光科技有限公司为与被告上海桥宇国际货运代理有限公司海上货物运输合同纠纷一案，于2011年6月1日向本院起诉，本院于同日受理后，依法组成由审判员徐元平为审判长，审判员付俊洋、代理审判员翟新参加的合议庭，于2011年9月7日进行证据交换并公开开庭审理了本案。原告委托代理人熊卫国，被告法定代表人陈永华、委托代理人孙景亮到庭参加诉讼。本案现已审理终结。

......

原告为香港公司，为提起本案诉讼办理了公司登记资料、授权委托书、其与恒生银行的往来函件等资料的公证、转递手续，于2011年5月25日向香港简松年律师行支付了法律服务费用共5950港元。

应原告的诉讼保全申请，本院于2011年6月4日作出民事裁定，冻结被告的银行存款人民币1000000元，原告向本院交纳了保全申请费人民币5000元。另查明，被告并非在我国交通主管部门办理提单登记的无船承运业务经营人，不具有无船承运业务经营资格。2010年8月24日，中国人民银行授权中国外汇交易中心公布的人民币对美元的汇率中间价为 1 美元对人民币 6.7999 元。

在庭审中,原告和被告一致同意适用中华人民共和国法律处理本案纠纷。

……

本院认为:本案为海上货物运输合同纠纷。根据最高人民法院《关于海事法院受理案件范围的若干规定》第 11 条的规定,本案应由海事法院专门管辖。本案运输始发地蛇口港在本院辖区内,依照《中华人民共和国民事诉讼法》第 27 条"因铁路、公路、水上、航空运输和联合运输合同纠纷提起的诉讼,由运输始发地、目的地或者被告住所地人民法院管辖"的规定,本院对案件具有管辖权。

本案海上货物运输是从中国蛇口港至意大利热那亚,具有涉外因素。依照《中华人民共和国海商法》第 269 条"合同当事人可以选择合同适用的法律,法律另有规定的除外。合同当事人没有选择的,适用与合同有最密切联系的国家的法律"的规定,原、被告可选择合同适用的法律。原、被告在庭审中均选择适用中华人民共和国法律处理本案纠纷,因此本案依法应适用中华人民共和国法律处理。

……

关于原告要求被告赔偿的其支付给香港简松年律师行的法律服务等费用 5950 港元。根据《中华人民共和国民事诉讼法》第 64 条第 1 款的规定,当事人对自己提出的主张,有责任提供证据,原告为支持其诉讼请求所花费的费用,应由其自行负责,要求被告支付该项费用的请求没有法律依据,对原告该项请求不予支持。被告实施了无提单交付货物的行为,损害了原告的合法权益,原告请求对被告的财产采取保全措施符合法律规定,现原告要求承运人承担无提单交付货物赔偿责任的诉讼请求得到了本院的支持,因此对其请求被告赔偿保全申请费人民币 5000 元的诉讼请求予以支持。

综上,依照《中华人民共和国海商法》第 71 条、最高人民法院《关于审理无正本提单交付货物案件适用法律若干问题的规定》第 2 条、第 6 条和《中华人民共和国民事诉讼法》第 64 条第 1 款的规定,判决如下:

一、被告上海桥宇国际货运代理有限公司赔偿原告朗光科技有限公司货物损失 133500 美元及利息(利息以 2010 年 8 月 24 日中国人民银行授权中国外汇交易中心公布的人民币汇率中间价 1 美元对人民币 6.7999 元将上述美元换算为人民

币,并自该日起按照中国人民银行同期人民币流动资金贷款利率计算至本判决确定的支付之日止);

二、被告上海桥宇国际货运代理有限公司赔偿原告朗光科技有限公司保全申请费 5000 元;

三、驳回原告朗光科技有限公司的其他诉讼请求。

本案受理费人民币 13053.09 元,由原告朗光科技有限公司公司负担人民币 70.17 元,被告上海桥宇国际货运代理有限公司负担人民币 12982.92 元。

以上给付金钱义务,应于本判决生效之日起 10 日内履行完毕。

如果未按本判决指定的期间履行给付金钱义务,应当依照《中华人民共和国民事诉讼法》第 253 条之规定,加倍支付迟延履行期间的债务利息。

如不服本判决,原告朗光科技有限公司可在判决书送达之日起 30 日内,被告上海桥宇国际货运代理有限公司可在判决书送达之日起 15 日内,向本院递交上诉状,并按对方当事人的人数提出副本,上诉于广东省高级人民法院。

审判长　徐元平
审判员　付俊洋
代理审判员　翟　新
二〇一三年七月十九日
书记员　江　河

案例二:

上诉人 VTB 银行(法国)与被上诉人佛他贸易有限公司、原审被告中国银行股份有限公司天津市分行错误申请海事请求保全损害赔偿纠纷案

上诉人(原审被告):VTB 银行(法国)[VTB-Bank(France)SA]。住所地,法国巴黎塞地斯奥斯曼大街 79-81 号(79-81 Boulevard Haussmann,75382 Paris Cedex 08,France)。

法定代表人:Liubov. Mokhnacheva,该公司高级经理。

委托代理人:徐军,上海市锦天城律师事务所律师。

委托代理人：王清华，上海市锦天城律师事务所律师。

被上诉人（原审原告）：佛他贸易有限公司（Ferta Trade Ltd. S. A.）。住所地，巴拿马共和国巴拿马古巴路第 34 街 34-20 号（Cuba Avenue, 34th Street, Building34-20, Panama 5, Republic of Panama）。

法定代表人：扎维尔·阿丹·瑞维瑞·弗南德（Javier Adan Rivera Fernandez），该公司总经理。

委托代理人：张宏凯，辽宁斐然律师事务所律师。

委托代理人：赵月林，辽宁海大律师事务所律师。

原审被告：中国银行股份有限公司天津市分行。住所地，天津市和平区解放北路 80 号。

上诉人 VTB 银行（法国）为与被上诉人佛他贸易有限公司（以下简称佛他公司）、原审被告中国银行股份有限公司天津市分行（以下简称中行天津分行）错误申请海事请求保全损害赔偿纠纷一案，不服天津海事法院（2007）津海法商初字第 140 号民事判决，向本院提起上诉。本院受理后，依法组成由审判员安文杰担任审判长，代理审判员李彤、张松参加评议的合议庭，于 2010 年 7 月 1 日对本案公开开庭进行了审理。上诉人 VTB 银行（法国）的委托代理人徐军、王清华、被上诉人佛他公司的委托代理人张宏凯、赵月林到庭参加诉讼，原审被告中行天津分行经本院合法传唤，未出庭参加诉讼。本案现已审理终结。

原审法院经审理查明：2005 年 7 月，VTB 银行（法国）以行使抵押权为由向原审法院提出扣押船舶申请，原审法院依法裁定扣押佛他公司所有的"联盟"轮，中行天津分行为 VTB 银行（法国）的申请提供了 1100000 美元担保。扣押期间，"联盟"轮曾脱逃，后被法院追回。佛他公司对 VTB 银行（法国）的海事诉讼保全申请提出异议，原审法院经审查认为异议成立，于 2005 年 11 月 13 日裁定解除对"联盟"轮的扣押。VTB 银行（法国）申请扣押船舶后，于 2005 年 8 月向原审法院提起对佛他公司的船舶抵押权诉讼，该案经原审法院审理，判决 VTB 银行（法国）对"联盟"轮主张抵押权的理由不能成立，驳回了 VTB 银行（法国）的诉讼请求。VTB 银行（法国）上诉后，本院判决驳回上诉，维持原判。在此情况下，佛他公司提起了本案诉讼。

涉外民事诉讼法律实务

佛他公司因VTB银行(法国)申请扣押船舶,向案外人天津船务代理有限公司支付引水费三笔共计689.42美元,其中第三次引水费为382.32美元;支付拖轮费三笔共计3043.64美元,其中第三次拖轮费为775.82美元;支付天津船务代理有限公司代垫船员遣返费用2490.36美元;支付燃料费46149.93美元;支付医药费138.51美元;支付船舶代理费825.66美元;船舶邮电费99.47美元;支付交通费646.52美元;支付卫检租用拖轮监护费、账单快件费、消毒垃圾费、登陆证费共计折合3980.73美元。2005年7月27日至2005年11月13日,"联盟"轮被扣押在案外人新港修船厂,其间佛他公司向新港修船厂支付解带缆、移泊、供电、供水等11项费用计380975美元。佛他公司为船舶维持需要向案外人渤海湾船舶物品供应有限公司购买物料、燃料花费11757.15美元。因扣船造成佛他公司与"拖网捕鱼加工基地"开放式股份有限公司捕鱼合同未能履行,俄罗斯滨海边疆区仲裁法院判决佛他公司赔偿"拖网捕鱼加工基地"开放式股份有限公司9191330.58美元,其中包括利润损失4391330.58美元,违约金4800000美元。为船舶维持需要,佛他公司在"联盟"轮扣押期间保留部分船员在船工作,向12名船员支付了船员工资。2005年7月至12月期间,俄罗斯在世界海洋的海湾及内海从事捕鱼领域工作人员的平均工资约为448.12元美元至549.14元美元之间。

原审法院认为,本案为错误申请海事请求保全损害赔偿纠纷。佛他公司为巴拿马籍,VTB银行(法国)为法国籍,中行天津分行为中国籍,本案为涉外案件,根据《中华人民共和国民法通则》第146条的规定,侵权行为的损害赔偿,适用侵权行为地法律,VTB银行(法国)的侵权行为发生在中国,因此本案可适用中国法律审理。由于VTB银行(法国)申请法院扣押佛他公司船舶的理由不能成立,应对佛他公司因船舶扣押造成的损失承担侵权赔偿责任。中行天津分行为VTB银行(法国)的海事保全请求提供了1100000美元担保,应在其担保范围内对佛他公司损失承担连带赔偿责任。佛他公司向天津船务代理有限公司支付的第三次引水费382.32美元、第三次拖轮费为775.82美元、船员遣返费用2490.36美元、燃料费46149.93美元、船舶代理费825.66美元、船舶邮电费99.47美元、交通费646.52美元、卫检收取费用及账单快件费等3980.73美元,共计55350.81美元,佛他公司向新港修船厂支付解带缆、移泊、供电、供水等11项费用计380975美元,佛他公司向渤海湾船舶物品供应有限公司购买物料、燃料花费11757.15美元,上述费用合计448082.96美元,均与船舶扣押和船舶维持有因果关系,佛他公司对上述损失的赔偿请求能够成立,应予支持。佛他公司向船舶扣押期间在岗的12名船员所支付的工资,属于因VTB银行(法国)错误申请扣船造成的损失,VTB银行(法国)及中行天津分行应予赔偿,但相对于同期俄罗斯在世界海洋的海湾及内海从事捕鱼领域工作人员约448.12美元至549.14美元的月平均工资水平,佛他公司的254030美元的工资请求过高,由于佛他公司船舶为远洋作业船舶,且扣押期间留船工作的船员应为关键岗位船员,考虑到高级船员与低级船员、远洋船员与近海船员的工资水平差别较大的因素,按照每人每月2000美元计算为宜,12名船员2005年7月至11月四个月工资总额酌定为96000美元。佛他公司请求的其他引水费用、拖轮费用、医药费等与VTB银行(法国)的申请扣船行为无因果关系,不予支持。佛他公司以其与"拖网捕鱼加工基地"开放式股份有限公司合作捕鱼合同未履行而被俄罗斯滨海边疆区仲裁法院判决赔偿为由提出的9191330.58美元赔偿请求,因佛他公司未提供实际赔付证据,不予支持。佛他公司对因其与"拖网捕鱼加工基地"开放式股份有限公司合作捕鱼合同未履行而造成的4391330.58美元利润损失请求,因不属于可确定的预期损失,不予支持。佛他公司的利息损失请求无法律根据,不予支持。中行天津分行为VTB银行(法国)申请海事请求保全提供担保,同意对VTB银行(法国)海事请求保全错误造成被申请人损失承担保证责任,本案中VTB银行(法国)的海事请求保全已被生效判决证明为错误申请,因此,中行天津分行应对佛他公司请求承担连带责任。

综上,原审法院依照《中华人民共和国海事诉讼特别程序法》第20条之规定,判决:"一、被告VTB银行(法国)[VTB-Bank(France)SA]赔偿原告佛他贸易有限公司(Ferta Trade Ltd.,S.A.)因海事请求保全错误造成的损失544082.96美元。二、被告中国银行股份有限公司天津市分行对上述损失承担连带赔偿责任。上述款项应于判决书生效之日起十日内给付。三、如果未按本判决指定的期间履行给付金钱义务,应当依照《中华人民共和国民事诉讼法》第229条之规定,加倍支付迟延履行期间的债务利息。四、驳回原告佛他贸易有限公司(Ferta Trade Ltd.,S.A.)其他诉讼请求。案件受理费人民币566567元,由原告佛他贸易有限公司负担人民币544968元,被告VTB银行(法国)[VTB-Bank(France)SA]负担人民币21599元。"

VTB银行(法国)不服原审判决,向本院提起上诉,请求:(1)撤销(2007)津海法商初字第140号民事判决第一项、第二项、第三项;(2)本案一审、二审诉讼费用由被上诉人负担。主要理由:

……

本院认为,VTB银行(法国)及佛他公司均系我国境外注册公司,本案为涉外海事案件。VTB银行(法国)以错误申请海事请求保全损害赔偿为由提起诉讼,由于侵权行为发生在中国,因此根据《中华人民共和国民法通则》第146条"侵权行为的损害赔偿,适用侵权行为地法律……"的规定,本案应当以中华人民共和国法律作为准据法。

……

综上,原判决认定事实清楚,适用法律正确。依照《中华人民共和国民事诉讼法》第130条、第153条第1款第(1)项、第157条的规定,缺席判决如下:

驳回上诉,维持原判。

二审案件受理费36521元,由上诉人VTB银行(法国)[VTB-Bank(France)SA]负担。

本判决为终审判决。

审判长　安文杰
代理审判员　李　彤
代理审判员　张　松
二〇一一年十二月十日
书记员　杨泽宇

【延伸阅读】

学术论文、专著

1. 韩德培:《国际私法》,高等教育出版社、北京大学出版社2014年版。
2. 刘仁山:《国际私法》,中国法制出版社2012年版。

3. 赵祥云:《关于我国涉外民事诉讼程序中的司法协议管辖和诉讼保全问题》,载《法学评论》1984 年第 2 期。

第三节　诉讼时效

【知识背景/点】

诉讼时效直接关系着诉讼当事人的诉权的实现,各国由于诉讼时效的规定不一,因此,国际民事诉讼中当事人需要严格把握诉讼时效的有关规定。相比较于国内民事诉讼,国际民事诉讼的诉讼时效有所不同。

一、诉讼时效概述

时效是一定的事实状态经过一定的时间而导致一定的法律后果的法律制度。在民法上,时效依其构成要件和法律后果的不同,可以分为取得时效和消灭时效。取得时效是指占有他人动产或不动产,行使一定的权利,持续达到一定时间即发生取得权利的法律事实。消灭时效是指因一定期间不行使权利,即发生请求权消灭的法律事实。时效制度源于罗马法,其目的在于维护现有的秩序,充分利用社会财富和结束权利义务关系不确定状态等公共目的而对当事人的权利进行限制,一般属于强制性规范,当事人不得通过协议方式予以排除、延长或缩短,当事人也不得将时效利益事先予以抛弃。[①]

大陆法系关于时效制度的立法差异很大,有统一主义和区别主义之分。统一主义以《法国民法典》和《日本民法典》为代表,对取得时效和消灭时效统一规定。区别主义立法以《德国民法典》为代表,把取得时效和消灭时效作为两个不同的法律制度

[①] 《最高人民法院关于审理民事案件适用诉讼时效制度若干问题的规定》第 2 条规定,当事人违反法律规定,约定延长或者缩短诉讼时效期间、预先放弃诉讼时效利益的,人民法院不予认可。

看待。英美普通法中原本没有取得时效和消灭时效的概念,直到1623年颁布了《诉讼时效和防止法律诉讼法》(Act for Limitation of Action and for Avoiding of Suits in Law),规定了6年的普通诉讼时效期间,一直沿用至今。[①] 美国联邦政府和50个州均有自己的诉讼时效法。

我国立法仅仅规定了诉讼时效制度。诉讼时效按性质为消灭时效,我国诉讼时效采取诉权消灭主义,即诉讼时效到期后,当事人请求法院保护其权利的诉权归于消灭,但其实体权利并不消失。

二、诉讼时效的期限及诉讼时效的中止、中断和延长

各国对于诉讼时效期间长短及其具体内容的规定不一致,而且国际民商事关系中诉讼时效问题的法律冲突,将会导致国际民事诉讼中当事人诉讼权利的不一致。因此,为了解决诉讼时效的法律适用问题,各国规定了不同的诉讼时效的准据法,国际社会也努力通过制定国际条约来解决这一问题,如1974年联合国《国际货物销售时效期限公约》规定了完整的统一的时效规则,有助于保障当事人双方享有同等的权益。

(一)诉讼时效的准据法

大陆法系国家关于时效的立法虽然内容不一,但是其将时效问题识别为实体法问题,适用时效所属民事法律关系的准据法。如《匈牙利国际私法》第30条第4款规定,诉讼时效适用该诉讼请求的准据法。1989年《瑞士联邦国际私法法规》第148条第1款规定,"适用于债权的法律,支配它的时效和消灭"。德国《民法典施行法》第32条、西班牙《民法典》第10条等均采取了这一做法。英美法系国家以前将时效识别为程序法事项,程序问题一般适用法院地法。在19世纪初,英美两国就确认了这一规则。该规则确立的主要原因在于:第一,外国人不应获得法院地居民所不能获得的利益;第二,在普通法上,诉因可赋予原告一种永久性的权利,而有

---

① 该法历经1939年、1954年、1963年、1972年、1975年和1980年六次修订,现行的是《1980年诉讼时效法》(Limitation Act 1980),适用于英格兰和威尔士。转引自杜涛:《涉外民事关系法律适用法释评》,中国法制出版社2011年版,第83页。

关时效的法律规定则能起到剥夺当事人在法院获得司法救济的作用。但现在将时效制度划归程序法范畴的历史原因已经不存在了。这一做法也导致了难以解决的问题，遭受到诸多批评。例如权利和救济方法的联系并不实际，因为"无法寻求法律救济方法的权利算不上权利"，以及助长"挑选法院"现象等。因此，近年来英美法系国家的态度有所转变。英国议会于1984年通过的《外国时效期限法》(*The Foreign Limitation Periods Act* 1984)将时效规定为实体问题而非程序问题。凡在英格兰和威尔士法院审理的涉外案件，只要根据国际私法规则所适用的准据法为外国法，则诉讼时效也应受该外国法的约束，除非是在双重可诉的侵权情形下。

在美国，虽然时效一般也被认为是程序性的，但是也并非绝对地适用法院地法。在一些法院的判决中，关于外州权利要求适用何种时效期限的问题，应按照与实质问题所应适用的相同的法律选择原则来解决。美国统一州法委员会在1982年拟定的《统一冲突法——时效法》(*Unification Conflict of Laws—Limitations Act* 1982)中规定时效原则上适用案件的准据法，该法已被美国多个州采纳。而1988年修订的《第二次冲突法重述》第142条也吸收了《统一冲突法——时效法》的成果。美国路易斯安娜州1991年冲突法立法也抛弃了传统的适用法院地法的原则，采用了法院地法和案件准据法相结合的做法。

我国《涉外民事关系法律适用法》第7条规定，"诉讼时效，适用有关涉外民事关系应当适用的法律"。这与传统的大陆法系国家的实践一致。

(二) 诉讼时效的期限

联合国《国际货物销售时效期限公约》规定了时效期间为4年。且最长的时效期限自开始之日起满10年届满。我国立法规定的一般期间为2年，是从知道或应当知道权利被侵害之日起计算。例外期间为1年，具体情形包括身体受到伤害要求赔偿的；出售质量不合格的商品未声明的；延付或者拒付租金的；寄存财物被丢失或者损毁的法律规定的最长诉讼时效期间为20年，自权利被侵害之日起计算。

(三) 诉讼时效的中止、中断和延长

联合国《国际货物销售时效期限公约》第13条至第18条规定了中断的行为，包括了提起司法诉讼或在已开始的司法诉讼中坚持请求行为、开始仲裁以及债权人就破产和遗嘱问题提出请求。我国《民法通则》第139条规定，诉讼时效期间的最后6个月内,因不可抗力或者其他障碍不能行使请求权的,诉讼时效中止。从中止时效的原因消除之日起,诉讼时效期间继续计算。该法第140条规定,诉讼时效因提起诉讼、当事人一方提出要求或者同意履行义务而中断。从中断时起,诉讼时效期间重新计算。

对于中断的情形,最高人民法院《关于审理民事案件适用诉讼时效制度若干问题的规定》也作出了详细的规定。本规定第10条解释了《民法通则》第140条规定的"当事人一方提出要求"包括了(1)当事人一方直接向对方当事人送交主张权利文书,对方当事人在文书上签字、盖章或者虽未签字、盖章但能够以其他方式证明该文书到达对方当事人的;(2)当事人一方以发送信件或者数据电文方式主张权利,信件或者数据电文到达或者应当到达对方当事人的;(3)当事人一方为金融机构,依照法律规定或者当事人约定从对方当事人账户中扣收欠款本息的;(4)当事人一方下落不明,对方当事人在国家级或者下落不明的当事人一方住所地的省级有影响的媒体上刊登具有主张权利内容的公告的,但法律和司法解释另有特别规定的,适用其规定。本规定第12条至第15条规定了诉讼时效中断的其他情形,第12条规定了一方当事人向人民法院提交起诉状或者口头起诉的中断情形,而第13条规定了与提起诉讼具有同等诉讼时效中断的效力的情形。① 第14条规定了权利人向人民调解委员会以及其他依法有权解决相关民事纠纷的国家机关、事业单位、社会团体等社会组织提出保护相应民事权利的请求时,诉讼时效中断。第15条规定了权利人向公安机关、人民检察院、人民法院报案或者控告,请求保护其民事权利的,诉讼时效从其报案或者控告之日起中断。

对于诉讼时效的中止,最高人民法院《关于审理民事案件适用诉讼时效制度若干问题的规定》第20条明确规定了以下情形,应当认定为诉讼时效中止:(1)权利被侵害的无民事行为能力人、限制民事行为能力人没有法定代理人,或者法定代理

---

① 包括了:(1)申请仲裁;(2)申请支付令;(3)申请破产、申报破产债权;(4)为主张权利而申请宣告义务人失踪或死亡;(5)申请诉前财产保全、诉前临时禁令等诉前措施;(6)申请强制执行;(7)申请追加当事人或者被通知参加诉讼;(8)在诉讼中主张抵销;(9)其他与提起诉讼具有同等诉讼时效中断效力的事项。

人死亡、丧失代理权、丧失行为能力;(2)继承开始后未确定继承人或者遗产管理人;(3)权利人被义务人或者其他人控制无法主张权利;(4)其他导致权利人不能主张权利的客观情形。

诉讼时效可以在法定的范围内给予延长,《民法通则》第137条规定,从权利被侵害之日起超过20年的,人民法院不予保护。有特殊情况的,人民法院可以延长诉讼时效期间。

【案例裁决/法律文书摘录】

原告A.P.穆勒-马士基有限公司与被告上海蝉联携运物流有限公司深圳分公司、上海蝉联携运物流有限公司海上货物运输合同纠纷案

广州海事法院民事判决书

(2012)广海法初字第329号

原告:A.P.穆勒-马士基有限公司(A.P. Moller-Maersk A/S)。

法定代表人:莫顿·恩格尔斯托夫特(Morten Engelstoft)和彼得·鲁尼斯特·安德森(Peter Ronnest Andersen)。

委托代理人:曹放,上海市锦天城律师事务所律师。

委托代理人:马一星,上海市锦天城律师事务所律师。

被告:上海蝉联携运物流有限公司深圳分公司。

负责人:蔡国梁,该分公司总经理。

被告:上海蝉联携运物流有限公司。

法定代表人:吴亮,该公司总经理。

两被告委托代理人:黄素芳,广东盛唐律师事务所律师。

原告A.P.穆勒-马士基有限公司为与被告上海蝉联携运物流有限公司深圳分公司(以下简称蝉联深圳分公司)、上海蝉联携运物流有限公司(以下简称蝉联公司)海上货物运输合同纠纷一案,于2012年2月27日向本院邮寄起诉状,本院于3月1日收文,按本院的要求原告于4月17日完成起诉材料的补正,本院于4月18日予以立案。本院受理后,依法组成由审判员倪学伟为审判长,代理审判员杨

雅潇和人民陪审员陈秀玲参加的合议庭进行了审理,书记员卢诗颖担任本案记录。原告先后三次申请延期举证,本院予以准许。本院于 2013 年 3 月 26 日召集双方当事人庭前交换证据,并于同日及 9 月 11 日公开开庭进行了审理。原告委托代理人曹放,两被告委托代理人黄素芳到庭参加诉讼。本案现已审理终结。

原告诉称:2010 年,蝉联深圳分公司委托原告从深圳盐田港出运编号为 859498700 的提单项下 5 个集装箱货物到印度新德里,原告接受委托承运涉案货物。货物运抵中转港孟买新港前后,蝉联深圳分公司多次要求更改目的港后多次取消更改。最后,蝉联深圳分公司确认托运人将承担货物在孟买新港滞留而产生的费用,且收货人会到孟买新港清关提货。4 月 29 日,蝉联深圳分公司要求将托运人更改为"SHENZHEN TRADE AND EXPORT CO. LTD"、收货人更改为"SATYA OVERSEAS"。6 月 2 日,蝉联深圳分公司又要求将收货人更改为"LIMRATRADERS A-3"。因始终无人提取涉案货物,导致货物被孟买新港海关罚没。2011 年 2 月 28 日,孟买新港海关通知原告货物已被拍卖,并要求原告向买主交付货物。涉案货物在孟买新港滞留期间产生集装箱超期使用费共计 8026425 卢比,折合人民币 1029554.51 元(按起诉当日汇率计算)。蝉联深圳分公司作为托运人多次更改收、发货人,应对无人提货给承运人造成的损失承担赔偿责任,蝉联深圳分公司系蝉联公司的分支机构,蝉联公司应就蝉联深圳分公司的行为对承运人造成的损失承担连带赔偿责任。请求判令:两被告共同承担集装箱超期使用费 8026425 卢比(按起诉当日汇率计算折合人民币 1029554.51 元),共同承担本案诉讼费。

原告在举证期限内提交了以下证据材料:(1)编号为 859498700 的订舱确认单,拟以证明蝉联深圳分公司向原告订舱;(2)编号为 859498700 的未签发提单,拟证明蝉联公司与原告的海上货物运输合同关系;(3)2010 年 2 月 26 日至 4 月 16 日原告与蝉联深圳分公司之间的电子邮件,拟证明在涉案货物运抵孟买新港前,蝉联深圳分公司多次要求更改目的港,并确认托运人将承担涉案货物在孟买新港滞留所产生的费用、收货人会到孟买新港清关提货;(4)2010 年 4 月 29 日至 6 月 2 日蝉联深圳分公司发给原告的电子邮件,拟证明蝉联深圳分公司两次要求更改收、发货人;(5)孟买新港海关文件 2 份,拟证明涉案货物已被目的港海关拍卖,海关要求原告向买主交付货物;(6)集装箱超期使用费收费标准,拟证明原告收取集装箱超期使用费收费的标准。举证期限届满后原告补充提交了以下证据材料:(7)关于编号为860320322的提单项下原告与被告往来电子邮件、出口发票、银行收(付)款凭证,以证明蝉联深圳分公司的中、英文名称、发票客户号码,该分公司长期使用同一邮箱地址与原告进行业务联系;(8)涉案提单项下的出货指示,拟证明涉案运输的出货指示系蝉联深圳分公司发出;(9)马士基(中国)航运深圳分公司(以下简称马士基深圳分公司)声明,拟证明马士基深圳分公司系原告在起运港的代理,"PR-SCSEINS@MAERSK.COM"的邮箱已废止,无法公证下载邮件,原告提交的邮件真实;(10)马士基深圳分公司的营业执照,拟以证明马士基深圳分公司系原告起运港代理;(11)原、被告双方邮件往来,拟以证明被告的邮箱地址及双方曾多次就涉案运输交涉。

两被告共同辩称:其与原告不存在海上货物运输合同关系,两被告既不是托运人,也不是收货人,原告要求被告对涉案货物的集装箱超期使用费承担赔偿责任于法无据。原告未举证证明集装箱超期使用费已实际产生并实际存在。根据法律规定承运人应于涉案货物发生无人提取之日起60日即申请法院裁定拍卖货物,并以拍卖款清偿应由托运人或者收货人向原告支付的费用,不应任由货物无人提取将近1年才由海关拍卖,原告应自行承担未及时处理货物所造成的扩大损失。原告诉请的集装箱超期使用费已远远超过集装箱本身的价值,当集装箱超期使用费超过一个新集装箱的价值时,承运人可以通过购置新的集装箱来减损,集装箱超期使用费超期只应计算至货物无人提取之日起60日止,且不能超过重新购置集装箱的价格,两者之间以较低者为准。涉案货物被孟买新港海关拍卖后的拍卖款足以支付集装箱超期使用费,原告不但无权向托运人索赔该费用,且依法应将剩余的拍卖货款返还托运人。原告的起诉已经超过诉讼时效,请求法院驳回原告的诉讼请求。

两被告在举证期限内提交了1份证据材料:孟买新港海关文件2份,拟以证明涉案货物的拍卖款足以清偿集装箱超期使用费,原告无权再向托运人索赔;拍卖款剩余24585175卢比应返还托运人。

两被告对原告提交的证据材料(1)至(4)、(8)、(11)的真实性、合法性、关联性均不认可,认为订舱确认单及提单没有原件核对,电子邮件属于电子数据、未经法定程序证明,且两被告只使用过后缀为"COM"的电子邮箱,未使用过后缀为"ORG"的电子邮箱,案外人马士基深圳分公司是原告的代理人、与原告有利害关系,在这些证据材料上作的说明,属于案外人自证,且是孤证;对证据材料(5)予以认可;对证据材料(6)的真实性认可,合法性和关联性不认可,认为集装箱超期使用费收费标准是原告的单方主张,对两被告没有约束力;对证据材料(7)中的电子邮件的真实性不予认可,但确认电子邮箱为其所用,对银行收(付)款凭证的真实性认可,但对该组证据材料所要证明的内容不认可;对证据材料(9)的真实性认可,但对证明的内容不认可;对证据材料(10)没有异议。原告对两被告提交的证据材料予以认可,但对其所要证明的内容有异议。

经庭审质证,本院认证如下:原告提交的证据材料(5)与两被告提交的证据材料(1)相同,为域外形成的证据,双方互相认可,未对合法性提出异议,本院确认其证明力。两被告对原告提交的证据材料(8)的银行收(付)款凭证及证据材料(6)、(7)、(9)、(10)的真实性认可,本院确认其证明力。原告提交的证据材料(7)中的发票,与本院确认具有证明力的银行收(付)款凭证能相互印证,亦确认其证明力。两被告对原告提交的其余证据材料均不认可,但均未提交反驳证据材料,两被告否认向原告订舱的事实与承认涉案货物由两被告承运的事实之间明显自相矛盾,且不能作出合理解释,故本院对原告提交的证明蝉联深圳分公司向其订舱的证据材料(1)、(2)、(8)予以采信,原告提交的证据材料(3)、(4)、(11)及(7)中的电子邮件均为打印稿,虽未进行下载公证,但其未进行公证有客观原因,鉴于两被告确认往来电子邮箱的真实性,本院将结合其他证据对电子邮件的内容进行综合认证。

根据本院确认具有证据力的证据及庭审情况,查明本案事实如下:

……

双方在庭审中均选择适用中华人民共和国法律处理本案纠纷。

本院认为:本案是海上货物运输合同纠纷。涉案运输从中国深圳盐田港至印度孟买新港,原告系设立于中华人民共和国境外的企业法人,本案具有涉外因素。货物运输的始发地在广东省境内,本院是涉案运输始发地海事法院,根据最高人民法院《关于海事法院受理案件范围的若干规定》第11条和《中华人民共和国民事诉讼法》第27条的规定,本院对本案具有管辖权。双方在庭审中均选择适用中华人

第五章 期间、诉讼保全和诉讼时效

民共和国法律,根据《中华人民共和国海商法》第269条的规定,合同当事人可以选择合同适用的法律,本案实体争议应适用中华人民共和国法律解决。

本案有以下争议焦点:原告是否为适格主体、原告提起本案诉讼是否已超过诉讼时效、原、被告之间是否成立海上货物运输合同关系、货物拍卖所得超过集装箱超期使用费是否导致原告无权索赔集装箱超期使用费、索赔金额的合理性。

……

原被告双方均主张本案为海上货物运输合同纠纷,时效期间为1年,分歧在于诉讼时效的起算点。原告主张对于持续发生的损害应从损害终结之日起算时效,本案时效应从印度海关处理完货物之后,即从2011年2月28日起算。两被告主张从涉案货物无人提取之日原告的权利就受到了侵害,诉讼时效应从涉案货物到达目的港后无人提取之日起算,原告确认涉案货物是2010年2月23日到达目的港,诉讼时效应从2月24日起算,本案不存在诉讼时效中止或中断的事由,原告起诉已超过诉讼时效。

依照最高人民法院《关于承运人就海上货物运输向托运人、收货人或提单持有人要求赔偿的请求权时效期间的批复》,承运人就海上货物运输向托运人要求赔偿的请求权比照适用《中华人民共和国海商法》第257条第1款的规定,时效期间为1年,自权利人知道或者应当知道权利被侵害之日起计算。本案的关键是原告"知道或者应当知道权利被侵害之日"应当如何认定。货物运抵目的港后,两被告始终未明确表示弃货,而是向原告称收货人会到目的港清关并提货,原告有理由等待收货人提货,双方均未举证证明目的港当局规定的最后清关时限,蝉联深圳分公司曾于2010年3月30日通过电子邮件承诺托运人将承担集装箱超期使用费。造成原告权利被侵害的原因是原告为完成海上货物运输合同而提供的集装箱被超期占用,该超期占用的损害事实是持续不间断发生的,且直至货物被当作逃税物品被孟买新港海关拍卖后,原告才知道收货人不可能再提货,被占用的集装箱才因中标人提货而结束被占用的状态,集装箱超期使用所造成的损害才停止,该损失构成一个完整的合同之债。故本院认定原告行使请求权的时效期间应从印度孟买新港海关向其发出"关于被拍卖货物的交付"文书之日起算,即2011年2月28日起算,至2012年2月27日原告向本院提起本次诉讼,未超过1年的时效期间。

……

综上,依照《中华人民共和国合同法》第 65 条、第 107 条、第 113 条及第 119 条第 1 款之规定,判决如下:

一、被告上海蝉联携运物流有限公司深圳分公司、上海蝉联携运物流有限公司共同赔偿原告 A. P. 穆勒-马士基有限公司集装箱超期使用费损失人民币 150000 元;

二、驳回原告 A. P. 穆勒-马士基有限公司的其他诉讼请求。

以上给付金钱义务,应于本判决生效之日起 10 日内履行完毕。

如果未按本判决指定的期间履行给付金钱义务,应当依据《中华人民共和国民事诉讼法》第 253 条之规定,加倍支付迟延履行期间的债务利息。

本案受理费 14066 元,原告负担 12017 元;被告负担 2049 元,径付原告,本院不另清退。

如不服本判决,原告可在判决书送达之日起 30 日内,被告可在判决书送达之日起 15 日内向本院递交上诉状,并按对方当事人的人数提出副本,上诉于中华人民共和国广东省高级人民法院。

审判长　倪学伟

代理审判员　杨雅潇

人民陪审员　陈秀玲

二〇一三年十月十六日

书记员　卢诗颖

【延伸阅读】

一、案例

1. Sun Oil Co. v. Wortman, 108 S. Ct. 2117 (1988).

二、学术论文、专著(权威论著)

1. 韩德培:《国际私法》,高等教育出版社、北京大学出版社 2014 年版。

2. 刘仁山:《国际私法》,中国法制出版社 2012 年版。

3. 杜涛:《涉外民事关系法律适用法释评》,中国法制出版社 2011 年版。

4. Alejo De Cervera, The Statutes of Limitation in American Conflict of Laws, University of Puerto Rico Press, 1966.

三、网络链接

http://www.uncitral.org/uncitral/en/uncitral_texts/sale_goods/1974Convention_limitation_period.html. 联合国《国际货物销售时效期限公约》(*Convention on the Limitation Period in the International Sale of Goods*, New York, 1974)

第六章
国际司法协助

【内容摘要】 在经济全球化的今天,随着各国交往的日益频繁,跨国的民商事事务逐渐增多,一国在处理涉外民商事事务时,客观上不免会存在到他国主权管辖范围内处理事务的时候,例如向境外的当事人送达法律文书,对在境外的证人进行调查取证。而依据国际法上的主权原则,一国主权不容侵犯,不得干涉他国司法权。因此,国际民商事司法协助显得尤其重要。通过对本章的学习,掌握国际民商事司法协助的内涵,重点把握司法协助中的域外送达和域外调查取证,学习有关司法协助的国际公约和国内规定,了解我国有关司法协助制度。

引 言

国际司法协助的定义,原则和依据,以及适用的法律和司法协助中的公共秩序保留制度。了解域外送达的定义以及性质,并掌握域外送达的方式及相关的法律适用问题。所谓域外送达是指依据国内立法或者国际条约,一国司法机关将诉讼文书或非诉讼文书送交国外的诉讼当事人或其他诉讼参与人。

第一节　国际司法协助的内涵

【知识背景/点】

一、国际司法协助的定义

国际司法协助是指一国法院,依据国际条约或互惠原则,接受另一国法院的请求,代为履行送达文书或调查取证等民商事诉讼行为的制度。从民商事司法协助的范围以及内容看有两种不同的主张。即狭义上的司法协助和广义上的司法协助。

狭义的司法协助是指国际民商事案件中的送达文书、代为询问当事人等调查取证行为,不包括外国判决的承认与执行。1954年《海牙民事程序公约》就规定司法协助是指文书的送达及缔约国之间的法院相互代为询问和履行其他诉讼行为。例如美国国务院于1976年2月3日至各国驻华盛顿外交使团的一份照会中,明确指出:"外国的判决、裁决或者命令不得通过请求司法协助的方式在美国得到执行,国务院将退回这种不予执行的请求。"[1]苏联的《民事诉讼法纲要》对司法协助的规定就为狭义的司法协助"送达传票和其他文件,询问当事人和证人,进行鉴定和勘查现场等。"同样,德国、英国、日本也采取狭义司法协助的定义。

广义的司法协助除送达文书、调查取证以外,还包括向外国提供本国的民事、商事法律法规的内容,外国法院的判决和仲裁机构裁决的承认和执行。例如法国司法实践对司法协助的注释,大体囊括了在诉讼程序方面几乎所有的合作事项,包括外国法院判决的执行(即承认和执行外国法院的判决)、证明外国法、送达司法文书和司法外文书、发放身份证书、免除外国人诉讼费用和诉讼费用的担保、执行调

---

[1] 美国国务院编:《美国在国际法中的实践摘要》1976年卷,第306~309页。转引徐宏:《国际民事司法协助》,武汉大学出版社2006年第2版,第20页。

查取证的请求书等。①

在我国的国际私法学界针对司法协助的范围同样存在着狭义和广义之争。目前,我国民事诉讼法所采纳的是广义的司法协助。但是,应当注意到,不论是狭义还是广义的定义,各国在司法实践上并不排斥在承认和执行民事判决方面的合作。狭义或广义更多表现的是各国对司法协助形式上的定义,但不影响本质上各国在民商事各方面的合作。

二、国际司法协助的原则和依据

国际司法协助的原则是指各国进行司法协助所必须遵守之准则,其构成司法协助的基础。而司法协助之依据是各国司法协助所直接遵循的规则。

(一)国际司法协助的原则

1.国家主权原则

国家主权原则是指国家独立自主地处理内外事务,管理自己国家之权利,是国际私法的基本原则之一。国际民商事司法协助尽管表现形式为国与国之间互助合作,但究其本质依然为国与国之间的关系,其必然受到主权原则的影响。司法主权是国家主权的一部分,依据国家主权原则,各国应相互尊重对方之主权,同样也应尊重对方之司法权,不得在外国境内进行司法活动或干涉外国的司法活动。

依据国家主权原则:(1)要求国际民商事司法协助需以各国自愿和平等为基础,自主决定是否与别国开展司法协助事项,一国不得将本国的意志强加于对方,不得强迫别国提供司法协助。一旦两国就司法协助问题达成条约或协定,就应该信守条约或协定的义务。除依据约定程序对条约或协定予以修改或废除外,不得单方面违约或毁约。(2)在司法协助过程中,必须尊重提供司法协助一方国家的意思,特别是未经外国同意,一国司法机关不得到该外国境内从事司法性质的活动,例如收集证据、送达文书等等。(3)提出请求的国家也应尊重被请求国作出的是否提供司法协助的决定,不得将自己的意思强加于对方。

---

① 韩德培主编:《国际私法》,武汉大学出版社1989年修订版,第436页。

2.保护当事人的合法权益

国际私法之目的为确定当事人间之法律关系,维护当事人之合法权益。司法协助的开展也正是为了更好地维护不同国家间当事人的利益。在国际民商事司法协助中,一国请求他国提供司法协助或应它国请求提供司法协助,其目的在于解决当事人之间的民商事争议、保障当事人的合法权益,乃至整个国际社会的法律秩序和各国人民之间的正常交往。因此,对当事人合法权益予以保障,也是民事司法协助的一项基本原则。

3.平等互利原则

平等互利是指各国应当在平等的基础上,相互尊重,开展司法协助事宜需衡量他国的利益,不得以损害别国的利益实现本国的要求。以平等互利为原则开展的司法协助不仅仅是追求形式上的,更加要注重实质上的含义。由于各国立法上的不同,司法协助的程序规定和条件必然存在差异,在此基础上不能要求别国给予与本国相同的便利。从另一种意义上可以把平等互利原则看作是国家主权原则的延伸扩展。

(二)国际司法协助的依据

1.国际条约

规范各国司法协助的国际条约,可以分为多边国际公约和双边国际条约两类。

在多边国际条约方面,就其适用的地域范围来说,海牙国际私法会议制定的公约是全球性公约。海牙国际私法会议是以渐进地统一国际私法规则为宗旨的全球性政府间国际组织,其涉及法律适用、诉讼程序和司法合作各方面。1896年制定的《国际民事诉讼程序公约》,经过1905年、1928年、1954年多次修改,至今依然有效。之后,海牙国际私法会议针对司法协助的各具体事项分别制定专门公约,如1961年《关于取消外国公文认证要求的公约》、1965《关于向国外送达民事或商事司法文书和司法外文书公约》、1970年《关于从国外调取民事或商事证据公约》、1973年《关于抚养义务判决的承认和执行公约》、1980年《国际司法救助公约》、2005年《选择法院协议公约》。

除海牙国际私法会议制定的上述全球性国际公约外,联合国也制定了若干与国际民事司法协助有关的公约,如1958年《关于承认和执行外国仲裁裁决的公约》。

在区域性的民商事司法协助中,成果较为明显的主要是美洲国家组织和欧洲的区域组织。1928年美洲国家制定《布斯塔曼特法典》,1940年制定《关于国际民事诉讼程序法公约》。进入70年代以后,美洲国家在制定调整民事司法协助的公约方面又取得了令人瞩目的成绩,先后就送达文书、调查取证、外国法的查明、外国判决和仲裁裁决的承认和执行等事项制定了许多专门的区域性多边条约。

在欧洲方面,其制定的公约主要有1968年《关于提供外国法资料的欧洲公约》、1988年《民商事管辖权和判决执行公约》、1993年《马斯特里赫特条约》、1997年《阿姆斯特丹条约》。在此之后,欧盟国家间的司法和内务合作事项由过去的成员国协商缔结的方式转变为由欧盟理事会统一的立法。

在双边司法协助条约方面,其制定的方式具有多样性,或对民商事司法协助的内容作综合性规定,或仅仅针对民事司法协助的一项或若干项内容作出规定,或者将民事司法协助与刑事司法协助的内容合并规定在一项条约中。

在国际条约方面我国缔结参加了1958年的《承认与执行外国仲裁裁决公约》、1965年海牙《送达公约》、1970年海牙《取证公约》,并与法国、波兰、意大利、比利时等诸多国家签订了双边民事司法协助协定。

2.国内立法

除了国际条约以外,各国在国际民商事司法协助方面也通过国内的立法确定请求和提供司法协助的规则和制度。从各国立法来看,既有将司法协助规则制定在民事诉讼法中,如法国、日本、墨西哥、意大利等,也有将其规定在统一的国际私法典中,如土耳其、瑞士、南斯拉夫等。还有其他国家采取制定司法协助单行法来规定司法协助相关事宜。如德国《关于向国外送达民事或商事司法文书或司法外文书公约》和《关于从国外获取民事或商事证据公约》,日本的《外国法院司法协助法》。

我国《民事诉讼法》在第276条中对司法协助规定为:"根据中华人民共和国缔结或者参加的国际条约,或者按照互惠原则,人民法院和外国法院可以相互请求,代为送达文书、调查取证以及进行其他诉讼行为。外国法院请求协助的事项有损于中华人民共和国的主权、安全或者社会公共利益的,人民法院不予执行。"本章其他条文主要规定了文书送达、调查取证和法院判决和仲裁裁决的承认与执行的制度。此外,其他部门分别或共同就有关我国法院涉外法律文书送达、对外取证以及海牙《送达公约》和海牙《取证公约》在我国的适用等若干法律问题,作出了意见、解释、通知和规定。

三、国际司法协助的法律适用

由于涉及司法协助的各国在其相关行为的法律规定上不尽相同,且必须按照一定的法律规定予以实施,这必然会涉及法律适用的问题。但是司法协助中的法律适用是与冲突法中的法律适用有区别的。首先,司法协助的法律适用并不是用以确定当事人权利义务的,而是决定是否提供司法协助以及如何提供司法协助的。其次,司法协助中并不涉及案件的定性等问题,仅仅是一种程序性行为,被请求法提供司法协助时适用本国法律,特殊情况适用外国法律,这也是国家主权的体现。

(一)适用被请求国法律

从各国立法与实践上看,司法协助适用被请求国法律被普遍接受与承认。依照国家主权原则,被请求国在决定是否提供司法协助和如何提供司法协助的问题上,应当按照本国法律实行协助行为。此外,依据"程序问题适用法院地法",因司法协助的行为也属程序性行为,且在被请求国进行,司法协助适用被请求国本国法律也理所应当。在各国立法中,如瑞士1987年的《国际私法法规》规定:"在瑞士执行司法协助活动,依照执行地所属州的法律。"法国1975年《民事诉讼法典》第739条第1款规定:"来自外国的司法委托,按照法国法律的规定执行。"意大利1995年《意大利国家制度改革法》第73条第3款规定:"外国法院或主管机关决议的送达应遵循意大利法律规定的方式。"

我国《民事诉讼法》第279条规定:"人民法院提供司法协助,依照中华人民共和国法律规定的程序进行。外国法院请求采用特殊方式的,也可以按照其请求的特殊方式进行,但请求采用的特殊方式不得违反中华人民共和国法律。"《中华人民共和国和法兰西共和国关于民事、商事司法协助协定》第4条规定:"缔结双方在本国领域内实施司法协助的措施,各自适用其本国法,但本协定另有规定的除外。"

同样,在海牙《送达公约》中也规定,被请求方在进行送达时,应"按照其国内法规定的在国内诉讼中对其境内的人员送达文书的方法"进行。

(二)适用请求国法律

在民事司法协助中,特定的情况下被请求一方司法机关也可以根据请求一方的请求,适用请求一方的国际民事诉讼程序规则。这是基于请求国可能对某些诉讼的程序有着特别的要求,倘若未按照这些要求实施司法协助行为,则可能行为违反请求国国内法律,从而得不到请求国的认可。如在取证程序中,有些国家要求证人宣誓,有的国家要求原被告当面对质,有的国家还要求取证过程进行录音、录像或对所取得证据的格式有着特殊的要求等。例如在1970年海牙《取证公约》第9条中规定:"执行请求书的司法机关应适用其本国法规定的方式和程序。但是,该机关因采纳请求机关提出的采用特殊方式或程序的请求,除非其与执行国国内法相抵触或因其国内惯例和程序或存在实际困难而不可能执行。"

通常情况下我国也适用被请求国法律,但在特殊情况下也适用请求国法律。如《中华人民共和国和意大利共和国关于民事司法协助的条约》第11条第1款规定:"执行调查取证请求时应适用被请求的缔约一方的法律;如果提出请求的缔约方要求按照特殊方式执行请求,被请求的缔约方在采用这种方式时不以违反其本国法律为限。"

(三)适用第三国法律

一般而言,司法协助只发生在请求国与被请求国之间,但是在实践中,有可能所涉及的对象为第三国国民或是涉及特定人员的豁免权等。在此种情况下,就产生了适用第三国法律的问题。应当知道,适用第三国法律的情况比例甚少,尤其在举证方面存在诸多困难,此种做法尚未被国际社会公认。

此外,在考虑域外证据的效力问题上,有些国家持兼顾请求国和被请求国双方法律的原则。例如匈牙利规定:"在国外进行的查证应根据查证地点的法律来判断它是否有效,当符合本法规定时,也应认为有效。"日本法律也有相关的规定:"在外国进行的证据调查,虽然违背该国法律但不违背日本法,仍然有效。"此外,海牙《取证公约》在对证人的保护方面也进行了相关的规定。

四、国际司法协助中的公共秩序保留

"公共秩序保留"(reservation of public order)是国际私法中作为排除外国法的一种手段或制度,其发源可以追溯到意大利法则区别说时代。17世纪,荷兰的礼让学派主张虽然依国际礼让应承认外国法的域外效力,但不得以损害自己国家的主权和公民的权益为条件。1904年《法国民法典》首次以立法形式确立该项制度。

国际司法协助中的"公共秩序保留"是指如果民事司法协助事项与被请求国的公共秩序相抵触,被请求国有权拒绝提供协助。而在国际私法的"公共秩序保留"其含义是指内国法根据冲突规范应适用某外国法时,如果该外国法的适用将违背国内的公共秩序,内国法院便以此为由拒绝适用该外国的一种制度。两者的区别在于,国际私法中"公共秩序保留"是排除外国法的适用,但并不排除法院适用本国法律和他国法律继续审理案件。而在民事司法协助中的"公共秩序保留"是拒绝提供司法协助,一旦拒绝,从而终止司法协助程序。民事司法协助往往涉及外国的法律和外国进行的司法程序,因此当外国进行的诉讼涉及本国根本利益时,"公共秩序保留"相当于"安全阀"(safe valve)从制度上防止利益的受损。

对于"公共秩序保留",在国际上有关司法协助的多边公约、双边条约以及各国立法中,也都采取这项制度。例如,1965年海牙《送达公约》第13条明确规定:"如果送达请求书符合本公约的规定,则文书发往国只在其认为执行请求将损害其主权或安全时才可拒绝执行。"1970年海牙《取证公约》第12条也规定被请求国认为请求的执行将会损害其主权或安全条件下才能拒绝执行。

在我国《民事诉讼法》第276条第2款规定:"外国法院请求协助的事项有损于中华人民共和国的主权、安全或者社会公共利益的,人民法院不予执行。"《中华人民共和国和蒙古人民共和国关于民事和刑事司法协助的条约》第9条规定:"如果被请求的缔约一方认为提供司法协助有损于本国的主权、安全或公共秩序,可以拒绝提供。"虽然条文中并未直接用公共秩序这一概念,往往将"主权"、"安全"和"公共秩序"相提并论,但是我国也对公共秩序保留这一制度予以充分肯定,且这种做法在其他国家的条约或是某些国际公约中也有先例。

五、请求司法协助的途径

按照各国立法和国际条约的规定,一国法院向另一国家请求司法协助时,应向被请求国主管机关提交委托请求书。在当事人提出请求时,应当遵循被请求国法律的规定,直接向有关的司法机关提出;当请求方为一国司法机关时,则应按照国际条约所规定的方式和要求,出具书面请求书,填写具体内容和事项,并附上相关文书和说明,以既定的方式和途径传递给被请求国。

请求司法协助的途径,主要有以下几种:

1. 中央机关途径

所谓中央机关是指一国依据本国缔结参与的国际条约和国内法规定指定或建立的,在民事司法协助中担任主要联系、转递作用的机关。中央机关传递的途径为1965年海牙《送达公约》开创,解决了此前只能由外交机关传递司法文书所带来的效率低下问题,简化了文书的传递环节、加速了文书的转递过程、提高了司法协助的效率。通过中央机关途径,请求方的司法机关将请求通过适当的方式传递给本国的中央机关,由本国的中央机关传递给被请求国的中央机关,然后再由其中央机关按照本国国内程序,将司法协助的请求传递给被请求国的司法机关。

但是对于各国指定的中央机关,国际上并没有统一的规定,一般情况下由各国依据本国的法律制度和国情自由决定。例如海牙《送达公约》的缔约国所指定的中央机关就不尽相同:大多数成员国指定其司法部为中央机关,如美国、法国、芬兰、挪威、中国、西班牙等;有些国家指定本国的最高法院为中央机关,例如意大利、以色列、卢森堡等国;还有少数国家指定其外交部为中央机关。此外还要指出,中央机关的职能并不是限于司法协助,其具体职能取决于有关国际条约的规定。

2. 外交途径

请求国法院将委托请求书及有关文件交给本国外交部门,由本国外交部门交给被请求国的外交代表,再由被请求国的外交代表通过其外交部转交被请求国主管机关。一般来说外交机关在司法协助中的作用如下:

第一,作为司法协助的联系机关。在司法协助之中,如两国没有缔结或参加有关司法协助的条约,则两国之间的司法协助一般应通过外交途径进行。我国《民事诉讼法》第 277 条规定:"请求和提供司法协助,应当依照中华人民共和国缔结或者参加的国际条约所规定的途径进行;没有条约关系的,通过外交途径进行。"我国最高人民法院、外交部、司法部于 1986 年发布了《关于我国法院和外国法院通过外交途径相互委托送达法律文书若干问题的通知》对此程序作出了明确的规定。以送达文书为例,在无相关司法协助条约的情况下,他国需向我国境内的当事人送达文书,应由该国驻华使馆将法律文书递交外交部领事司,由其转递有关高级人民法院,再由高级人民法院交由指定的中级人民法院送达当事人。当事人在所附送达的回执上签字,再由中级人民法院将送达回执退回高级人民法院,由外交部领事司转退对方。

第二,作为解决司法协助条约所引发争议的途径。我国与外国缔结的司法协助条约一般规定,因解释或实施条约而产生的困难或争议应通过外交途径解决。如《中华人民共和国和法兰西共和国关于民事、商事司法协助的协定》第 29 条规定:"因适用本协定而产生的任何困难均应通过外交途径解决。"但其他规定也有所不同,如《中华人民共和国和蒙古人民共和国关于民事和刑事司法协助的条约》第 28 条规定:"缔结双方在执行本条约过程中的困难,应通过外交途径或本条约第三条所指的中央机关联系解决。"

第三,查明外国法。例如依据《中华人民共和国和法兰西共和国关于民事、商事司法协助的协定》第 28 条规定:"有关缔约一方法律、法规、习惯法和司法实践的证明,可以由本国的外交或是领事代表机关或者其他有资格的机关或个人以出具证明书的方式提交给缔约另一方的法院。"根据我国最高人民法院《关于贯彻执行〈中华人民共和国民法通则〉若干问题的意见(试行)》第 193 项的规定,我国法院适用外国法时,查明外国法的途径包括"由我国驻该国使领馆提供"和"由该国驻我国使领馆提供"。

3.法院和其他主管机关

所谓主管机关是指有权提出司法协助请求和执行司法协助请求的机关。一般情况下,介于司法协助为司法方面的事宜,各国的主管机关大多是司法机关。但在实践中,也存在指定法院以外的机关或个人提出或执行司法协助请求的情况。例如依据波兰法律,除法院外,公证处也有权处理数额不大的财产纠纷以及关于遗嘱有效性、遗产保护方面的纠纷;比利时等国规定由司法直达员完成送达文书的请求;美国允许本国律师在法院的控制下依一定的程序完成送达等司法行为。①

4.领事途径

即请求国的司法机关,按照国内规定的途径,将请求书传递给该国在被请求国的领事机构,然后由该领事机构传递给被请求国的司法机关。

【延伸阅读】

一、案例

1. 1997 年 Cybersell Inc. V. Cybersell Inc.
2. 欧盟 2004 年 Eurofood Finacial Service Center Ltd.

二、学术论文、专著（权威论著）

1. 萨瑟:《国际民事诉讼程序比较研究》,布达佩斯出版社 1967 年版。
2. 徐宏:《国际民事司法协助》,武汉大学出版社 2006 年第 2 版。
3. 王克玉:《国际民商事案件域外取证法律适用问题研究》,人民法院出版社 2008 年版,第四章。
4. 何其生:《域外送达制度研究》,北京大学出版社 2006 年版。
5. 肖永平、郭树理:《欧盟统一国际私法的最新发展——民商事司法文书及法外文书域外送达事项的合作和协调》,载《法学评论》2001 年第 2 期。

三、网络链接

http://www.hcch.net 海牙国际私法会议

---

① 费宗炜、唐承元主编:《中国司法协助的理论与实践》,人民法院出版社 1992 年版,第 63～64 页。

第二节 域外送达

【知识背景/点】

一、域外送达概述

(一)域外送达的含义

域外送达是指依据国内立法或者国际条约,一国司法机关将诉讼文书或非诉讼文书送交国外的诉讼当事人或其他诉讼参与人。

司法文书的送达在诉讼中有着重要的意义,因为只有司法文书的合法送达,法院才能行使司法审判权。同时,许多诉讼期间也是以相关司法文书的合法送达而开始计算的。一方面,一国的司法文书在未征得有关国家的同意的情况下不能在该国境内向任何人实施送达行为;另一方面,内国也不承认外国司法机关在没有法律规定和条约依据的情况下在内国所实施的送达。

因此,一方面,国家间通过签订各种多边条约和双边条约,为各国提供多种送达的途径,逐步建立和完善域外送达制度;另一方面,各国在其国内法上对司法文书的域外送达和外国文书在国内的送达作出了专门的规定。此外,有的国家在法律中还规定,可以完全按照外国法律规定的方式进行送达。例如美国《联邦民事诉讼法》第4条(I)项(A)款规定,向在外国的当事人送达,可以按照"外国法律中规定的该国普通管辖"法院在诉讼中进行内国送达的方式进行。

(二)域外送达的性质

由于英美法系和大陆法系诉讼模式的不同,英美法系国家实行当事人主义(Adversarial System),诉讼活动由当事人主导、推进,法官处于中立的仲裁者地位;大陆法系国家实行职权主义(Inquisitorial System)诉讼活动由法官主导并控制,法官处于主导地位;因此,其对送达性质的定义也各不相同,英美法系把送达作为私权力,看作是当事人或其代理律师的事务,相反在大陆法系把送达作为公权力,将送达视为国家司法机关执行职务的行为。

在大陆法系国家,一般将司法程序的送达视为国家主权行为,法院在诉讼中处于主导地位,送达应该由国家司法机关或者专门人员得以执行。例如比利时、法国等国家专门设立特定的文书送达的公共机构,送达文书由送达员完成,虽然他们不属于法院的工作人员。而在德国由于其诉讼制度由"个人主义、自由主义"转变为"职权主义",其文书的送达也从个人私人事务转为由法院主导的职权行为,由私权力行为更迭为公权力行为。其认为"为着尊重其他国家的属地优越权,一个国家没有获得准许……不得在外国领土上实施行政或管理行为"[1]。所以,任何国家都没有权利在外国进行司法行为,一个国家也不容许另一个国家在其境内从事送达或公布官方通知等行使司法权的行为。

而在英美国家,由于其采取的是当事人主义的诉讼模式,当事人占据主导地位,送达文书、调查取证等行为被视为当事人或者其代理律师的事务,其将送达制度看作私行为,不能与国家或者州的特权联系起来。例如在美国,区法院认为具有主权性质的强制性文书的送达,一般性通知的域外送达不属于国家履行司法权的行为,允许外国文书在美国直接送达,而美国的文书也可以在国外直接送达。

二、域外送达的方式

在国际民商事诉讼中,依据各国立法和国际条约,诉讼文书的域外送达可以分为直接送达和间接送达两类。

(一)直接送达

所谓直接送达是指内国法院根据内国法律和国际条约的有关规定通过一定方式直接送达。

1. 领事送达

领事送达是由法院将需要的越境送达的诉讼文书交给本国驻送达人所在国的领事,然后由领事送交给受送达人。两国在未签订双边司法协助协定又未共同参加有关送达的国际条约时,若已建立外交关系,只要两国之间存在送达互惠,即可

---

[1] 《奥本海国际法》上卷,第一分册,王铁崖、陈体强译,商务出版社1981年版,第229页。

采用外交领事途经直接送达。1965年海牙《送达公约》规定了领事送达,但允许缔约国声明,外交代表或领事在其领土上直接送达文件,以送达给本国人为限。我国《民事诉讼法》第267条也规定:"对具有中华人民共和国国籍的受送达人,可以委托中华人民共和国驻受送达人所在国的使领馆代为送达。"

2. 邮寄送达

邮寄送达是指一国法院直接将文书邮寄给国外的诉讼当事人或其他诉讼参与人。此种送达方式,各国的立法和司法实践的态度不尽相同。如美国和法国等多数国家在批准和加入《国际民事诉讼程序公约》和海牙《送达公约》时都对邮寄送达予以认可。海牙《送达公约》规定,如果送达目的地国不表示异议,该公约不妨碍通过邮寄途径直接向身在国外的人送达司法文书的自由。从公约当事国来看,一些国家并不反对接受邮寄送达的文书,另一些则明确反对外国采取这一方式向其境内的当事人送达文书。我国在加入海牙《送达公约》时,也依据公约第21条第2款第(1)项规定声明,反对采取邮寄送达方式在我国境内进行送达。

我国《民事诉讼法》第267条第6项规定:"受送达人所在国的法律允许邮寄送达的,可以邮寄送达,自邮寄之日起满三个月,送达回证没有退回,但根据各种情况足以认定已经送达的,期间届满之日视为送达。"这一条规定我国向国外送达司法文书的条件,但是不表示我国接受别国向我国境内的当事人邮寄送达司法文书。

3. 公告送达

公告送达是指采用登报、广播或张贴公告的方式送达诉讼文书。对于公告送达的方式,各国大多严格限制,通常是在采用其他方式无法送达时,才采用这种送达方式。

4. 个人送达

一国法院将文书交给具有一定身份的个人代为送达。此种方式,在视域外送达为私人之间进行的诉讼行为的普通法系各国所承认和采用。

5. 依当事人协商的方式送达

这是英美法系国家采用的一种送达方式,如依美国法规定,对外国国家的代理人或代理处,对外国国家或外国的政治实体的送达,可以依照诉讼当事方之间特别协商的办法送达。

(二)间接送达

所谓间接送达是指通过国际司法协助的途径来进行送达,以双方共同缔结或参加的多边或双边条约的规定,通过缔约国的中央机关按照特别程序来进行。

1. 请求的提出

根据1965年海牙《送达公约》第3条的规定,提出请求的主体是"应由一请求国法律有权主管的当局或是司法助理人员"。何为有权主管的当局?虽然各缔约国针对此的定义并不相同,但是对于请求国而言,中央机关收到另一缔约方某机关提出的请求后,可不必了解该机关是否有权提出该项请求,因为根据公约的规定其主体资格应依据请求国的法律确定。在中国,由于送达文书属于法院的职权范围,因而,法院是有权向外国提出请求的主体。

2. 提出请求的途径

一般来说,缔结国际条约的按照国际条约的规定进行,没有条约关系的,则可通过外交途径进行。我国《民事诉讼法》第277条第1款规定:"请求和提供司法协助,应当依照中华人民共和国缔结或者参加的国际条约所规定的途径进行;没有条约关系的,通过外交途径进行。"我国与外国缔结的双边条约也规定,送达请求应当通过缔结双方指定的中央机关提出。海牙《送达公约》规定,各缔约国可以通过中央机关提出文书送达请求。不过,海牙《送达公约》并不要求此类请求必须通过双方的中央机关提出,也可以由请求机关直接向被请求国的中央机关提出。至于请求机关提出请求是否必须通过本国的中央机关,由各缔约国自己决定。在实践中,有些国家未做统一规定,也有些国家如法国、芬兰和埃及等国家规定只有本国的中央机关才能作为统一向外国提出请求的机关。我国最高人民法院、外交部、司法部1992年发布的《关于执行〈关于向国外民事或商事司法文书和司法外文书公约〉有关程序的通知》规定,中国法院向外国提出文书送达请求,应通过统一的途径提出:"有关中级人民法院或专门人民法院应将请求书和所送司法文书送有关高级人民法院转最高人民法院,由最高人民法院送司法部送该国指定的中央机关;必要时,也可由最高人民法院送中国驻该国使馆送给该国指定的中央机关。"

3. 请求书的执行和送达结果的通知

依据海牙《送达公约》和有关国家的实践,被请求国执行请求国的送达请求主要有三种方式:第一,正式送达,被请求国中央机关按照其国内法规定的在国内诉讼中对其在境内的人员送达文书的方式送达该委托的文书。第二,特定方式送达。文书按照请求方要求采用的特定方式进行送达,但此种方式不得与被请求国的法律相抵触。第三,非正式递交。在被送达人自愿接受时向其送达文书,而不必严格遵守公约中有关形式上的要求。

对于执行结果通知,一般的做法是采用送达回证或由有关机构出具送达证明书的方式,将执行情况通知请求方。依据海牙《送达公约》第6条的规定,被请求国中央机关或该国为此目的的可能指定的任何机关应依公约规定的格式出具证明书。证明书应写明文书已经送达,并包括送达的方法、地点和日期,以及文书被交付人。

4. 费用的承担

海牙《送达公约》第12条规定,发自缔约一国的司法文书的送达不应产生因文件发往国提供服务所引起的税款或费用的支付或补偿。但申请人应支付或补偿下列两者情况下产生的费用:第一,有关司法助理人员或依送达目的地国法律主管人员的参加。第二,特定送达方式的使用。

中国与外国签订的双边司法协助条约一般规定,代为送达司法文书和司法外文书应该互为免费。没有条约关系的,在收费问题上,我国采用对等原则,但根据请求方要求采用特殊方式送达文书所引起的费用,则由请求一方承担。

5. 对送达请求的异议和拒绝

第一,地址不详。海牙《送达公约》第1条第2款规定:"在文书的受送达人地址不明的情况下,本公约不予适用。"第二,请求书不符合要求。公约的第4条规定,如果被请求国的中央机关认为请求书不符合公约的规定,应及时通知请求方,并说明其对请求书的异议。请求书被退回后,请求方还可对请求书予以纠正,使之符合公约规定的形式要件,被请求方一般也仍可接受请求方重新提出的请求。第三,执行请求将有损被请求国的公共秩序。以上的各种原因也为《民事诉讼法》和中国对外签订的双边司法协助所承认和采纳。

三、域外送达的法律冲突和合作

在传统的大陆法系的国家看来,送达是一种国家行为,属于公权力的行为。相反,在英美法系来看,送达是一种私人行为,尤其是在英美采取的当事人主义的诉讼模式。此种公与私根本性质的区分,导致两者在使用的送达方式以及文书的鉴定范围上的不同。各种差异导致各国在域外送达领域的冲突,影响各国在送达领域的合作。

为协调各国在送达领域的矛盾,使文书送达能顺利完成,诉讼能够顺利完成,各国通过缔结国际条约等方式开展广泛的合作。

1. 海牙《送达公约》

海牙国际私法会议旨在统一各国国际私法规范,域外送达事项一直受到海牙国际私法会议的关注,早在1894年第二届海牙国际私法大会上通过,并于1896年签订的《关于民事诉讼程序的公约》,已开始涉及文书送达以及代为询问委托书的事宜。1905年又签署了《民事诉讼程序公约》,其规定了司法文书和司法外文书的域外送达问题。1954年又针对1905年的公约进行修订,制定了新的草案,对送达问题作出专章规定,涉及域外司法文书和司法外文书送达的一般方式、准据法、文字要求、拒绝送达理由、送达回证、其他送达途径以及费用承担等方面的问题。到1965年第十届海牙国际私法会议上,专门委员会制定并通过了海牙《送达公约》,该公约是迄今为止国际上关于私法文书和司法外文书送达方面最为完备的公约。该公约的基本宗旨是:(1)建立一套制度,在尽可能的方位内使得收件人能够实际知悉被送达的文书,以便其有足够的时间为自己辩护;(2)简化请求国和被请求国之间对这些文书的转递方式;(3)以统一规格的证明书方式便利对已完成送达的证明程序进行证明。[①]

2.《欧盟成员国间送达民商事司法文书及司法外文书的公约》

1997年,欧盟15国在布鲁塞尔签订了《欧盟成员国间送达民商事司法文书及

[①] 海牙国际私法会议编:《执行1965年11月16日海牙关于向国外送达民事或商事司法文书和司法外文书公约的执行实践手册》,英文版第2版,第25页。

司法外文书的公约》及其解释议定书,旨在改进成员国间民商事司法文书及司法外文书域外送达的方式,提高送达的效率。1997年10月欧盟各国签署《阿姆斯特丹条约》将民事司法协助列为欧盟直接管辖的事项,决定采取更为切实有效的措施。200年,欧盟理事会颁布第1348号规则,在1997年送达公约的基础上作出进一步改进,并于2001年5月31日直接对各成员国生效。

3.《美洲国家间关于嘱托书的公约》及其议定书

1975年美洲国家在巴拿马关于国际私法的特别会议上达成了《美洲国家间关于嘱托书的公约》,在1979年的第二次会议上,美国提出一些修改意见,后被采纳并形成了《美洲国家间关于嘱托书的公约的附加议定书》。

除此之外,还有其他的多边国际条约以及双边条约或协定协调各国在域外送达上的冲突。

【案例裁决/法律文书摘录】

案例:

美国Alameda高等法院无视中国司法主权肆意侵害中国公民诉讼权利案

1994年10月,经人介绍,中国公民魏某与美籍华人廖某相识。经过接触,两人确定恋爱关系。经过进一步了解,两人决定结婚,并于1995年1月8日在魏某原籍所在市民政局办理了结婚登记手续,同年1月18日举行了结婚仪式。婚后,廖某一反常态,拿出一张少女照片告诉魏某他与照片上的这位在深圳中华民族园工作的土家族姑娘仍保持联系。双方在一起共同生活15天,新婚宴尔,廖某就抛弃妻子,借口说在美国与他共同生活多年,现已93岁的外婆病重,需立即赶回去,便急不可待地去了广州、深圳。然而,廖某却在广州、深圳逗留了半个多月才返美,此间,廖某厚颜无耻地打电话询问魏某如何追求中国姑娘。1995年底,廖某不说明任何理由从美国打电话告知魏某欲同她离婚,请魏某同意。对廖某的离婚要求,魏某当即拒绝,并告之婚姻不是儿戏,没有理由、无缘无故离婚无法接受。此后,每隔一两周,廖某就给魏某打一次电话,逼她离婚,并威胁说,他已经向律师咨询过了,魏某同意能离婚,不同意也能离婚。1996年4月,魏某收到廖某的律师寄来的

涉外民事诉讼法律实务

美国Alameda高等法院的传票、请求书、"家庭法"填空等司法文书。廖某的离婚告知和离婚诉讼使魏某精神上、感情上受到极大伤害。婚前廖某曾娓娓动听,甜言蜜语地向魏某许诺他现在经济条件好,婚后能使她生活幸福,并能在3月内,最多半年时间把她带到美国共同生活。谁知婚后廖某背信弃义,一纸文书把魏某推上法庭。廖某的离婚诉讼在魏某的工作单位引起了很大反响,人们的议论沸沸扬扬。人言可畏,魏某不得不辞去工作。

面对薄情无义的廖某,魏某于1996年7月8日聘请律师与之对簿公堂。

律师接受案件代理后,对案情进行了审查。在审查过程中,发现美国Alameda高等法院在本案程序方面有两点违反我国法律的规定:一是司法文送达方式上违反我国全国人大常委会1991年3月2日通过的《关于批准加入〈关于向国外送达民事或商事司法文书和司法外文书公约〉的决定》第3条的规定,采用了我国法律不允许的邮寄送达方式在我国境内送达司法文书;二是违反我国《民事诉讼法》第264条规定,送达的司法文书仅以原告本国文字制作,没附中文译本。针对上述两个问题及送达的效力问题,魏某的律师咨询了我国司法部司法协助局。司法协助局明确答复:本案原告代理人通过邮寄方式在我国境内送达没有中文译本的司法文书在我国境内不发生法律效力。根据我国的法律规定和司法协助局的答复,魏某的律师于1996年7月18日致函美国Alameda高等法院,对美国Alameda高等法院通过原告律师采用邮寄方式在我国境内送达司法文书提出异议,告知我国在加入1965年《关于向国外送达民事或商事司法文书和司法外文书公约》时对公约第10条提出声明,反对在中国境内邮寄送达。贵院送达司法文书方式违反中国法律规定,其司法文书在中国境内不发生法律效力,同时将传票等司法文书退回。1996年7月23日,美国Alameda高等法院通过邮寄方式直接复函魏某的律师,提出必须用准确的英语答辩,以便考虑你们的要求。对美国Alameda高等法院直接向中国境内中方当事人直接邮寄的函件的效力及是否进行答辩问题,魏某的律师再次咨询我国司法部司法协助局,得到明确答复,即美国法院通过邮寄方式向我国境内中方当事人送达有关诉讼方面的函件为我国法律所不允许。于是,魏某的律师于1996年8月18日再次致函美国Alameda高等法院,申明:(1)中华人民共和国和美国同是1965年《关于向国外送达民事或商事司法文书和司法外文书公约》

的加入国。中国政府在加入《关于向国外送达民事或商事司法文书和司法外文书公约》时,依据该公约第21条第2款第1项的规定对公约第10条提出声明,在中国境内反对邮寄送达、故贵院应尊重中国加入《关于向国外送达民事或商事司法文书和司法外文书公约》时的立场,以中央机关送达的方式送达司法文书。这样,贵院作出的司法文书才能在中国境内发生法律效力。(2)贵院要求被告人及律师以准确的英语提出答辩,《中华人民共和国民事诉讼法》规定,外国法院向中国送达的司法文书,应附有中文译本。故贵院应首先将本案的司法文书译成中文,按中国法律要求的途径送达。(3)在收到附有中文译本并按中国法律规定的方式送达的司法文书后,我们将提出答辩,并按中国法律规定附上英文译本。1996年12月20日,美国Alameda高等法院作出缺席判决,其内容为:(1)廖某与魏某解除婚姻关系;(2)法院对配偶扶养问题不管辖,终止配偶之间的相互扶养。美国Alameda高等法院做出上述判决后,拒不向中方当事人送达。1997年1月20日,魏某的律师以中、英两种文本致函美国Alameda高等法院,了解案件的进展情况。指出贵院受理廖某诉魏某离婚一案已有8月之多,但贵院至今尚未按中、美两国共同参加的1965年《关于向国外送达民事或商事司法文书和司法外文书公约》中规定的为中国政府所认可的方式送达文书。对案件的进展情况,我与我的当事人均十分关注,诚请贵院能尊重中国政府参加1965年《关于向国外送达民事或商事司法文书和司法外文书公约》时对送达方式所持立场,采取中央机关方式送达司法文书,届时我方将会认真予以答辩,争取早日审结此案。此函发出后,美国Alameda高等法院一直未作答复。1997年2月4日,廖某给魏某打电话,告知法院已作出了离婚判决。对美国Alameda高等法院置条约必须遵守的国际法准则于不顾,无视中国参加1965年《关于向国外送达民事或商事司法文书和司法外文书公约》所持立场,径直向中国境内的当事人送达司法文书,严重侵害中国司法主权,在其错误做法受到抵制后,竟然剥夺中国公民的诉讼权利,在中方当事人未获答辩机会的情况下作出判决,并且拒不送达判决,严重侵犯中方当事人的合法权益的做法,魏某表示极大的愤慨,并于1997年4月8日以中、英两种文本分别给美国司法部、美国最高联邦法院写信,要求调查了解此案,予以公正解决。对魏某的信,美国司法部、美国最高联邦法院未作答复。1997年9月2日,魏某收到廖某通过邮寄方式送达的美国

涉外民事诉讼法律实务

Alameda 高等法院 1996 年 12 月 20 日做的判决书的正式副本。收到判决书副本后,魏某于 1997 年 9 月 10 日以中、英两种文本致函美国 Alameda 高等法院,对该院 1996 年 12 月 20 日所做 767605—9 号判决提出异议:

(1)贵院通过邮寄方式向中国境内的当事人送达司法文书,违反了中国政府加入《关于向国外送达民事或商事司法文书或司法外文书公约》时依据中国全国人大常委会决定所作出的反对用邮寄方式在中国境内送达司法文书的声明,违反了中国最高人民法院、外交部 1992 年 3 月 4 日《关于执行〈关于向国外送达民事或商事司法文书和司法外文书公约〉有关程序的通知》中规定的外国法院向中国境内当事人送达司法文书的程序(并附上上述两份文件),外国法院违反中国法律在中国境内送达的司法文书,不发生法律效力。

(2)中、美两国是 1965 年海牙《关于向国外送达民事或商事司法文书和司法外文书公约》的加入国。对国际条约,美国法院应当遵守。贵院置公约规定及中国政府参加公约时对公约所作的声明于不顾,在没有合法送达司法文书的情况下径行判决,严重损害了我的合法权益。

(3)贵院不合法送达司法文书就作出判决,剥夺了我的诉讼权利,由于没有进行答辩,我的实体权利必然受到侵害。贵院作出判决后,在 9 个多月的时间里拒不送达判决书,而送达时又采用邮寄方式,所送达的判决书在中国境内不发生法律效力,剥夺了我的上诉权利。贵院如此践踏人权,我表示极大的愤慨。基于上述理由,我要求贵院撤销 1996 年 12 月 20 日作出的对 767605—9 号案件的判决,重新进行公正审理。

对魏某的要求,美国 Alameda 高等法院至今未作答复。①

评析:本案涉及的国际私法核心问题是邮寄送达。一般而言邮寄送法是为大多数国家的国内诉讼程序所采纳的,但是针对是否接受邮寄送达的跨国司法文书,各国的规定不尽相同。本案中美国就规定本国法院、律师、当事人可以向国外邮寄送达传票,也允许外国当局或者个人向美国国内邮寄送达文书。

---

① 案情参见杜新丽主编:《国际私法教学案例》,中国政法大学出版社 1999 年版,第 345~349 页。

在我国关于邮寄送达依据《民事诉讼法》第88条之规定:"直接送达诉讼文书有困难的,可以委托其他人民法院代为送达,或者邮寄送达。邮寄送达的,以回执上注明的收件日期为送达日期。"文书在国境之内是可以进行邮寄送达。针对域外的文书送达,《民事诉讼法》第267条规定:"受送达人所在国的法律允许邮寄送达的,可以邮寄送达,自邮寄之日起满三个月,送达回证没有退回,但根据各种情况足以认定已经送达的,期间届满之日视为送达;"对于此款之规定可作两面理解:第一,针对我国法院向外国邮寄送达,其必须了解所送达的国家是否接受邮寄送达,若是接受我国法院则可采取邮寄方式进行送达;若不接受,则不可采取此方式。第二,针对外国向我国境内当事人采取邮寄送达方式。对于此,此款之规定并不当然适用之。根据海牙《送达公约》的规定,如果送达目的地国不表示异议,该公约不妨碍通过邮寄途径向身在国外的人送交司法文书的自由。我国在加入海牙《送达公约》之时,对此条规定加以声明,反对采用邮寄送达方式在我国境内进行送达。

【延伸阅读】

一、案例

1. 1957 年 McGee v. International Life Ins. Co.
2. 1997 年 Cybersell Inc. V. Cybersell Inc.
3. 欧盟 2004 年 Eurofood Finacial Service Center Ltd. 破产

二、学术论文、专著(权威论著)

1. James, F. Jr. and Hazard, G. C. Jr, *Civil Procedure*, 3rd ed., 1985.
2. 赵相林:《国际民商事争议解决的理论与实践》;中国政法大学出版社 2009 年版。
3. 加里·B. 伯恩、大卫·威斯丁:《美国法院的国际民事诉讼》,1989 年英文版。
4. 乔雄兵:《域外取证的国际合作研究——以海牙〈取证公约〉为视角》,武汉大学出版社 2010 年版。
5. 熊大胜:《民商事域外取证法律制度比较研究》,经济科学出版社 2011 年版。

6.肖永平主编:《欧盟统一国际私法研究》,武汉大学出版社2002年版。

7.司法部司法协助局编:《中外司法协助条约规则概览》,法律出版社1998年版。

8.李玉泉主编:《国际民事诉讼与商事仲裁》,武汉大学出版社1994年版。

9.黄进主编:《国际私法》,法律出版社1999年版。

三、网络链接

http://www.hcch.net 海牙国际私法会议

第三节 域外调查取证

【知识背景/点】

所谓域外取证是指一国有关机构或人员针对本国法院审理的民商事案件进行境外提取诉讼证据的行为制度。本节学习要求掌握域外取证的概念、方式以及域外取证的法律冲突。

一、域外取证的概念

域外取证是指一国有关机构或人员针对本国法院审理的民商事案件进行境外提取诉讼证据的行为制度。鉴于各国针对域外取证的性质以及方式等各方面的规定不尽相同,使得域外取证的国际合作极其困难,由于各国规则的差异,在此的冲突纠纷也更为突出。国际民商事案件中的域外取证直接关系到法院对案件是非曲直的判断,在诉讼中具有十分重要的意义。比起域外送达,域外取证显得更具有属地性,原则上一国法院是不能允许他国任意在其国家境内调取证据的。①

域外取证不仅涉及一国司法主权和安全,而且往往涉及一国重大经济权益和

---

① 张钟伯著:《国际私法学》,中国政法大学出版社2007年版,第577页。

实际利益,所以各国都赋予了取证严格的属地性。

以大陆法系为例,取证被认为是国家主权行为,虽然当事人对诉讼主张负有举证责任,但是在证据搜集和甄别中负有主要责任的依旧还是法官,发现事实基本还是法官的职权。大陆法系的法规规定律师只是协助法官发现事实。但是在英美法系的国家,取证被视为当事人与律师享有的一项类似宪法性的程序权利,他们不仅负有对自己主张事实的取证责任,而且享有向对方当事人调查取证的权利。对于民商事的域外取证也是奉行此项原则。

除了关于域外取证性质和方式的不同规定,各国在对证据的定义上也有着不同的理解,证据的范围也尚未有着明确的标准。以美国为例,关于证据开示的规定极其广泛,多采取自由开放的模式。依据美国《联邦民事诉讼程序规则》第26条的规定,对于任何不属于保密特权范围内而与诉讼标的有关的事项,均可以进行开示。其范围主要是:(1)笔录证言;(2)检查对方当事人或第三人所持有的文件或其他物品;(3)对身体状况有争议者进行生理或心理检查;(4)要求对方自认。[①]

相反,大陆法系针对取证范围的规定相对较窄,例如《德国民事诉讼法》对调查取证的范围为:(1)勘验;(2)人证;(3)鉴定;(4)书证;(5)询问当事人。[②] 我国《民事诉讼法》对于证据的规定如下:证据包括(1)当事人的陈述;(2)书证;(3)物证;(4)视听资料;(5)电子数据;(6)证人证言;(7)鉴定意见;(8)勘验笔录。

关于何如确立域外取证的范围,我国的学者在此方面有着不同的看法,就当前而言取证的范围应当采取开放模式,建立灵活多变的机制,良好的应对互联网和电子信息技术对证据形式的发展。

二、域外取证的方式

就域外取证实践上,依据各国的国内立法以及国际条约的规定,可以分为以下

---

① 乔雄兵:《域外取证的国际合作研究——以海牙〈取证公约〉为视角》,武汉大学出版社2010年版,第16页。

② 参见《德意志联邦共和国民事诉讼法》,谢怀栻译,中国法制出版社2001版,第91~97页。

方式:

1. 领事调查取证

领事调查取证是领事的职责之一。目前,除丹麦和葡萄牙等少数国家反对这种方式外,大多数国家都承认这种方式。但这种取证方式必须具备以下条件:一是须以国家间的条约或互惠关系为条件。例如,1963年《维也纳领事关系公约》第5条第10款规定:"领事职务包括:依现行国际协定之规定或于无此种国际协定时,以符合接受国法律规章之任何方式。转送司法文书状与司法文书以外文件或执行嘱托调查或代派遣国法院调查证据之委托书。"1970年海牙《取证公约》第25条第1款规定:"在民事商事案件中,每一缔约国的外交官员或领事代表在另一缔约国境内对其执行职务的区域内,可以向他所代表的国家的国民在不采取强制措施的情况下调取证据,以协助在其代表的国家的法院中进行的诉讼。缔约国可以声明,外交官员或领事代表只有在自己或其代表声明国指定的适当机关递交了申请并获得允许后才能调取证据。"二是此种行为不得违反领事驻在国的法律。三是只能适用于向领事所属国的国民取证,且不得采取强制措施。领事人员的取证渊源可以追溯到1961年《维也纳外交关系公约》第3条和第5条的规定。1970年海牙《取证公约》第15条也规定了在民商事案件中,每一缔约国的外交代表或是领事代表在另一缔约国国境内其执行职务的区域内,可以在向他代表的国家的法院中进行的诉讼。

我国《民事诉讼法》第277条规定:"外国驻中华人民共和国的使领馆可以向该国公民送达文书和调查取证,但不得违反中华人民共和国的法律,并不得采取强制措施。"同样在我国所缔结的司法协助条约中也规定:"缔约一方可通过本国的外交或领事代表机关,直接向另一方领域内的本国国民调查取证,但必须遵守缔约另一方的法律,不得采取任何强制措施。"但是针对向我国国民或是第三国国民取证的问题,我国尚未有明确的立法规定。

2. 特派员取证

特派员取证亦称专员取证,是经受案法院授权,代表该法院在国外调查取证的人员到证据所在国进行调查取证。特派员取证制度早期主要为英国美国等国家所采用,但目前这一取证制度于1970年为海牙《取证公约》所采纳进行规定。根据公约的规定,无论取证对象是否具有法院地国的国籍,利用特派员取证一律需要事先得到取证当局的许可,并且遵循当局所设定的条件。此外,特派员需由法院派出,案件双方无权自行派遣其律师或其他人员作为法院特派员,而且法院一般也不得委派诉讼一方当事人的律师作为特派员。

我国针对特派员取证,尚未签订国际司法协助条约,在我国《民事诉讼法》第277条中规定:"除前款规定的情况外,未经中华人民共和国主管机关准许,任何外国机关或者个人不得在中华人民共和国领域内送达文书、调查取证。"据此可知,我国不允许外国特派员在我国境内调查取证,我国加入海牙《取证公约》时,也作出了对于特派员取证的保留。

但是如遇特殊情况,我国也可特许外国法院特派员来华取证,实践中也确有其例。1983年经我国外交部特许,美国法院就曾派美国钻井船"爪哇号"沉船案特派员来我国对该事故进行调查取证。

3. 委托外国法院调查取证

委托外国法院调查取证是司法协助的一项重要内容,也是当今各国所普遍采纳的一种域外取证方式。它的实施通常须以两国缔结或共同参加的条约为依据,由受案法院的法官直接去境外收集和调取诉讼证据。

4. 当事人或诉讼代理人自行取证

当事人或诉讼代理人自行取证是指诉讼当事人或代理人进行域外调查取证。这种取证方式多被英美法系国家所采用,特别是美国。例如美国相关法律规定:"不排除美国境内的人自愿在任何人面前,采用任何其他所接受的方式,为用于外国法院或国际裁判庭的诉讼目的,提供证言或陈述,或者出示文件或其他物品。"在1970年海牙《取证公约》也规定了此种取证方式,但在第23条中同时规定各缔约国在签署、批准或加入时可以提出保留这一取证方式。

三、域外取证的法律冲突

(一)域外调查取证的法律冲突

域外取证的法律冲突究其本质乃是两大法系的法律传统不同所体现出来的取证制度上的差异。英美法系国家实行"抗辩制度"当事人占主导地位,提供用于审判的证据,法院的主要职责是按照当事人提供的证据对案件作出判断,其制度的着眼点在诉讼前期的证据采信。相反,大陆法系国家实行的是"纠问制度",法官占主导地位,凭借着其职权收集事实、听取证人或是鉴定人的陈述、审查文件、保全证据,当事人处于辅助地位,其着眼点在诉讼后期的证据采信。两者冲突的表现在于:

1. 域外取证主体

在奉行当事人主义的英美法系国家,收集证据的主导权主要在当事人和律师的手中,法官的作用在于对双方提出来的证据作出法律上的判断,并对当事人的取证行为予以监督。但大陆法系国家奉行国家职权主义,法官在案件审判中处于主导地位,掌控证据收集的程序。所有的证据收集方法都要求有一个正式的法庭程序。

2. 域外取证范围

在普通法系国家,特别是美国,取证的范围大多不做限制,开展取证行为时,只要律师认为材料可能与诉讼有关,无论其是否关联紧密,都在搜寻之列。对于此种有侵犯他人隐私可能的行为,其他普通法系的国家如英国、加拿大等也均表示反对。而在大陆法系国家,证据收集大多有着明确的规定。

3. 域外取证程序

以美国为例,在证据收集中当事人占主导地位,证据的收集主要由当事人的律师发起,司法机关一般不会参与其中。而在大陆法系,要求证人出庭作证、鉴定人进行鉴定以及提供文书,都必须向法院提出申请。

(二)域外调查取证法律冲突的协调

1.《取证公约》

域外调查取证作为国际民商事诉讼的必经程序,直接影响着案件最后的裁决,海牙国际私法会议从第一届会议开始便致力于该领域的立法,并于1896年制定了《民事诉讼程序公约》。此后,经过多次的修改完善。海牙国际私法会议于1968年第十一届国际私法会议上决议通过了海牙《取证公约》并于1979年正式签署。该公约取代了1954年《民事诉讼程序公约》中关于取证事项的规定,旨在统一取证的程序与规则,其吸纳了英美法系和大陆法系的取证实践,规定了代为取证、领事取证、特派员取证等取证制度。随后,海牙国际私法会议又于1970年签署了《关于从国外调取民事或商事证据公约》,取代1954年公约中关于取证部分的规定,相较之前,进一步完善了原有的嘱托书制度,将大陆国家惯常使用的请求书程序作为缔约国之间域外取证的首要方法;扩大了有关外交领事代表取证的权力,在有限的基础上引进了特派员取证制度,并保证各国现有的国内立法和双边协定中更为优越和限制更少的做法不受影响,保留目前为缔约国所接受的任何更自由与便利的域外取证方法,公约只是为缔约国之间的取证创立了一套最低标准;是迄今为止民商事域外取证方面最为完善的多边条约。

同时,在针对证人拒绝作证的权利上也加以保护,海牙《取证公约》规定依照执行国的法律证人享有拒绝作证的特权或义务,这符合请求书的执行适用被请求国法律这一基本原则。《取证公约》还进一步规定,证人援引的必须是请求国法律明确规定的权利,且请求机关在请求书中对此权利著有说明,倘若请求书中尚未对证人主张的权利进行说明,被请求机关可以要求请求机关对此项权利予以确认。

《取证公约》还针对第三国法律对证人的权利义务作出规定。证人的保护还可以依据第三国的法律,但证人主张这一权利的基础在于取证国家是否对此作出声明。且这里的第三国是与证人有密切联系、证据效力会在其境内产生后果的国家。

2.《美洲取证公约》及《美洲嘱托书公约》

美洲国家从成立之初,就致力于国际私法的发展和统一化,特别是在司法合作体制的领域内。[①] 早在1928年,美洲国家组织制定的《布斯塔曼特法典》就对"请求书或司法委托书"的取证方式作出了一般性规定;1940年部分拉了美洲国家在蒙得维的亚签署了《关于国际民事诉讼公约》,该公约的第三章对域外取证也有规定;1975年,美洲国家又在巴拿马城签署了《美洲国家间关于国外取证的公约》(以下简称《美洲取证公约》)和《美洲国家间关于嘱托书的公约》(以下简称《美洲嘱托书公约》),其后又在1984年5月24日在玻利维亚首都拉巴斯订立了《美洲国家间关于国外取证的公约的议定书》以及1979年5月8日在蒙得维的亚签署的《美洲

---

① See the Inter-America Legal System : A Comparison of the Inter-America Treaties 1947—2001. http://www.oas.org/juridico/english/charter.html.

国家间关于嘱托书的公约的议定书》。

3.《欧盟域外取证规则》

为了推动欧盟一体化,考虑到欧盟成员国间尚无统一的具有法律约束力的关于法院取证方面的条约,实现成员国法院在民商事取证方面的合作,欧盟在国际私法方面开展了统一运动。相较于欧盟冲突规则的统一,统一程序法的成果更为突出。2001年,欧盟理事会制定了《关于域外取证合作的第1206号规则》(简称《欧盟域外取证规则》)。

《欧盟域外取证规则》规定了一些基本原则:民事商事取证程序的有效性要求请求书的转递和执行应当在成员国法院之间以直接的和尽可能迅速的方式进行;只要请求书清晰和真实可靠,请求书的转递方式可以使用任何适当的方式进行;为了便利取证,应当允许成员国的法院直接在另一成员国取证,只要取证法院接受取证地所在国的中央机关或有管辖权的法院所规定的条件;《欧盟域外取证规则》应当在成员国所缔结的同类规则之间优先适用。

该规则还规定了两种域外取证方式,案件法院申请域外取证和受案法院自行域外取证。制定了一般原则、具体程序以及实施的保障措施。同时,将证据的用途限定在司法上,严禁在其他领域加以使用。

除上述的公约之外,各国之间还通过大量缔结双边条约,协调各国的取证制度,保障国家间的司法协助有效进行。

【案例裁决/法律文书摘录】

案例:

华埠公司与威海外运、威海原木材公司船舶进口代理合同、废钢船买卖合同纠纷案①

东宁县华埠经济贸易公司(以下简称华埠公司)与中国外运山东威海公司(以下简称威海外运)、威海经济技术开发区腾达工业有限公司(以下简称原木材公

---

① 华埠公司与威海外运、威海原木材公司船舶进口代理合同、废钢船买卖合同纠纷,最高人民法院民事裁定书(2000)交提字第3号。

司)、案件第三人烟台市拆船工业公司(以下简称拆船公司),船舶进口代理合同、废钢船纠纷一案。1993年12月8日,黑龙江省边境贸易管理局以0220161-03864 HLDO-1206号《委托代理批准书》批准华埠公司委托东宁县边境贸易公司(以下简称边贸公司)代理与原苏联、东欧各国开展易货贸易和经济技术合作。1994年4月21日,华埠公司以边贸公司名义与俄国纳霍德卡市南滨海区社会股份有限公司(以下简称俄滨海区公司)签订了进口废钢船、盘元和出口牛肉罐头两份合同,合同号均为"HLDO-1206",进、出口合同的总值均为328000美元,其中废钢船的价值为228000美元。两份合同均于同年4月26日经黑龙江省边境贸易管理局盖章备案。中华人民共和国东宁海关于同年4月27日签发了编号为"940749"的《进出口货物免征税证明》,批准对废钢船以易货贸易减半征税。

1994年4月25日,华埠公司与原木材公司签订协议约定,由华埠公司进口废钢船卖给原木材公司,到港完税价为每吨146美元,共计4300吨(以船舶文件档案吨为准),计627800美元。原木材公司于4月29日前付定金人民币30万元,并提前做好接船准备工作,船到大连港后付人民币150万元,3天内接船交接完毕,5天内付清余款。5月1日,废钢船"尼古拉·依萨英阔"(NIKOLAI ISAENKO,以下简称"尼古拉"号)驶抵大连港,5月5日,原木材公司与华埠公司补充协议:经原木材公司要求,船舶转移至威海港,华埠公司报关后,原木材公司马上接船,5天内付清船款。华埠公司要求俄方将船航行至威海港交船时,俄方要求先付10万美元现金,否则将船开回俄国。同日,华埠公司与威海外运订立代理合同,委托威海外运"作为船舶代理和货物代理,办理'尼古拉'船舶的一切进口手续"。5月17日,原木材公司与俄罗斯南海捕鱼船队有限公司(以下简称俄船队公司)签订购销"尼古拉"号废钢船协议,转售给原木材公司,每吨115美元,共计447005美元;解除俄方与华埠公司的购销废钢船合同。同日,原木材公司、威海外运与俄方"尼古拉"号在船人员办理了船舶交接手续。

1994年6月1日,原木材公司以华埠公司名义,按东宁海关批准易货贸易减半征税额申报并缴纳关税人民币59233.02元,进口增值税172861.70元。6月2日,威海海关放行"尼古拉"轮。6月8日,原木材公司向威海外运支付代理费3259元。此前,华埠公司向威海外运索要经海关放行的"尼古拉"轮提单,威海外运以未支付代理费为由拒绝交还提单。

原木材公司于1994年6月2日,与拆船公司签订买卖合同,将该废钢船以4971890人民币的价格卖给拆船公司拆解。

1994年6月5日,威海外运通知威海港监,该轮手续已办完,可以放行;该轮离港后,威海外运又以该轮手续不齐为由要求威海港监不予放行。

1996年3月12日,黑龙江省牡丹江市郊区人民法院审理牡丹江市大丰农贸公司(以下简称大丰农贸公司)诉华埠公司牛肉罐头购销合同案,判决华埠公司承担违约责任,赔偿该案原告人民币114600.00元。该案判决已发生法律效力,并已执行完毕。

山东省高级人民法院查明认定的上述事实与青岛海事法院一审查明认定的事实相同。该院还查明,接受华埠公司船舶代理的应为威海外运下属的威海船务代理公司,但由于其注册资金不到位而不具备法人资格,其民事责任应由组建单位威海外运承担。

山东省高级人民法院根据以上事实作出(1997)鲁经终字第236号民事判决,驳回威海外运和原木材公司的上诉,维持青岛海事法院(1995)青海法海事重字第1号民事判决,即:(1)威海外运赔偿华埠公司经济损失370600.00美元加自1994年6月8日起至本判决确定的付款之日止的银行同期存款利息及人民币129600.00元,原木材公司承担连带赔偿责任。(2)原木材公司赔偿华埠公司违约金人民币300000.00元,将原木材公司以华埠公司名义缴纳的进口关税、进口增值税合计232094.72元抵充后,最终偿付违约金人民币67905.28元。

法院判决:

山东省高级人民法院再审认定:1994年4月21日,华埠公司以边贸公司的名义与俄方签订了两份易货贸易合同外,又以本公司名义与俄方同一公司签订了两份编号与易货贸易合同相同的现汇合同(中俄文各一份),船价均为32.8万美元,但该两份合同未经黑龙江省边境贸易管理局盖章备案。

原木材公司依据其与俄方签订的购销废钢船协议取得"尼古拉"船后,随即转卖给拆船公司。拆船公司付清船款后,与原木材公司通过烟台港监联系威海港监协调放船,威海港监未对该船例行检查予以放行,威海外运发现后通知港监称,该船手续不全,不能放行;威海港监高频电话通知该船抛锚待命,该船未予理睬。

山东省高级人民法院再审裁定还认定:再审庭审过程中,华埠公司提供的俄方证据均与原木材公司在一、二审时提供的证据针锋相对,但华埠公司及原木材公司提供的俄方证据均未经我国驻俄使馆公证或认证。

山东省高级人民法院再审裁定认为:

1. 华埠公司在签订易货贸易合同后又与俄方签订现汇贸易合同,并在履行合同过程中,诸多行为与易货贸易合同相悖而与现汇贸易合同吻合。并且,俄方在一审时申请参加诉讼的询问笔录中承认其与华埠公司实为现汇贸易,实际交易额为447005美元。华埠公司欺骗海关,伪报贸易性质及交易价格,偷逃关税数额巨大,已涉嫌构成走私犯罪。原木材公司事后知道华埠公司伪报贸易性质、瞒关走私,仍积极参与并直接与俄方订立非法现汇买卖合同、偷逃关税、转卖走私货物牟取暴利,其行为亦涉嫌构成走私犯罪。威海外运事后亦知道华埠公司及原木材公司的违法行为,仍为其进行代理报关,也有一定的错误。原一、二审判决认定易货贸易合同合法有效、现汇贸易合同无效,但对当事人之间实际履行的是何种贸易合同没有明确认定,致使在客观上对当事人的一系列违法行为予以保护是错误的,应予纠正。

2. 威海外运在接受华埠公司的委托后,在整个代理过程中,未介入华埠公司、原木材公司及俄方的商务活动,其行为并未超出船舶代理的职责范围。"尼古拉"船是否允许离港是港务监督的权力,与威海外运是否打电话并无法律上的因果关系。海关放行提单一直在威海外运手中,并未给华埠公司或者原木材公司。不存在威海外运与原木材公司恶意串通、私下放船的事实。原审判决认定威海外运与原木材公司恶意串通,擅自通知威海港监放船给原木材公司,损害了华埠公司的利益,缺乏事实依据。华埠公司对威海外运的诉讼请求应予驳回。

3. 原木材公司在一、二审期间,华埠公司在再审期间分别提供的俄方证据,是针对同一事实完全相反的证据,双方当事人均没有足够的证据否定对方的证据,且上述证据均未经我驻俄使领馆认证或公证,该院无法核实,均不予采信。

4. 本案是由船舶买卖而发生的纠纷,原一、二审将该案案由定为船舶代理纠纷,未能反映本案实质,以偏概全,应予纠正。

涉外民事诉讼法律实务

山东省高级人民法院再审裁定:撤销该院(1997)鲁经终字第236号民事判决和青岛海事法院(1995)青海法海事重字第1号民事判决;驳回华埠公司的起诉;本案移送公安机关处理。

华埠公司不服山东省高级人民法院的再审裁定,申请本院再审并提出理由如下:

1. 华埠公司诉求的是威海外运违反代理协议、超越代理权限与原木材公司串通造成被代理人重大经济损失的船舶代理纠纷案,再审裁定将该案定性为船舶买卖纠纷案,进而改变华埠公司与俄方的贸易合同性质,认定华埠公司构成走私,是地方保护主义。再审裁定认定华埠公司实际履行现汇合同是没有事实与法律依据的。根据1984年12月15日国务院文件规定由黑龙江省制定的黑边局贸字(1993)201号文件,华埠公司委托有进出口权的边贸公司与俄方签订的是易货贸易合同,实际履行的也是易货贸易合同。华埠公司委托签订的易货贸易合同是合法有效的,华埠公司的贸易行为也是合法的。再审裁定主观臆断拼凑认定所谓现汇合同,是混淆事实,违反法律法规的规定。所谓现汇合同的买方不是东宁边贸公司,文本也未经华埠公司法人或当时的法定代表人签章,该文本仅为李文义个人签字的俄文意向书,根据最高人民法院《关于适用涉外经济合同法若干问题的解答》第4条、第6条的规定,是无效的。并且,文本中没有标的物的船名、吨位等与易货贸易合同标的物为同一物的事实,根据俄方提供的具有法律效力的证据、威海外运曲寿章代理我方与俄方签字的"尼古拉"船交货单(写明"根据1994年4月21日第HLDO-1206号易货合同规定")、俄方开具的商业发票、华埠公司为履行易货贸易合同与国内供方订立的购买牛肉罐头合同等证据,以及华埠公司除给付俄方3万美元船员遣返费和中介公司10万美元中介费外,没有支付俄方一分钱船款的事实,证明华埠公司签订并履行的是易货贸易合同。

2. 再审裁定认定华埠公司一起办理了船舶交接手续,但是威海外运和原木材公司承认华埠公司未参加与俄方办理交接手续的事实。事实是:华埠公司无人于5月9日登船;5月17日,威海外运背着华埠公司伙同原木材公司与俄方办理交接手续,并私自将"尼古拉"船交给原木材公司。威海外运与原木材公司串通的事实有:(1)外运公司代理华埠公司办理进口手续时,背着华埠公司带领原木材公司的人办理手续,并把华埠公司与原木材公司的买卖船舶协议交有关部门,使有关部门误认为该船是原木材公司进口的,为原木材公司偷着拖走"尼古拉"船奠定了基础;(2)威海外运于1994年5月7日代华埠公司报关后,把华埠公司的原始合同及从"尼古拉"船取回的船舶资料一并交给原木材公司;(3)本案诉讼一年后威海外运提供一份收货人为威海外运的提单;(4)威海外运声明从1994年5月9日以后终止与华埠公司的代理关系,而成为原木材公司的代理;(5)威海外运背着华埠公司伙同原木材公司一起与俄方办理船舶交接手续,并将船舶交给了原木材公司;(6)1994年6月2日,华埠公司向威海外运索要提单时,威海外运以未交代理费为由拒绝还给提单,并称原木材公司交了代理费,实际上原木材公司在6月8日才交的代理费;(7)6月5日威海外运曲寿章电话通知港监手续办妥可以放船,致原木材公司可以将船顺利拖走。

3. 华埠公司提供的俄方证据是经过俄罗斯国公证机关公证的。裁定认定为未经公证,是隐瞒事实来否定其法定效力。裁定对双方有关证据都不予采信,实际上是否认华埠公司的有效证据。

威海外运和原木材公司在答辩期限内未进行答辩。威海外运在庭审时辩称:

(1)华埠公司未取得对废钢船的合法权益,对威海外运没有诉权。华埠公司与俄方签订易货贸易合同的同时还签订相同合同号的现汇贸易合同,华埠公司的代表已实际向俄方支付13万美元并出具付款"保证书",原木材公司支付剩余船舶价款后,俄方才交船,说明实际履行的是现汇贸易;华埠公司是仅有注册资金人民币30万元的皮包公司,以易货贸易合同骗取减半征收进口关税手续,根本没有能力履行易货贸易合同;华埠公司将合同权益转让给木材公司是其真实意思表示,华埠公司对本案易货贸易合同标的不享有任何权益,自然对废钢船没有所有权,更没有诉权。

(2)原木材公司是本案贸易合同中的真正权利人,船舶交接不存在错误。原木材公司接受船舶是其与华埠公司合同以及华埠公司与俄方不能履行合同所决定的,不存在交付错误。威海外运应华埠公司、俄方和原木材公司的要求办理船舶联检等船舶交接手续,没有任何过错和恶意串通。

(3)威海外运依法正确履行了与华埠公司之间的代理合同。本案标的物是进口废钢船,华埠公司委托威海外运的代理业务具有船代业务和货代业务的双重性,既有船舶联检、船员交接等船代业务,又有将船舶作为进口货物报关等货代业务。作为货代理应将海关放行的提单交给华埠公司,但作为船代应当按照海关要求将海关放行的正本放行单留存以备查验。威海外运发现华埠公司提交的提单没有俄方的签字,要求其提供符合要求的正本提单。本案提单不具有"物权属性",俄方是凭付款凭证和现金收讫交船的。由此,不难理解华埠公司在未付清船款前就持有提单,俄方为何在原木材公司付清船款后向原木材公司签发第二套提单,并且在四年后又向华埠公司签发第三套提单。威海外运没有将提单释放给未支付一分船舶价款的华埠公司是非常正确的。威海外运得知原木材公司在未经威海港监同意将船舶拖出威海港后,即通知威海港监该船放行手续不全不能放行。华埠公司称威海外运指示港监放行没有根据。威海外运发现华埠公司实际履行现汇贸易,但考虑到华埠公司已支付13万美元,为维护中方利益才继续履行代理合同。

4. 此案是以易货贸易为幌子行现汇贸易偷逃关税涉嫌走私犯罪,多方单位和人员涉嫌共同犯罪。提请法院和有关部门依法追究涉嫌犯罪嫌疑人的刑事责任。

华埠公司向法院提交的证据材料有:

(1)两个合同号均为HLDO-1206的进口废钢船和盘元、出口牛肉罐头的合同及船舶发票、发货票,以证明易货贸易合同的事实。

(2)黑龙江省边贸局批准委托代理证书、黑龙江省边贸局[1993]201号文件和东宁县边贸局计字(1994)014号文件,以证明易货贸易合同合法有效。

(3)有关购买牛肉罐头合同纠纷的判决书及执行和解协议,以证明华埠公司有为履行易货贸易合同在国内组货的行为。

(4)报关单,以证明威海外运代理以废钢船易货贸易合同进口报关。

(5)海关放行的记名提单,上面有俄罗斯海关和中国海关的放行签章,以证明提单有效,船舶作为进口货物应当交给华埠公司。

(6)国际航行船舶进口申请书(从海关监管二科提取的复印件),以证明威海外运为华埠公司代理申请船舶进口。

(7)进口关税和进口增值税专用缴款书,以证明纳税人是为华埠公司代理进口业务的黑龙江省东宁边境经济贸易公司。

(8)威海外运的发票,以证明威海外运收取了由木材公司代华埠公司交付的代理费。

(9)经俄国公证人公证的1997年9月5日俄方船长尼科尔斯基的证明文件,以证明华埠公司给付的13万美元的用途,其中10万美元用于支付中介服务费,3万美元用于支付船组人员费用,并非船舶价款。

(10)俄方总经理德契克签署的证明,以证明俄方交货履行的是HLDO-1206号易货合同,并根据《中苏交货共同条件》和合同第15条的规定,已在1994年4月26日将船舶所有权转移给华埠公司。

(11)俄方1994年4月26日签发的记名提单正本、俄方尼科尔斯基和德契克的证明,以证明补交给华埠公司一份签署有效的正本提单的来源,原交给华埠公司用于报关的记名提单与留在俄方公司的提单正本是一致的,提单收货人是华埠公司。

(12)经俄国公证人公证的1997年9月5日俄方船长尼科尔斯基的证明文件,以证明1994年5月7日,威海外运以华埠公司的名义从船长手中获取了"尼古拉"号的所有船舶文件及船舶注销证书。

(13)经俄罗斯航海船舶登记局沿海边疆区登记局监察长官认定真实的《俄罗斯航海船舶登记局撤销船舶登记证明书》复印件,以证明"尼古拉"号轮由于俄方与华埠公司的HLDO-1206号合同,于1994年4月24日在娜霍德卡渔港撤销登记。

(14)俄罗斯航海船舶登记局监察长官签署的证明文件,以证明根据HLDO-1206号合同,登记局于1994年4月25日为"尼古拉"号船签发一次性转到大连港的航行许可证。

(15)俄国远东渔业股份公司命令传真件,以证明该公司已依据合同将"尼古拉"轮作为废钢船卖给华埠公司。

(16)船舶交货单,以证明俄方于1994年5月17日交船,并且是根据1994年4月21日HLDO-1206号易货合同向华埠公司交付"尼古拉"轮,收货方签字的是威海外运的曲寿章。

(17)经俄国公证人公证的1997年9月5日俄方船长尼科尔斯基的证明文件,

以证明俄方于1994年5月17日向华埠公司交船时,询问华埠公司为何没有来人,是威海外运的曲寿章称全权代表华埠公司。

(18)经俄国公证人公证的1997年9月5日俄方船长尼科尔斯基关于保证书的证明文件,以证明李文义从未代表华埠公司作出任何违反易货贸易合同的保证;并证明是威海外运和原木材公司一再要求俄方以现汇贸易将船舶直接卖给原木材公司,并要求对华埠公司施加压力改易货贸易为现汇贸易的。

(19)俄方船长尼科尔斯基和南海捕鱼船队股份公司总经理德契克的证词,以证明俄方在被蒙骗的情况下与原木材公司于1994年5月13日签订的现汇买卖协议的经过,5月17日是原木材公司篡改的。俄方声明该协议无效。

(20)俄方签发给原木材公司的指示提单,以证明威海外运和原木材公司恶意违约的行为。

(21)中国银行威海经济技术开发区支行的4张进账单,以证明原木材公司与银行串通出具假汇款单据。

(22)黑龙江烟草总公司关于"徐总""白总"的证明材料,以证明威海外运和原木材公司关于"白总"的证词是伪造的、虚假的。

(23)中苏交货共同条件。

威海外运向法庭提交一份有35项证据的清单,其中属于威海外运提交的证据有:

(1)1994年4月21日华埠公司与俄方签订的现汇买船合同、1994年4月22日华埠公司与俄方签订的现汇买船合同的补充协议,以证明华埠公司与俄方实际签订的是现汇贸易合同。

(2)华埠公司李文义给俄方写的付款保证书,以证明华埠公司保证履行现汇贸易。

(3)原木材公司与俄方签订的现汇买船协议书,以证明俄方交船是根据与原木材公司的现汇贸易合同。

(4)俄方代表斯拉瓦写给山东省高级人民法院的函,以证明是现汇贸易。

(5)原木材公司向法院提交的"事实经过补充说明"。

(6)俄方现汇买船证明,以证明实际存在和履行的现汇合同。

(7)俄方代表人斯拉瓦上船取档案资料的证明,以证明俄方履行现汇买卖合同。

(8)华埠公司李文义给原木材公司的收款收条,以证明李文义向原木材公司借款,华埠公司没有能力履行与俄方的贸易合同。

(9)海关放行的提单,以证明提单未经俄方签字无效。

(10)1994年6月5日威海港监全天值班记录以及威海港监值班室提供的证据,以证明威海外运没有指示港监放船。

(11)代理费收据,以证明代理费是原木材公司交付的,华埠公司没有支付代理费。

(12)俄方签发给原木材公司的正本指示提单,以证明俄方将船舶卖给原木材公司。

威海外运对华埠公司的证据质证表示:华埠公司与俄国的易货贸易合同经边贸局备案没有异议,但易货贸易合同从形式上就有瑕疵,实际并未履行;华埠公司与俄方还有未经备案的现汇贸易合同,是李文义自己书写的保证书表示保证付款;对于俄国方的证明证据,与开始时提供的证明自相矛盾,根据国际惯例,这些证据应当经过公证认证才可以作为证据使用;对中国银行威海经济技术开发区支行的进账单的证据来源表示怀疑,且该证据不能证明威海外运与银行的串通。华埠公司对威海外运的质证反驳说明:华埠公司提交的俄方提供的证据文件经过公证,根据中俄司法协助双边条约的规定应当是有效证据,相反,对方提供的所谓俄方证据不符合中俄双边条约的规定;进账单是二审后,俄方交给华埠公司的。

华埠公司对威海外运的证据质证表示:对于证据1,承认现汇合同和补充协议文本的客观存在,但是该合同文件因没有生效而不发生法律效力,并且与本案没有关联性;对于证据2,该"保证书"缺乏必要内容,并且华埠公司对威海外运事后在上面添加的内容不知道,该保证书无法律效力;对于证据5,仅可以证明威海外运知道原木材公司在搞现汇买卖;对于证据4、6、7,与经俄国公证的证据是矛盾的,已被俄方否认,不予认定;对于证据8,客观存在,但该证据是收款收条而不是借条;对于证据9的真实性没有异议,提单经过海关签章放行,虽无签字不影响合法有效性;对于证据10、11没有异议;对于证据12,该提单没有俄国海关出口放行章,不符合要求。威海外运对质证反驳说明:保证书所保证事项已经履行了;俄方的证明是当事人在中国书写的,不需要公证;有无出口国海关放行印章不是提单的要件。

　　本院经开庭质证认为:华埠公司与原木材公司签订的"尼古拉"号废钢船买卖合同,华埠公司与威海外运订立的代理合同的事实,有双方协议和补充协议书、代理委托书等书证,当事人各方均不否认,本院予以认定。依据中华人民共和国和俄罗斯联邦共和国的《中华人民共和国和俄罗斯联邦关于民事和刑事司法协助的条约》第29条的规定,在俄国境内制作的官方文件、经俄国法院或者主管机关制作或证明的文书,只要经过签署和正式盖章即为有效。本案俄国航海船舶登记局签署的文件和公证人签署证明的文件,本院认定作为证据使用,威海外运对此提出的异议和抗辩本院不予支持。威海外运对银行进账单的来源表示怀疑但没有提供相反证据否定其客观性,原木材公司在一审过程中已经承认其曾将船款汇入以俄船队公司名义在威海市开立的"特别账户"后又转入自己的账户,可以证明该"特别账户"确实发生过该笔进账,该进账单的真实性本院予以认定。威海外运提交的华埠公司现汇贸易合同书文本客观存在,但该合同书未经黑龙江当地边贸管理局批准,有关双方均不予认可,因此不能认定为有效的合同,有关材料不应作为本案的证据使用,故本院不予认定。威海外运提交的担保书,华埠公司和俄国的证明均予以否认,本院对该担保书不予认定。当事人没有异议的其他证据和事实,本院均予以认定。据此本院查明:

　　华埠公司经主管机关批准委托边贸公司与俄滨海区公司签订了进口废钢船、盘元和出口牛肉罐头易货贸易合同,合同约定废钢船、盘元等于同年5月交货,牛肉罐头在1994年内交货。合同经黑龙江省边境贸易管理局盖章备案,并获中华人民共和国东宁海关批准对易货贸易进口废钢船减半征税。俄滨海区公司为履行交货义务,与1994年4月24日已经办理了"尼古拉"号船舶注销登记并依据合同于26日将所有权转移给华埠公司。华埠公司为履行易货贸易合同,与国内供货方签订了相等价值的牛肉罐头买卖合同。

　　华埠公司与原木材公司签订废钢船买卖协议(合同)及补充协议,华埠公司与威海外运订立代理合同的事实与山东省高级人民法院对本案原终审判决查明认定的事实一致。

威海外运于 1994 年 5 月 4 日,向威海港务监督申报"尼古拉"号船舶进口;5 月 7 日,威海外运以华埠公司的名义从"尼古拉"号船长手中接过该船舶的所有船舶文件和俄国主管机关签发的船舶注销登记证书,并于当日向海关申报"尼古拉"号船作为货物进口报关。其后,华埠公司于 6 月 2 日向威海外运索要提单及进口船舶的文件,威海外运以华埠公司没有支付代理费为由予以拒绝。

同年 4 月 30 日,原木材公司向华埠公司支付了买船定金人民币 30 万元,又于 5 月 6 日、7 日相继共支付部分船款美金 10 万元。

同年 5 月 13 日,原木材公司与俄船队公司签订购销"尼古拉"号废钢船协议,约定将该船转售给原木材公司,原木材公司将该签约日期更改为 5 月 17 日。

同年 5 月 17 日,威海外运在华埠公司未参加和不知情的情况下,同原木材公司一起与俄方"尼古拉"号在船人员办理了该船的船舶和船员交接手续。威海外运曲寿章在交货单上的收货方处签字。

同年 6 月 1 日,在收取了原木材公司以东宁边贸公司的名义缴纳的进口关税及进口增值税后,威海海关在报关的记名提单上签盖放行章准予放行。

同年 6 月 2 日,原木材公司与拆船公司签订买卖合同,将"尼古拉"号废钢船以 4971890 元人民币的价格卖给拆船公司拆解。

同年 6 月 8 日,原木材公司向威海外运支付了代理费 3259 元。

本院认为,本案是华埠公司基于其与威海外运的代理合同及与原木材公司的船舶买卖合同而发生的船舶进口代理合同和国内废钢船买卖合同纠纷,当事人和合同事实均在中华人民共和国境内,本案应当适用中华人民共和国的法律。本案涉及的船舶系从俄罗斯联邦共和国(以下简称俄国)进口,部分证据源于俄国,有关船舶所有权的转移及源于俄国的证据的效力,应当适用中华人民共和国与俄国的双边条约。华埠公司经边贸公司代理与俄滨海区公司签订的进口废钢船和盘元、出口牛肉罐头易货贸易合同,经边贸管理局批准并经东宁海关核准减半缴纳关税,属合法有效合同。华埠公司与国内供货方大丰农贸公司订立的牛肉罐头购销合同、俄方其后要求华埠公司继续履行合同交付牛肉罐头,即是其履行易货贸易合同的旁证。本案不是华埠公司与俄滨海区公司之间的贸易合同纠纷,而且依据该合同的仲裁约定,山东省高级人民法院对该合同并没有管辖权,因此,该院原再审裁定将本案定性改为买卖合同纠纷,并着重审查中俄买卖双方的合同是否履行不当。俄方出具的经过公证的文件证实与华埠公司签订并履行的是易货贸易合同,"尼古拉"号离开俄罗斯港口开往中国大连港交船时,已向俄罗斯船舶登记局注销了船舶所有权,依据中俄双边贸易协定的规定,该船舶所有权已经转移给华埠公司。"尼古拉"号船抵达大连港后,应原木材公司的要求俄方又将"尼古拉"号开往威海港交船,必然增加或产生新的运输义务和风险,发生燃油、淡水消耗,依据协议由中方支付俄国船员及俄船队公司的上述费用,不等于向俄滨海区公司支付船款,不应计算在废钢船的船价中。山东省高级人民法院再审认为实际存在华埠公司与俄方现汇贸易合同,但除了有据可查的支付俄国船员和俄船队公司13万美元外,没有证据证明华埠公司以现汇向俄滨海区公司支付了船款。山东省高级人民法院原再审裁定认定华埠公司与俄方实际履行的是现汇合同证据不足,据此推定华埠公司以易货贸易合同为名掩盖现汇贸易之实,构成走私嫌疑不当。

威海外运作为华埠公司的船舶代理及进口货物代理,从委托人手中接受了为进口报关所需的易货贸易合同、批准减免关税证明、提单等全部单证文件,有义务履行受委托的全部船舶代理和办理货物进口手续等事项,在办理完毕各种手续或者在委托人要求退还有关文件时,除依法应当留存在海关、港监等有关部门的文件外,应当交还全部文件。代理人在履行代理义务时,维护委托人的合法权益是其默示的基本义务。威海外运在从俄国船长处取得"尼古拉"号船舶文件和注销船籍的证明文件后,既不代理华埠公司到船舶登记机关办理船舶登记手续,又不将有关文件交与华埠公司去办理船舶登记,其不作为损害了华埠公司的合法权益。威海外运要求华埠公司支付代理费是其正当权利,但以华埠公司未给付代理费而拒绝向华埠公司退还经海关签章放行的提单及有关易货贸易合同的全套文件、"尼古拉"号船舶文件及注销船籍文件,并将提单之外的上述文件交与原木材公司,威海外运的上述行为违反代理合同的约定,应当承担由此产生的损害后果。威海外运在明知船舶是华埠公司进口的情况下,既拒绝交付有关文件,又不通知华埠公司到现场,却和原木材公司一起与俄方办理船舶交接手续,将"尼古拉"号船舶交给原木材公司委请的中方船员管理,从而实际置于原木材公司掌管之下,致原木材公司有机会将该轮拖离威海港,威海外运对此也应当承担相应的责任。

威海外运、原木材公司除应当依据各自与华埠公司的合同约定承担相应的合同义务外,同时应当承担默示义务,即尊重华埠公司对进口的"尼古拉"号船舶所享有的权利。原木材公司作为与华埠公司订立国内废钢船买卖合同的买方,对卖方华埠公司通过国际贸易合同取得从俄罗斯进口"尼古拉"船舶所有权并转卖给自己的事实是明知的,并且从威海外运手中得到了包括船舶注销船籍的证明文件在内的船舶文件,其欠付华埠公司船款已经构成违约,应当承担违约责任;原木材公司又与已注销"尼古拉"轮俄国船籍并对该轮丧失所有权的俄船队公司船方人员签订"尼古拉"废钢船买卖合同,属于恶意行为,该"合同"不具有法律效力,由此而发生的后果及给华埠公司造成的损失,原木材公司应当承担相应的民事责任。威海外运作为华埠公司进口的"尼古拉"船的船舶和货物代理人,对华埠公司通过贸易合同合法取得"尼古拉"号所有权是明知的。威海外运在原木材公司与俄船队公司非法签订合同前,已经获取"尼古拉"号船舶文件,得知俄方注销了该船舶船籍,在其以后的代理行为中,认可该不法合同,屡屡维护原木材公司的不当利益,先后将船舶文件和船舶均交给原木材公司,损害委托人的合法权益,与原木材公司恶意串通的事实已经构成,依据《中华人民共和国民法通则》第66条第2款、第3款的规定,应当与原木材公司承担连带民事赔偿责任。

本院认为,山东省高级人民法院再审裁定认定本案当事人涉嫌犯罪根据不足。即使涉案人员有犯罪嫌疑,也不影响华埠公司依据合法有效的合同法律关系维护自己的合法权益,对威海外运和原木材公司提起诉讼。依据最高人民法院《关于在审理经济纠纷案件中涉及经济犯罪嫌疑若干问题的规定》第1条"同一公民、法人或其他经济组织因不同的法律事实,分别涉及经济纠纷和经济犯罪嫌疑的,经济纠纷案件和经济犯罪嫌疑案件应当分开审理"的规定,人民法院对本案民事纠纷仍然可以审理。原审法院再审裁定适用法律错误,裁定驳回华埠公司的起诉,将本案全案移送公安机关不当。该院(1997)鲁经终字第236号民事判决虽然对本案部分事实未予认定并对部分事实认定欠当,但是基本事实认定清楚,法律适用正确,判决结果得当,应予维持。

【延伸阅读】

一、学术论文、专著（权威论著）

1. 司法部司法协助局编：《中外司法协助条约规则概览》，法律出版社1998年版。
2. 李玉泉主编：《国际民事诉讼与商事仲裁》，武汉大学出版社1994年版。
3. 黄进主编：《国际私法》，法律出版社1999年版。
4. 赵生祥：《论从国外获取民商事案件证据的方式》，载《司法协助研究》，法律出版社1998年版。
5. 史蒂文·苏本、马格瑞特·伍：《美国民事诉讼的真谛》，蔡彦敏、徐卉译。法律出版社2002年版。
6. See Hague Conference on Private International Law, Report on the Work of Special Commission of May 1985 on the Operation of the Convention, 24 Int'l Legal Materials 1670(1985).

二、网络链接

http://www.hcch.net 海牙国际私法会议

第四节 我国的国际司法协助制度

【知识背景/点】

一、我国司法协助概述

我国关于司法协助的立法可追溯到1982年颁布的《中华人民共和国民事诉讼法（试行）》，其中针对司法协助进行了专章条款的规定。1991年颁布的《中华人民共和国民事诉讼法》不仅保留了原有的规定，还对其进行了充实完善。2013年修改的《中华人民共和国民事诉讼法》也对司法协助进行了某些方面的修改。除了相关法律法规对司法协助予以规定外,我国自20世纪80年代便开始同外国谈判签订司法协助条约。我国签订的最早双边条约为1987年中法《中华人民共和国和法兰西共和国关于民事、商事司法协助的协定》。截至2008年4月,我国总共与34个国家缔结了含有民商事司法协助条款的双边司法协助协定。此外,我国还缔结参加了关于司法协助的国际多边公约。例如1986年加入《承认及执行外国仲裁裁决公约》(以下简称《纽约公约》),1991年批准加入《关于向国外送达民事或商事司法文书的司法外文书公约》,1997年加入《关于从国外调取民事或商事证据公约》还有承认了载有相互承认与执行对方法院判决内容的《国际油污损害民事责任公约》。此外,我国还积极参加了有关司法协助问题研究讨论的海牙国际私法会议,如亚非法律协商委员会等。

从立法上看,我国关于司法协助的法律起草相对较晚,司法协助的法律法规尚不能适应现代需要,司法协助的国内立法尚有缺陷,《民事诉讼法》针对司法协助的规定不够具体;在实践上,司法协助开展的范围过于狭窄,往往只限于文书的送达、证据的调取以及承认和执行仲裁裁决方面,在执行法院判决领域鲜有涉及。

二、我国域外送达制度

我国域外文书的送达大致可以分为两类,文书由内向外送达即人民法院对我国领域内没有住所的当事人送达文书;文书由外向内送达即外国法院或其他有权送达的机关或个人向我国境内当事人送达文书。

(一)我国向外国当事人送达

我国向外国当事人送达时,依据2013年修改的《民事诉讼法》第267条的规定,人民法院对在中华人民共和国领域内没有住所的当事人送达诉讼文书,可以采用下列方式:(1)依照受送达人所在国与中华人民共和国缔结或者共同参加的国际条约中规定的方式送达;(2)通过外交途径送达;(3)对具有中华人民共和国国籍的受送达人,可以委托中华人民共和国驻受送达人所在国的使领馆代为送达;(4)向受送达人委托的有权代其接受送达的诉讼代理人送达;(5)向受送达人在中华人民共和国领域内设立的代表机构或者有权接受送达的分支机构、业务代办人送达;

(6)受送达人所在国的法律允许邮寄送达的,可以邮寄送达,自邮寄之日起满三个月,送达回证没有退回,但根据各种情况足以认定已经送达的,期间届满之日视为送达;(7)采用传真、电子邮件等能够确认受送达人收悉的方式送达;(8)不能用上述方式送达的,公告送达,自公告之日起满三个月,即视为送达。

上述法规中的国际条约既包括我国批准加入的海牙《送达公约》,也包括我国与其他国家所缔结或参加的国际条约。根据《民事诉讼法》第260条的规定:中华人民共和国缔结或者参加的国际条约同本法有不同规定的,适用该国际条约的规定,但中华人民共和国声明保留的条款除外。在我国全国人大常委会1991年3月2日作出批准加入海牙《送达公约》的决定时,也对一些条款作出了保留和声明[①]:(1)依照海牙《送达公约》指定司法部作为中央机关,负责接收和转送司法文书和司法外文书。(2)对海牙《送达公约》第8条第2款作出保留声明,只有在文书送达给文书发出国国民时,才能采用领事送达方式在我国境内送达。(3)反对邮寄送达和个人直接送达;同时为了具体执行海牙《送达公约》,最高人民法院、外交部以及司法部联合下发《关于执行〈关于向国外送达民事或商事司法文书和司法外文书公约〉的相关程序通知》,就有关程序作出规定:外国法院可以通过外交途径委托我国法院向我国公民或法人以及在华的第三国或无国籍当事人送达法律文书,除按照有关协议办理外,一般由该外国驻华使馆将文书交外交部领事司转递给有关高级人民法院,再由高级人民法院指定有关中级人民法院送达当事人。当事人在送达回证上签字后,中级人民法院将送达回证退回高级人民法院,再通过外交部转退对方;没有送达回证的,依然由中级人民法院出具送达证明交给高级人民法院,再通过外交部转给对方。

(二)外国向我国当事人送达

针对外国法院向我国境内的当事人送达法律文书,依据《民事诉讼法》第276条的规定:"根据中华人民共和国缔结或者参加的国际条约,或者按照互惠原则,人民法院和外国法院可以相互请求,代为送达文书、调查取证以及进行其他诉讼行为。外国法院请求协助的事项有损于中华人民共和国的主权、安全或者社会公共

---

① 参见海牙国际私法会议官方网站:http://www.hcch.net.

利益的,人民法院不予执行。"第 277 条规定:"请求和提供司法协助,应当依照中华人民共和国缔结或者参加的国际条约所规定的途径进行;没有条约关系的,通过外交途径进行。外国驻中华人民共和国的使领馆可以向该国公民送达文书和调查取证,但不得违反中华人民共和国的法律,并不得采取强制措施。除前款规定的情况外,未经中华人民共和国主管机关准许,任何外国机关或者个人不得在中华人民共和国领域内送达文书、调查取证。"

依条约送达,主要是指我国所批准加入的海牙《送达公约》以及我国缔结的含有送达内容的双边司法协助条约。通过外交途径,我国发布了《最高人民法院、外交部、司法部关于我国法院和外国法院通过外交途径相互委托送达法律文书若干问题的通知》进行程序方面的规定。依据使领馆途径,是在不违反我国法律且不采取强制措施的前提下,外国驻我国使领馆可以直接向其身在我国领域内的公民送达文书。

(三)我国域外送达制度的完善

我国的域外送达制度尽管通过国际条约的签订以及国内立法予以规定,但是由于缺乏系统、完善的法律规定,也暴露出诸多问题。(1)法律出自多个部门,缺乏相互间的连贯性和系统性。我国的《民事诉讼法》和最高法院的司法解释以及所加入的海牙《送达公约》及所签订的多边条约都对送达进行规定,但是缺乏一定的系统性,同类规定相对分散于不同法规,缺少连贯性,缺乏整体性。(2)相关法律规定存在法律冲突。不仅是法律规定之间存在分歧,法律规定与条约内容也存在着矛盾。如海牙《送达公约》第 15 条第 2 款规定:只要符合公约规定的方式送达,经过 6 个月的适当期间,即使未收到送达或交付的证明书,即视为送达。但在我国《民事诉讼法》法院在未获取送达证明的情况下,采用公告方式进行送达。(3)法律规定缺乏可操作性,送达周期长,效率低下。我国现有的法律法规与司法实践存在一定程度的脱节,导致法律的可操作性差,在适用的情况下送达成功率低,许多法院不得不采取各自变通的做法以适应域外送达特殊性的需要。这在我国法院的域外送达中是一个普遍存在的问题。[①]

[①] 刘玟、夏林林:《我国域外送达程序中存在的问题及对策》,载《人民司法》2003 年第 1 期。

我国调整域外文书送达的法律法规众多,无论是国内的《民事诉讼法》《海事诉讼程序特别法》以及相关司法解释,还是国际条约和双边国际协定,一方面他们之间存在着某些矛盾之处,另一方面某些程序又缺少必要的法律规定,导致法律适用的混乱和空白。因此,首先,要制定统一的、系统的、完善的域外送达规则,有效的协调与国际条约和双边协定。其次,可以参照英国和美国的立法,在《民事诉讼法》的基础上,在其他法律中为送达提供一定的方便性。① 再次,确立法院送达为主,当事人送达为辅,建立双轨送达体制。

立法之外,在具体制度上也应有所完善。例如在认定协议送达的效力问题上。在合同中约定司法文书送达方式或当事人指定送达方式、送达地点充分体现了当事人的意思自治原则。在英美法系国家,协议送达是得到普遍认可的,但在我国涉外送达程序中,并未允许当事人协议送达的方式。值得注意的是,在实践中某些法院尝试或已经实行了当事人诉讼文书的送达方式和送达地点。②

三、我国域外取证制度

(一)立法和实践

我国在域外取证制度上并没有指定专门的证据法进行规定,其法律法规大多集中在《民事诉讼法》中,法规第276条规定:根据中华人民共和国缔结或者参加的国际条约,或者按照互惠原则,人民法院和外国法院可以相互请求,代为送达文书、调查取证以及进行其他诉讼行为。对域外取证的方式和途径,第277条规定:请求和提供司法协助,应当依照中华人民共和国缔结或者参加的国际条约所规定的途径进行;没有条约关系的,通过外交途径进行。外国驻中华人民共和国的使领馆可以向该国公民送达文书和调查取证,但不得违反中华人民共和国的法律,并不得采取强制措施。除前款规定的情况外,未经中华人民共和国主管机关准许,任何外国

---

① J. H. C. 莫里斯:《法律冲突法》,中国对外翻译出版公司1990年中译本;R. Cased, Jurisdiction in Civil Actions 3.01[2][a]&3.02[2] (1991)。

② 嘉兴市中级人民法院和湖南省株洲市中级人民法院都尝试当事人自由选择送达方式。《嘉兴中院改革诉讼文书送达办法巧解送达难问题》;曹发贵:《完善我国涉外商事案件送达程序之设想》。

机关或者个人不得在中华人民共和国领域内送达文书、调查取证。

此外,最高人民法院颁布的《关于民事诉讼证据的若干规定》以及《民诉意见》和其他司法解释对证据的收集、举证时间等具体性事项也作出了解释性规定。依上述法律与解释,我国主要的域外取证的方式或途径为:基于条约关系、外交关系和互惠关系的请求书方式。

在域外取证的国际条约方面,我国批准加入了海牙《取证公约》,但是,我国在加入公约时对某些条款作出了保留。此外,我国也缔结了相关的涉及域外取证的双边司法协助条约,这些条约主要涉及获取当事人陈述、询问证人和鉴定人、调取物证和书证、进行鉴定和司法勘探等域外取证行为。

(二)域外取证制度的完善

我国的域外取证制度存在着诸多问题:(1)立法简单、内容矛盾、存在空白区。虽然我国规定域外取证的法律法规众多,但是法规出自多个部门,内容庞杂,缺乏内在的统一性,存在大量的重复性规定,而且立法和司法解释存在着不一致的现象。再者,针对域外取证的法规往往只涉及原则、依据、要求等方面,对于具体问题例如证人的特权问题、拒绝作证的后果方面尚处于立法空白阶段。此外,取证范围的规定过于狭隘,在经济全球化的今天,金融监管的跨国取证合作已是大势所趋,但我国尚未有合适的途径进行协助取证。(2)在司法实践上,由于我国并没有域外取证的细节规定,导致实践过程的错误频出。如请求书内容和材料的不完整、请求书传递方式的错误,此外,法院对域外证据的公证和认证也存在错误。

针对以上的问题在完善域外取证制度上:首先,在立法方式上,应当在《民事诉讼法》中对域外取证的内容作出科学合理、统一全面、具体明确的规定。不仅如此,还应注意与国际上其他国家在取证方面的一致性。纵观英、美、德、日等国诉讼程序中关于取证的规定,可以看出虽然在此方面依旧存在着冲突,但是已显现出融合的趋势。此外,加强国家间合作方式的多样性。除了已经加入的海牙《取证公约》和缔结的双边条约,各国开始签订取证合作的谅解备忘录,其规定在案件中有关机构之间可以直接通过司法协助。同时,应扩展民商事方面域外取证国际合作的领域,如破产事项、反垄断问题、跨国金融监管等。

其次,在法律制度上,除了对当事人域外取证的条件、方式、效力等问题作出具体规定外,应当加紧完善域外取证的公证问题、证据开示和证人保护问题。在公证问题上介于各国对证据性质定义以及公证制度的不一样,应当尽可能地减少冲突废除不必要的公证证明手续,提高诉讼的效率,保障当事人双方的权益。在证据开示制度上,采取当事人主义和法官职权主义相结合的证据开示制度,保障诉讼的有效进行,也防止当事人滥用证据开示制度拖延诉讼。对于证人的保护,可以优先参照我国缔结的有关条约的规定,制定对司法协助取证人员的保护措施。

【延伸阅读】

一、学术论文、专著(权威论著)

1. 史蒂文·苏本、马格瑞特·伍:《美国民事诉讼的真谛》,蔡彦敏、徐卉译,法律出版社2002年版。

2. See Hague Conference on Private International Law, Report on the Work of Special Commission of May 1985 on the Operation of the Convention, 24 Int'l Legal Materials 1670(1985).

3. See A. Nuyts & N. Watte, International Civil Litigation in Europe and Relations with Third State, Bruylant, 2005, p.335.

4. David J. McClean: International JudicialAssistance, Oxford: Clarendon Press, 1992.

5. 何其生:《我国域外送达机制的困境与选择》,载《法学研究》2005年第2期。

6. 董丽萍、刘国明:《我国国际司法协助的发展和问题》,载《人民司法》1998年第10期。

二、网络链接

http://www.hcch.net 海牙国际私法会议

三、参考公约和法规

1. 1954年海牙《民事诉讼程序公约》。

2.1965年《关于向国外送达民事或商事司法文书和司法外文书公约》(海牙《送达公约》)。

3.1970年《关于从国外调取民事或商事证据公约》(海牙《取证公约》)。

4.《中华人民共和国民事诉讼法》第267～270条、第277条、第279～283条。

5.《关于执行〈关于向国外送达民事或商事司法文书和司法外文书公约〉的相关程序通知》

四、练习题

1.根据我国《民事诉讼法》和有关条约的规定,外国法院向位于我国领域内的当事人送达司法文书和司法外文书时,不能采用下列哪几种送达方式?

A.外交途径送达

B.通过外交人员或领事向非派遣国国民送达

C.邮寄直接送达

D.司法程序中的利害关系人直接送达

2.内地某中级人民法院审理一起涉及澳门特别行政区企业的商事案件,需委托澳门特别行政区法院进行司法协助。关于该司法协助事项,下列哪些表述是正确的?

A.该案件司法文书送达的委托,应通过该中级人民法院所属高级人民法院转交澳门特别行政区终审法院

B.澳门特别行政区终审法院有权要求该中级人民法院就其中文委托书提供葡萄牙语译本

C.该中级人民法院可以请求澳门特别行政区法院协助调取与该案件有关的证据

D.在受委托方法院执行委托调取证据时,该中级人民法院司法人员经过受委托方允许可以出席并直接向证人提问

3.居住于我国台湾地区的当事人张某在大陆某法院参与民事诉讼。关于该案,下列哪一选项是不正确的?

A.张某与大陆当事人有同等诉讼权利和义务

B. 确定应适用台湾地区民事法律的,受案的法院予以适用

C. 如张某在大陆,民事诉讼文书可以直接送达

D. 如张某在台湾地区地址明确,可以邮寄送达,但必须在送达回证上签收

4. 中国和甲国均为《关于从国外调取民事或商事证据的公约》的缔约国。关于两国之间的域外证据调取,下列哪一选项是正确的?

A. 委托方向另一缔约方请求调取的证据不限于用于司法程序的证据

B. 中国可以相关诉讼属于中国法院专属管辖为由拒绝甲国调取证据的请求

C. 甲国可以相关事项在甲国不能提起诉讼为由拒绝中国调取证据的请求

D. 甲国外交代表在其驻华执行职务的区域内,在不采取强制措施的情况下,可向甲国公民调取证据

第七章
外国法院判决的承认与执行

【内容摘要】外国法院判决只有经过承认和执行程序才能在域外被接受。承认和执行外国法院判决是两个不同的法律概念,承认是执行的前提,但有些外国法院判决只需要承认。我国法院在承认和执行外国法院判决时,主要根据缔结或参加的国际条约,或依照互惠原则,审查外国法院是否具有适格管辖权,判决程序是否正当,是否违背我国社会公共利益。经审查,在其不违背我国社会公共利益时,裁定承认其效力,并根据需要颁发执行令。在裁定不予承认和执行时,则可告知当事人在我国法院另行起诉。我国还针对外国法院离婚判决的承认,在申请与受理、审查依据和程序方面,作了特别的规定。

第一节 外国法院判决承认与执行内涵

【知识背景/点】

一、外国法院判决的界定

在国际民事诉讼中,"外国法院判决"具有特定的含义,应重点把握"外国"、"法院"和"判决"三个关键词。

所谓"外国",应当包含三层含义。① 该词首先是指国际法意义上的国家,即拥有主权、一定范围的领土和长期居住于该领土之上的公民组成的政治实体。其次,"外国"包括超国家的或国家间的国际组织,前者如欧盟,后者如联合国等。再次,"外国"还包括亚国家的组织或法域,如中国的政治和法制结构是"一国两制,三法系四法域",港澳台地区相对于中国大陆地区而言,这些地区法院作出的判决即是参照"外国判决"予以承认和执行的。又如美国,美国各州彼此之间也被视为广义的"外国";这些州相对于中国大陆地区而言,也是如此。

所谓"法院",也有广狭二义。狭义的法院当指一国依据其宪法相对独立地承担司法职能的机构;而广义的法院还包括其他一些承担着裁判职能的行政或其他机构。如波兰国家,公证处有权处理一些小额财产纠纷,以及有关遗嘱有效性、遗产保护的纠纷。②《瑞士联邦国际私法法》第31条也在功能上将受理并裁判非讼事件的管辖机构与法院等而观之,这些机构和法院作出的决定和判决均依共同的条件和程序予以承认和执行。需要指出的是,在国际民商事实践中发挥着越来越重要作用的仲裁机构,一般不被界定为"法院"的范畴,而是相对于法院而言的替代性争端解决机构。

所谓"判决",相对于法院的广狭二义来说也有两种理解:一是仅将其界定为法院作出的狭义上的判决,包括法院作出的判决和裁定;二是包括行政或其他机构作出的认定或裁定。就本书论述的主题而言,这里的判决还特指民商事判决,不包括刑事判决和行政性裁决。1971年海牙《民商事案件外国判决承认与执行公约》就规定,公约仅适用于缔约国法院作出的民事或商事判决,包括这些国家法院作出的所有决定,不论请求国在诉讼程序上或在决定中称作为判决、裁定还是命令。判决的"民商事"性质是一个变动的概念,为统一认知,1989年海牙国际私法会议特别

---

① 钱锋:《外国法院民商事判决承认与执行研究》,中国民主法制出版社2008年版,第5页。

② 费宗祎、唐承元主编:《中国司法协助的理论与实践》,人民法院出版社1992年版,第6页。

委员会会议曾对它的范围进行讨论,但未能如愿达成一致结论。会议最终形成几点积极的共识:(1)由各国自主解释民事或商事一词,并不强制要求适用请求国法或被请求国法。(2)对于介于公法和私法之间的灰色区域,发展趋势是对民事或商事概念作出更灵活的解释,如破产、保险和雇佣关系等宜纳入民商事概念的范畴。(3)这种扩大理解的灵活姿态不能被援引作为要求将大多数国家都视为公法性质的案件,如税收案件等,解释为民商事性质。(4)缔约国可以自主地在相互关系中将《海牙送达公约》和《海牙取证公约》适用于公法案件,也不必拘泥于以同一方式适用两公约。[1] 迄今,仍然缺乏对民商事概念的直接界定,解决这个问题决定于两个方面:一是依相关国家之间缔结的条约或协定进行解释;二是由被请求国认定。

限于本书研究主题及行文篇幅,下文主要阐述狭义上的法院判决。

二、对外国法院判决的承认与执行

承认与执行是两个不同的法律行为,针对不同的法律对象,产生不同的法律效果。

在逻辑上看,承认是执行的前提,未经承认的外国法院判决,不具有被执行的资格;执行则是承认之后的结果,但并非必然结果,因为有的外国法院判决并不需要执行。一般而言,确认之诉的判决通常就不需要执行,如针对个人身份或能力方面的确认判决。这就体现出了二者在所针对的判决对象上的类型差异。简言之,所有外国法院判决在内国要发生生效判决的效果,都必须经历内国法院的承认;一份业经内国法院承认的外国法院判决,就将如同内国法院判决那般发生既判力。在这些被承认的外国法院判决中,只有具有执行内容的判决部分才需要进一步予以执行。在产生的法律效果上,承认和执行也有一定的差异。承认是对外国法院判决所裁定的权利状态的再确认,其法律效果是抽象的,具有"对世"性质;执行的法律效果则是具体的,它将外国法院判决纸面上的意义转化为现实的效果,具有特定化的性质。

---

[1] 肖永平:《国际私法原理》,法律出版社2003年版,第387页。

【案例裁决/法律文书摘录】

案例：

秦某某诉刘某某案①

裁判要旨：

外国法院判决在未获我国法院承认的情况下，不具有生效判决的法律效力，不得在我国的相关诉讼中直接作为确定双方当事人权利、义务的法律依据。但作为一份正式的书面材料，其可以作为证据，对当事人之间的婚姻和财产状况发挥一定的证明作用，人民法院应当对其进行严格审查、认证。

案情：

上诉人（原审原告）：秦某某。

上诉人（原审被告）：刘某某。

秦某某与刘某某于1986年7月8日登记结婚，于1989年5月30日生育一女。1998年，秦某某赴美留学，刘某某及女儿跟随出国。2006年6月，秦某某向美国甲州洛杉矶高级法院对刘某某提起离婚诉讼。2007年，秦某某回国工作。2009年3月19日，美国甲州洛杉矶地区高级法院对秦某某缺席审理，判决：(1)法院于2007年6月开庭作出第一次裁定，裁定秦某某每月支付1900美元给刘某某，法院进一步审定秦某某拖欠刘某某38000美元，外加10%的利息；(2)秦某某从提交本申请开始，在银行的取款行为已被冻结，然而，秦某某从MetLife银行四个账户中提款，应向刘某某支付14493.21美元，外加10%的利息；(3)秦某某在Cal National银行第7553号账户中有4483.85美元，法院裁定判给刘某某1/2，即2241.92美元；(4)秦某某在Cal National银行第9922号账户中开立一张存单，并于2006年10月2日提取2091.73美元，法院裁定秦某某付给刘某某一半的数额，即2045.87美元；(5)账号为8782的一份金额1638.76美元的存在，已经由秦某某在提交申请后提走，法院裁决秦某某付给刘某某一半即819.38美元；(6)秦某某在CitiBank第0716号账户中有5019.42美

---

① 一审(2009)海民初字第27700号；二审(2011)一中民终字第5688号；重审后一审：(2011)海民初字第17364号；二审(2012)一中民终字第12357号。

第七章 外国法院判决的承认与执行

元共同资金,法院裁决秦某某付给刘某某一半即 2509.71 美元;(7)法院裁决秦某某在美国工作单位的任何退休金或养老金被视为共同财产,秦某某付给刘某某一半;(8)金额为 8174.4 美元和 114.28 美元的车损保险费,秦某某付给刘某某一半 4144.34 美元;(9)秦某某的一份万能年金保险,法院审定该保单按现金价值视为共同财产,全部金额应支付给刘某某,其中一半应抵销给按照判决规定所欠刘某某的金额;(10)秦某某的一份人寿保险,保单的现金价值为共同财产,判给刘某某,如刘某某选择将其兑现,则该金额的一半应当适用于秦某某所欠的判决;(11)秦某某的退休账户最后的金额为 9014.33 美元,被认为是共有财产,刘某某获得 50% 的权益,利息也作为共同财产;(12)秦某某开立了一个投资账户,用于扣押入息令;(13)出于平等考虑,秦某某 4873 号年金保单判决给刘某某;(14)秦某某两个离退休计划账户金额合计 3189.01 美元,判决全部给予刘某某,以便对存在证和其他无余额账户进行补偿;(15)在美国任何经济单位和所有银行,凡秦某某名下的任何及全部款项都判决给刘某某;(16)秦某某名下如下共同财产判决给刘某某作为补偿:温哥华 VanCity 银行 3951 号账户、Shared Growth 账户金额 500 美元和 DT 账户金额 1000 美元;(17)秦某某在递交法院的资金财产登记文件上所登记的其在美国的资金财产都不足一半,其登记的财产数额远远不够;(18)法院没有裁决给刘某某 7000 美元,其为刘某某借给第三方的资金,因为该第三方在中国;(19)判决秦某某支付给刘某某 4620 美元和 284.55 美元律师费及其他支出;(20)刘某某要求修改离婚判决,要求合法分居是理所当然的,法院下令修改;(21)法院准予秦某某和刘某某双方合法分居,判决包括对其所有财产的权利判决,法院责令刘某某整理准备此判决文件;(22)刘某某身体残疾,无法工作,而秦某某具备足够的营销技能,年收入能达到 6 万美元;(23)法院判决秦某某继续支付以前配偶每月 1900 美元,支付任期为 3 年,3 年后应再审查,秦某某已拖欠的 28000 美元,还要按照每年 10% 的利息支付给刘某某。

该判决作出后,秦某某与刘某某均未申请中国法院承认和执行该判决。同年,秦某某在北京市海淀区法院起诉刘某某,要求离婚,并提交了经过翻译和认证的该美国法院离婚判决。

审判:

北京市海淀区人民法院经过审理认为,秦某某与刘某某在出国期间互相猜忌,指责,争吵,导致双方长期分居,夫妻感情确已破裂。美国法院的民事判决虽然不被我国法院承认,但是双方当事人对判决书的内容的真实性均无异议,可作为离婚后财产分割时的参考。据此,判决:(1)准予秦某某与刘某某离婚;(2)秦某某于判决生效后10日内支付刘某某人民币30万元。

宣判后,秦某某与刘某某均不服一审判决,提起上诉。秦某某上诉称同意一审判决的离婚部分,但不同意将美国法院判决作为离婚财产分割的参考证据,要求撤销一审判决中关于双方对美国法院判决"均无异议"的不实之词,并根据事实和证据对共同财产进行分割、补偿、赔偿。刘某某上诉要求撤销一审判决,改判不准离婚。

北京市第一中级人民法院在审理中发现,一审法院在审理本案过程中,未查明美国法院的判决文书是否已经生效,也未明确美国判决书中涉及的财产依照中国法律是否可以认定为夫妻共同财产。此外,一审法院查明的事实仅仅涉及美国法院判决书中列明的位于美国境内的财产,并没有对位于中国境内的夫妻共同财产予以查明。在上述事实没有查明的情况下,一审法院就判决原告向被告支付30万元人民币,事实不清,依据不足,故作出裁定:(1)撤销一审判决;(2)本案发回一审人民法院重审。

案件发回后,原审法院重新组成合议庭进行审理,对双方实际共同财产状况进行了重新审查,最终判决认为双方在婚姻生活中,特别是出国期间,互相猜忌,指责,争吵,导致秦某某在美国法院提起离婚诉讼。双方长期分居,应当认定双方的感情确已破裂,对刘某某以美国法院的民事判决为依据提出的财产请求,因该判决未经我国法院承认,故刘某某以此为据,要求分割此部分财产,法院不予支持。判决:(1)准予秦某某与刘某某离婚;(2)秦某某于本判决生效后10日内支付刘某某人民币56万元;驳回秦某某其他诉讼请求。

判决后,双方均提起上诉,北京市第一中级人民法院经过审理判决:驳回上诉,维持原判。

评析:

本案的争议焦点为原告秦某某提供的美国甲州洛杉矶地区高级法院所作离婚判决在本案中的性质和效力问题。这一问题在涉外案件的处理中,既是常见性问题,也是难点问题,值得进一步研究。就此类问题的处理,一方面应当遵照国际私

第七章 外国法院判决的承认与执行

法的要求,依据我国对涉外民事诉讼的相关规定处理;另一方面,也应当注意我国法律体系,特别是民事诉讼法的整体性要求。在本案中,该美国法院判决因未获得我国法院的承认,所以不具有生效判决的法律效力,但是可以作为证据的一种,对当事人之间的婚姻和财产状况发挥一定的证明作用。具体而言,在处理此类问题时应当注意以下五点事项:

一、未经承认的外国判决不具有生效判决的效力

本案一审法院对秦某某和刘某某的共同财产情况进行查明时,直接依据了美国的离婚判决书,并未对美国离婚判决书在我国申请承认与执行的情况进行审查,也没有其他的证据予以佐证。在分割双方共同财产时,直接依据该美国判决查明的财产情况和判决结果判决秦某某支付刘某某30万元,其对该判决效力的错误认知,是导致案件被发回的主要原因。案件发回后,原审法院纠正了其错误观点。

在一国领域内,生效判决书是法院依据本国的程序法和实体法对当事人之间法律关系作出的判定,通过国家公权力强制执行,从根本上来说,它是由一国的主权来维护的。因此,法院判决书的效力与国家司法主权密切相连。在各国均对自己司法主权予以严格保护的情况下,外国法院判决要在内国发生生效判决的效力,需要经过内国法院的承认,才在本国具有相应的法律效力,这是各国的通行做法。我国最高人民法院《关于中国公民申请承认外国法院离婚判决程序问题的规定》第1条规定:"对与我国没有订立司法协助协议的外国法院作出的离婚判决,中国籍当事人可以根据本规定向人民法院申请承认该外国法院的离婚判决,对与我国有司法协助协议的外国法院作出的离婚判决,按照协议的规定申请承认。"美国与我国未签订有司法协助协议,本案当事人也从未向我国法院申请承认和执行该美国离婚判决的法律效力,故此,该离婚判决在我国不具有生效判决的效力,且外国判决的承认有严格的程序和实体要件,法院亦不得在离婚诉讼程序中直接予以承认。

二、人民法院已经受理的案件,当事人不得再申请承认外国判决

……

三、未经承认的外国判决在内国诉讼中可作为证据使用

经过翻译和认证的外国法院生效判决具备关联性、合法性和真实性的要素,可以在内国法院的诉讼中作为证据使用。我国法律虽然没有明确对民事诉讼中的证

据进行定义,但是通说认为,当事人向法院提供的或法院依照职权收集的用以证明案件事实的各种材料都可以作为证据。具体到本案中的美国判决书,其具备证据应有的关联性、合法性、真实性的要求。

1.该判决书中记载了当事人之间的婚姻状况及财产等情况,与诉讼中需要查明的事实具有关联性。

2.该美国判决书具有作为诉讼证据的合法性。外国判决书以其书面记载的内容对案件事实发挥证明作用,符合书证的特征,可以作为书证对当事人之间婚姻和财产状况的查明提供依据。我国对在外国形成的证据材料有特别的要求,需要经过一定的公证认证手续;最高人民法院《关于民事诉讼证据的若干规定》第11条、第12条对此作了明确的要求。

3.该美国判决书具有较高的真实性。外国法院判决中记载的情况反映了外国法院审查认定的结果,又经过公证认证等相关手续,可信度较高。

四、外国判决的证明力不同于公文书证或我国生效判决

最高人民法院《关于民事诉讼证据的若干规定》第9条规定,已经为人民法院发生法律效力的判决所确认的事实,当事人无须举证证明。但未经承认的外国判决不属于人民法院的生效裁判,在没有经过人民法院的审查和认可之前,并无我国司法权的支持,不属于该证据规定中所述的生效裁判的范围,故其认定的事实不能具有免证事实的效力,相关事实争议仍应通过举证、质证认证解决。此外,最高人民法院在《关于民事诉讼证据的若干规定》第77条第1款第(1)项中规定,国家机关,社会团体依据职权制作的公文书证的证明力一般大于其他书证。此规定是基于对我国国家机关和社会团体权力的尊重与维护。但外国法院并不属于我国的国家机关或社会团体,故未经承认的外国法院判决亦不能适用上述规定,其具体证明力的大小,需要在诉讼中经过质证来认定。

具体而言,判决书由事实认定、法律适用及判决结果三个部分组成,不同部分的效力各有不同:(1)事实认定。判决书涉及的事实包括两类:一类是对诉讼进行情况的客观记录,包括当事人、诉讼实践,当事人参加诉讼的情况等,该部分内容简单直观,真实性强,与案件主要事实关联不大,但也可以为案件的主要事实提供佐证;另一类是法庭经过举证质证确认的事实,与案件主要事实直接相关,如本案美

国离婚判决书中查明的秦某某名下账户存款、保险金、养老金、收入情况及其财产使用情况等。外国法院判决中的事实认定部分是外国法院依照质权查明并制作文书予以认定的,具有较高的证明力。(2)法律适用。判决书记载了法官适用法律的过程。法官依据抽象的法律规定及自身的法律思维和法治理念,通过逻辑推理方式对案件事实作出法律上的评价,这是一种主观判断,而非对案件事实的客观陈述,故不能对内国的事实查明发挥作用。(3)判决结果。判决书主文是法官依据该国法律对当事人间的权利义务关系作出的确定性判定,是判决的核心。判决作出后,判决主文所判定的内容在该国即具有法律约束力,在双方当事人之间形成一定的法律关系状态。这种关系状态本身也是一种事实,故外国判决主文对内国诉讼需查明的事实而言,也具有证明的证明力。

五、公共秩序保留原则不适用于案件事实的查明

……

综上所述,作为一份书面材料,外国法院的判决只要依据该国法律规定在该国已经生效,并符合我国相关法律对在外国形成的证据的特殊要求,即使未经我国法院依特别程序予以承认,也可以作为书证,对当事人争议的案件事实发生证明作用。但是在使用这种特殊的书证时,需要对其证据能力和证明力进行严格的区分和审查,具体分析,区别对待。本案一审法院对外国离婚判决的效力问题并未进行严格的审查,对当事人的财产争议也未进行全面的认定,故二审法院裁定撤销原判,发回重审。一审法院重新审理后,纠正了其在这一方面的错误认识。①

【延伸阅读】

一、案例

1. 日本公民伍某某申请中国法院承认和执行日本法院判决案(《最高人民法院公报》1996年第1期)

---

① 本案例裁判要旨、案情、判决及评析等,均源自黄海涛、李晓龙、王湘羽:《未经承认之外国判决的效力分析》,载《人民司法》2013年第22期。本书编者在引用时作了部分删减。

2.胡某某请求承认和执行德国柏林高等法院判决案(载《涉外商事海事审判指导》2011年第1辑,总第22辑)

二、学术论文、专著(权威论著)

1. Jannet A. Pontier, Edwige Burg, EU Principles on Jurisdiction and Recognition and Enforcement of Judgments in Civil and Commercial Matters: According to the Case Law of the European Court of Justice, T. M. C. Asser Press, 2004.

2. Ulrich Magnus, Peter Mankowski(eds.), Brussels I Regulation, 2nd Revised Edition, Sellier European Law Publishers, 2012.

3.董立坤:《略论对外国法院判决的承认与执行——兼析我国民事诉讼法中的有关规定》,载《中国社会科学》1985年第2期。

4.宣增益:《国家间判决承认与执行中的互惠原则》,载《中国法学》2004年第2期。

5.刘仁山:《国际民商事判决承认与执行中的司法礼让原则——对英国与加拿大相关理论及实践的考察》,载《中国法学》2010年第5期。

三、网络链接

1.中国涉外商事海事审判网:http://www.ccmt.org.cn/
2.中国法院网:http://www.chinacourt.org/index.shtml

第二节 外国法院判决承认与执行的条件

【知识背景/点】

一、判决作出国具有适格管辖权

具有适格管辖权的外国法院对案件进行管辖,是内国法院承认和执行外国法院判决时进行审查的"第一位"条件或标准,并且也是实践中外国法院判决被拒绝承认和执行"最常见的"依据。① 管辖权条件既有实体法上的意义,也有程序法上的意义;它不仅涉及公法利益,而且也直接涉及当事人的私人利益。因此,要求作出判决的法院在管辖权问题上具有合理合法的基础,是各国共同接受的承认和执行的首要条件。

一般将国际案件涉及的管辖权区分为两类:一类被称作为直接的管辖权,它要解决的是内国法院本身对当事人之间的争讼是否具有管辖权的问题;另一类被称作为间接的管辖权,它要解决的是内国法院衡量作出判决的外国法院对所涉案件是否具有管辖权的问题。显然,二者的目的和功能是不同的,直接管辖权是要解决是否受理案件的问题,间接管辖权则是要解决是否承认和执行外国法院判决的问题。因此,间接管辖权才是承认和执行外国判决过程中需要把握的条件。

在涉外案件中判断管辖权是否适格,有这样两个层面:其一,在国际层面看,判决作出国是否拥有适格管辖权?其二,在国内层面看,具体管辖法院是否符合地域、级别和专属管辖等规定。一般认为,在承认和执行外国法院判决的过程中,更关注的是第一个层面的适格性问题,即判决作出国是否具有管辖权;第二个层面的管辖权已经属于判决作出国内法院管辖体制,业已与判决承认和执行中的管辖权适格标准无关了。②

在审查外国法院是否具有管辖权时,根本的问题是应当以何种标准进行审查:判决作出国的管辖权立法,还是被请求国的管辖权规则?国际社会对此存在四种主要学说:③

1. 单纯单边性(doctrine of simple unilaterality)

此观点主张,在承认和执行外国法院判决时,应以该外国法院所属国的管辖权

---

① 钱锋:《外国法院民商事判决承认与执行研究》,中国民主法制出版社2008年版,第27页。

② 王国征:《外国法院判决承认与执行中的管辖权》,载《中国人民大学学报》1998年第5期。

③ 宣增益:《国家间判决承认与执行问题研究》,中国政法大学出版社2009年版,第66~72页。

标准判断其是否具有适格管辖权。在国际社会不存在统一的司法管辖权标准的背景下,该观点有助于促进判决在域外的承认和执行。事实上,在一国法院行使直接管辖权时,它虽然可能预期到其判决需要在外国被承认和执行,但究竟是否在外国、特别是具体到哪一个或哪一些外国国家,则对它而言是无法预期的。在此种情形下,受案法院唯一可以控制和确定的是自己国家的管辖权标准,该标准也是它理应遵守的法定职责。

2. 双重单边性(doctrine of double unilaterality)

此观点要求在以单纯单边性作为判断管辖权是否适格的基础之上,适当兼容考虑被请求国的某些管辖规则。直接管辖与间接管辖二者之间毕竟存在立场上的改变:前者是对自身管辖权的合理合法性进行评价;后者则是对他国管辖权的合理合法性进行评价。因此,在评价间接管辖时,评价者总是掌握着主动,这就使案件管辖不再可能完全按照单纯单边性的方式进行评估,双重单边性更具有现实主义的基础。

3. 双边论(bilateral doctrine)

双边论主张依承认国的管辖权规则判断请求国对案件是否具有管辖权,并据此裁定是否承认和执行该外国法院判决。双边论看起来更像是相对化了的单纯单边性,即撇开判决作出国的管辖规则不论,单独以承认国的管辖规则作为判断依据。它的双边性事实上并不是就内国和外国的管辖规则适用方式而论的,而是将承认国的管辖规则进行"双边化",即该国管辖规则既适用于判断承认国法院是否有管辖权,也适用于判断判决作出国法院是否具有管辖权。德国民事诉讼法采取了这一观点,它规定的不予承认外国法院判决的情形之一即是,有关外国法院依德国法无管辖权。① 由此可见,双边论的本质仍然是单边性,而且是另外一种类型的单纯单边性。这种立场的强硬践行很可能引起国家间判决被拒绝承认和执行,不同国家都有设立自身管辖权标准的主权和自主性,各国之间管辖权规则差异的存在是普遍的,强行以本国管辖规则定夺他国对案件是否具有管辖权,而不论他国管辖规则如何,并将其作为承认和执行条件之一,这并不是合作的姿态。

---

① 谢怀栻:《德意志联邦共和国民事诉讼法》,法律出版社1984年版,第90～100页。

4. 政策导向论(policy-derivative theory)

如果将前三种管辖权评判标准称作为规则导向的学说,那么政策导向论的基调就是"不拘一格",它明确要求区分管辖规则所包含的政策,与承认和执行外国判决中的管辖所追求的政策,并从二者的差异和可能出现的"背反"出发,主张应严格地以后者而不是管辖规则所包含的政策为标准对管辖权进行判断。就两种政策所可能表现出来的三种关系状态看,政策导向论的管辖权判断标准有三:当两种政策一致时,政策导向论与规则导向论(当然,既可能是单纯单边性,也可能是双重单边性,还可能是双边论)对管辖权的判断一致;当两种政策不一致时,政策导向论有不同的管辖权判断结论;当两种政策无关时(如果存在的话),政策导向论也有不同的管辖权判断结论。

客观而论,政策导向论合理地指出了为审理案件而管辖,和为承认和执行判决而管辖二者之间存在的实质性差异,并进而合理要求采取不同的管辖权判断标准。但其缺点则在于过于理想和灵活,即便是承认和执行国也很难将其标准统一化和明确化,这样就使外国法院和案件当事人在判决承认和执行上丧失了可预期性,而该过程也就完全变成了纯粹由承认和执行国法院进行临时、个案判断的"神秘"行为。

比较而言,双重单边性因为不同程度地综合了承认和执行外国判决过程中的双方合作主体,即判决作出国和承认与执行国的立场,因此相对于单纯单边性和双边论来说更具有被普遍接受的基础。双边论则更符合承认和执行过程中的现实,即承认和执行国法院在该过程中占据着主导性和决定性的地位。虽然国际社会不存在统一的管辖权审查标准,但是必须看到,正如承认和执行外国判决这个活动本身就要求并体现国家间的合作——没有国家间的合作,承认和执行就不可能进行,即它是国家间合作的产物,而且同时它也是促进国家间合作的动力。可以说,合作是承认和执行外国判决过程中的基因,如此观之,体现了合作理念和态度的双重单边性就是更具竞争力和合理性的管辖权审查标准。

二、判决已生效或具有执行力

一国法院作出判决后,判决并不立即生效或具有执行力,这在很大程度上决定于一国的诉讼机制。一般而言,影响判决生效或具有执行力的主要因素有二:一是审级,二是时间。从诉讼审级看,民商事案件存在着一审终审、两审终审,或者三审终审。终审判决一般地即时生效并具有执行力,非终审判决则需要视当事人是否提起上诉而定。为避免当事人滥用上诉权,防止非终审判决效力未定状态持续过久而影响民商事关系当事人的权利义务,各国通常对非终审判决设定一个适当期限的上诉期,在该上诉期内判决未生效,也不具有执行力。在当事人不提起上诉的情况下,经历完该上诉期后,判决即生效并具有执行力。

法国是一个特例,在承认和执行外国法院判决时甚至并不要求该外国判决是终局的。法国的立法思维是,每一个判决都应该具有约束力;在提起上诉的情况下,这种约束力遭到了破坏,但至少在提起上诉或之前具有这种约束力。因此,在法国可以对正在上诉的判决,或已经被提出反对的判决,甚至临时判决,即一个非终局性的和可以被修改的判决等颁发执行许可。①

判断判决是否生效或具有执行力,法律适用同样是一个关键问题。同一类案件,在一国可能被归入一审终审的范围,而在另一国则可能被赋予当事人上诉救济的权利。因此,在一国承认和执行外国法院判决时,究竟应依何国法律判断该判决的效力,就具有决定性的意义了。大多数国家的实践倾向于采取判决作出国法作为判断依据,在这个问题上,美国《对外关系法第三次重述》第481条评论5的立场可作为一个范例。该评论指出,在确定某一外国判决是否具有终局性的问题上,应当适用判决作出地国家的法律,而不是美国法律。

三、判决作出程序公正

程序公正不仅是判决正义的要求,也是判决作出后请求承认和执行过程中的必备要件。尽管国际社会在实体立法和程序立法方面都存在很大程度的差异,但对二者的宽严态度是不一致的。一般而言,各国均相对放松对判决实体问题的审查,除非涉及根本的实体性问题,如违背承认和执行地国的公共秩序;但在程序问

---

① 钱锋:《终局性:外国法院民商事判决承认与执行的先决条件》,载《法律适用》2006年第6期。

题上则有很严格的要求。① 具体到判决承认和执行过程来说,各国在审查判决的可承认和执行性时,都将判决作出程序的公正列为必备的条件。

1971年《承认和执行外国民商事判决的海牙公约》是国际层面较为接受的统一行动准则,公约第5条、第6条都体现了程序公正的要求。第5条共分两款,第一款后半部分规定:判决在与请求国规定的正当法律程序不相容的程序下作出时,该判决不能被承认和执行;或者在判决作出过程中未给予任何一方当事人充分陈述其意见的机会,该判决也将被拒绝承认和执行。同条第二款则规定,被请求承认和执行的外国判决不得是在诉讼程序中通过舞弊取得的,否则也不能被承认和执行。第6条则是对缺席判决的特别要求,即缺席判决只有起诉通知书已经依照请求国的法律送达缺席方,使该方有足够时间提出辩护时,该缺席判决才具有被请求承认和执行的资格。

综合这三个条款,可认为:第一,公约对判决程序公正控制得较多、较为明确和具体;第二,作出判决的程序公正在类型上主要有上述四种类型;第三,在判断判决作出程序是否公正的法律适用问题上,原则上以请求国法律为标准,即应依请求国法律规定的正当程序衡量判决作出程序是否得当。

四、不违背公共秩序

在国际民商事交往中,公共秩序是一条底线,它不仅体现在实体交易中,体现在涉外案件审判的法律选择过程中,而且同样体现在对外国法院判决和外国仲裁裁决的承认和执行过程中,而且常常是当事人援引的作为抗辩的根据。从内涵上看,公共秩序是关系到一国基本法律原则、道德规则,甚至政治经济秩序的内容;从价值上看,它是与一国所认定的正义、高尚等价值直接冲突的;从程度上看,它不是一般地违反、否定一国所认定的基本法律和道德原则、基本的正义观念,而是根本冲犯、乃至颠覆一国所坚持的正义理念。因此,一国判决在被认定违背被请求和执行国的公共秩序时,对其拒绝承认和执行被认为是理所当然的事情。对此,1971

---

① 如1971年《承认和执行外国民商事判决的海牙公约》第8条即规定:除执行上述条文所需外,被请求当局对请求国送交的判决不应作实质性的任何审查。

年《承认和执行外国民商事判决的海牙公约》第 5 条之(一)项将公共秩序要求列为第一条排除条件。

由于公共秩序在界定上过于弹性,如何在个案中判断被请求承认和执行的外国判决是否违背公共秩序就成为一个很考察法官法学素养和道德操守的疑难问题。在很多情形下,公共秩序的运用更像一个法律解释的问题,而不是单纯的司法问题。它在司法实践中的盛、衰常常受制于国家间的政治经济关系,在国际合作和全球一体化成为时代主流和发展趋势的背景下,公共秩序在涉外民商事判决的承认和执行过程中表现出日渐"式微"①的迹象。在一些法院的判决书中,限制公共秩序对外国判决承认和执行的干扰也较为普遍,如在 Ackerman v. Levine 案中,法官就认为"实践中很少有满足公共政策例外的情形,公共政策例外的标准非常之高"②;在 Laker Airways Lte. v. Sabena, Belgian World Airlines 案件中,审案法官也认为,"以公共秩序为由拒绝执行判决的标准是极严格的"③。在我国司法实践中,当事人一般都会堆砌抗辩理由,公共秩序作为对抗依据之一似乎是每个承认和执行案件都会被提及的,然而极少有被我国法院所采信了的。

【案例裁决/法律文书摘录】

案例一:

Giant Light Metal Technology (Kunshan) Co. Ltd. v. Aksa Far East Pte Ltd.④案

Counsel: Rebecca Chew Ming Hsien, Paul Tan Beng Hwee and Lim Huay Ching (Rajah & Tann LLP) for the plaintiff; Goh Siong Pheck Francis, Loh Ern-Yu Andrea and Samantha Shing (Harry Elias Andrew Ang J:

Introduction

---

① 马永梅:《外国法院判决承认与执行中的公共秩序》,载《政法论坛》2010 年第 5 期。
② See Ackermann v. Levine, 788 F. 2nd 830(2nd Cir. 1986).
③ See Laker Airways Ltd. v. Sabena, Belgian World Airlines, 731 F. 2nd 909(D. C. Cir. 1984).
④ See [2014] SGHC 16, Suit No 105 of 2012.

1. This was an action concerning the recognition and enforcement at common law of a foreign judgment obtained from the Suzhou Intermediate Court, Jiangsu Province, in the People's Republic of China ("the PRC Court"). In particular, the case raised novel issues as to when a foreign court is said to have international jurisdiction and how a foreign judgment is enforced by the Singapore courts under Singapore private international law.

2. On 16 December 2010, Giant Light Metal Technology (Kunshan) Co. Ltd. ("the Plaintiff") successfully obtained judgment against Aksa Far East Pte Ltd. ("the Defendant") in the PRC Court for breach of contract ("the PRC Judgment"). The Plaintiff then sought to enforce against the Defendant in Singapore the PRC Judgment for the payment of various sums of moneys.

Background facts

3. The Plaintiff is a company incorporated in the People's Republic of China ("the PRC") and is engaged in designing and producing aluminium and alloy materials for the purposes of industrial and commercial use.

4. The Defendant is a company incorporated in Singapore and is in the business of general wholesale trade, including general import and export of goods.

5. On or around 18 December 2003, the parties entered into a contract for the Plaintiff to purchase from the Defendant two new generator sets with new engines, which were to be manufactured by the Cummins Engine Company Inc in England, United Kingdom ("the Contract"). The total purchase price of the generator sets was US＄200,000 of which the Plaintiff paid US＄190,000.

6. A further party to the Contract was Shanghai Yates Genset Co. Ltd. ("Shanghai Yates"), a company incorporated in the PRC which acted as guarantor for the Defendant in the purchase of the generator sets. Shanghai Yates was a sub-distributor of the Defendant in the PRC at the relevant time.

7. After receiving the generator sets from the Defendant, the Plaintiff was

not satisfied with them: they were not new generator sets nor manufactured in England and were not capable of use. The Plaintiff thereafter instituted a civil claim against the Defendant and Shanghai Yates for breach of the Contract in the PRC Court on 25 July 2005 ("the 2005 Proceedings"). The Defendant responded by filing a "Statement of Defence" and also sent its representative, Mr You Tian Fen ("Mr You"), to attend court hearings. Subsequently, the 2005 Proceedings were discontinued on 10 September 2007 "to enable parties to attempt to resolve the matter".

8. In the event, the out-of-court negotiations failed. On 9 May 2008, the Plaintiff re-commenced proceedings for the same claim against the Defendant and Shanghai Yates in the PRC Court ("the 2008 Proceedings"). The relevant court documents were served on the Defendant in Singapore at the Defendant's registered office address via diplomatic channels on 6 November 2008. The Defendant did not dispute that it was properly served. The Defendant, however, chose to ignore the 2008 Proceedings and did not enter an appearance, taking no part in the proceedings.

9. Shanghai Yates on its part filed two defences to the Plaintiff's claim in the 2008 Proceedings and attended hearings in the PRC Court on 17 April 2009 and 20 October 2010. The PRC Court heard submissions by representatives of the Plaintiff and Shanghai Yates and, upon further consideration, awarded judgment in favour of the Plaintiff in the PRC Judgment. The section of the PRC Judgment which sets out the orders made is reproduced as follows:

In summary, as the subject delivered by [the Defendant] was not consistent with the contract, [the Defendant] was in material breach. The claim of [the Plaintiff] for rescission of the contract, refund of price and return of goods, and compensation for damages were consistent with the law. In respect of the loss of US＄145,383.28 claimed by [the Plaintiff], loss of freight of RMB 7088 was admitted by the court, and the remaining amount of loss lacked basis and was not upheld by the court. In accordance with Sections 97, 126, 130, 135, 136 and 148 of PRC Contract Law, Section 28 of Rules of Supreme Court on Evidence in Civil Proceedings, and Section 136 of PRC Civil Procedure Law, it is judged as follows:

[The Contract] between [the Plaintiff] and [the Defendant] be rescinded;

[The Plaintiff] to return two AC-1130 Cummins diesel generator sets to [the Defendant];

[The Defendant] to refund the price of US＄190,000 to [the Plaintiff];

[The Defendant] to compensate [the Plaintiff] for the loss of RMB7088;

Paragraphs 2, 3 and 4 above shall be performed within one month after this judgment comes into effect. 5 Other claims of [the Plaintiff] be rejected.

If any party fails to make payment within the period specified by the court, it shall pay double interest on the outstanding amount in the period of delay in accordance with Section 229 of PRC Civil Procedure Law. The court cost for this case shall be RMB25,560 for which [the Plaintiff] shall pay RMB11,034 and [the Defendant] shall pay RMB14,626. If any party feels aggrieved by this Judgment, [the Plaintiff] or [Shanghai Yates] may, within 15 days from the date of service of this judgment thereon, and [the Defendant] may, within 30 days from the date of service of this judgment thereon, file a petition for appeal with this court, with such number of copies corresponding to the number of the opposite parties, to appeal to the Jiangsu Higher Court …

10. The PRC Judgment was served on the Defendant at its registered office in Singapore on 25 March 2011 through diplomatic channels, and the deadline within which the Defendant could have brought an appeal to the Jiangsu Higher Court expired on 25 April 2011.

11. The generator sets were thereafter not collected by the Defendant. Neither did it pay the judgment sums ordered to be paid to the Plaintiff. This was despite a letter of demand sent by the Plaintiff to the Defendant on 22 July 2011.

It appeared that the Defendant was not interested in collecting the generator sets despite the Plaintiff being ready and willing for the Defendant to do so. A director of the Defendant, Ms Yong Yit Yeng Mavis, even went so far as to say in cross-examination that she was not interested in taking the generator sets back and would rather dispose of the generator sets in the PRC.

12. As a result of the Defendant's non-compliance with the PRC Judgment, the Plaintiff, on 10 February 2012, commenced the present action in Singapore, claiming, inter alia:

(a) the sums of US $190,000 and RMB7,088 as ordered in the PRC Judgment ("the PRC Judgment Sums");

(b) the Defendant's PRC court fees ordered under the PRC Judgment of RMB14,626 which had been paid by the Plaintiff ("the PRC Court Fees");

(c) interest on the PRC Judgment Sums and the PRC Court Fees; and

(d) costs.

The issues

13. Counsel for the parties submitted that the present case concerned the common law rules on recognition and enforcement of a foreign judgment, and brought to the court's attention the paucity of Singapore case law in this area. In particular, the parties highlighted to the court the lack of precedent in relation to the issues which arose directly for decision before me. As a result, parties relied (as a starting point) on the principles as stated in Dicey, Morris and Collins on The Conflict of Laws (Lord Lawrence Collins gen ed) (Sweet & Maxwell, 15th Ed., 2012) ("Dicey, Morris and Collins") at vol. 1, paras 14R-020 and 14R-054:

Rule 42—(1) Subject to the Exceptions hereinafter mentioned and to Rule 62 (international conventions), a foreign judgment in personam given by the court of a foreign country with jurisdiction to give that judgment in accordance with the principles set out in Rules 43 [and Rules 44 to 46 which relate to when such jurisdiction does not exist], and which is not impeachable under any of [Rules 49 to

54 which relate to when the foreign judgment is impeachable], may be enforced by a claim or counterclaim for the amount due under it if the judgment is for a debt, or definite sum of money (not being a sum payable in respect of taxes or other charges of a like nature or in respect of a fine or other penalty); and (b) final and conclusive, but not otherwise. Provided that a foreign judgment may be final and conclusive, though it is subject to an appeal, and though an appeal against it is actually pending in the foreign country where it was given.

(2) A foreign judgment given by the court of a foreign country with jurisdiction to give that judgment in accordance with the principles set out in Rules 43 [and Rules 44 to 46 which relate to when jurisdiction does not exist], which is not impeachable under any of [Rules 49 to 54 which relate to when the foreign judgment is impeachable] and which is final and conclusive on the merits, is entitled to recognition at common law and may be relied on in proceedings in England.

(3) No proceedings may be brought by a person on a cause of action in respect of a judgment which has been given in his favour in proceedings between the same parties or their privies in a court in another part of the United Kingdom or in a court in an overseas country unless that judgment is not enforceable according to clause (1), or not entitled to recognition according to clause (2), of this Rule. This Rule must be read subject to Rule 59 ... Rule 43—Subject to Rules 44 to 46 [which relate to when jurisdiction does not exist], a court of a foreign country outside the United Kingdom has jurisdiction to give a judgment in personam capable of enforcement or recognition as against the person against whom it was given in the following cases:

First Case—If the person against whom the judgment was given was, at the time the proceedings were instituted, present in the foreign country. Second Case—If the person against whom the judgment was given was claimant, or counterclaimed, in the proceedings in the foreign court. Third Case—If the person against whom the judgment was given, submitted to the jurisdiction of that court by voluntarily appearing in the proceedings. Fourth Case—If the person against whom the judgment was given, had before the commencement of the proceedings agreed, in respect of the subject matter of the proceedings, to submit to the jurisdiction of that court or of the courts of that country.

14. Indeed, there does not appear to have been an occasion when a Singapore court was required to deal with the same scope of issues relating to the recognition and enforcement of a foreign judgment under the common law as in the present case. However, the common law rules in the other major common law jurisdictions on these issues are well established. Therefore, I accepted that the principles as stated in Dicey, Morris and Collins served as an appropriate starting point for analysis of the issues that arose. I also noted that Professor Yeo Tiong Min in Halsbury's Laws of Singapore—Conflict of Laws vol. 6 (2) (LexisNexis, 2009) ("Yeo") also referred to case law from England (and other common law jurisdictions) and used the English position as the basis for his analysis of this area of Singapore private international law.

15. In order to make clear the framework for analysis of the issues in the present case, it is apposite that I draw attention to an important distinction between the recognition of a judgment and its enforcement, as summarised by Professor Adrian Briggs ("Prof. Briggs"), in Adrian Briggs, The Conflict of Laws, (OUP, 2nd Ed., 2008) ("The Conflict of Laws") at pp. 119~120: An important distinction must be drawn at the outset between the recognition of a judgment and its enforcement; and between these and the other effects which can be derived from a foreign judgment. Recognition of a judgment means treating the claim which was adjudicated as having been determined once and for all. It does not matter whether it was determined in favour of the claimant or the defendant, though judgments in personam are only ever recognized as effective against particular parties, and the material question will be whether that person is

bound ... Not every judgment entitled to recognition may be enforced in England, but to be enforced, a foreign judgment must first be recognized. If it is to be enforced at the behest of the successful claimant, the judgment must meet further conditions; but if enforcement is ordered, the judgment may be executed as if it had been given by an English court, either because it is ordered that the judgment be registered pursuant to statute which provides for this effect or (if enforced under the common law) because an English court gives its own judgment which itself becomes the order which may be enforced.

16. This distinction was not made clear in the present case since the Plaintiff sought only the enforcement of the PRC Judgment and did not expressly indicate that the PRC Judgment should be recognised. However, I found that it must follow, as a matter of logic and principle, that the PRC Judgment be recognised before it can be enforced. In the words of Prof. Briggs, quoted by Lord Rodger of Earlsferry in Clark e. v. Fennoscandia Ltd. [2007] UKHL 56 at [21], "the logic of the law is that recognition is the necessary primary concern".

17. What determines whether a foreign judgment is capable of recognition and enforcement according to the common law rules of private international law is broadly stated in Dicey, Morris & Collins, para 14R-020 ("Rule 42") ([13] supra). However, a short summary of these requirements can be found in The Conflict of Laws (at pp. 136 and 149) which I reproduce as follows:

A judgment will be recognized at common law if it is the final and conclusive judgment of a court which, as a matter of English private international law, had 'international jurisdiction', and as long as there is no defence to its recognition ... As a matter of theory, a foreign judgment which satisfies the criteria for its recognition creates an obligation which the judgment creditor may sue to enforce in an action, founded on the foreign judgment, at common law. The action is brought as one for debt; it follows that only final judgments for fixed sums of money can be enforced by such proceedings ...

18. Parties made their submissions based on these general requirements, and were agreed on what were the issues necessary for me to decide the case. Importantly, the Defendant did not raise any objection that the PRC Judgment was not final and conclusive on its merits, allege any impropriety on the part of the Plaintiff in the PRC Court when obtaining judgment in their favour, nor raise any other defences to recognition and enforcement of the PRC Judgment.

19. Accordingly, the issues in determining whether the PRC Judgment should be recognised and enforced under the common law rules of Singapore private international law were as follows:

(a) Whether the PRC Court had international jurisdiction over the Defendant for the purposes of recognition and enforcement of the PRC Judgment ("Issue 1").

(b) Whether the Plaintiff's claim satisfied the requirement that only foreign judgments for a definite sum of money are enforceable ("Issue 2").

Analysis of Issue 1

Preliminary considerations

20. It is widely accepted that in deciding the issue of international jurisdiction, the common law is generally not concerned with how the foreign court had assumed jurisdiction over the party under its own laws[see Buchanan v. Ruck er (1808) 9 East 192 at 194; 103 ER 456 at 457]. Instead, as stated by Prof Yeo in Yeo (at para 75.170): The principal question is whether the foreign court had jurisdiction over the party sought to be bound, in the private international law sense according to the law of the forum, such that the court of the forum will recognise an obligation on the party to obey the foreign judgment. Therefore, whether the PRC Court had international jurisdiction over the Defendant was to be determined by Singapore private international law.

21. In general, Dicey, Morris & Collins at para 14R-054 ("Rule 43") [see above at (13)] sets out four situations where a foreign court can be said to have

international jurisdiction over a party such that a judgment in personam issued by that court may be recognised and enforced in the Singapore courts. Counsel for the Plaintiff, Ms Rebecca Chew ("Ms Chew") relied on two of these situations: (a) the Defendant had voluntarily submitted to the PRC Court at the relevant time (the first situation in Rule 43); and (b) the Defendant was present in the PRC at the material time (the third situation in Rule 43). Ms Chew then made two further submissions in the alternative. The first was that Shanghai Yates was the Defendant's privy for the purposes of submission to the PRC Court or presence in the PRC and, secondly, that the "real and substantial connection" approach adopted by the Canadian Supreme Court in Beals v. Saldanha [2003] 3 SCR 416 should be applied in Singapore, the PRC having a real and substantial connection to the dispute between the parties.

22. Ms Chew also submitted, rightly, that if I were to find for the Plaintiff on just one of the above mentioned grounds that would be sufficient to establish that the PRC Court had international jurisdiction over the Defendant. Counsel for the Defendant, Mr Francis Goh ("Mr Goh"), agreed with this submission and accordingly resisted each ground. Voluntary submission to the PRC Court.

23. The case for finding that a foreign court has international jurisdiction over the defendant based on voluntary submission, as explained in Dicey, Morris & Collins (at para 14-069), "rests on the simple and universally admitted principle that a litigant who has voluntarily submitted himself to the jurisdiction of a court by appearing before it cannot afterwards dispute its jurisdiction". The question then is: what constitutes voluntary submission to the foreign court for the purpose of international jurisdiction?

24. In WSG Nimbus Pte Ltd. v. Board of Control for Crick et in Sri Lank a [2002] 1 SLR(R) 1088 at [54], Lee Seiu Kin JC held that what must be considered is whether the party "had taken a step in the proceedings which necessarily involved waiving their objection to the jurisdiction". The learned

authors in Jonathan Hill and Adeline Chong, International Commercial Disputes: Commercial Conflict of Laws in English Courts (Hart Publishing, 2010) ("Hill & Chong"), further elaborate on what constitutes taking "a step in the proceedings" (at para 12. 2. 5): A defendant is to be regarded as having submitted to the jurisdiction of the original court if he voluntarily appears in the proceedings to defend the claim on the merits, if he counterclaims in those proceedings or if he agrees to submit to the jurisdiction of the court (for example, in a contractual jurisdiction clause). Contesting the jurisdiction and the merits of the case in the alternative also amounts to submission. In a situation where the original court rejects the defendant's challenge of its jurisdiction and the defendant proceeds to fight the case on the merits (without reserving the position on jurisdiction), the defendant must be regarded as having submitted.

25. Consistent with the general principle that whether a foreign court has international jurisdiction depends on the private international law rules of the forum and not the law of the foreign court, whether a party has voluntarily submitted to the foreign court is a question for Singapore private international law rules. This was stated unequivocally in the recent United Kingdom Supreme Court decision of Rubin and another v. Eurofinance SA and others [2013] 1 AC 236, where Lord Collins of Mapesbury observed (at 161) thus: The characterisation of whether there has been a submission for the purposes of the enforcement of foreign judgments in England depends on English law. The court will not simply consider whether the steps taken abroad would have amounted to a submission in English proceedings. The international context requires a broader approach. Nor does it follow from the fact that the foreign court would have regarded steps taken in the foreign proceedings as a submission that the English court will so regard them. Conversely, it does not necessarily follow that because the foreign court would not regard the steps as a submission that they will not be so regarded by the English court as a submission for the purposes of the

enforcement of a judgment of the foreign court. The question whether there has been a submission is to be inferred from all the facts.

26. Importantly, Lord Collins qualifies the oft-cited proposition found in Adams and others v. Cape Industries Plc and another [1990] Ch 433 ("Adams v. Cape") (per Scott J at 461) that the fact that the foreign court considers there to have been a submission is a necessary, but not a sufficient, condition for the foreign court to have international jurisdiction. Instead, Lord Collins preferred the more nuanced approach taken in deciding whether there was submission for the purposes of international jurisdiction, and further reinforced this view by citing with approval the view of Thomas J. in Ak ai Pty Ltd. v. People's Insurance Co. Ltd. [1998] 1 Lloyd's Rep 90 at 97: The Court must consider the matter objectively; it must have regard to the general framework of its own procedural rules, but also to the domestic law of the Court where the steps were taken. This is because the significance of those steps can only be understood by reference to that law. If a step taken by a person in a foreign jurisdiction, such as making a counterclaim, might well be regarded by English law as amounting to a submission to the jurisdiction, but would not be regarded by that foreign Court as a submission to its jurisdiction, an English Court will take into account the position under foreign law ...

27. This was also the approach Ms Chew suggested I take in deciding the matter, and I agreed. On that basis, Ms Chew submitted to the court that it was clear that the Defendant by entering a defence had submitted to the jurisdiction of the PRC Court in the 2005 Proceedings. It was apparent to me that no other conclusion could be drawn, and Mr Goh rightly accepted this to be the case as well. As mentioned above, however, the 2005 Proceedings were discontinued in 2007 for the purposes of out-of court negotiations, and later re-commenced as a fresh set of proceedings (viz, the 2008 Proceedings). The Defendant then ignored the 2008 Proceedings without even appearing in the PRC Court to raise a

jurisdictional objection. Ms Chew submitted that the Defendant had nevertheless submitted to the PRC Court in relation to the 2008 Proceedings.

28. The submissions by both parties necessitated a careful analysis of a number of issues:

(a) first, what was the basis for the PRC Court's jurisdiction over the proceedings brought by the Plaintiff;

(b) secondly, whether the 2005 Proceedings and the 2008 Proceedings can be seen as one unit of litigation or a contiguous whole; and

(c) thirdly, whether consent to the jurisdiction of the PRC Court in the 2005 Proceedings should be imputed to the Defendant in the 2008 Proceedings.

I will deal with each of these issues in turn. The basis for the PRC Court's jurisdiction over the proceedings brought by the Plaintiff.

29. This was obviously a question relating to PRC civil procedure and jurisdiction rules, and required the aid of PRC legal experts. A joint expert report for this purpose was filed by Mr Tang Linfeng ("Mr Tang"), the expert witness on behalf of the Plaintiff, and Mr Hua Yin ("Mr Hua"), the expert witness on behalf of the Defendant. Both PRC legal experts were also cross-examined in court via the "hot-tubbing" procedure.

30. Significantly, Mr Tang and Mr Hua (especially after cross-examination) did not give vastly different legal opinions. Both experts agreed that the 2005 Proceedings and the 2008 Proceedings were technically different proceedings with different case numbers. Mr Tang, however, sought to downplay the significance of this.

31. Mr Tang opined that given the submission by the Defendant to the jurisdiction of the PRC Court in the 2005 Proceedings, its subsequent failure to object to the jurisdiction of the same court in respect of the same claim after having been served with the relevant court documents amounted to an acceptance of the PRC Court's jurisdiction. Unsurprisingly, Mr Hua did not agree. Mr Hua

took the position that under Art 243 of the Civil Procedure Law of the People's Republic of China (2007) ("CPL 2007") ("Art 243"), there were two conditions which had to be fulfilled before a party is deemed to have accepted the jurisdiction of a PRC Court, viz, that (a) the party does not raise an objection to the court's jurisdiction; and (b) a defence is filed with the court. Art 243 states that: If in a civil action in respect of a case involving foreign element, the defendant raises no objection to the jurisdiction of a people's court and responds to the action by making his defence, he shall be deemed to have accepted that this people's court has jurisdiction over the case.

32. Mr Hua gave further evidence that it was incumbent on a defendant to raise his objection to the adjudicating court in the PRC if it took issue with the jurisdiction of that court, but reiterated that no defence was filed in the 2008 Proceedings by the Defendant. On a plain reading of Art 243, it appeared to me that Mr Hua's evidence on this matter was more persuasive on the issue of whether the Defendant had accepted the jurisdiction of the PRC Court. That was, however, not the end of the matter.

33. Mr Tang gave further evidence that the PRC Court in both the 2005 Proceedings and the 2008 Proceedings would have taken jurisdiction over the matter under Art 241 of the CPL 2007 ("Art 241") and would not have had to refer to Art 243 at all. Art 241 states that: In the case of an action concerning a contract dispute or other disputes over property rights and interests, brought against a defendant who has no domicile within the territory of the People's Republic of China, if the contract is signed or performed within the territory of the People's Republic of China, or if the object of the action is located within the territory of the People's Republic of China, or if the defendant has distrainable property within the territory of the People's Republic of China, or if the defendant has its representative office within the territory of the People's Republic of China, the people's court of the place where the contract is signed or performed, or where

the object of the action is, or where the defendant's distrainable property is located, or where the torts are done, or where the defendant's representative office is located, shall have jurisdiction.

34. It was agreed by both parties that the contract had been signed in the PRC, delivered on a cost, insurance and freight basis in Shanghai, and installed at the Plaintiff's premises in Suzhou. Further, it was not disputed that the PRC Court would have jurisdiction over the 2005 Proceedings and the 2008 Proceedings because one of the requirements of Art 241 was satisfied. It was also confirmed by both experts that where the PRC Court had jurisdiction under Art 241, Art 243 would not be applicable. This was because a "case involving foreign element" in Art 243, was taken to mean a case which did not meet any of the requirements under Art 241.

35. The experts also gave evidence that the PRC Court would investigate on its own motion whether they had jurisdiction over any particular matter. This was supported by the fact that the PRC Court issued a Notice of Case Acceptance dated 12 May 2008, which indicated that they would be accepting the case as they had "conducted [their] examination and found [that the case] had met the acceptance conditions stipulated in the 'Civil Procedure Law of the People's Republic of China'", notwithstanding that the Defendant had clearly not filed a defence in the 2008 Proceedings.

36. Therefore, I accepted the evidence by Mr Tang that Art 243 was not actually applicable to either the 2005 Proceedings or the 2008 Proceedings. Whether the Defendant had voluntarily accepted the PRC Court's jurisdiction under PRC law was not relevant to the PRC Court's determination that it had jurisdiction over the proceedings brought by the Plaintiff. It was also clear that the experts were agreed that the PRC Court had properly taken jurisdiction over the 2008 Proceedings under its own laws. Whether the 2005 Proceedings and the 2008 Proceedings can be seen as one unit of litigation or a contiguous whole,

37. Ms Chew submitted that taking an objective assessment of all the facts, including how the PRC Court took jurisdiction over the 2005 Proceedings and the 2008 Proceedings, the Defendant's failure to appear in the 2008 Proceedings must be viewed in conjunction with its voluntary submission to the 2005 Proceedings. Ms Chew took the position that although the 2005 Proceedings and 2008 Proceedings were technically two separate proceedings, for the purposes of submission to jurisdiction they had to be viewed as a contiguous whole. This would mean that the submission by the Defendant to the PRC Court in the 2005 Proceedings would constitute submission in the 2008 Proceedings as well. The heart of this argument was that the 2005 Proceedings and the 2008 Proceedings were separate proceedings only as the result of a mere technicality; the Defendant had conducted itself in such a way that it had clearly consented to the jurisdiction of the PRC Court, and allowing the Defendant to deny its payment obligations under the PRC Judgment would go against any reasonable conception of fairness.

38. Mr Goh, on the other hand, maintained that the 2005 Proceedings and the 2008 Proceedings were separate proceedings that could not be viewed as "one unit of litigation" or treated as a contiguous whole. If I agreed with Mr Goh on this point, then Ms Chew's submission would not get off the ground.

39. In support of his objection, Mr Goh relied on the seminal English case on international jurisdiction of Adams v. Cape. Adams v. Cape involved a situation where Cape and Capasco, both English companies, presided over a group of subsidiaries engaged in the mining of asbestos in South Africa and the marketing of the mined asbestos. The mined asbestos was sold for use in a factory in Texas where its employees later suffered personal injury from exposure to asbestos dust. In 1974, 462 workers commenced proceedings against a number of companies, including Cape and Capasco, in Tyler, Texas ("the Tyler 1 Action"). Cape and Capasco protested the jurisdiction of the Tyler court. Those proceedings were eventually settled after the parties entered into a consent order

where the workers were paid a sum of money by the defendants. Subsequently, another 206 workers instituted legal proceedings in the same court against the same defendants ("the Tyler 2 Action"). This time, Cape and Capasco chose to ignore the proceedings; they had by then removed their assets from the jurisdiction. The plaintiffs in the Tyler 2 Action, as a result, obtained default judgment against Cape and Capasco and sought its enforcement in England.

40. Before the English court, the plaintiffs sought to argue that the Tyler 1 Action and the Tyler 2 Action involved the same defendants and the same subject matter, and should be viewed as "one unit of litigation", despite there being different plaintiffs in both actions. The purpose of this was so that the submission to the Tyler court by Cape and Capasco in the Tyler 1 Action could constitute submission to the Tyler court in the Tyler 2 Action. Scott J rejected this argument, and held (at 462~463) that: ... the "one unit of litigation" theory, when used to translate a submission to the jurisdiction in Tyler 1 into a submission to the jurisdiction in Tyler 2, ignores the essential basis of English law concerning submissions to the jurisdiction. Where steps taken in proceedings are being examined in the context of an alleged submission to the jurisdiction, what is being sought is evidence of consent on the part of the defendant to the exercise by the court of jurisdiction over him. Until the settlement negotiations in September 1977 the jurisdiction objection which Cape and Capasco had taken was being maintained. I have already expressed the view that the pre-settlement procedural steps taken by Cape and Capasco in Tyler 1 could not, in the context of the federal procedure applicable in the Tyler court, be regarded as a waiver of the jurisdiction objection. But even if that is wrong, those steps could not possibly be regarded as evidencing Cape's and Capasco's consent to jurisdiction being exercised over them in future actions not yet started. Nor could Cape's participation in the application to Tyler 1 for a consent order, under which the existing actions against Cape were to be dismissed "with prejudice", be regarded

as evidencing that consent. Any other conclusion would, in my view, be grossly unfair to Cape and would divorce a submission to the jurisdiction from the bedrock of consent that ought to underlie it. Accordingly, in my judgment, there was no submission to the jurisdiction by Cape or Capasco in the Tyler 2 actions.

41. The reasoning of the judge is of particular import. First, Scott J. focused on the lack of consent to the jurisdiction of the Tyler court by Cape and Capasco even in the Tyler 1 Action. Cape and Capasco had consistently objected to the jurisdiction of the Tyler court. It was only for the purposes of recording a consent order that Cape and Capasco entered an appearance in the Tyler 1 Action. Secondly, by extension, this meant that Cape and Capasco could not be taken to consent to the jurisdiction of the Tyler court in relation to any future proceedings which were not yet started regardless of the similarity of such proceedings with the Tyler 1 Action. Thirdly, the judge found that it would be "grossly unfair" to Cape and Capasco if consent to the jurisdiction of the Tyler court in the Tyler 2 Action was imputed to them merely because they were parties to a consent order in the Tyler 1 Action while maintaining their objection to the jurisdiction of the Tyler court at all times. Therefore, Scott J. dismissed the "one unit of litigation" argument essentially because he found that Cape and Capasco had never properly consented to the jurisdiction of the Tyler court even in the earlier proceedings.

42. Such was not the case before me. The subsequent proceedings did not just involve the same claims and the same defendants; even the plaintiffs were identical. Leaving aside the indistinguishability between the 2005 Proceedings and the 2008 Proceedings, the Defendant by filing its defence had unequivocally consented to the jurisdiction of the PRC Court in the 2005 Proceedings. Therefore, if the Defendant's acceptance of the jurisdiction of the PRC Court in the 2005 Proceedings was indeed imputed to it in relation to the 2008 Proceedings, it would not "divorce a submission to the jurisdiction from the bedrock of consent that ought to underlie it" as would have been the case in

Adams v. Cape.

43. Therefore, I could not agree with Mr Goh on this issue. There was an earlier consent by the Defendant to the jurisdiction of the PRC Court such that it was possible for such consent to be imputed to the Defendant in respect of the later proceedings (ie, that the two sets of the proceedings could be seen as one unit of litigation or a contiguous whole). Whether such consent should be imputed, however, is a separate issue, and it is to this issue which I now turn. Whether consent to the jurisdiction of the PRC Court in the 2005 Proceedings should be imputed to the Defendant in the 2008 Proceedings.

44. Submitting in favour of an affirmative answer to the question, Ms Chew cited the English Court of Appeal decision in Murthy and another v. Sivajothi and others [1999] 1 WLR 467 ("Murthy"). In Murthy, the plaintiffs who were resident in Florida were induced by the first defendant to transfer large sums of money to him purportedly for the purpose of establishing a trust fund for the plaintiffs' children. The plaintiffs also agreed to convey two properties to the first defendant for use as collateral on a loan to finance the first defendant's alleged business venture. The first defendant then mortgaged the properties to a third party who later brought proceedings in Florida for foreclosure against the plaintiffs, the first defendant and the first defendant's company. The parties to the proceedings then entered into a stipulation for settlement agreement, which was a document drawn up to settle or stay the foreclosure proceedings. The plaintiffs subsequently advanced in the same proceedings, claims to set aside the stipulation for settlement agreement, and cross-claims against the first defendant for having fraudulently deprived the plaintiffs of their properties and moneys. The plaintiffs obtained judgment in default against the first defendant in respect of those cross-claims, and then sought to enforce the judgment in England. The first defendant argued in England that when he submitted to the jurisdiction of the Florida court, it was only in relation to the mortgagee's foreclosure action and

not to the cross-claims made by the plaintiffs against him.

45. Disagreeing with the first defendant, Evans LJ (at 476E) held that: ... when a person submits to the jurisdiction of a foreign court in respect of a claim made against him by the plaintiff or claimant in those proceedings, then he can also be taken to have submitted to its jurisdiction in respect of, first, claims concerning the same subject matter and, secondly, related claims in the sense described above. This is provided, of course, that such claims may properly be brought against him under the rules of procedure in the foreign court, either by the original claimant or by others who are parties to the proceedings there at the time when he makes the submission. The other judges agreed with the approach adopted by Evans LJ and concluded that the submission in the foreclosure action could extend to the cross-claims advanced by the plaintiffs against the defendant, since those claims were "related claims". This was so even though the initial claim was by a mortgagee for foreclosure while the cross-claims were based on fraud with respect to both the moneys transferred to the defendant and the two mortgaged properties. Evans LJ further held (at 477D) that: ... Whether a particular claim should be regarded as related in this sense must always be a question of fact and degree. It may not be enough that its joinder is permitted by the rules of procedure in the foreign court, and, as stated above, I am willing to accept [the defendant's] submission that the English court's rules should not be unfair to the defendant. But I do not see that it can possibly be unfair to the defendant to hold that claims which resulted in the judgment, which the plaintiffs now seek to enforce against him, were related to the claims made against him by [the mortgagee] and in respect of which he accepted the jurisdiction of the Florida court.

46. Ms Chew also sought to rely on two later cases that applied Murthy, viz, the English Court of Appeal case of Lawrence Robert Whyte v. Marsha Whyte [2005] EWCA Civ. 858 ("Whyte") and the English High Court case of Joint

Stock Company "Aeroflot—Russian Airlines" v. Boris Abramovich Berezovsk y and another [2012] EWHC 3017 (Ch) ("Aeroflot"). In Whyte, the wife submitted to the jurisdiction of the Texas Court in relation to divorce proceedings which resulted in a custody order providing that her daughter should reside in Texas. In breach of this order, the wife abducted her daughter to Russia. The girl was subsequently recovered by the husband. In Texas, the husband had the option of taking up an application based on the custody order for costs and expenses of recovering his daughter, but chose instead to institute an originating petition under Chapter 42 of the Texas Family Code seeking costs of recovery of the daughter, damages for pain and suffering, and punitive damages. He obtained default judgment against the wife and subsequently sought to enforce the judgment in England. The wife argued that she did not submit to the proceedings brought under the Chapter 42 originating petition, and so the requirement of international jurisdiction was not satisfied. Buxton LJ held (at [8]) that an action relating to the breach of the custody order was actually part of the original subject matter, and that it would be "quite impossible to say that the mother did not submit to [the Texas court which applied the Texas Family Code] when she submitted to the divorce decree that it enforces". Thorpe LJ added further (at [12]), that: ... The objection to jurisdiction seems to me to depend on the purely technical point that the father elected to seek the redress to which he was clearly entitled by originating petition under chapter 42 rather than by an application in the divorce proceedings. Had he obtained an order for the reimbursement of his costs and expenses under clause 20 of the consent order the mother would clearly have no ground on which to contest jurisdiction. He might have limited his order under chapter 42 to the reimbursement of the same costs and expenses. That only illustrates how unrealistic it would be to find a submission to the jurisdiction in the first instance but not in the second.

47. In Aeroflot, Justice Floyd held that based on the principle in Murthy, it

was "realistically arguable" that a judgment obtained in Russia against the defendant to uplift or index the amount of damages awarded under an earlier Russian judgment to account for inflation could be a related claim. Therefore, the defendant in submitting to the jurisdiction of the Russian court for the earlier claim could be taken to have submitted to the later indexation proceedings.

48. Underlying all three of these cases is the principle that the courts are willing to recognise, for the purposes of international jurisdiction, that a party's consent to the jurisdiction of a foreign court in relation to certain claims may be imputed to further claims in some circumstances. Prof Briggs in a case commentary on Murthy in Adrian Briggs, "B: Private International Law" (1998) 69 BYIL 332 at 352, suggested that "the effect of a submission in Murthy was that it amounted to an inchoate submission to other claims, reasonably closely related to that one commenced by the writ". Such "inchoate submission"—as seen in Whyte and Aeroflot—is also possible in relation to claims which are brought pursuant to subsequent and separate proceedings in respect of the same parties, rather than just to claims which are part of the same proceedings.

49. The question then is when consent will be imputed or "inchoate submission" be said to arise. Murthy provided two factual reference points for consent to be so imputed: where the subsequent claim concerns the same subject matter; and where the subsequent claim is related to the original claim. Which subsequent claims will fall under these categories is then a matter of degree based on the circumstances. The courts in making this assessment seemed to be informed by concerns of fairness to both the plaintiff and the defendant, and also a desire to disregard technical impediments created by procedural rules under both foreign and forum law. With respect, I agree with such an approach.

50. In my view, the present case was one that warranted a finding of inchoate submission by the Defendant to the 2008 Proceedings. The Defendant had consented to the jurisdiction of the PRC Court in the 2005 Proceedings. There

was then a break in the proceedings due to the Plaintiff's attempt to resolve the matter out-of-court. Mr Tan Chian Huat, a director of the Defendant at the material time, gave evidence that he was relieved at this development; he was thankful that the case was withdrawn because he believed that the Plaintiff would have succeeded in its claim in the PRC Court. When the proceedings were restarted in 2008 by the same plaintiff against the same defendant for the same claim in the same court, the later proceedings were separate from the 2005 Proceedings only because of a technicality. The Defendant then sought to exploit this procedural technicality by ignoring the 2008 Proceedings based on legal advice that any judgment awarded in such circumstances would not be enforceable in Singapore. To bring home the point, if the 2005 Proceedings were stayed rather than withdrawn, there would have been no dispute at all that the Defendant had accepted the jurisdiction of the PRC Court.

51. I found that although the facts of the present case were different from Murthy, Whyte, and Aeroflot—the subsequent proceedings were exactly the same as the earlier proceedings, and the earlier proceedings did not finally dispose of the parties' rights—this was one instance where consent to the jurisdiction of the PRC Court by the Defendant should properly be imputed. To my mind, there was no unfairness to the Defendant in imputing such consent. Per contra, there would be unfairness to the Plaintiff were the Defendant allowed to take advantage of abortive out-of-court negotiations to escape liability for its wrongdoing.

52. Therefore, I found that the Defendant had voluntarily submitted to the jurisdiction of the PRC Court in the 2008 Proceedings and, accordingly, the PRC Judgment was a judgment of a court that had international jurisdiction for the purposes of recognition and enforcement.

Conclusion on Issue 1

53. Since international jurisdiction may be established on alternative grounds

and having found that the Defendant had voluntarily submitted to the jurisdiction of the PRC Court for the purposes of recognition and enforcement of the PRC Judgment, I did not consider further the other grounds for international jurisdiction raised by the Plaintiff.

54. At this juncture, the Plaintiff had satisfied all the necessary requirements for the PRC Judgment to be recognised in Singapore. The only question then was whether this PRC Judgment should be enforced in Singapore. This question is the subject of the analysis of Issue 2 below.

Analysis of Issue 2

55. Mr Goh submitted that the "law is clear that an enforceable foreign judgment must be a pure moneyjudgment". He pointed out that the PRC Judgment was for the rescission of the Contract and consisted in the main of two obligations: the return of the generator sets by the Plaintiff and the refund of the purchase price by the Defendant. He maintained that the two obligations flowed from the rescission of the Contract and "[could not] be separated", with the result that the PRC Judgment was not a judgment for a definite sum of money and was unenforceable in Singapore.

56. In support of his submission, Mr Goh relied on the Court of Appeal's decision in Poh Soon Kiat v. Desert Palace Inc. (trading as Caesars Palace) [2010] 1 SLR 1129 ("Poh Soon Kiat"). That case concerned the recovery of a foreign gambling debt owed by the defendant to the plaintiff. Summary judgment was sought by the plaintiff in Singapore based on a foreign judgment obtained in the Superior Court of the State of California for the County of Santa Clara which set aside a fraudulent transfer of the defendant's interest in a particular property while ordering that the property be sold and the proceeds applied to satisfy judgment debts arising from an earlier judgment of the same Californian court for the gambling debts owed. The Court of Appeal allowed the defendant's appeal on a number of grounds, in particular that the Californian judgment sought to be

enforced in Singapore was not for a definite sum of money but was for the setting aside of a fraudulent transfer of property instead.

57. Ms Chew did not seek to challenge the requirement that only foreign judgments for a definite sum of money are enforceable as applied in Poh Soon Kiat and, understandably so, as this court is bound by that decision in any case. Instead, Ms Chew disagreed with the Defendant's characterisation of the PRC Judgment. She submitted that the judgment merely entailed two separate obligations which the parties had to satisfy and that the Defendant was still liable to pay the Plaintiff the PRC Judgment Sums even though the Defendant was not in possession of the generator sets. Importantly, Ms Chew clarified that the real issue was whether "the Defendant[was] somehow absolved from performance of its obligation to make payment under the PRC Judgment". In that regard, Ms Chew submitted that that could not be the case and that there was "nothing preventing this Court from ordering that the Defendant [perform its obligation to make payment under the PRC Judgment]," the Defendant's obligation to pay the Judgment Sums not being contingent on the Defendant having received the generator sets. Ms Chew maintained that the enforcement action (by way of a debt claim) did not fall foul of the requirement that only judgments for a definite sum of money are enforceable.

58. The submissions by both parties raised the following issues for consideration:

(a) The conceptual basis for the enforcement of foreign judgments in Singapore.

(b) Whether the Defendant's obligation to pay the Plaintiff the PRC Judgment Sums could be enforced, given that the generator sets were still in the Plaintiff's possession.

(c) Whether the Plaintiff's claim was precluded because the PRC Judgment comprised other obligations which were not for a definite sum of money.

The conceptual basis for enforcement of foreign judgments in Singapore

59. A foreign judgment has no direct operation in Singapore and cannot be enforced immediately without more in the Singapore courts by way of execution. This accords with the common law. As explained in Dicey, Morris & Collins at para 14-002, "[t]his follows from the circumstance that the operation of legal systems is, in general, territorially circumscribed". The process by which a foreign judgment is recognised and enforced was explained by Prof Briggs in Adrian Briggs, "Recognition of foreign judgments: a matter of obligation" (2013) 129 LQR 87 ("Briggs") at pp. 88~89 (albeit in the context of recognition and enforcement of foreign judgments in England): ... A successful litigant with a foreign judgment in his favour cannot enforce that judgment in England. No measures of execution may be taken on the strength of it. The claimant must instead bring original proceedings before the English court, in order to obtain, speedily or eventually, an original English judgment, which alone is the judgment which can be enforced. The nature of these English proceedings will depend on the nature of the anterior foreign judgment. If the foreign judgment took the form of a final order to pay a sum of money, the claimant may sue to recover that sum as a debt due and owing: the issue of a claim form followed by an application for summary judgment will in many cases produce an enforceable English judgment in short order. If the foreign judgment is otherwise, no debt action will lie, with the result that the claimant must fall back and sue on the underlying cause of action. However, if the foreign judgment was entitled to recognition, the usual course of proceedings from issue of process to English judgment will be to use the foreign judgment as a short-cut, allowing and requiring the issue of substance to be treated as res judicata; after which the English court will be able to give judgment. Its order may not be in precisely the same terms as that made by the foreign court, but in most cases, the English order will be close to the one the foreign court made. Either course results in a

judgment of the English court and it is this which is enforceable in England.

60. The present proceedings were instituted on this very basis; the PRC Judgment per se did not afford the Plaintiff any direct rights against the Defendant in Singapore. In that sense, it is indeed a misnomer—as suggested by Prof Briggs in Briggs at p. 87—that the common law is said to allow for the enforcement of foreign judgments. Any judgment enforced in Singapore (under the common law) is ultimately one given by the Singapore courts. The foreign judgment merely "prepare[s] the ground for the making of a local order" (see Briggs at p. 89).

61. Whether a particular foreign judgment is given legal effect in Singapore is then based upon the rules for recognition and enforcement under the common law as established earlier. Importantly, as long as the requirements for recognition and enforcement are met, the validity of the foreign judgment will not be scrutinised. The court will not re-examine the merits of the underlying claim in the foreign judgment {see the English case of Godard v. Gray (1870—71) LR 6 QB 139 and the Straits Settlement Court of Appeal decision in Ralli and another v. Anguilla [1915—23] Xv. SSLR 33; Lawnet neutral citation [1917] SSLR 2}. This is commonly attributed to the theory that where a judgment is issued by a court of competent jurisdiction over the parties, that judgment creates an obligation on the parties to abide by it which the courts of other countries ought to recognise and enforce (see generally: Dicey, Morris &. Collins at paras 14-007 and 14-008; The Conflict of Laws at p. 136; and Hill &. Chong at paras 12.1.2). Therefore, the Singapore courts in recognising and enforcing a foreign judgment are holding the parties to their obligation to abide by the foreign judgment, and nothing more.

62. Specific to the common law action to enforce a foreign judgment, where that judgment is entitled to recognition, "[t]he action will be commenced by the issue of process in the usual way, claiming the judgment sum as a debt" (Adrian

Briggs and Peter Rees QC, Civil Jurisdiction and Judgments [Informa London, 5th Ed. , 2009) ("Briggs & Rees") at para 7. 70]. This position in law has its roots in the division between law and equity prior to the enactment of the Supreme Court of Judicature Act 1873 (c 66) (UK). A foreign judgment was generally thought to be enforceable only in a Court of Law—as opposed to a Court of Chancery [but see R. W. White, "Enforcement of Foreign Judgments in Equity" (1980—1982) 9 Sydney L Rev. 630 ("White")]—necessitating that the action be by way of a claim in assumpsit (ie, an action for recovery on a simple contract for definite sums of money).

63. The nature of the enforcement action at common law is put down as a reason for the requirement that only foreign judgments for a fixed sum of money may be enforced. Since the proper action for the enforcement of a foreign judgment was an action in assumpsit, it follows that an action for the enforcement of non-money foreign judgments cannot be countenanced (see generally: Dicey, Morris & Collins at para 14-022; Briggs & Rees at para 7.71; The Conflict of Laws at pp 149~150; White; S Pitel, "Enforcement of Foreign Non-Monetary Judgments in Canada (and Beyond)" (2007) 3 JPIL 241; R F Oppong, "Enforcing Foreign Non-Money Judgments: an Examination of Some Recent Developments in Canada and Beyond" (2006) 39 UBC L Rev. 257; K Pham, "Enforcement of Non-Monetary Foreign Judgments in Australia" (2008) 30 Sydney L Rev. 663; and v. Black, "Enforcement of Foreign Non-Money Judgments: Pro Swing v. Elta" (2005) 42 Can Bus LJ 81). This reason has been the subject of criticism that the form of the remedy should not affect substantive rights and that, as described in The Conflict of Laws by Prof Briggs (at p. 149), "[t]he tail may be wagging the dog". Nevertheless, this requirement constituted the basis for one of the grounds of the Court of Appeal's decision in Poh Soon Kiat, and it was neither the occasion nor the place of this court to examine its propriety.

64. Be that as it may, the parties did not dispute that the PRC Judgment Sums were fixed and ascertained sums of money. The question was whether the PRC Judgment could constitute the basis of such a debt claim.

The nature of the obligations owed by the parties under the PRC Judgment

65. Parties (and in particular the Defendant) did not dispute that the orders made in the PRC Judgment gave rise to an obligation on the part of the Defendant to pay the Plaintiff certain ascertained sums of moneys. The point of contention here was whether the obligation of the Defendant to pay the Plaintiff the PRC Judgment Sums could be enforced given that the generator sets were still in the Plaintiff's possession.

66. As a preliminary point, this issue raised the question as to which law should govern how the obligations owed by parties under a foreign judgment should be characterised for the purposes of enforcement. This was addressed by the Court of Appeal in Poh Soon Kiat which found (at 19) that whether the Californian judgment was a "fresh foreign money judgment" was a matter to be determined according to Californian law. I respectfully agree. The court cited three authorities: Carl Zeiss Stiftung v. Rayner & Keeler Ltd. [1967] 1 AC 853 at 927; Colt Industries Inc v. Sarlie (No. 2) [1966] 1 WLR 1287 at 1293; and Beatty v. Beatty [1924] 1 KB 807 (CA) at 816. I note that the three authorities cited stood for the proposition that the foreign law (and not the lex fori) determines whether a foreign judgment is final and conclusive for the purposes of recognition and enforcement, and did not directly concern the determination of the nature of the obligations owed under the foreign judgment. However, this issue was not raised before me by the parties whom—given the extensive expert evidence led on the matter—I took to accept that PRC law would apply in determining the issue. I therefore proceeded on that basis.

67. In that regard, the parties sought to lead evidence from the PRC legal experts on the interpretation of the PRC Judgment and what the order for the

Plaintiff to return the generator sets to the Defendant entailed. Both the experts were agreed that under PRC law principles of fairness and good faith informed the resolution of this issue. Mr Tang interpreted that to mean that the party who was in breach of the contract would have to bear the expenses of returning the generator sets. The orders made in the PRC Judgment were then scrutinised with that premise in mind.

68. The PRC Judgment ordered that the Defendant was to compensate the Plaintiff for the loss of RMB7,088 in addition to the reimbursement of the purchase price of US$190,000. This RMB7,088 was for the costs incurred by the Plaintiff, after it had taken delivery, in transporting the generator sets from the dock to the Plaintiff's facility for installation. That the Plaintiff was compensated for this was not surprising given that the PRC Court found the Defendant liable for breach of the Contract. The PRC Judgment was, however, silent as to where the generators sets were to be returned to the Defendant. To my mind, the order for the Plaintiff to return the generator sets to the Defendant meant only that the Plaintiff was to make the generator sets available at its premises for collection by the Defendant. Were it otherwise, so that the Plaintiff was obliged to deliver the same to a location of the Defendant's choice, the PRC Court would have made further provision for the Plaintiff to be compensated for such expenses to be incurred. Only then would it be consistent with the PRC Court's order that the Defendant was to compensate the Plaintiff's transportation costs of RMB7,088. Mr Tang agreed with that analysis.

69. Mr Hua, however, disagreed. He was of the view that the PRC Court would not consider such matters until any subsequent claims for expenses incurred in fulfilling its obligations were in fact made by the Plaintiff. Mr Hua opined further that this would be the case even if, for example, the Plaintiff had an obligation to deliver the generator sets from the PRC to Singapore. I found that this was not consistent with the general principle of fairness and good faith

which both experts agreed must inform the Plaintiff's obligation to return the generator sets. It would not be fair if the Plaintiff's obligation under the PRC Judgment entailed that it be put out of pocket until such time that it made a further claim before the PRC Court, not with standing that it was the innocent party.

70. As mentioned earlier [see above at(11)], the Plaintiff was at all times ready and willing for the Defendant to collect the generator sets from them. The Defendant, however, had no such intention to do so. I found that the Plaintiff's obligation being simply to allow collection of the generator sets by the Defendant, it had done all that was required of it under the PRC Judgment. Indeed, that was all that could reasonably be expected of it.

71. To that end, the experts' view that "the obligations set out in the PRC Judgment are to be performed simultaneously" was really beside the point. Whether the Defendant was in possession of the generator sets or not in this case had no bearing on its obligations to pay the Plaintiff the PRC Judgment Sums since it did not make any arrangement to collect the generator sets. It did not lie in the Defendant's mouth to say that it did not have to perform its obligation to pay the Plaintiff the PRC Judgment Sums because it did not collect the generator sets. Whether the Plaintiff's claim was precluded because the PRC Judgment comprised other obligations which were not for a definite sum of money.

72. Since the Defendant owed an obligation to the Plaintiff for the payment of the PRC Judgment Sums, the question was whether this could be enforced here notwithstanding that the PRC Judgment also included the Plaintiff's obligation to return the generator sets to the Defendant, the latter not being an order for payment of a fixed sum of money.

73. Ms Chew's submission in this regard was that a "judgment is enforceable so long as it orders the payment of 'a definite sum of money'", and it was beside the point that the PRC Judgment made further orders which were otherwise. The order for the Defendant to pay the Plaintiff the PRC Judgment Sums constituted

a debt obligation which could found an action for enforcement in Singapore. Mr Goh submitted, on the other hand, that as long as the PRC Judgment contained obligations besides payment of a debt, the Plaintiff would be precluded from bringing a claim under the PRC Judgment.

74. I could not agree with Mr Goh. It is established that an action in assumpsit or debt may be brought against a defendant for costs awarded against him in a foreign judgment so long as the order for costs was final and for a definite and ascertained sum of money (see Dicey, Morris and Collins at para 14-022). Importantly, such an action could be maintained even where the costs order arose from a judgment where the substantive merits did not result in orders for definite sums of moneys. This was the case in Russell v. Smyth (1842) 9 M & W 810 ("Russell v. Smyth"), where an order for costs awarded in a foreign divorce suit was held to be enforceable (at 817):

… The question arises in Scotland, and the decree of the Court of Session creates a duty in the party to pay a debt, and does not give rise to the question of jurisdiction. It is plain that this is not a decree of an ecclesiastical Court, but of a Court of competent jurisdiction awarding costs, and not having the power by its own process of enforcing the payment of them in this country. An action of assumpsit, or debt, therefore, lies for the recovery of them …

75. Consistent with the conceptual basis for the enforcement of foreign judgments explained earlier, the order for the defendant to pay costs of the divorce proceedings in Russell v. Smyth constituted an obligation to pay a debt which could establish an action in assumpit or debt in England. A fortiori, where a foreign court makes an order for payment of a definite sum of money (other than for costs) amongst other orders, the order for payment of a definite sum of money should be capable of founding an action in debt.

76. It followed that in the present case, the PRC Judgment ordering that the Defendant pay the Plaintiff the PRC Judgment Sums was capable of founding the

Plaintiff's debt claim in Singapore.

77. As an aside, I should add that Ms Chew also sought to rely on the doctrine that objectionable parts of a foreign judgment could be severed from the rest of the judgment such that the unobjectionable parts of the judgment may be enforced. In support of her submission, Ms Chew cited Yeo at para 75.168: A foreign judgment that is objectionable in part may be severed and the unobjectionable parts enforced, if the unobjectionable part could be clearly identified and separated from the objectionable part …

78. At first blush, Prof Yeo would seem to suggest that Ms Chew's submission had some merit. However, this warranted further consideration. The basis behind Prof Yeo's statement was the case of Raulin v. Fischer [1911] 2 KB 93 which was also relied upon by Ms Chew. As pointed out by Mr Goh, the component of the judgment that was deemed objectionable in Raulin v. Fischer was a penal payment based on a criminal sanction. Since a foreign penal law was unenforceable under private international law (see the English cases of Huntington v. Attrill [1893] AC 150 and United States of America v. Inkley [1989] QB 255), the English court severed that part of the judgment and enforced only the non-penal component of the foreign judgment. Ms Chew also relied upon the English Court of Appeal decision in Lewis v. Eliades and others [2004] 1 WLR 692 ("Lewis v. Eliades"). In Lewis v. Eliades, the claimant obtained a judgment in the United States court which he sought to enforce in England. The judgment was for damages for breach of fiduciary duty and fraud, and damages based on statute. For the statutory damages, the claimant was entitled to treble damages, which were not enforceable in the English courts by reason of s 5 of the Protection of Trading Interests Act 1980 (c 11) (UK). Accordingly, the English court severed the statutory damages from the rest of the judgment and enforced that part of the judgment awarding damages for breach of fiduciary duty and fraud. The orders made in the PRC Judgment, however, were

of a different nature entirely and did not involve the enforcement of foreign penal, revenue or other public laws. In that regard, I did not think it was appropriate to extend the concept of severance to the present case.

Conclusion on Issue 2

79. In the light of my conclusion that the PRC Judgment ordering the return of the generator sets did not require the Plaintiff to transport the same to a location of the Defendant's choice (it being the Defendant's obligation to collect the same), I held that the Defendant's obligation to pay the PRC Judgment Sums was enforceable in Singapore. To be clear, in arriving at this conclusion, I did not have to consider nor place any reliance on the validity or otherwise of the underlying claim in contract sued upon in the PRC Judgment.

Overall conclusion

80. For the foregoing reasons, I found for the Plaintiff, and made the following orders:

(a) The Defendant shall pay the Plaintiff the PRC Judgment Sums as ordered in the PRC Judgment.

(b) The Defendant shall reimburse the Plaintiff the PRC Court Fees ordered under the PRC Judgment.

(c) The Defendant shall pay interest on:

(i) the PRC Judgment Sums; and

(ii) the PRC Court Fees at the rate of 6.56% per annum for the period from 26 April 2011 to 7 August 2013, amounting to US $28,513.53 and RMB3,258.65 respectively.

(d) The Defendant shall pay interest on:

(i) the PRC Judgment Sums; and

(ii) the PRC Court Fees at the rate of 5.33% per annum from 8 August 2013 until date of full payment.

(e) The Defendant shall pay the Plaintiff costs to be taxed unless agreed.

涉外民事诉讼法律实务 ...

案例二：

HUBEI GEZHOUBA SANLIAN INDUSTRIAL CO., LTD. 案

HUBEI GEZHOUBA SANLIAN INDUSTRIAL CO., LTD., a company located in Hubei Province, People's Republic of China and HUBEI PINGHU CRUISE CO., LTD., a company located in Hubei Province, People's Republic of China Plaintiffs, vs. ROBINSON HELICOPTER COMPANY, INC., a California corporation, Defendant.[①]

COUNSEL:

For Hubei Gezhouba Sanlian Industrial Co. Ltd., a company located in Hubei Province, Peoples Republic of China, Hubei Pinghu Cruise Co. Ltd., a company located in Hubei Province, Peoples Republic of China, Plaintiffs: Eva M Weiler, LEAD ATTORNEY, Shook Hardy & Bacon, Irvine, CA; Frank C Rothrock, LEAD ATTORNEY, Shook Hardy & Bacon LLP, Irvine, CA; Kay C Whittaker, Mark Moedritzer, LEAD ATTORNEYS, Shook Hardy & Bacon, Kansas City, MO.

For Robinson Helicopter Company Inc, a California corporation, Defendant: Gary J Lorch, Stephen E Ronk, LEAD ATTORNEYS, Gordon and Rees, Los Angeles, CA; Tim A Goetz, LEAD ATTORNEY, Tim Goetz Law Offices, Torrance, CA.

JUDGES: FLORENCE-MARIE COOPER, United States District Court Judge.

OPINION BY: FLORENCE-MARIE COOPER

[①] 2009 U.S. Dist. LEXIS 62782. July 21, 2009, Decided; July 22, 2009, Filed. SUBSEQUENT HISTORY: Affirmed by Hubei Gezhouba Sanlian Indus., Co. v. Robinson Helicopter Co., 2011 U.S. App. LEXIS 6428 (9th Cir. Cal., Mar. 29, 2011); PRIOR HISTORY: Hubei Gezhouba Sanlian Indus. Co. v. Robinson Helicopter Co., 287 Fed. Appx. 599, 2008 U.S. App. LEXIS 15625 (9th Cir. Cal., 2008).

OPINION:

FINDINGS OF FACT AND CONCLUSIONS OF LAW

The matter came on for trial before the Court, sitting without a jury, on June 2 and 3, 2009. At the conclusion of the presentation of evidence and arguments, and after further post-trial briefing by the parties, the matter was taken under submission.

The Court makes the following findings of fact and reaches the following conclusions of law in support of its verdict in favor of plaintiffs and against defendant in this action.

Findings of Fact

1. Plaintiff Hubei Gezhouba Sanlian Industrial Co., Ltd. ("Sanlian") is a business located at 17 Qingbo Road, Yichang City, Hubei Province, People's Republic of China ("PRC"). Plaintiff Hubei Pinghu Cruise Co., Ltd. ("Pinghu") is a business located at 87 Dongshau Avenue, Yichang City, Hubei Province, PRC.

2. Defendant Robinson Helicopter Company, Inc. ("RHC") is a California corporation with its principal place of business located at 2901 Airport Drive, Torrance, California.

3. Pinghu and the predecessor ("Sanlian Industries") of Sanlian filed an action on March 14, 1995 in the Los Angeles Superior Court entitled China Gezhouba United Indus. Co., et al. v. Robinson Helicopter Co., Inc., et al., case number YC022805 ("California State Action"). The complaint alleged RHC had designed and manufactured a model R-44 helicopter that crashed into the Yangtze River in the PRC on March 22, 1994. The complaint in the California State Action alleged damages from the crash against RHC based on theories of negligence, strict liability, and breach of implied warranty.

4. RHC moved to stay or dismiss the California State Action on the ground of forum non conveniens. Insupport of its motion, RHC argued the PRC was a more suitable and convenient forum for the litigation, that the PRC has an inde-

pendent judiciary, that the Chinese legal system follows due process of law, and that a Chinese court would exercise jurisdiction over the case. RHC agreed to submit to the jurisdiction of the appropriate court in China, toll the statute of limitations during the pendency of the California State Action, and to abide by any final judgment rendered in China. The motion was granted and the California State Action was stayed.

5. On January 14, 2001, Sanlian and Pinghu filed an action against RHC in the Higher People's Court of Hubei Province ("Higher Court") in the PRC, Hubei Gezhouba Sanlian Indus. Co., Ltd., et al. v. Robinson Helicopter Co., Inc., Case No. (2001) E-Min-Si-Chu-1 ("PRC Action"), in which they sought damages against RHC based on the March 22, 1994 crash of the R-44 helicopter into the Yangtze River.

6. On February 17, 2004, RHC was served with a Summons, Statement of Complaint, Notification of Appearance, and related papers in the PRC Action (Exs. 3A, 3C, 3E, 3K, 3M, 3O), which notified RHC of a trial or hearing set for 9:00 a.m. on March 25, 2004, before the Higher Court. Service and notice of the PRC Action is demonstrated by the following facts:

a. On February 17, 2004, a process server left these documents with RHC's receptionist at the front desk of its facility in Torrance, California. This was done after speaking to Elizabeth Rougeau, an employee of RHC and administrative assistant to Tim Goetz, RHC's General Counsel and Chief Financial Officer.

b. Ms. Rougeau explained that the process server could leave documents with the receptionist if he wanted to.

c. The documents were placed in Mr. Goetz's in-box at the front desk. They were collected by Ms. Rougeau and she took possession of them the same day (February 17, 2004). She then put them on Mr. Goetz's desk.

d. Mr. Goetz saw the English-language documents (Exs. 3A, 3C, 3E, 3K, 3M, and 3O) after they had been placed on his desk, and he was aware in

February of 2004 of the PRC Action and the trial or hearing in the PRC Action set for March 25, 2004. Mr. Goetz sent copies of the documents he received to some attorneys in Hong Kong. He discussed the documents with those attorneys. Mr. Goetz also sent the documents to RHC's Chinese dealer, and they told Mr. Goetz they would send a representative to the trial or hearing. The representative was barred from the hearing because she was not a party.

e. The process server, through the United States Department of Justice's Office of International Judicial Assistance, completed and returned to the Higher Court the Certificate (Ex. 19-5) showing compliance with Article 5(a) of the Hague Convention on the Service Abroad of Judicial and Extrajudicial Documents in Civil or Commercial Matters ("Hague Convention"), April 24, 1967, 20 U. S. T. 361, T. I. A. S. No. 6638.

f. Both the United States and China are signatories to the Hague Convention.

7. The Higher Court held a trial on March 25, 2004. RHC did not appear in the PRC Action and it failed to take any other steps to participate in it or to request a continuance of the trial. At the trial, a three-judge panel considered extensive evidence submitted by the plaintiffs as well as evidence collected by the Higher Court itself. On December 10, 2004, the Higher Court issued its judgment ("PRC Judgment") in favor of Sanlian and Pinghu and against RHC. The relevant portions of the PRC judgment, which is 36 pages long, provide as follows:

a. Sanlian is the transferee of the substantive and procedural rights of Sanlian Industries, which purchased the R-44 helicopter that crashed into the Yangtze River on March 22, 1994. Sanlian acquired its rights in this matter through a capital transfer from Sanlian Industries, under which it acquired all substantive and procedural rights concerning the subject matter of the claims in the PRC Action. Pinghu was the owner of the tourist boat, the "excursion steamer 'Pinghu 2000'", from which the R-44 helicopter was operating on March

22, 1994.

b. On the afternoon of March 22, 1994, the R-44 helicopter took off from the Pinghu 2000 with three passengers. Six minutes later, it crashed into the Yangtze River. The three passengers died. The crash was the result of defects in the production of the R-44 helicopter.

c. The Higher Court has jurisdiction and the case is not barred by the statute of limitations.

d. RHC was served with legal documents on February 17, 2004 in the PRC Action, including a "summons of court session", as prescribed in the Hague Convention. RHC refused to appear in court at the trial held on March 25, 2004.

e. Sanlian was awarded damages against RHC in the amount of $ 261,000 (U.S.) with interest from March 23, 1993 (later corrected to the day after the accident, see infra) "according to interest rates of loans for U.S. dollars of the corresponding period of the People's Bank of China". Sanlian was also awarded damages for economic losses in the additional amount of $ 628,463.56, with interest to be calculated from the day after the accident according to interest rates of loans for U.S. dollars of the corresponding period of the People's Bank of China. RHC was also ordered to compensate Sanlian within 15 days of the effective date of the PRC judgment for attorney's fees in the sum of $ 37,000 (U.S.).

f. Pinghu was awarded damages against RHC for economic losses in the amount of RMB 15,083,100 Yuan with interest from September 26, 1994 (the date Pinghu was ordered by the PRC government to suspend its business operations as a result of the crash) to be calculated according to interest rates for loans for RMB of the corresponding period by the People's Bank of China. The award of economic losses to Pinghu was for the period from September 26, 1994 through December 31, 1995. The PRC Judgment denied Pinghu's request for economic losses for the years 1996 and 1997. It also denied Pinghu's request for attorney's fees and punitive damages against RHC.

8. RHC did not challenge personal jurisdiction or the adequacy of service of process. RHC did not appeal from the PRC judgment.

9. On April 20, 2005, RHC was served with Chinese and English translations of the PRC Judgment. On May 11, 2005, Mr. Goetz wrote to the Chinese Ministry of Justice objecting to the PRC Judgment (Ex. 16), but he filed no appeal. Mr. Goetz also did not request an extension of time in which to file an appeal.

10. On March 16, 2006, the Higher Court issued a Civil Order correcting the date on which interest should run on the PRC Judgment awarded Sanlian, from March 23, 1993 to March 23, 1994, noting (in the certified English translation of the order) "there exists a slip of the pen which should be rectified".

11. On March 24, 2006, Sanlian and Pinghu filed their complaint in this action seeking to enforce the PRC Judgment against RHC pursuant to the Uniform Foreign Money-Judgments Recognition Act ("UFMJRA"), codified at former California Code of Civil Procedure 1sections 1713-1713. 8. 1 Effective January 1, 2008, California's UFMJRA statute, § 1713 et seq., was repealed and replaced with a new version, the Uniform Foreign-Country Money-Judgments Recognition Act, § 1724 et seq. The former UFMJRA applies to all actions commenced prior to January 1, 2008. The former UFMJRA, therefore, applies to the instant case, and all references in this order to the UFMJRA refer to the former statute, § 1713 et seq.

12. On March 22, 2007, this Court granted Summary Judgment in favor of defendant on the grounds that the statute of limitations had expired before the Chinese lawsuit was filed.

13. On July 22, 2008, the United States Court of Appeals for the Ninth Circuit issued its memorandum decision in this case. It ruled Sanlian and Pinghu's action against RHC in the PRC was not barred by the statute of limitations. It

held RHC's agreement to toll the statute of limitations as a condition to the forum non conveniens stay of the California State Action remained in place, and "there was no basis for finding that enforcement of the PRC Judgment would violate California's public policy against stale claims".

Conclusions of Law

1. The Court has jurisdiction over this matter pursuant to 28 U.S.C. § 1332 (a)(2). Venue is proper pursuant to 28 U.S.C. § 1391(a)(1).

Service of process:

2. When service of process is effectuated using the procedures outlined in articles 2 through 6 of the Hague Convention, the Central Authority of the state addressed shall serve the documents "by a method prescribed by its internal law for the service of documents in domestic actions upon persons who are within its territory". Hague Convention art. 5(a).

3. Service of process in this case was sufficient to satisfy Federal Rule of Civil Procedure 4(d)(3) as interpreted in Direct Mail Specialists, Inc. v. Eclat Computerized Tech., 840 F. 2nd 685, 688 (9th Cir. 1988).

a. As with the receptionist in Direct Mail, Ms. Rougeau was so integrated into the organization of RHC "as to render it fair, reasonable, and just to imply the authority on [her] part to receive service".

b. Actual receipt of the documents by Mr. Goetz is also a factor showing proper service of process under Direct Mail. He sent the documents to attorneys in Hong Kong, discussed the documents with those attorneys, and attempted to send a representative to the hearing.

4. By returning the completed Certificate, the United States Central Authority attested that service had been made according to the laws of the United States and in compliance with article 5(a) of the Hague Convention.

5. Under the Hague Convention, the completed Certificate is prima facie evidence that service was in compliance with the Convention. Northrup King v.

Compania Productora Semillas Algodoneras Selectas, 51 F. 3rd 1383, 1389 (8th Cir. 1995). The presumption of compliance is rebuttable.

6. RHC had actual notice of the PRC Action, and could have challenged service of process in the PRC Action by presenting evidence to rebut the Certificate in the PRC Court. It did not do so.

7. The Hague Convention contains no provisions relating to the validity of service of process. It only provides mechanisms and procedures by which a requesting authority may effect service abroad and receive certification that such service was effected according to the laws of the state addressed.

8. The PRC Court reasonably did not inquire further into the validity of service on RHC. Even if RHC had challenged the service, the PRC Court would have been justified in upholding the validity of the Certificate. See, e. g., Northrup King, 51 F. 3nd at 1389 (declining "to look behind the certificate of service to adjudicate the issues of Spanish procedural law" raised by the parties); Resource Trade Finance, Inc. v. PMI Alloys, 2002 U. S. Dist. LEXIS 14740, 2002 WL 1836818 (S. D. N. Y. 2002) (citing Northrup King; declining to look behind the Certificate when defendant had not argued it lacked actual notice or was prejudiced by the allegedly missing summary).

The PRC Judgment:

9. The PRC Judgment was based on a review by the three-judge panel of evidence presented at trial. The panel considered the merits of the case and subsequently ruled separately on each of the plaintiffs' claims for damages. The PRC Judgment is not simply a default judgment.

10. Part Four of the Civil Procedure Law of the People's Republic of China is entitled "Special Provisions for Civil Procedure of Cases Involving Foreign Element". Ex. 48; Zhonghua Renmin Gongheguo Minshi Susong Fa [Civil Procedure Law (P. R. C.)] (adopted by the 7th Nat'l People's Cong., April 9, 1991, effective as of the date of issuance) ("PRC Civil Procedure Law"), Part

Four, art. 237. Part Four, therefore, controls the instant case.

11. Under article 249 of Part Four of the PRC Civil Procedure Law, a party not domiciled in China may appeal a judgment of a Chinese court within 30 days of the date the written judgment is served on the party. The party may also request an extension of time to appeal which request may be granted at the discretion of the Chinese court. RHC did not appeal the PRC Judgment within 30 days from the date of service of the PRC Judgment or at any time, nor did they request an extension of time to appeal.

12. The PRC Judgment became final, conclusive, and enforceable under PRC law based on the nature of the PRC Judgment and the exhaustion of the time period for appeal.

13. Under article 266 of Part Four of the PRC Civil Procedure Law, a party who has a legally effective judgment from a Chinese court against a non-Chinese party may apply for recognition and enforcement of the judgment directly to the foreign court that has jurisdiction.

14. Part Four of the PRC Civil Procedure Law does not provide a statute of limitations for parties applying to foreign courts for recognition of judgments rendered inthe PRC. The law of the foreign court where recognition is sought dictates the limitation period for filing recognition claims.

15. Defendant relies on article 219 of Part Three of the PRC Civil Procedure Law to argue that the six-month statute of limitations in that article bars Plaintiffs' recognition action in this Court. However, article 219 is a general provision and does not apply in cases where there is a foreign element involved.

Statute of limitations under the UFMJRA:

16. The UFMJRA states that a foreign judgment is "enforceable in the same manner as the judgment of a sister state which is entitled to full faith and credit [.]" Former Cal. Civ. Proc. Code § 1713. 3. 16. California Civil Procedure Code § 337. 5 applies a 10-year statute of limitations to actions on judgments of other

states. This 10-year period also applies to the filing of recognition actions under California's UFMJRA. Manco Contracting Co. (W. W. L.) v. Bezdikian, 45 Cal. 4th 192, 85 Cal. Rptr. 3rd 233, 195 P. 3rd 604, 615 (Cal. 2008).

17. Plaintiffs' action for recognition of the PRC Judgment has been timely filed.

Civil action under the UFMJRA:

18. The UFMJRA, adopted in California and codified at former California Code of Civil Procedure sections 1713 to 1713. 8, applies to any foreign judgment that is final, conclusive, and enforceable under the laws where rendered. Former Cal. Civ. Proc. Code § 1713. 2.

19. A civil suit for recognition of a foreign judgment may be brought under the UFMJRA if the judgment is made by any governmental unit other than the United States, and the judgment grants or denies recovery of a sum of money. Former Cal. Civ. Proc. Code § § 1713. 1(1) and (2).

20. The UFMJRA recites several exceptions under which a court must deem a foreign judgment not conclusive or may choose not to recognize the foreign judgment. The Court may only deny recognition if one of the exceptions explicitly stated in the UFMJRA applies to the facts presented. See Guinness PLC v. Ward, 955 F. 2nd 875, 885 (4th Cir. 1992).

While the UFMJRA specifically sets out the circumstances in which a foreign judgment will or may be denied recognition, it also allows the Court to recognize additional bases for personal jurisdiction, and, thus, expand the circumstances where a foreign judgment may be recognized. Former Cal. Civ. Proc. Code § 1713. 5.

The purpose of the UFMJRA was "to codify the most prevalent common law rules for recognizing foreign money judgments and thereby encourage the reciprocal recognition of United States judgments in other countries". Manco, 195 P. 3rd at 608. In order to accomplish the goal of encouraging reciprocal recognition of United States judgments abroad, courts have interpreted the

UFMJRA as "informing foreign nations of particular situations in which their judgments would definitely be recognized". Bank of Montreal v. Kough, 430 F. Supp. 1243, 1249 (N. D. Cal. 1977).

21. The UFMJRA states a foreign judgment is not conclusive if it was rendered under a system which does not provide impartial tribunals or procedures compatible with the requirements of due process of law. Former Cal. Civ. Proc. Code § 1713.4(a)(1).

Two other bases for finding a foreign judgment not conclusive, based on lack of personal jurisdiction or subject matter jurisdiction, are not applicable on the facts presented. RHC consented to personal jurisdiction in the PRC when it requested a stay in the California State Action based on forum non conveniens and agreed to have the case tried in the PRC court system. See Former Cal. Civ. Proc. Code § 1713.5(a)(3). The PRC Court's jurisdiction over the subject matter in this case is uncontested.

22. RHC has not presented any evidence, nor does it contend, that the PRC court system is one which does not provide impartial tribunals or procedures compatible with the requirements of due process of law. RHC cannot avail itself of this particular exception based on a challenge to the judgment at issue. The Court comes to this conclusion based on the following:

a. The exception under § 1713.4(a)(1) applies when the "system" in which the foreign judgment was rendered does not provide impartial tribunals or procedures compatible with the requirements of due process of law.

The Restatement (Third) of Foreign Relations Law states the same exception to recognition of a foreign judgment, but the exception is not mandatory and gives the court discretion not to recognize the foreign judgment. Restatement (Third) of Foreign Relations Law § 482 (1987); see, e. g., Society of Lloyd's v. Borgers, 127 Fed. Appx. 959, 959-60 (9th Cir. 2005).

b. The exception does not provide a means for challenging a particular judgment. To allow such achallenge would "convert every successful multinational suit for damages into two suits[,]" and allow parties "to object at the collection phase of the case to the procedures employed at the merits phase [.]" Society of Lloyd's v. Ashenden, 233 F. 3rd 473, 477-78 (7th Cir. 2000) (Posner, J., interpreting Illinois' UFMJRA).

c. The exception also applies if the procedures of the foreign court system are not compatible with the requirements of due process of law. Because it is likely "that no foreign nation has decided to incorporate our due process doctrines into its own procedural law[,]" courts have interpreted due process in this UFMJRA exception to refer to "a concept of fair procedure simple and basic enough to describe the judicial processes of civilized nations, our peers". Ashenden, 233 F. 3d at 476-477; Shell Oil Co. v. Franco, 2004 WL 5615657 (C. D. Cal. 2004) (citing Ashenden).

d. In addition, the foreign procedures need only be "compatible" with the requirements of due process of law. Courts have interpreted this to mean that the foreign procedures are "'fundamentally fair' and do not offend against 'basic fairness.'" Ashenden, 233 F. 3rd at 477; Society of Lloyd's v. Turner, 303 F. 3rd 325, 330 (5th Cir. 2002) (citing Ashenden).

e. The PRC court system's use of the procedures of the Hague Convention for service of process on foreign defendants does not offend notions of basic fairness. Use of the Hague Convention is compatible with the relaxed notion of due process of law under Ashenden.

23. The UFMJRA states a foreign judgment need not be recognized if the defendant in the proceedings in the foreign court did not receive notice of the proceedings in sufficient time to enable him to defend. Former Cal. Civ. Proc. Code § 1713.4(b)(1).

Five other bases for non-recognition of a foreign judgment are not applicable on the facts presented. There is no evidence to show the judgment was obtained by fraud [§

1713. 4(b)(2)], that the cause of action in the PRC Action is repugnant to the public policy of the United States or California [§ 1713. 4 (b) (3)], that the judgment conflicts with another final and conclusive judgment [§ 1713. 4(b)(4)], that the PRC Action was contrary to some agreement by the parties to otherwise resolve the conflict [§ 1713. 4(b)(5)], or that jurisdiction was based only on personal service and was seriously inconvenient [§ 1713. 4(b)(6)].

24. The purpose of the Hague Convention is to simplify and expedite the procedure of serving notice on foreign defendants, and "to ensure that judicial and extrajudicial documents to be served abroad shall be brought to the notice of the addressee in sufficient time. " Hague Convention preamble.

25. Service of process in the PRC Action complied with the Hague Convention, and, therefore, by definition gave RHC sufficient time to defend itself in the PRC Action.

26. Article 248 of Part Four of the PRC Civil Procedure Law requires the PRC Court allow 30 days for a defendant not domiciled in the PRC to submit a defense. This period may be extended by request of the defendant at the discretion of the PRC Court.

27. Mr. Goetz received notice of the PRC Action in the days following the February 17, 2004 service on RHC. RHC, therefore, had actual notice 30 days prior to commencement of the PRC Action as required by PRC law. It did not request an extension of time to file an answer to Plaintiffs' complaint.

Conclusion:

28. Service of process was proper under Federal Rule 4, the 9th Circuit Direct Mail ruling, and the Hague Convention.

29. The PRC Judgment was final, conclusive, and enforceable under the laws of the PRC and involved the granting of recovery of a sum of money.

30. California's UFMJRA applies to this action seeking recognition of the PRC Judgment, and none of the stated exceptions to recognition in the UFMJRA

are applicable on the facts presented.

31. Plaintiffs are entitled to the issuance of a domestic judgment in this action in the amount of the PRC Judgment, with interest calculated as set forth in the PRC Judgment, for purposes ofen forcement.

32. Plaintiffs are directed to prepare a Judgment for the Court's signature consistent with these rulings.

Dated this 21st day of July 2009.

FLORENCE-MARIE COOPER

United States District Court Judge

【延伸阅读】

一、案例

1. 郑成花请求承认韩国首尔家庭法院的离婚和解权告决定书效力案(《涉外商事海事审判指导》,2010 年第 2 辑,总第 21 辑)。

2. 中国信托商业银行股份公司请求强制执行台湾地方法院支付令案(《涉外商事海事审判指导》,2010 年第 2 辑,总第 21 辑)。

二、学术论文、专著(权威论著)

1. Gary B. Born, International Civil Litigation in United States Courts: Commentary & Materials, 3rd edition, Kluwer Law International, 1996.

2. Paul Hopkins(ed.), International Enforcement of Foreign Judgments, Yorkhill Law Publishing, 2000.

3. 李旺:《外国法院判决的承认和执行条件中的互惠原则》,载《政法论坛》1999 年第 2 期。

4. 郭玉军、向在胜:《欧盟〈民商事管辖权及判决承认与执行条例〉》,载《法学评论》2001 年第 2 期。

5. 杜涛:《互惠原则与外国法院判决的承认与执行》,载《环球法律评论》2007

年第 1 期。

6.李浩培编著:《国际民事程序法概论》,法律出版社 1996 年版。

7.费宗祎、唐承元主编:《中国司法协助的理论与实践》,人民法院出版社 1992 年版。

8.钱锋:《外国法院民商事判决承认与执行研究》,中国民主法制出版社 2008 年版。

三、网络链接

1.中国涉外商事海事审判网:http://www.ccmt.org.cn/

2.中国法院网:http://www.chinacourt.org/index.shtml

第三节 外国法院判决承认与执行的程序

【知识背景/点】

据考察,国际社会对外国法院判决承认与执行在程序上主要有五种类型,分别是:自动承认、执行令程序、宣告、重新审理程序以及登记程序。① 其中,执行令程序和重新审理程序代表了大陆法系和英美法系承认和执行外国法院判决的主要程序类型,以下将以此两种程序为基本内容进行阐述,对其他程序略作介绍。

一、执行令程序

执行令程序,是指被请求国法院对申请承认与执行的外国法院判决进行审查,认为符合本国法律或相关国际条约规定的条件的,即由该被请求国法院作出一个裁定,并发出执行令,从而赋予该外国法院判决与被请求国法院判决同等的效力,

---

① 钱锋:《外国法院民商事判决承认与执行研究》,中国民主法制出版社 2008 年版,第 127~138 页。以下内容介绍除另有说明外,主要参考该书,特此说明。

并按照被请求国法律规定的程序执行。法国和德国是此种程序的典型。

法国的执行令程序提纲挈领地体现在《法国民法典》第2123条和《新民事诉讼法典》第509条之中,具体化在司法判例之中。依法国民法典及其民事诉讼法典的规定,但凡未经法国法院宣布具有执行力的外国法院判决,不得在法国强制执行。而其司法判例则显示,法国法院在面对承认和执行外国判决的请求时,严格区分承认和执行问题。如果当事人请求执行外国法院判决,法国法院的审查将扩展至以下内容:(1)依法国法的观念,该外国法院是否具有国际管辖权;(2)该外国法院按照其本国法是否是适格的管辖机构;(3)依该外国法其程序是正当的;(4)该外国法院是否适用了法国冲突规范指定的准据法或该外国法院实际适用的规范与法国冲突规范指定的法律在实质上是一致的;(5)该外国法是否与法国的公共秩序相背,不论是出于程序上的瑕疵或是出于判决依据的诉因不符。

从这些审查范围看,判决在法国的承认和执行还是比较严格的,第一项、第二项是有关管辖权的要求;第三项是有关正当程序的要求;第五项是有关公共秩序的要求。这些要求无可厚非,但第四项的法律适用要求则过于苛刻。由于涉外案件的准据法是通过冲突规范进行选择的,同时由于各国冲突规范属于各国自主立法权的范围,这就容易导致冲突的迁延,即从实体立法的冲突迁延至为解决实体立法冲突而被构造出来的冲突规范的冲突。① 冲突规范的冲突与实体法的冲突一样是客观存在,不可避免的,但法国司法判例显示,它要求判决作出国法院应当在准据法的选择上与法国冲突规范的选择保持一致,这就使其审查标准显得过分挑剔。事实上,准据法的选择问题已经不再是单纯的程序性问题,因为它同时涉及当事人的实体权利义务。因此,要求准据法选择一致,这可认为是法国在承认和执行外国法院判决过程中执行令程序的过左。不过,法国也作了一定的让步,这就是并不绝对要求判决作出国适用法国的冲突规范,而只要求准据法内容的实质一致。这意味着,即便判决作出国和法国的冲突规范作出了不同的准据法选择,只要其内容实质一致,其判决也可得到承认和执行。

德国是大陆法系的另外一个典型代表,它以正反两种方式列举了外国法院判

---

① 张春良:《国际私法演义:问题,方案与修正》,法律出版社2013年版,第252页。

决(不)被承认和执行的条件。从积极条件看,如果一份判决是德国合法承认的外国法院判决,且该判决已经发生法律效力,则该判决可由德国法院颁发执行令,在德国境内被承认和执行。从消极条件看,一份可被承认和执行的判决必须排除如下五种消极障碍:(1)作出判决的外国法院依据德国法无管辖权;(2)被告是德国公民且在原诉中未应诉,并且声称起诉书未能送达该人所在的法院地或通过德国司法协助送达;(3)该判决与德国已宣告的一个判决或应予承认的一个先前的外国判决不相容,或者作为该判决基础的程序与德国先前的程序不相容;(4)承认该判决违反德国的公共秩序或德国法的目的;(5)无互惠保障。

由上可见,执行令程序并不是对案件的重新审理,但在内国法院决定是否颁发执行令的过程中,内国法院至少要执行一次"准审理"。这种审理主要集中在程序问题上,如管辖权是否适格,审理程序是否公正,是否给予当事人充分陈述意见的机会,是否妥当送达。这种审理也不可避免地会涉及一些实体性的问题,主要有二:一是任何情形下都不可省略的公共政策或秩序审查;二是准据法选择的审查。

二、重新审理程序

普通法系国家常采用重新审理程序来转化外国法院判决为内国判决,再依内国判决予以强制执行。该程序的要点是,被请求国法院并不直接承认与执行外国法院的判决,而是要求申请承认和执行的当事人以该外国法院判决为依据,在被请求国法院重新提起诉讼,由被请求国法院进行审查,如果被申请执行人提出异议则还要进行审理。被请求国法院如果认为该外国法院判决与本国法律并无抵触,则作出一个与外国法院判决内容相同的判决,并按照本国的执行程序予以执行。这种程序在性质上已经不再是外国法院判决的承认和执行程序。这种做法与英美法系国家在传统上不承认外国法的法律一样,它们仅承认外国法上产生的权利,也仅承认被转化成为内国法院判决的外国判决。

美国是英美法系国家中较为典型的代表,其法院系统一般是区分金钱判决和非金钱判决而采取不同的做法。对于金钱判决,大多数州的立法和司法实践都实行重新审理程序。请求承认和执行外国法院判决的当事人或其他利害关系人既可以以有关外国法院判决为依据提起一个要求偿还债务的诉讼,也可以以原来诉讼中的诉因为依据重新提起诉讼。在前一种情况下，请求人应向法院提供所有能证实有关判决的相关文件，美国法院在审查了这些文件资料后，如认为不违反美国现行法律规定的，则作出一个责令债务人偿付有关债务的判决，并交付执行。在非金钱判决的情形下，则完全由美国法院重新审查案件，并作出判决，交付执行。

与美国法院区分金钱和非金钱判决采取不同的承认和执行方式不同，英国法院则区分判决"产地"即作出判决国不同而分别采取重新审理程序和登记程序进行处理。依据英国1968年《判决延伸法》、1920年《司法管理法》以及1933年《相互执行外国判决法》、1982年《民事管辖权和判决法》等，英国法院对于英联邦和欧盟有关国家法院作出的判决适用登记程序，而对其他不属于上述规定类型的外国法院判决，英国法院则采取重新审理的程序，即英国法院不直接执行这些国家的法院所作出的民商事判决，而只是把它作为可以向英国法院重新起诉的根据，在经过对有关案件的重新审理后，确定有关外国法院判决与英国的有关立法不相抵触的，作出一个与该外国法院判决内容相同的判决，然后由英国法院按照英国法规定的执行程序予以执行。①

三、其他程序

自动承认、登记和宣告，是某些国家采取的特殊程序。自动承认，顾名思义，就是内国对于外国法院作出的生效判决，不需要履行任何手续或程序，只要该判决符合内国法律规定的条件，即自动地认可其效力。需要指出的是，自动承认毕竟使内国司法主权作出了较大的让步，在现阶段还不是国际主流。它的适用通常受限于较严格的条件，或者是针对特定类型的外国法院判决，如法国就限于对有关身份和能力的外国法院判决采取此种方式；或者是相关国家之间存在着条约，如《布鲁塞尔公约》第26条即规定，一个缔约国所作出的判决，其他缔约国应当予以承认，而无须经过任何特别程序。

登记程序，是指被请求国法院在收到当事人的执行申请后，只要查明外国法院判决符合被请求国法律规定的条件，就予以登记，经过登记的外国法院判决就

---

① 李双元等著：《中国国际私法通论》，法律出版社2003年版，第582～583页。

可以得到执行。上已述及,英国作为英美法系的代表国家,它就是将登记程序作为重新审理程序的一种补充,针对特定类型的判决采取登记方式予以承认和执行。其特征包括:第一,仅限于对英友好国家,具体包括英联邦国家,欧盟成员国,以及与英国签订有司法协助协定的国家。第二,登记并不是无条件的,必须排除法定的消极情形,这些情形在英国《司法行政法》中有六类,即原判决法院无管辖权;债务人不同意原判决法院的管辖权(但其在该地有惯常营业所或居住地的除外);债务人未经合法送达或未出庭应诉;判决是以欺诈方式获得;该判决仍处于上诉中,或债务人有权或有意提起上诉;原判决的诉因违反英国的公共秩序。总的看来,登记程序作为相对于重新审理程序而言,是相对便利的程序,但登记过程仍需要完成必要的审查,从英国立法和司法实践来看,程序公正仍然是登记过程中的重点审查内容。因此,在某种程度上可将英国的登记程序视为是类似于大陆法系的执行令程序。

宣告程序,是一些个别国家的特别规定,如意大利即是如此。意大利《民事程序法典》规定,要在意大利获得承认和执行的外国法院判决,该请求承认和执行外国判决者应向判决作出国适格法院提出请求,请求宣告该外国法院判决有效。意大利上诉法院再根据职权依该法第797条的规定进行审查,符合该条规定的七要件者,且被告并不请求审查原判决的实质,上诉法院即以判决宣告原判决在意大利有效。否则,即判决驳回承认和执行原判决的请求。意大利《民事程序法》第797条规定的要件包括:(1)依照意大利法律体系中现行的司法管辖权原则,宣告原判决的国家的法官有权审判该案;(2)传票依诉讼地法送达,并通知被告在适当的期间到庭答辩;(3)当事人都依当地法传唤到庭,或者缺席审判是经过当地法律确认并已经作出有效宣告;(4)该判决依宣告地法已经具有既判力;(5)该判决并不与意大利法官宣告的另一判决相抵触;(6)在该外国法院判决发生既判力前,相同当事人之间在意大利法院并未提起相同标的的诉讼;(7)该判决并不含有与意大利公共秩序相抵触的内容。由此可见,意大利的宣告有效程序与英国的登记程序,与大陆法系的执行令程序异曲同工,在审查要件上也重在程序,但其独特之处是要求判决作出国的特定法院再就该判决的效力作出一个有效宣告。

第七章 外国法院判决的承认与执行

【案例裁决/法律文书摘录】

案例一：

中华人民共和国某某市第二中级人民法院民事裁定书①

申请人：奥某某，男，某年某月某日出生，德国公民。

委托代理人：曹某某，某某市某某律师事务所律师。

委托代理人：顾某，男，某年某月某日出生，汉族，某某市某某律师事务所律师助理。

被申请人：某某国际商务咨询（北京）有限公司。

法定代表人：赛某某，董事长。

委托代理人：陈某某，某年某月某日出生，汉族，某某国际商务咨询（北京）有限公司职员。

被申请人：赛某某，男，某年某月某日出生，奥地利公民。

委托代理人：陈某某，女，某年某月某日出生，汉族，某某国际商务咨询（北京）有限公司职员。

申请人：奥某某于2010年4月26日向本院提出申请，要求承认英国高等法院于2009年10月13日关于奥某某与某某国际商务咨询（北京）有限公司及赛某某之间借款协议纠纷案作出的HQ09X00669号两份判决。2009年10月13日，英国高等法院作出的判决结果是：某某国际商务咨询（北京）有限公司与赛某某连带共同向奥某某支付借款本金及利息445335.11欧元和由奥某某垫付的案件诉讼费用1878.08欧元，共计447213.19欧元。

经审查，本院认为，《中华人民共和国民事诉讼法》第266条规定：人民法院对申请或者请求承认和执行外国法院作出的发生法律效力的判决、裁定，依照中华人民共和国缔结或者参加的国际条约，或者按照互惠原则进行审查。

由于我国与英国之间没有缔结或者参加相互承认和执行法院判决、裁定的国际条约，亦未建立相应的互惠关系，因此，英国高等法院于2009年10月13日作出

---

① （2010）二中民特字第10324号。所引裁定书作了必要的技术处理。

的HQ09X00669号两份判决,不符合我国法律规定的承认外国法院判决效力的条件,应拒绝承认英国高等法院于2009年10月13日作出的HQ09X00669号的两份判决在中华人民共和国境内具有同等法律效力。

综上,依照《中华人民共和国民事诉讼法》第265条、第266条之规定,裁定如下:

对英国高等法院2009年10月13日就奥某某与某某国际商务咨询(北京)有限公司及赛某某之间借款协议纠纷案作出的HQ09X00669号两份判决法律效力不予承认。

审判长　申某某
代理审判员　胡　某
代理审判员　姚　某
二〇一〇年十二月二十日
书记员　王　某

案例二:

蒋某某申请承认新西兰国法院解除婚约的决议书效力案

案情:

申请人:蒋某某,……

1985年10月2日,申请人蒋某某与中国籍人陈兰在中国西安市登记结婚。双方婚后没有生育子女,亦没有产生对外的共同债权债务。1989年初,陈兰自费前往新西兰国留学,后在该国克赖斯特彻奇市长期居住。蒋某某仍在国内居住工作。1992年9月9日,陈兰向新西兰国克赖斯特彻奇地区法庭起诉,要求与在中国境内的蒋某某离婚,并放弃对在蒋某某处的夫妻共同财产的任何要求。该法庭将陈兰的离婚起诉状副本通过陈兰之父转送给蒋某某,并同时附上诉讼通知书,告知蒋某某对陈兰的离婚起诉应提出答辩并通知本法庭,同时应向陈兰提交答辩状副本;告知蒋某某应直接或通过一名中国境内的律师用航空信件委托一名新西兰律师作为其诉讼代理人。但蒋某某没有应诉答辩,对此诉讼未予理睬。

1992年10月14日,新西兰国克赖斯特彻奇地区法庭依据陈兰的诉讼请求和新西兰国1980年《家庭诉讼条例》第39条,作出第1219号决议书,决议解除蒋某某与陈兰于1985年10月2日在中国西安市达成的婚约。

1994年5月2日,蒋某某持新西兰国克赖斯特彻奇地区法庭的上述第1219号解除婚约决议书、该法庭的诉讼通知书和陈兰的离婚起诉状副本的英文本和中文译本,向西安市中级人民法院申请承认该解除婚约决议书的效力。

审查与裁定:

西安市中级人民法院接到蒋某某的申请后,经审查认为符合《中华人民共和国民事诉讼法》第267条规定的条件,予以立案受理。该院认为:

蒋某某申请承认的新西兰国克赖斯特彻奇地区法庭的解除其与陈兰的婚约关系的第1219号决议书,内容与我国法律不相抵触,符合我国法律规定的承认外国法院判决效力的条件。根据《中华人民共和国民事诉讼法》第268条的规定,该院于1994年6月20日裁定如下:

对新西兰国克赖斯特彻奇地区法庭第1219号决议书的法律效力予以承认。

【延伸阅读】

一、案例

1. 潘某申请承认美国佛罗里达州法院离婚判决案
2. 于某请求承认南非约翰内斯堡"中央离婚法院"离婚判决案(第24辑)

二、学术论文、专著(权威论著)

1. W. A. Kennett, Enforcement of Judgments in Europe, Oxford University Press, 2000.

2. Wenliang Zhang, Recognition and Enforcement of Foreign Judgments in China: Rules, Practice and Strategies, Kluwer Law International, 2014.

3. 钱锋:《外国法院民商事判决承认与执行研究》,中国民主法制出版社2008年版。

4. 宣增益:《国家间判决承认与执行问题研究》,中国政法大学出版社2009年版。

5.孙劲:《美国的外国法院判决承认与执行制度研究》,中国人民大学出版社2003年版。

6.王吉文:《外国判决承认与执行的国际公约模式研究》,中国政法大学出版社2010年版。

7.贺晓翊:《英国的外国法院判决承认与执行制度研究》,法律出版社2008年版。

三、网络链接

1.中国涉外商事海事审判网:http://www.ccmt.org.cn/
2.中国法院网:http://www.chinacourt.org/index.shtml

第四节 我国承认与执行外国法院判决的制度

【知识背景/点】

一、我国承认和执行外国法院判决的依据

我国承认和执行外国法院判决的依据主要是正式立法和最高人民法院的司法解释,部分案例,包括最高人民法院公布的指导性判例或在《最高人民法院公报》上刊登的案例虽然具有指导性意义,但是在正式意义上并非我国承认和执行外国法院判决的依据。此外,我国和许多国家签订过双边司法协助协定,它们构成我国和外国相互间承认和执行彼此法院判决的主要依据。有观点认为,目前我国在承认和执行外国法院判决方面已经出现"三级"机制:全国性规则,双边条约和多边公约。① 但事实上,我国在承认和执行外国法院方面主要是依赖全国性规则和双边司法协助条约,多边性的国际公约尚未加入。以下对此两部分展开论述。

---

① Wenliang Zhang, Recognition and Enforcement of Foreign Judgments in China: Rules, Practice and Strategies, *Kluwer Law International*, 2014, p.46.

(一)我国缔结或参加的条约

在国际或双边条约与国内立法的适用位序上,我国缔结或参加的国际和双边条约具有优先适用的地位。迄今为止,我国和三十多个国家达成了有关民商事司法协助的双边条约。这些条约中对承认和执行的对象范围、程序和条件作了具体和可操作性的安排,并优先于国内立法的适用。

经整理,我国缔结和参加的双边民事司法协助条约或协定如下表[①]:

序号	条约名称	生效时间	民商事的界定	裁决的范围
1	中国和越南《关于民事和刑事司法协助的条约》	1999年12月25日	民事,亦包括商事、婚姻、家庭和劳动事项[②]	1.作出主体包括法院、检察院和主管民事和刑事事项的其他机关。[③] 2.法院对民事案件作出的裁决;法院在刑事案件中所作出的有关民事损害赔偿的裁决;仲裁裁决。3.法院裁决,在我国方面是指法院的判决、裁定和调解书;在越南方面是指法院的判决、决定和调解书。[④] 4.仲裁裁决是指1958年《纽约公约》裁决。[⑤]
2	中国和希腊《关于民事和刑事司法协助的协定》	1996年6月29日生效	民事包括由民法、商法、家庭法和劳动法调整的事项[⑥]	1.作出主体包括法院、检察院和其他主管民事和刑事案件的机关。[⑦] 2.民事裁决;刑事判决中有关损害赔偿部分;仲裁裁决、法院制作的调解书和仲裁调解书。[⑧] 3.仲裁裁决是指1958年《纽约公约》裁决。[⑨]

---

① 统计资料源自外交部官网:http://www.fmprc.gov.cn/mfa_chn/ziliao_611306/tytj_611312/tyfg_611314/,下载日期:2014年8月24日。
② 条约第1条第2款。
③ 条约第1条第3款。
④ 条约第15条。
⑤ 条约第21条。
⑥ 条约第1条第1款第1项。
⑦ 参阅条约第1条第1款第2项。
⑧ 参阅条约第20条。
⑨ 参阅公约第26条。

续表

序号	条约名称	生效时间	民商事的界定	裁决的范围
3	中国和土耳其《关于民事、商事和刑事司法协助的协定》	1995年10月26日生效	概括指民事和商事事项	1.作出主体是主管民事和商事案件的司法机关。① 2.法院在民事案件中作出的裁决;法院在刑事案件中就损害赔偿作出的裁决;仲裁机构的裁决。3.裁决还包括法院制作的调解书。② 4.仲裁裁决是指依被请求方法律属于对契约性或非契约性商事争议作出的仲裁裁决;仲裁裁决是指基于当事人关于将某一特定案件或今后由某一特定法律关系所产生的案件提交仲裁机构管辖的书面仲裁协议作出的,且该项仲裁裁决是上述仲裁机构在仲裁协议中所规定的权限范围内作出的。③
4	中国和塔吉克斯坦《关于民事和刑事司法协助的条约》	1998年9月2日生效	民事案件,包括经济、婚姻家庭和劳动案件	1.作出主体包括法院和其他主管民事和刑事案件的机关。④ 2.裁决包括法院的民事裁决;法院对刑事案件中有关损害赔偿作出的裁决。3.法院裁决,在中国方面是指法院作出的判决、裁定、决定和调解书;在对方是指法院(包括经济法院)作出的判决、裁定、决定和其批准的和解书。⑤
5	中国和塞浦路斯《关于民事、商事和刑事司法协助的条约》	1996年1月11日生效	概括指民事和商事	1.裁决包括法院对民事案件作出的裁决;法院在刑事案件中所作出的有关损害赔偿或诉讼费的裁决。2.裁决亦包括中国和对方法院作出的协议判决。⑥ 3.仲裁裁决是指1958年《纽约公约》裁决。⑦

---

① 参阅条约第1条。
② 参阅条约第21条。
③ 参阅条约第26条。
④ 参阅条约第1条第1款。
⑤ 参阅条约第16条。
⑥ 参阅条约第24条。
⑦ 参阅公约第30条第1款。

续表

序号	条约名称	生效时间	民商事的界定	裁决的范围
6	中国和阿联酋《关于民事和商事司法协助的协定》	2005年4月12日生效	泛指民事和商事	1.对方法院作出的民事、商事和身份裁决,以及附带民事裁决。2.裁决不论名称为何,是指双方的主管法院在司法程序中作出的任何决定。3.不适用于保全措施或临时措施,但与支付生活费有关的事项除外。① 4.法院对当事人间有关争议制作的调解书。②
7	中国和朝鲜《关于民事和刑事司法协助的条约》	2006年1月21日生效	民事和商事	1.法院在民事商事案件中作出的裁决;法院在刑事案件中作出的有关损害赔偿的裁决。2.裁决还包括法院制作的调解书。③
8	中国和韩国《关于民事和商事司法协助的条约》	2005年4月27日生效	民事和商事	符合1958年《纽约公约》的仲裁裁决。④
9	中国和立陶宛《关于民事和刑事司法协助的条约》	2002年1月19日生效	民事,包括商事、婚姻、家庭和劳动事项⑤	1.作出的主管机关包括法院、检察院和其他主管民事和刑事案件的机关。⑥ 2.法院对民事案件作出的裁决。法院在刑事案件中所作的有关民事损害赔偿的裁决;仲裁机构的裁决。3.裁决亦包括法院制作的调解书。⑦ 4.仲裁裁决是符合1958年《纽约公约》的裁决⑧。
10	中国和突尼斯《关于民事和商事司法协助的条约》	2000年7月20日生效	民事、商事	1.法院在民事和商事案件中作出的裁决;审理刑事案件的法院就向受害人给予赔偿和返还财物作出的民事裁决。2.裁决还包括法院就民事和商事案件制作的调解书。3.裁决不包括针对遗嘱和继承,破产、清算和其他类似程序,社会保障,保全促使措施和临时措施(但涉及生活费的裁决除外)。⑨ 4.仲裁裁决是指符合1958年《纽约公约》的裁决。⑩

① 参阅条约第17条。
② 参阅条约第25条第1款。
③ 参阅条约第17条。
④ 参阅条约第25条。
⑤ 参阅条约第1条第2款。
⑥ 参阅条约第1条第3款。
⑦ 参阅条约第16条。
⑧ 参阅条约第20条。
⑨ 参阅条约第19条。
⑩ 参阅条约第26条。

续表

序号	条约名称	生效时间	民商事的界定	裁决的范围
11	中国和老挝《关于民事和刑事司法协助的条约》	2001年12月15日生效		1.法院对民事案件作出的裁决;法院在刑事案件中作出的关于民事损害赔偿或诉讼法的裁决。2.裁决包括法院作出的判决、裁定和调解书。① 3.仲裁机构作出的裁决,是符合1958年《纽约公约》的裁决。②
12	中国和乌兹别克斯坦《关于民事和刑事司法协助的条约》	1998年8月29日生效		1.法院的民事裁决;法院对刑事案件中有关损害赔偿作出的裁决;仲裁裁决。③ 2.法院裁决在中国方面是指法院作出的判决、裁定、决定和调解书,在对方是法院作出的民事判决、刑事判决、法院裁定、决定和法院核准的和解书,以及法官就民事案件的实质所作的决定。④ 3.仲裁裁决是1958年《纽约公约》裁决。⑤
13	中国和新加坡《关于民事和商事司法协助的条约》	1999年6月27日生效	民事和商事	仅限于仲裁裁决,且裁决为1958年《纽约公约》裁决。⑥
14	中国和吉尔吉斯《关于民事和刑事司法协助的条约》	1997年9月26日生效	民事案件,亦包括商事、婚姻家庭和劳动案件⑦	1.裁决包括法院的民事裁决;法院对刑事案件中有关损害赔偿作出的裁决;仲裁裁决。2.法院裁决,在中国法院是指法院作出的判决、裁定、决定和调解书;在对方是指法院作出的判决、裁定、决定和法院批准的和解书,以及法官就民事案件的实质作出的决定。⑧ 3.仲裁裁决是指1958年《纽约公约》裁决。⑨

---

① 参阅条约第20条。
② 参阅公约第26条。
③ 参阅条约第17条第1款。
④ 参阅条约第17条第2款。
⑤ 参阅条约第22条。
⑥ 参阅条约第20条。
⑦ 参阅条约第1条第3款。
⑧ 参阅条约第16条。
⑨ 参阅条约第21条。

续表

序号	条约名称	生效时间	民商事的界定	裁决的范围
15	中国和摩洛哥《关于民事和商事司法协助的协定》	1999年11月26日生效	民事、商事	1.法院在民事商事案件中作出的裁决;有关个人身份的法院裁决;法院在刑事案件中作出的有关损害赔偿的裁决。2.裁决亦包括法院制作的调解书。① 3.仲裁裁决是指1958年《纽约公约》裁决。②
16	中国和匈牙利《关于民事和商事司法协助的条约》	1997年3月21日生效	民事、商事	1.法院对民事案件作出的裁决;法院就刑事案件中有关损害赔偿所作出的裁决。2.裁决亦包括依第2条规定被免除诉讼费用保证金或法院费用预付款的当事人应交纳诉讼费用的裁决,以及调解书。3.裁决必须是本条约生效后才具有法律效力并可执行的裁决。③
17	中国和阿拉伯埃及《关于民事、商事和刑事司法协助的协定》	1995年5月31日生效	民事、商事	1.法院对民事案件作出的裁决;法院在刑事案件中所作出的有关损害赔偿的裁决;仲裁机构的裁决。2.裁决亦包括法院制作的调解书。④ 3.仲裁裁决是符合1958年《纽约公约》的裁决。⑤
18	中国和泰国《关于民商事司法协助和仲裁合作的协定》	1997年7月6日生效	民商事	仅限于仲裁裁决,且为1958年《纽约公约》裁决。⑥
19	中国和保加利亚《关于民事司法协助的协定》	1995年6月30日生效	民事一词包括由民法、商法、家庭法和劳动法调整的事项⑦	1.民事判决,刑事判决中有关损害赔偿的部分,法院制作的调解书和仲裁机关作出的仲裁裁决及仲裁调解书。2.本协定生效后作出的。⑧ 3.仲裁裁决是1958年《纽约公约》裁决。⑨

---

① 参阅条约第16条。
② 参阅公约第22条。
③ 参阅条约第16条。
④ 参阅条约第20条。
⑤ 参阅条约第27条。
⑥ 参阅条约第20条。
⑦ 参阅条约第1条。
⑧ 参阅条约第18条。
⑨ 参阅条约第24条。

续表

序号	条约名称	生效时间	民商事的界定	裁决的范围
20	中国和哈萨克斯坦《关于民事和刑事司法协助的条约》	1995年7月11日生效	1.民事案件，亦包括婚姻家庭和劳动案件；2.商事案件和经济案件①。	1.法院判决，在中国方面是指法院作出的民事判决、裁定、决定和调解书，以及刑事案件中有关损害赔偿的裁决；在对方是指法院和仲裁法院作出的民事判决、裁定、决定和调解书，以及刑事案件中有关损害赔偿的判决。2.应为本条约生效后作出的判决。②
21	中国和白俄罗斯《关于民事和刑事司法协助的条约》	1994年11月29日生效	民事案件，亦包括商事、经济、婚姻家庭和劳动案件③	1.法院裁决在中国是指法院作出的民事判决、裁定、决定和调解书及刑事案件中有关损害赔偿的裁决；在对方是指法院/法官，包括经济法院/法官，作出的已经生效的民事判决、裁定、决定和调解书，及刑事案件中有关损害赔偿的判决。2.应为本条约生效后作出的法院裁决。④
22	中国和古巴《关于民事和刑事司法协助的协定》	1994年3月26日生效	民事和商事	1.法院对民事案件作出的裁决；法院就犯罪行为造成损害赔偿的民事责任作出的裁决；法院对诉讼费用的裁决；仲裁庭作出的裁决。2.裁决也包括法院或仲裁庭制作的调解书。⑤ 3.仲裁裁决是指1958年《纽约公约》裁决。⑥
23	中国和乌克兰《关于民事和刑事司法协助的条约》	1994年1月19日生效	民事案件亦包括商事、经济、婚姻家庭和劳动案件⑦	1.法院裁决在中国是指法院就民事作出的判决、裁定、决定和调解书以及就刑事案件中有关损害赔偿作出的裁决；在对方是指法院/法官作出的刑事案件中有关损害赔偿的判决，民事判决、裁定、决定和调解书，以及仲裁法院作出的判决和裁定。⑧ 2.仲裁裁决是指1958年《纽约公约》裁决。⑨

---

① 参阅条约第1条第3款、第4款。
② 参阅条约第17条。
③ 参阅条约第1条第3款。
④ 参阅条约第17条。
⑤ 参阅条约第21条。
⑥ 参阅条约第26条。
⑦ 参阅条约第1条第3款。
⑧ 参阅条约第17条第2款。
⑨ 参阅条约第22条。

续表

序号	条约名称	生效时间	民商事的界定	裁决的范围
24	中国和俄罗斯《关于民事和刑事司法协助的条约》	1993年11月14日生效	民事案件亦包括商事、婚姻家庭和劳动案件①	1.法院的民事裁决;法院对刑事案件中有关损害赔偿作出的裁决;仲裁庭作出的裁决。2.法院裁决在中国是指法院作出的判决,裁定,决定和调解书;在对方是指法院作出的判决,裁定,决定和法院批准的和解书,以及法官就民事案件的实体所作的决定。② 3.仲裁裁决是指1958年《纽约公约》裁决。③
25	中国和西班牙《关于民事、商事司法协助的条约》	1994年1月1日生效	民事和商事	1.法院在本条约生效后作出的已经确定的民事、商事裁决,除因有关破产和倒闭程序问题造成的损失及因核能造成的损失;刑事附带民事诉讼中有关赔偿损失的裁决和司法调解书。2.亦适用于在本条约生效后作出的法院裁决,司法调解书和仲裁裁决,尽管其程序始于本条约生效前。④ 3.司法调解书;仲裁裁决符合1958年《纽约公约》的规定。⑤
26	中国和意大利《关于民事司法协助的条约》	1995年1月1日生效	民事,亦包括由商法、婚姻法和劳动法调整的事项⑥	1.法院作出的民事裁决。2.刑事判决中有关赔偿损失和返还财产的内容、司法调解书和仲裁裁决。⑦ 3.仲裁裁决是1958年《纽约公约》裁决。⑧

---

① 参阅条约第1条第3款。
② 参阅条约第16条。
③ 参阅条约第21条。
④ 参阅条约第17条。
⑤ 参阅条约第24条。
⑥ 参阅条约第1条。
⑦ 参阅条约第20条。
⑧ 参阅条约第28条。

续表

序号	条约名称	生效时间	民商事的界定	裁决的范围
27	中国和罗马尼亚《关于民事和刑事司法协助的条约》	1993年1月22日生效	民事案件是指民事法、婚姻法、商法和劳动法方面的案件①	1.主管机关是指法院,检察院和其他主管民事和刑事案件的机关。② 2.法院和其他主管机关对关于财产要求和非财产要求的民事案件作出的裁决。法院就刑事案件中有关损害赔偿所作出的裁决;对诉讼费用的裁决;仲裁庭作出的裁决。3.裁决一词也包括法院制作的调解书。③ 4.仲裁裁决是指1958年《纽约公约》裁决。④
28	中国和蒙古国《关于民事和刑事司法协助的条约》	1990年10月29日生效	民事包括经济,婚姻和劳动方面⑤	1.主管机关是指法院,检察院和其他主管民事和刑事案件的机关。⑥ 2.法院或其他主管机关对财产性或非财产性民事案件作出的裁决;法院就刑事案件中有关损害赔偿部分作出的裁决;法院对诉讼费用的裁决;法院就民事案件作出的调解书。⑦
29	中国和波兰《关于民事和刑事司法协助的协定》	1988年2月13日生效	民事案件,也包括商法、婚姻法和劳动法等范围内有关财产权益和人身权利的案件⑧	1.法院对民事案件作出的裁决;法院对刑事案件中有关损害赔偿请求所作出的裁决;主管机关对继承案件作出的裁决;仲裁庭作出的裁决。2.裁决也包括调解书⑨ 3.仲裁裁决是1958年《纽约公约》裁决。⑩

---

① 参阅条约第1条第1款第1项。
② 参阅条约第1条第1款第2项。
③ 参阅条约第21条。
④ 参阅条约第27条。
⑤ 参阅条约第11条。
⑥ 参阅条约第2条。
⑦ 参阅条约第17条。
⑧ 参阅条约第12条。
⑨ 参阅条约第16条。
⑩ 参阅条约第21条。

续表

序号	条约名称	生效时间	民商事的界定	裁决的范围
30	中国和法国《关于民事、商事司法协助的协定》	1988年2月8日生效	民事、商事	1.法院作出的已经确定的民事、商事裁决;双方法院作出的民事、商事调解书以及就刑事案件中赔偿损失作出的裁决。① 2.仲裁裁决是1958年《纽约公约》裁决。②
31	中国和科威特《民商事司法协助协定》	2007年6月18日	民事、商事	1.法院的民商事和身份裁决,调解书,刑事案件中作出的有关损害赔偿的裁决。③ 2.仲裁裁决是1958年《纽约公约》裁决。④

比较而言,我国和其他国家签订的双边司法协助条约大致相同,但仍存在某些细微但重要的差别。如在承认和执行的对象方面,我国和越南《关于民事和刑事司法协助的条约》⑤第1条第2款规定:"本条约所指的'民事'一词,应理解为亦包括商事、婚姻、家庭和劳动事项。"对承认和执行的对象即"裁决",条约也作了界定。第15条第1款作了具体的类型界定,它包括三类:一是法院对民事案件所作出的裁决;二是法院在刑事案件中所作出的有关民事损害赔偿的裁决;三是仲裁裁决。第2款则对"法院判决"作了概括性的界定,在我国方面是指"法院的判决、裁定和调解书";在缔约对方方面则是"法院的判决、决定和调解书"。而在我国和塔吉克斯坦《关于民事和刑事司法协助的条约》⑥第1条第3款中规定,"民事案件"包括经济、婚姻家庭和劳动案件。可予承认和执行的裁决包括两类:一是法院的民事裁决;二是法院对刑事案件中有关损害赔偿作出的裁决。而"法院裁决"在中国方面包括"法院作出的决定、裁定、决定和调解书";在塔吉克斯坦方面则是指"法院(包括经济法院)作出的判决、裁定、决定和其批准的和解书"。⑦

---

① 参阅条约第19条。
② 参阅公约第25条。
③ 参阅公约第17条。
④ 参阅公约第28条。
⑤ 该条约于1999年12月25日生效。
⑥ 该条约于1998年9月2日生效。
⑦ 参阅条约第16条。

在承认和执行的主体、条件和程序等方面，各司法协助条约也大同小异。在我国法院承认和执行涉及这些国家法院判决时，或者反之，均应严格区分各条约中的不同之处，恪守条约规定，予以承认和执行。当然，必须指出的是，这种点对点式的分散安排虽然有助于促进国家间的合作，避免多边条约因众口难调而难以生效实施，但它因缺乏统一性而不便于在整体上促进国家间判决的承认和执行。后续的动作应当是通过分析整理我国与三十多个国家之间签订的双边司法协助协定，提炼其共同成分，巩固和扩大各国之间的共识，再经由双边达致多边的安排。

还需指出的是，我国作为一个多法域的国家，中国大陆还分别与香港特区、澳门特区签署了有关承认和执行彼此法院判决的安排[①]；中国大陆与台湾地区也分别针对彼此的法院判决作了承认和执行方面的规定[②]。

(二)国内立法及相关司法解释

在我国尚未加入多边国际条约，以及上述双边司法协助条约无规定，或属于尚未与我国签订司法协助的国家之间承认和执行外国法院判决的，当事人就只能依据国内立法承认和执行法院判决。我国有关判决承认和执行的立法主要规定在《民事诉讼法》中，该法第280条至第282条对法院判决和仲裁裁决的在国内和国外的承认和执行作了双边规定。限于本书主旨，此处专论法院判决在国内外的承认和执行。

关于我国人民法院的判决在域外的承认和执行问题，《民事诉讼法》第280条规定："人民法院作出的发生法律效力的判决、裁定，如果被执行人或者其财产不在中华人民共和国领域内，当事人请求执行的，可以由当事人直接向有管辖权的外国法院申请承认和执行，也可以由人民法院依照中华人民共和国缔结或者参加的国际条约的规定，或者按照互惠原则，请求外国法院承认和执行。"据此，我国法院作出的判决当事人如果需要在外域请求承认和执行的，有两种路径可供选择：(1)自

[①] 参阅《关于内地与香港特别行政区法院相互认可和执行当事人协议管辖的民商事案件判决的安排》以及《内地和澳门特别行政区关于相互认可和执行民商事判决的安排》。

[②] 大陆方面出台的是《关于人民法院认可台湾地区有关民事判决的规定》；台湾方面也颁布了"台湾地区与大陆地区人民关系条例"。

第七章 外国法院判决的承认与执行

助,即判决当事人应当直接向相关外国法院提出申请。(2)司法协助途径,即由人民法院请求外国法院承认和执行,但其条件是必须存在国际条约或依据互惠原则进行。在司法实践中,当事人自行向外国法院请求承认和执行判决是主要的做法。并且,外国法院是否及如何审查、承认和执行我国法院作出的判决,这决定于外国国家立法和司法机制,我国立法只能为当事人提供程序方面的大致指引,当事人还必须查明外国立法和司法规定,启动承认和执行程序。

关于外国法院判决在我国的承认和执行问题,《民事诉讼法》第281条规定:"外国法院作出的发生法律效力的判决、裁定,需要中华人民共和国法院承认和执行的,可以由当事人直接向中华人民共和国有管辖权的中级人民法院申请承认和执行,也可以由外国法院依照该国与中华人民共和国缔结或参加的国际条约的规定,或者按照互惠原则,请求人民法院承认和执行。"在承认和执行的过程中,我国人民法院应当如何进行审查,及如何承认和执行,《民事诉讼法》第282条进一步作了规定:"人民法院对申请或者请求承认和执行的外国法院作出的发生法律效力的判决、裁定,依照中华人民共和国缔结或者参加的国际条约,或者按照互惠原则进行审查后,认为不违反中华人民共和国法律的基本原则或者国家主权、安全、社会公共利益的,裁定承认其效力,需要执行的,发出执行令。依照本法的有关规定执行。违反中华人民共和国法律的基本原则或者国家主权、安全、社会公共利益的,不予承认和执行。"

由此两条规定,可归纳出我国有关承认和执行外国法院判决的关键点:(1)请求承认和执行的对象包括已经生效的法院判决和裁定;(2)请求承认和执行的实体依据包括国际条约和互惠原则;(3)有权受理承认和执行外国法院判决的适格管辖机构是有管辖权的中级人民法院;(4)请求承认和执行的主体包括所涉判决当事人和外国法院;(5)请求承认和执行的外国法院判决不得违背我国的社会公共利益。《民事诉讼法》的两条规定虽然措辞简单,但是却包含了承认和执行外国法院判决过程中涉及的各种要素。在我国既未缔结或参加多边相关国际条约,也未和大多数国家签订双边条约的背景下,该立法规定将构成我国法院承认和执行外国法院判决的主要法律依据。

此外,我国《破产法》第5条第2款也对外国法院的破产判决、裁定在我国的承认和执行作了特别的规定:"对外国法院作出的发生法律效力的破产案件的判决、裁定,涉及债务人在中华人民共和国领域内的财产,申请或者请求人民法院承认和执行的,人民法院依照中华人民共和国缔结或者参加的国际条约,或者按照互惠原则进行审查,认为不违反中华人民共和国法律的基本原则,不损害国家主权、安全和社会公共利益的,不损害中华人民共和国领域内债权人的合法权益的,裁定承认和执行。"就本条款而言,需注意这样几点:(1)本条仅适用于外国法院作出的破产判决和裁定,相对于《民事诉讼法》第281条、第282条而言,属于特别法与一般法的关系,因此,本条中的特殊规定仅为外国法院的破产判决、裁定而设,不适用于外国法院作出的其他判决和裁定;(2)在不予承认和执行的条件中,除了外国法院的破产判决和裁定违背我社会公共利益之外,还特别规定了不得损害中国领域内的债权人的合法权益,这相当于提高了承认和执行外国破产判决和裁定的门槛或难度;(3)从本条款的精神看,我国依然采取的是属地破产主义,即一般地不承认外国法院破产判决和裁定在我国境内具有当然的域外效力,而必须通过承认和执行判决和裁定的程序与方式,有条件地赋予外国法院破产判决和裁定以域内效力。

除此类正式立法之外,最高人民法院也颁布过一些涉及外国法院判决承认和执行的司法解释,典型之一即是最高人民法院《关于人民法院受理申请承认外国法院离婚判决案件有关问题的规定》[①]。该司法解释的实质性条款只有短短三条,总结而言,其要点如下:(1)仅适用于外国法院作出的离婚判决的承认,但不涉及执行。(2)中国公民申请承认的,人民法院在受理时不得以婚姻关系未在国内缔结而拒绝;如果该离婚判决是在中国公民缺席情况下作出的,应同时提交其业经合法传唤出庭的证明。(3)外国公民申请承认的,如离婚原配偶是中国公民的,我国法院应受理;否则,不应受理,但可告知申请人直接向婚姻登记机关申请再婚登记。(4)申请承认外国法院作出的离婚调解书的,法院应受理并审查,据情况作出承认与否的裁定。

---

① 参阅"法释[2000]6号",1999年12月1日由最高人民法院审判委员会第1090次会议通过。

二、我国承认和执行外国法院判决的条件

由于双边条约、国内区际安排、国内立法及司法解释针对判决承认和执行的不同情形作了不同的规定,因此在承认和执行条件方面也存在或大或小的差异。本部分仅就我国承认和执行外国法院判决的一般条件为主线展开论述,行文中可能对某些特殊安排或规定予以佐证性援引,因此,《民事诉讼法》第281条和第282条是主要的论述对象。根据这些规范,可整理出我国承认和执行外国法院判决的主要条件为:

(一)存在条约或互惠关系

条约和互惠关系是我国《民事诉讼法》明确规定的承认和执行外国法院判决的条件。首先,条约和互惠的性质和适用位序是不同的。条约是优先适用的根据,只要我国与案涉判决作出国之间存在双边或多边的国际条约,则毫无疑问地应以该国际条约作为承认和执行的直接根据。只有在无相关条约或相关条约无规定的情形下,才可能考虑互惠原则。

其次,互惠是在没有条约的情形下,根据国家间既往司法实践而采取的对等态度。从本质上看,互惠有正反二义:一是反义,即外国拒绝承认和执行本国法院判决的,本国也拒绝承认该外国法院的判决。此可称作为消极的互惠,即彼此拒绝承认和执行对方法院的判决。二是正义,即本国承认和执行外国法院判决的条件与外国承认和执行本国法院判决的条件必须对等,或者对等严格,或者对等宽松。此可成为积极的互惠。有文章将各国确立和执行的互惠原则概括成三种类型,分别是:[①](1)绝对的互惠原则,即坚持以互惠原则作为承认与执行外国法院判决的必要条件,此类国家和地区包括日本、土耳其、英国、秘鲁、突尼斯以及我国的台湾地区。(2)不完全的互惠原则,即对特定类型的外国判决,主要是身份领域的判决放弃互惠要求,而在其他主要是商事领域坚持绝对的互惠原则。德国、罗马尼亚和匈牙利等国是此种互惠原则的代表。(3)无互惠原则,即在承认和执行外国法院判决

---

① 参考杜涛:《互惠原则与外国法院判决的承认与执行》,载《环球法律评论》2007年第1期。

过程中放弃互惠要求,通过建立本国标准进行审查和控制,符合标准者予以承认和执行;否则,反之。美国、瑞士被认为代表了这种互惠原则的发展趋势。

我国在规则层面和在实践层面存在较大的差异。在规则层面,新旧《民事诉讼法》都明确将互惠原则列入承认和执行的条件,只要国家间不存在国际条约,互惠关系就是必须的条件。最高人民法院在1996年刊登的一则判例就很明确地传递出了这样的信息,即无国际条约和互惠关系存在时,我国法院不应承认和执行外国法院的判决。

司法实践中对外国法院承认与执行存在着某些差异,主要原因还是因为承认和执行的外国法院判决的类型差异。由于我国最高人民法院对涉外离婚判决的承认和执行的相关司法解释中,并未将互惠关系作为必要条件,因此在司法实践中就相应地出现双轨制的做法:针对外国法院作出的离婚判决,我国法院不需要互惠关系即可经审查后承认和执行外国离婚判决;针对其他判决,我国法院则要求必须存在国际条约或互惠关系,才能承认和执行外国法院判决。

互惠关系体现的是对等关系,但它的实施却存在一个实践中的开端难题,即国家间的互惠关系是以现实化的行动为前提的,但在第一次承认和执行外国法院判决时,却不可能存在互惠。因此,不解决互惠原则实施的开端问题,互惠原则就只能是一句空话。对此,德国法院对我国法院判决的第一次承认和执行,开放性地解决了互惠原则的难题。2006年5月18日德国柏林高等法院作出承认中国江苏省无锡市中级人民法院民商事判决的裁定。在该裁定中,德国柏林高等法院的法官对互惠原则的适用指出:"由于中、德之间不存在相互承认法院判决的国际条约,那么具体司法实践就成了处理案件的依据。如果双方都等待对方先迈出一步,自己再跟进给予对方互惠的话,事实上永远不可能发生相互间的互惠,互惠原则也只能是空谈而已,这种情况并不是立法者和执法者所希望的。为了在没有签订国际条约的情况下不阻止相互承认法院判决的向前发展,要考虑的是,如果一方先走出一步,另一方会不会跟进。按现在国际经贸不断发展的情况,中国有可能是会跟进的。"①德国法院以"预期互惠"作为思路,成功地解决了互惠的开端问题,值得我国司法实践借鉴。

(二)外国法院有适格的管辖权

判决作出国法院有适格管辖权,是否构成承认和执行该判决的条件,存在争议。有观点认为,这虽然并不是我国立法明确直接的规定,但是从其立法表述看,却是不言而喻的要求。事实上,《民事诉讼法》第281条的确规定,需要承认和执行的应当是"外国法院作出的发生法律效力的判决、裁定"。"发生法律效力"的表述必然地意味着判决作出国法院具有适格的管辖权。②但另有观点则认为,此种推理并不具有说服力,因为如此理解将导致出现这样的结论,即在中国承认和执行外国法院判决的所有条件都可以高度概括在"发生法律效力(legally effective)"的用语中。③依本书看来,"发生法律效力"的表述虽然不能完整地包括在中国承认和执行外国法院判决的全部条件中,但适格管辖权却是其题中应有之义。

要判断外国法院是否具有适格管辖权,其法律依据仍然有二:一是规定在多边或双边条约中,如我国与阿拉伯埃及共和国签署的民商事司法协助协定,该协定第22条规定两款:

"一、作出裁决的缔约一方法院遇有下列情况之一的,应被认为依照本协定对案件具有管辖权:(一)在提起诉讼时,被告在该方境内有住所或居所;(二)被告因其商业活动被提起诉讼时,在该方境内设有代表机构;(三)被告已书面明示接受该方法院的管辖;(四)被告就争议的实质进行了答辩,未就管辖权问题提出异议;(五)在合同争议中,合同在该方境内签订,或者已经或应该在该方境内履行,或者诉讼标的物在该方境内;(六)在合同外侵权案件中,侵权行为或结果发生在该方境内;(七)在身份关系案件中,诉讼当事人在该方境内有住所或居所;(八)在扶养义

---

① 转引自马琳:《析德国法院承认中国法院民商事判决第一案》,载《法商研究》2007年第4期。

② Hu Zhenjie, Recognition and Enforcement of Foreign Judgments in China: Rules, Interpretation and Practice, Netherlands International Law Review, Vol. 6, 1999, p. 294.

③ Wenliang Zhang, Recognition and Enforcement of Foreign Judgments in China: Rules, Practice and Strategies, Kluwer Law International, 2014, p. 122.

务案件中,债务人在该方境内有住所或居所;(九)在继承案件中,被继承人死亡时其住所或者主要遗产在该方境内;(十)诉讼标的是位于该方境内的不动产。

二、(一)第一款的规定不应影响缔约双方法律规定的专属管辖权。(二)缔约双方应通过外交途径以书面形式相互通知各自法律中关于专属管辖权的规定。"

其中,第1款就是以具体方式列举的"管辖权标准"。第2款则是对缔约双方的专属管辖所作的特别约定。依此条款可认为,我国和阿拉伯埃及共和国在相互承认和执行彼此的法院判决时,有管辖权的法院标准有二:首先是看是否属于两国各自规定的专属管辖法院,且该专属管辖标准必须是业经外交途径以书面形式相互通告的范围;其次则是看其是否属于双方协定确定的10类管辖标准。类似的规定还体现在我国与西班牙签署的民商事司法协助协定之中。

另外一种判断外国法院是否具有管辖权的依据则是国内立法。这里的问题已然是法律适用,即究竟如何处理判决作出国的国际管辖权规则和作为被请求国的我国国际管辖权规则。我国的国际管辖权规则主要规定在《民事诉讼法》第24章中,最高人民法院同时对涉外民商事案件诉讼管辖颁布了一个"集中管辖"的规定①。这些内容是规范我国法院在受理涉外案件时的直接管辖规则②,它们能否及如何适用于外国法院的管辖,这是我国法院在承认和执行外国法院判决时必须解决的问题。

对此问题应从三个角度来看:首先,就正式的立法规则看,如何进行法律适用并不明确。有人指出:"我国《民事诉讼法》对管辖权的审查标准和依据即应适用何国法律来确定原判决国法院的管辖权未作规定,这使得法院在承认与执行外国法院判决时面临种种基础性的难题,缺乏法律依据。"③

其次,就法理逻辑看,兼容考虑判决作出国和被请求国的管辖权规则具有必要性和合理性。上已述及,在某外国对案件行使直接管辖权时,它不可能对预期的被

---

① 参阅"法释[2002]5号",最高人民法院《关于涉外民商事案件诉讼管辖若干问题的规定》。
② 本部分内容参阅本书第四章。
③ 钱锋:《外国法院民商事判决承认与执行研究》,中国民主法制出版社2008年版,第188页。

请求国作出精确的衡量,并抛弃本国管辖权规则而只考虑适用被请求国的管辖权规则,这是有违判决作出国司法主权和立法主权的做法。反过来,被请求国在承认和执行外国法院判决时,也不可能唯一地依判决作出国的管辖权规则,而置本国管辖权规则于不顾。因此,合作的态度应当是对两国管辖权规则的兼容考虑。对二者的分工来说,应建立以判决作出国管辖规则为基础,必要时考虑被请求国管辖规则的模式。难题在于如何判断"必要时"。依本书来看,涉及我国明确规定属于我国法院专属管辖,以及判决作出国法院行使管辖权明显不合理的情形时,即可依我国管辖规则进行判断。

再次,就司法实践看,我国法院承认和执行的某些外国法院判决的确是不自觉地适用了判决作出国的管辖规则。这表明,只要不涉及我国立法就管辖权问题的强制性、专属性规定,判决作出国管辖规则将是判决承认和执行过程中衡量判决作出国法院是否具有适格管辖权的依据。

(三)判决或裁定是终局的且发生法律效力的

能为我国法院承认和执行的外国法院判决必须是终局的,且已经发生法律效力的。我国与有关国家,如匈牙利所签署的司法协助条约还特别规定,判决不仅是终局且发生法律效力的,而且必须是在双方签订的条约生效以后才具有法律效力并可执行的裁决。[①] 这就意味着,该类司法协助条约所针对的裁决仅"面向未来",而不溯及既往。这里要强调的是,"终局"与"发生法律效力"是两个不同的概念,在一般情形下,终局的判决或裁定即发生法律效力,但在涉外诉讼中已经终局的判决并不当然发生法律效力。

三、承认和执行外国法院判决的主体

(一)受理法院

受理承认和执行外国法院判决的机构是中华人民共和国适格法院。这里应注

[①] 参阅中国和匈牙利《关于民事和商事司法协助的条约》第16条第3款。该款规定:"符合本条约规定条件的'裁决'只有在本条约生效后才具有法律效力并可执行时,方可承认和执行。"

意的问题有二:第一,是否只有法院才是唯一的受理主体,其他如婚姻登记机构呢?第二,在我国法院体制中,哪些法院具有适格的管辖权?

事实上,并非法院才有承认和执行外国法院判决的必要,其他一些行政机构如婚姻登记机关也可能面临承认外国法院判决的需求。在婚姻登记机关办理婚姻登记时,对于已婚但获得外国法院离婚判决的当事人或当事人之一申请再婚的,就需要对该离婚判决予以承认。此时,我国婚姻登记机关能否审查后直接承认该离婚判决,答案是否定的。我国《民事诉讼法》第281条和最高人民法院作出的上述司法解释,均将承认及执行外国法院判决的权限授予人民法院,其他机构因此无权受理。

在我国法院体制中存在着严格的管辖分工,地域、级别及专属管辖等都有明确的规定。在受理当事人请求承认和执行外国法院判决时,应当由何地、哪一级别的法院管辖,又或者是否存在专属管辖的特别规定?规范这个问题的法律依据包括:《民事诉讼法》第281条;最高人民法院《关于中国公民申请承认外国法院离婚判决程序问题的规定》第5条;以及最高人民法院《关于涉外民商事案件诉讼管辖若干问题的规定》①。第281条是一般规定;后两者则是特别规则。这些规则对承认和执行外国法院判决的受理法院在级别和地域上作了特别规定,要点如下:

首先,在级别管辖上,受理法院应当是高级人民法院,以及符合条件的中级或其他人民法院。《民事诉讼法》第281条首先一般地确立了中级人民法院管辖的原则。

但最高人民法院通过司法解释即《关于涉外民商事案件诉讼管辖若干问题的规定》将受理承认和执行外国法院民商事判决、裁定的案件的管辖权又一般地集中到了高级人民法院和部分中级或其他人民法院,具体而言,管辖法院包括:(1)国务院批准设立的经济技术开发区人民法院;(2)省会、自治区首府、直辖市所在地的中级人民法院;(3)经济特区、计划单列市中级人民法院;(4)最高人民法院指定的其

---

① 法释[2002]5号。

他中级人民法院;(5)高级人民法院。①

此外,依最高人民法院的司法解释,有关请求承认外国法院离婚判决的管辖,也应当由中级人民法院受理。

其次,在地域管辖上,《民事诉讼法》第281条只规定了"有管辖权"的中级人民法院,在地域上判断人民法院是否具有管辖权,则只能适用《民事诉讼法》中有关地域管辖的一般规定。此外,最高人民法院对外国法院离婚判决请求承认的地域管辖则作了明确的规定。综合此类条款,可总结如下:(1)在请求承认外国法院的离婚判决时,由申请人住所地法院管辖;申请人另有经常居住地的,由经常居住地法院管辖;申请人不在国内的,由其原住所地法院管辖。

(2)请求承认外国法院的其他判决的,对公民提起的承认和执行请求,由被申请人住所地法院管辖;被申请人另有经常居住地的,由经常居住地法院管辖。对法人或其他组织提起的承认和执行请求,由被申请人住所地法院管辖。

(3)针对合同纠纷或其他财产权益纠纷,对在我国领域内没有住所的被申请人提起的承认和执行请求,可由合同签订地、履行地、标的物所在地、可供扣押财产所在地、侵权行为地或代表机构所在地法院管辖。

(二)法院审查

《民事诉讼法》第282条对法院审查进行了非常简单的规定,要求法院或者依照国际条约,或者依照互惠原则进行审查,并特别要求审查所涉判决是否违反我国社会公共利益。在司法实践中,这种审查主要是形式层面的,不会也不应涉及案件的实体问题。

较详细的审查内容规定在最高人民法院《关于中国公民申请承认外国法院离婚判决程序问题的规定》之中。依该司法解释,法院在审查请求承认外国法院离婚判决的请求时,应遵守如下规定:

第一,法院在接到申请书之后,应审查其请求是否符合受理条件。符合的,应在七日内受理;否则,应通知申请人不予受理,并附具理由。

---

① 另需指出的是,最高人民法院允许在高级人民法院上报的情形下指定一些基层法院进行管辖。

第二,法院审查时应成立三人制合议庭,并且该合议庭应由三名审判员组成。由其作出的裁定为终局的,不得上诉。

第三,审查外国法院离婚判决的效力,查明其是否生效。必要时可要求申请人提交判决作出国法院出具的判决生效证明文件。

第四,在判决原告提交申请的情况下,法院应要求申请人提交外国法院已合法传唤被告出庭的证明文件。

第五,审查域外文件是否经过公证认证手续。

第六,审查重点包括:判决是否尚未发生法律效力;作出判决的外国法院对案件有无管辖权;判决是否是在被告缺席且未得到合法传唤的情况下作出的;该当事人之间的离婚案件,我国法院是否正在审理或作出判决,或第三国法院对该当事人之间作出的离婚判决是否已经为我国法院所承认;判决是否违背我国社会的公共利益。

(三)作出裁定

依《民事诉讼法》第282条的规定,请求承认和执行外国法院判决的,经过上述审查之后,如果符合我国承认和执行的条件,则应以裁定方式承认其法律效力;需要指定的,则发出执行令,并依照民事诉讼法有关执行的规定予以执行。未能通过审查的,人民法院也应作出裁定,裁定驳回申请人的申请。

此种裁定的要求包括:第一,裁定是终局的,一经送达,即发生法律效力;第二,裁定应当由合议庭成员签署,并加盖人民法院印章;第三,裁定驳回之后,当事人不得再提出申请,但可以向人民法院另行起诉。

(四)不违背我国社会公益

不违背公共利益、公共政策或公共秩序,是所有国家在承认和执行外国法院判决过程中明示或默示规定的强制性条件。它也规定在我国签署的各类双边司法协助条约、国内立法和相关司法解释之中。在司法实践中,很少有法院以违背我国公共秩序为由拒绝承认和执行外国法院判决。[1] 不过,有文献认为,我国法院在旅居阿根廷的中国公民请求承认阿根廷长期分居协议的案件中,就实质性地运用了公共秩序拒绝承认该分居协议。[2] 下述最高人民法院的复函就是此例:

最高人民法院关于旅居阿根廷的中国公民按阿根廷法律允许的方式达成的长期分居协议我国法院是否承认其离婚效力问题的复函[3]

驻阿根廷大使馆领事部:

你部1984年10月31日(84)领发70号文收悉。

关于在国内结婚后旅居阿根廷的中国公民王钰与杨洁敏因婚姻纠纷,由于阿根廷婚姻法不允许离婚,即按阿根廷法律允许的方式达成长期分居协议,请求你部承认并协助执行问题,经与外交部领事司研究认为,我驻外使领馆办理中国公民之间的有关事项,应当执行我国法律。王钰与杨洁敏的分居协议,不符合我国婚姻法的规定。故不能承认和协助执行。他们按照阿根廷法律允许的方式达成的分居协议,只能按阿根廷法律规定的程序向阿有关方面申请承认。如果他们要取得在国内离婚的效力,必须向国内原结婚登记机关或结婚登记地人民法院申办离婚手续。

综上所述,我国法院在承认和执行外国法院判决时需要恪守一系列的条件,这些条件或者明确地表述在立法或条约之中,或者不言而喻地表达于承认和执行程序的当然之义中。只有通过这些条件审查的外国法院判决,才能在我国获得被承认和执行的资格。接下来的问题是,如何即应当依照何种程序予以承认和执行。

四、我国承认和执行外国法院判决的程序

我国承认和执行外国法院判决的程序,视我国与相关国家或地区是否存在条约或互惠原则而定。在与我国签订有国际条约或存在互惠实践的情形下,我国承认和执行外国法院判决模式,更接近大陆法系的执行令程序,而非重新审理程序。

---

[1] 有观点甚至更激进地认为:"到目前为止,我国法院尚没有对外国法院的判决适用公共政策予以拒绝承认或执行的判例。"钱锋:《外国法院民商事判决承认与执行研究》,中国民主法制出版社2008年版,第184页。

[2] 肖永平:《肖永平论冲突法》,武汉大学出版社2002年版,第105页。

[3] 1984年12月5日(84)民他字第14号。

但在不存在国际条约或互惠原则的情况下,我国司法实践表明,重新审理程序被作为补救程序推荐给当事人。

另外,需要说明的一点是,无论我国与其他国家和地区之间是否已就某类司法协助事项达成安排,均不应妨碍法院对当事人请求的受理。受理后才发生根据不同的理由是否提供或拒绝予以协助的问题。两地之间还未达成该类司法协助事项的安排,应是拒绝提供协助、驳回请求的理由,而不是不予受理的理由。同时,提供或者拒绝均应以裁定的方式表示之。①

在具体程序上,一般包括这样几个阶段:申请与受理;法院审查;裁定是否颁发执行令。

(一) 申请与受理

规范承认和执行外国法院判决程序的法律依据主要有二:一是《民事诉讼法》第281条,二是最高人民法院《关于中国公民申请承认外国法院离婚判决程序问题的规定》。前者针对的是所有外国法院判决和裁定的承认和执行程序,后者针对的是有关外国法院作出的离婚判决的承认程序。以下据此进行分析:

1. 申请主体

依《民事诉讼法》第281条之规定,可以提出申请的主体有二:一是判决当事人;二是作出判决的外国法院。对于其他案外人,包括对外国法院判决具有利害关系的当事人,不得主动向相关法院提起不予承认或执行的请求,而只能在执行过程之中提出执行异议。在实践中,几乎都是由判决当事人直接向我国法院提出承认和执行的请求,外国法院一般不会提出此类请求。

需要指出的是,对于外国法院作出的离婚判决,我国最高人民法院《关于中国公民申请承认和执行外国法院离婚判决程序问题的规定》第1条只规定了中国籍当事人的申请人资格,这似乎排除了外国籍当事人的申请。从法理上看,外国法院作出的离婚判决,向我国法院提出承认申请的一般是中方当事人,外方当事人一般情况下无申请承认的必要。然而,外方当事人也可能有向中国法院提出申请的情形,如某一外方当事人在与中国籍当事人在外国获得离婚判决后,又在中国与另一

---

① 编写人:福建省厦门市中级人民法院谢水胜;责任编辑:杨洪逵。

中国籍当事人申请结婚。此时,该外方当事人就有请求承认外国法院离婚判决的需要。从规则实证主义的角度看,该外方当事人只能依《民事诉讼法》第281条的规定申请承认,但不能依最高人民法院上述司法解释提出请求。本书认为,此种实证区分是拘泥于文字的体现,事实上,不论是中国籍当事人还是外籍当事人,都可以依该司法解释提出承认的请求。否则,就可能出现针对同一个外国法院的离婚判决,因申请人不同,程序和条件不同的不合理情形。最终,最高人民法院《关于人民法院受理申请承认外国法院离婚判决案件有关问题的规定》允许人民法院受理外国公民提出的其与中国公民之间在外国法院获得的离婚判决,但如果双方都是外国公民的,法院则不予受理,而是告知其直接向婚姻登记机关申请再婚登记。

2. 申请时限

《民事诉讼法》第四编有关涉外民事诉讼程序部分对承认和执行外国法院判决的申请时限并未作出明确的规定,但依第259条的规定,该编没有规定的应适用其他部分的规定。因此,在申请承认和执行外国法院判决时,应适用《民事诉讼法》第239条的规定,其要点有三:(1)申请执行的期间为两年。(2)申请执行时效的中止、中断,适用法律有关诉讼时效中止、中断的规定。(3)起算时间为法律文书规定履行期间的最后一日起算;法律文书规定分期履行的,从规定的每次履行期间的最后一日起算;法律文书未规定履行期间的,从法律文书生效之日起算。

特别需要指出的是,《民事诉讼法》第239条针对的是申请执行的时效,对于不需要执行而只需要承认的外国法院判决,如外国离婚判决,则存在两个问题:一是申请承认外国法院判决或裁定,是否存在申请时效?二是如果存在申请时效,是否适用第239条的规定?对此,有观点认为,承认和执行是两个不同的法律行为,第239条仅适用于请求执行外国法院判决的情形,不适用于请求承认外国法院判决的情形。[①] 本书认为,承认和执行是两种性质不同的法律行为,并产生不同的法律效果,不应将执行时效同时用作为"承认的时效"。承认是对法律关系及其效力状态的确认,具有对世宣告的效力,如宣告当事人的婚姻关系解除;执行则是对有执

[①] 钱锋:《外国法院民商事判决承认与执行研究》,中国民主法制出版社2008年版,第186页。

行内容的判决采取的强制措施。当然,对外国法院判决的承认也并不总是无期限的,这不利于法律关系的稳定。当某一法律关系是以对外国法院的判决的承认为前提时,该法律关系的设立、变更或消灭时刻通常就是当事人需要提出承认请求的时限,否则该外国法院判决很可能不被承认,或者该法律关系不发生当事人所意欲的效果。例如,在当事人在我国为结婚请求时,在结婚之前需要对其所涉的外国法院离婚判决提出承认的请求,否则,该婚姻关系很可能无法缔结。

(二)申请书内容

承认和执行外国法院判决的申请书应包括哪些内容,《民事诉讼法》未作规定。最高人民法院《关于中国公民申请承认外国法院离婚判决程序问题的规定》第3条、第4条作了较为详细的列示。依该类条款的规定,中国公民向法院提出承认外国法院离婚判决的申请时应注明如下信息并附带如下资料:

(1)书面申请书,并附有外国法院离婚判决书正本及经证明无误的中文译本;

(2)申请书应载明申请人姓名、性别、年龄、工作单位和地址;

(3)判决由何国法院作出,判决结果及时间;

(4)受传唤及应诉的情况;

(5)申请理由及请求;

(6)其他需要说明的情况;

(7)委托他人代理的,必须向法院提交由委托人签名或盖章的授权委托书;在国外出具的授权委托书,必须经我国驻该国的使领馆证明。

以下即是一份简要的申请书式样:

请求承认外国法院离婚判决申请书

申请人:姓名,性别,年龄,工作单位;住址。

委托代理人:姓名,性别,年龄,工作单位;住址。

请求事项:承认×国××法院×年×月×日的××判决在中华人民共和国领域内具有法律效力。

事实与理由:(写明案件的起因;管辖,受传唤、应诉及其他诉讼情况;最后判决结果,判决时间)

根据《中华人民共和国民事诉讼法》第281条、第282条的规定,以及最高人民法院《关于人民法院受理申请承认外国法院离婚判决案件有关问题的规定》、《关于中国公民申请承认外国法院离婚判决程序问题的规定》,现向你院提出上述请求,请依法裁定。

附件:1.×国××法院×年×月×日××离婚判决书正本及中文译本×份;

2.×国××法院寄给申请人的出庭传票及中文译本各一份;

3.经当事人签字或盖章,并经公证认证的授权委托书一份。

此致

×省××市　中级人民法院

申请人:

年　月　日

【案例裁决/法律文书摘录】

案例一:

南宁市中级人民法院民事裁定书

(2011)南市民三特字第1号

申请人:甘某某。

申请人甘某某于2011年8月10日向本院提出申请,要求承认加拿大安大略省高等法院对其与黄某某离婚一案于2009年7月6日作出的第06-FD-320275号判决。

经审查,2009年加拿大安大略省高等法院所审理的甘某某与黄某某的离婚诉讼,系甘某某作为原告或申请人提起的,于2009年7月6日作出第06-FD-320275号判决。在审理本案中,本院要求申请人甘某某提交加拿大安大略省高等法院在审理离婚诉讼时已合法传唤被告或被申请人黄某某出庭的有关文件,但申请人甘某某未能提供。

本院认为,最高人民法院《关于中国公民申请承认外国法院离婚判决程序问题的规定》第9条规定:"外国法院作出离婚判决的原告为申请人的,人民法院应责令其提交作出判决的外国法院已合法传唤被告出庭的有关证明文件。"第12条第(3)项规定:"经审查,外国法院的离婚判决具有下列情形之一的,不予承认:……(三)判决是在被告缺席且未得到合法传唤情况下作出的。"本案中,由于申请人甘某某未能按上述规定提供作出第06-FD-320275号离婚判决的加拿大安大略省高等法院已合法传唤被告黄某某出庭应诉的有关证明文件,本院不能确定该判决是在黄某某已得到合法传唤的情形下作出的(着重号为编者所加)。《关于中国公民申请承认外国法院离婚判决程序问题的规定》第13条规定:"对外国法院的离婚判决的承认,以裁定方式作出。没有第十二条规定的情形的,裁定承认其法律效力;具有第十二条规定的情形之一的,裁定驳回申请人的申请。"参照该条的规定,裁定如下:

驳回申请人甘某某请求承认加拿大安大略省高等法院作出的第06-FD-320275号离婚判决法律效力的申请。

案件受理费100元,由申请人甘某某负担。

本裁定书一经送达,即发生法律效力。

审判长　胡桂全

代理审判员　黄婉莹

代理审判员　盘　佳

二〇一二年二月十三日

书记员　李雪琳

案例二:

花某某申请承认美国加利福尼亚州阿拉米达市高级法庭离婚判决案①

(一)首部

1.裁定书字号:贵州省贵阳市中级人民法院(1996)筑民字第1号。

---

① 贵州省贵阳市中级人民法院(1996)筑民字第1号。

第七章 外国法院判决的承认与执行

2. 案由:申请承认外国法院离婚判决。
3. 诉讼当事人
申请人:花某某。
委托代理人:杨风华。
4. 审级:一审。
5. 审判机关和审判组织
审判机关:贵州省贵阳市中级人民法院。
合议庭组成人员:
审判长:刘鸿烈;代理审判员:林明、陈均建。
6. 审结时间:1996年9月13日。

(二)申请人主张

申请人花某某诉称:花某某与刘某某原系夫妻关系。1981年二人获准移居美国(现为永久性居民)。1995年7月,刘某某向美国加州阿拉米达市高级法庭起诉,要求与花某某离婚,1996年1月9日,该法庭判决双方离婚,现该判决已生效,花某某与刘某某对离婚判决无异议,双方无财产争执,无子女抚养争议。现向贵州省贵阳市中级人民法院提出申请,要求承认美国加州阿拉米达市高级法庭的离婚判决。

(三)事实和证据

贵州省贵阳市中级人民法院接到花某某的申请书及有关证明文件后,经组成合议庭审理查明:花某某、刘某某原居住在贵州省贵阳市,二人于1962年1月30日在贵州省贵阳市登记结婚。1981年,花某某与刘某某获准迁居美国,现为美国永久性居民。1995年9月,刘某某向美国加利福尼亚州阿拉米达市高级法庭提起诉讼,要求与花某某离婚,该法庭受理了刘某某的离婚诉讼,同月24日,花某某受到法庭的正常传唤,依法出庭应诉。审理中,花某某与刘某某均同意离婚,且无子女抚养及财产问题争执。据此,法庭根据美国有关法律规定,作出如下判决:"双方婚姻关系终止,当事人各自恢复未婚单身状态。"同时,该判决还注明:"判决生效日期:1996年1月9日。"1996年7月,花某某委托其居住在国内的亲戚杨风华向贵州省贵阳市中级人民法院提出申请,要求确认阿拉米达市高级法庭有关花某某与刘某某的离婚判决。

以上事实有下列证据证明:

1. 贵阳市公证处公证书(81)筑证字第232号。证明花某某与刘某某于1962年1月30日在贵阳市结婚。

2. 申请人花某某在美利坚合众国取得的永久居民证A41968971。

3. 美国加州阿拉米达市高级法庭离婚判决书H-184514-3号(原件及中文译本,经过中国驻旧金山领事馆认证),除判决双方婚姻关系终止外,还载明申请人花某某受到正常传唤。

4. 花某某的申请书(已经过认证)载明:1995年9月24日受到法庭的正常传唤,应诉人依法应诉;申请中国有关法院承认加州阿拉米达市高级法庭离婚判决书。

(四)判案理由

1. 此案属于贵州省贵阳市中级人民法院管辖。

依照《中华人民共和国民事诉讼法》第267条关于"外国法院作出的发生法律效力的判决、裁定,需要中华人民共和国人民法院承认和执行的,可以由当事人直接向中华人民共和国有管辖权的中级人民法院申请承认和执行"以及最高人民法院《关于中国公民申请承认外国法院离婚判决程序问题的规定》第5条关于"申请由申请人住所地中级人民法院受理","申请人不在国内的,由申请人原国内住所地中级人民法院受理"的规定,经审查,申请人花某某现不居住在国内,其移居美国前居住地为贵州省贵阳市,其申请承认美国法院的离婚判决,贵州省贵阳市中级人民法院有管辖权。

2. 花某某委托居住国内的亲戚杨风华代理,符合有关规定。

依照最高人民法院《关于中国公民申请承认外国法院离婚判决程序问题的规定》第7条关于"申请承认外国法院的离婚判决,委托他人代理的,必须向人民法院提交由委托人签名或盖章的授权委托书。委托人在国外的委托书,必须经我国驻该国使、领馆证明"的规定,合议庭审查了申请人花某某提供的经过我国驻美国旧金山领事馆认证的委托书(旧认字3667号),认为杨风华作为花某某的诉讼代理人参加本案诉讼活动,符合法律规定。

3. 花某某申请承认美国加州阿拉米达高级法庭的离婚判决,不违背我国法律规定,无最高人民法院《关于中国公民申请承认外国法院离婚判决程序问题的规定》第12条规定的不予承认的五种情形,应予承认。

《中华人民共和国民事诉讼法》第268条规定:"人民法院对申请或者请求承认和执行的外国法院作出的发生法律效力的判决、裁定,依照中华人民共和国缔结或者参加的国际条约,或者按照互惠原则进行审查后,认为不违反中华人民共和国法律的基本原则或者国家主权、安全、社会公共利益的,裁定承认其效力,需要执行的,发出执行令,依照本法的有关规定执行。"以及最高人民法院《关于中国公民申请承认外国法院离婚判决程序问题的规定》第12条规定:"经审查,外国法院的离婚判决有下列情形之一的,不予承认:(一)判决尚未发生法律效力;(二)作出判决的外国法院没有管辖权;(三)判决是在被告缺席且未得到合法传唤情况下作出的;(四)该当事人之间的离婚案件,我国法院正在审理或已作出判决,或者第三国法院对该当事人之间作出的离婚案件判决已为我国法院所承认;(五)判决违反我国法律的基本原则或者危害我国国家主权、安全和社会公共利益。"对于花某某依法提起的符合规定的申请,合议庭按照互惠原则,依照我国法律的基本原则予以审查。美国加州阿拉米达市高级法庭的离婚判决并未违背我国宪法的基本原则和我国婚姻法的基本原则,未危害我国国家主权、安全和社会公共利益;花某某与刘某某均居住在美国加州,系永久性居民,加州阿拉米达市高级法庭拥有对刘某某诉花某某离婚一案的管辖权;申请人提供的经过旧金山领事馆认证的离婚判决书于1996年1月9日发生法律效力;申请人花某某提交的申请书载明其作为被告于1995年9月24日受到法庭的正常传唤,依法到庭应诉;没有证据证明花某某、刘某某曾向我国或其他国家提出过离婚诉讼,可以认定前述规定第12条第(4)项规定的情形不存在。

(五)定案结论

花某某申请承认美国加利福尼亚州阿拉米达市高级法庭离婚判决的手续合法齐备,该判决亦不违背我国法律的基本原则,不存在《关于中国公民申请承认外国法院离婚判决程序问题的规定》第12条规定的不予承认的五种情形,符合我国法律规定的承认外国法院离婚判决的条件。依照《中华人民共和国民事诉讼法》第267条、第268条及最高人民法院《关于中国公民申请承认外国法院离婚判决程序问题的规定》第13条之规定,裁定如下:

对美利坚合众国加利福尼亚州阿拉米达市高级法庭第 H-184514-3 号判决的法律效力予以承认。

【延伸阅读】

一、案例

利登利公司等申请承认和执行香港特别行政区高等法院原讼法庭民事判决案

二、学术论文、专著(权威论著)

1. Ulrich Magnus, Peter Mankowski(eds.), Brussels I Regulation, 2nd Revised Edition, Sellier European Law Publishers, 2012.

2. Wenliang Zhang, Recognition and Enforcement of Foreign Judgments in China: Rules, Practice and Strategies, Kluwer Law International, 2014.

3. 徐崇利:《经济全球化与外国判决承认和执行的互惠原则》,载《厦门大学法律评论》2005 年第期 1。

4. 郭玉军、向在胜:《欧盟〈民商事管辖权及判决承认与执行条例〉》,载《法学评论》2001 年第 2 期。

5. 杜涛:《互惠原则与外国法院判决的承认与执行》,载《环球法律评论》2007 年第 1 期。

6. 宣增益:《国家间判决承认与执行问题研究》,中国政法大学出版社 2009 年版。

7. 孙劲:《美国的外国法院判决承认与执行制度研究》,中国人民大学出版社 2003 年版。

8. 谢石松:《论对外国法院判决的承认与执行》,载《中国社会科学》1990 年第 5 期。

三、网络链接

1. 中国涉外商事海事审判网:http://www.ccmt.org.cn/

2. 中国法院网:http://www.chinacourt.org/index.shtml

四、练习题

假设你是申请人的受托人,请根据以下案情信息,代理委托人撰写请求我国法院承认英国高等法院判决书的申请书。同时,应向委托人说明受理本身申请的管辖法院,我国法院的审查依据和程序;并假设在我国法院作出不予承认的裁定时,应如何救济。

案情信息:

2003年12月26日,申请人俄罗斯国家交响乐团、阿特蒙特有限责任公司拟向中国法院提出申请,要求承认英国高等法院2002年10月3日及2003年2月27日关于俄罗斯国家交响乐团、阿特蒙特有限责任公司与北京国际音乐节协会之间合同纠纷案作出的判决。

2002年10月3日,英国高等法院作出的中间判决结果是:(1)北京国际音乐节协会自判决之日起14天内支付俄罗斯国家交响乐团、阿特蒙特有限责任公司282239美元及该款项自2000年10月12日起以2%的美元基础利率计算的利息损失;(2)自判决之日起按8%的年利率支付该判决债务的利息;(3)俄罗斯国家交响乐团、阿特蒙特有限责任公司关于赞助费损失的赔偿申请延期审判,日期待定;(4)许可俄罗斯国家交响乐团、阿特蒙特有限责任公司以传真的形式向北京国际音乐节协会送达进一步的证据;(5)俄罗斯国家交响乐团、阿特蒙特有限责任公司无须翻译这些进一步的证据;(6)俄罗斯国家交响乐团、阿特蒙特有限责任公司可以传真的形式通知北京国际音乐节协会延期审理;(7)北京国际音乐节协会自判决之日起14天内支付10000英镑,以作为支付诉讼费和申请费的部分费用。

2003年2月27日,英国高等法院作出对2002年10月3日中间判决的补充判决,判令:(1)北京国际音乐节协会支付俄罗斯国家交响乐团、阿特蒙特有限责任公司赞助费损失502921美元及该款项自2000年10月12日起以2%的美元基础利率计算的利息;(2)自判决之日按8%的年利率支付该判决债务的利息;(3)北京国际音乐节协会向俄罗斯国家交响乐团、阿特蒙特有限责任公司支付诉讼费1500英镑。

第八章
我国的区际民事诉讼制度

【内容摘要】实践中,我国的区际民事诉讼面临着管辖权的确定、司法文书送达、调查取证、判决承认和执行等诸多方面的协调问题,为解决这些实践难题,各法域致力于加强合作,逐步构建区际民事诉讼制度。在区际民事管辖权的确定方面,理论界对于管辖权的协调原则和协调机制提出了建设性意见;与此同时,我国内地与港澳台地区就文书送达、调查取证以及法院判决的承认与执行等达成数项共识,为各法域间司法合作奠定了基础。

引　言

由于社会、历史和政治等原因,在一个主权国家内部可能存在着多个不同的法域①,它们各自都有一定的立法权、司法权及行政权,并实施着各自独特的法律制度。由于不同法域之间的民商事法律制度各不相同,当不同法域的自然人或法人

---

① 区际私法中的法域是指适用独特法律制度的特定范围的地域。法域并非主权单位,它通常只是主权国家内的一个区域,一般具有相对独立的立法、行政及司法体系。

进行跨越法域的民商事交往时,就常常会产生法律冲突——区际法律冲突。解决一国内部区际法律冲突的规则称为区际私法,而区际民事诉讼制度则是区际私法中用于处理不同法域之间民事争议的诉讼制度,其主要涉及区际民事管辖权的确定、司法文书送达、调查取证以及区际判决的承认与执行等问题。

在"一国两制"方针的指导下,香港和澳门回归后作为中华人民共和国的特别行政区,享有高度的自治权,包括行政管理权、立法权、独立的司法权及终审权,并继续施行原有的法律制度,中国内地的法律除涉及国防、外交等领域的规范外,均不能约束港澳地区,我国因此成为一个多法域的国家。同时,在处理涉台法律事务时,我国在实践中也将台湾视为一个法域,这样,我国便出现了"一国两制三法系四法域"的特殊局面。我国的区际民事诉讼制度即是指内地与港澳台地区互涉民商事案件的诉讼制度,解决的是我国内地与港澳台地区间民事诉讼管辖权的确定、文书送达、调查取证及法院判决的承认与执行等问题。

第一节　我国的区际民商事管辖权

【知识背景/点】

一、区际管辖权概述

区际管辖权是指同一主权国家内部不同法域的法院受理和裁判区际民事案件的权限和资格,解决的是特定法域的法院依据何种标准或原则来确定自己是否有权受理和审判某一跨法域民事案件的问题。就中国的区际法律冲突而言,区际管辖权是指中国内地与港澳台法院受理区际民事案件的权限和资格。

由于历史政治等原因,我国内地与香港、澳门、台湾地区之间形成了四个相互平等、相互独立的法律体系及司法制度,在立法与司法实践中,四法域将互涉民商事案件视作涉外案件予以处理,并依其涉外民事诉讼法确定法院的管辖权,如2001年最高人民法院《关于涉外民商事案件诉讼管辖若干问题的规定》第5条规定:"涉及香港、澳门特别行政区和台湾地区当事人的民商事纠纷案件的管辖,参照本规定处理。"该规定即确立了我国内地对于涉港澳台地区民事案件管辖权问题比照涉外案件管辖权规则进行处理的原则。伴随着我国内地与港澳台地区民事交往的不断深入,因各法域对民商事案件管辖权的规定互不相同,区际管辖权的积极冲突和消极冲突便不可避免:区际管辖权的积极冲突是指两个或两个以上法域的法院对同一区际民事案件竞相行使管辖权的情形;区际管辖权的消极冲突则指对某一区际民事案件各法域的法院均无管辖权或均拒绝主张管辖权的情形。

管辖权的确立是处理区际民事诉讼纠纷的前提,是区际民事诉讼相关程序启动的首要环节。不同法域的法院行使管辖权,不仅直接影响到当事人的诉讼权利和义务,更为重要的是,将可能导致案件适用不同的法律适用规则及其指向的准据法,进而直接影响到当事人实体权利义务的调整。管辖权冲突会带来一事两诉及平行诉讼等问题,当事人有可能借机挑选法院,最终导致诉讼的复杂化,增加法院及当事人的负担,不利于纠纷的及时解决。因此,管辖权冲突的协调或解决在区际民事诉讼中具有极其重要的意义。

二、我国区际民商事管辖权冲突解决的基本原则

我们认为,解决我国的区际民商事管辖权冲突应遵循以下基本原则:

(一)维护国家主权统一和领土完整原则

香港和澳门回归后,依然保有原来的法律体系和制度,并享有在立法、行政和司法上的高度自治权,而台湾也基本沿用国民党在大陆统治时期的旧法制,这种"一国两制三法系四法域"的局面是由我国特殊的历史政治原因和现实条件造成的,但香港、澳门和台湾都是我国领土不可分割的一部分,属于同一个主权国家的范畴。因此,在解决我国区际民商事管辖权冲突时,应秉持"一个中国"的基本方针,坚决维护国家主权统一和领土完整。这就要求改变直接采用国际民事诉讼规则处理我国区际管辖权冲突的惯性思维,区分国际民事诉讼规则与区际民事诉讼规则,构建区际民商事管辖权制度。

(二)各法域平等互利原则

我国在处理涉港澳台事务时一直坚持"一国两制"的方针原则:"一国"要求维

护中华人民共和国的统一主权,而"两制"要求对作为单独法域的港澳台地区处理各自域内事务自治权的尊重,因此我国各法域的法律制度相互平等,并不存在效力上的位阶关系。同时,同属一国的各法域间也应相互合作,以关切和尊重彼此利益的方式开展交往活动,共促繁荣发展。就我国区际民商事管辖权的协调而言,平等互利原则要求内地与香港、澳门、台湾在彼此尊重各自管辖权规则的前提下,防止一事两诉,尽量避免在司法实践中恣意扩张各自管辖权范围或争夺区际民事管辖权。具体而言,这一原则体现在立法过程中,即为合理公平地分配区际民事管辖权;表现在司法实践中,即为尊重依照某法域的法律所确认的民事管辖权,受理在先的法院有优先管辖权,尊重当事人对其他法院管辖权的选择等。[1]

(三)有利于区际当事人权益的保护和实现原则

当事人权益的保护和实现是民事诉讼程序的出发点和落脚点,因此区际管辖权冲突的解决也应以有利于区际当事人权益的保护和实现为原则。根据该原则,对于跨法域的民事案件,应考虑由系争民事关系的主要法律义务承担方所在地法院或相关履行法律义务的行为实施地法院行使管辖权,以便利判决的承认与执行,切实地保障区际当事人的权益。同时,在协调我国区际管辖权冲突时,可引进最密切联系原则为区际民事案件寻求最合适的法院进行管辖,减轻法官的司法负担,降低当事人的诉讼成本,促进当事人的争议得到便利快捷的解决。

三、我国区际民商事管辖权冲突的协调机制

(一)区际民商事管辖权冲突的协调模式

综观各国的立法与实践,对于区际民商事管辖权的确立,主要存在三种立法模式,即统一立法模式、分别立法模式和双边协议立法模式。[2]

1.统一立法模式。即建立统一适用于各法域的区际管辖权确立规则。统一立法模式能够从根本上消除区际管辖权冲突的产生,可避免当事人挑选法院,因此具

---

[1] 黄进主编:《中国的区际法律问题研究》,法律出版社2001年版,第78页。
[2] 参见董立坤主编:《中国内地与香港地区法律冲突与协调》,法律出版社2004年版,第455~460页。

有较为明显的优点,加拿大和澳大利亚作为典型的多法域的国家即采用了统一立法模式来解决国内的区际管辖权冲突问题。然而,我国各法域的地位平等互不隶属,各自享有独立的立法权和司法权,在内地与港澳台之上并不存在一个超越各法域的立法机构或司法机关;基于"一国两制"的方针政策,全国人大也无权制定统一的对各个法域均为有效的区际民事诉讼法律,因此统一立法模式对现阶段我国区际民商事管辖权冲突的解决并不现实。

2.分别立法模式。即由各法域自己制定各自的域外管辖权规则,这是我国目前各法域所采取的区际管辖权确立的方法。由于各法域并未顾及其他法域的管辖权规则,而仅仅是确立各自法院的域外管辖原则,无法有效地解决我国区际管辖权冲突问题,甚至可能引发更多的区际管辖冲突。

3.双边协议模式。即各法域通过协议的方式协调区际管辖权问题。在目前的条件下,统一立法模式和分别立法模式均不适于协调我国的区际管辖权冲突,因此,解决该问题最有效的办法就是各法域通过平等协商签订管辖权协调协议的双边模式。双边协议模式主要用以解决主权国家间的国际民事诉讼的法律冲突问题,但并不妨碍我国区际法律制度对此方法的借鉴。

(二)我国区际民商事管辖权冲突的协调方法

我国的区际民商事案件管辖权的协调与构建是一个复杂的法治建设过程,具体而言,解决区际民商事管辖权冲突应从以下几个方面进行协调:①

1.在尊重专属管辖的基础上,协商确立一致的专属管辖范围。

专属管辖是指对于某些特定类型的民商事案件,由法律规定的特定的法院专门进行管辖。专属管辖属于排他性管辖,涉及一法域对其域内特定事务的价值利益考量。区际民商事案件的当事人在某一法域提起的诉讼,如果违背执行地法域专属管辖的规定,其判决往往得不到执行地法域的法院的承认与执行,因此,解决区际管辖权冲突需要协调统一各法域的专属管辖权范围。我国内地与港澳台地区对专属管辖权的规定存在较大的差异,确立一致的专属管辖范围要求各法域放弃不合理的专属管辖规定,尽量缩小专属管辖的案件范围,统一专属管辖依据。关于

---

① 参见冯霞:《涉港澳台区际私法》,中国政法大学出版社2012年版,第308~310页。

专属管辖统一的范围,1968年《布鲁塞尔公约》对于专属管辖的规定可资借鉴,如涉及不动产的纠纷由不动产所在地法院专属管辖;因法人或其他组织成立的有效性、解散或者其他内部事务提起的诉讼,由该法人或该组织的注册登记地或主要办事机构所在地专属管辖;以确认公共登记效力为标的的诉讼,包括须履行登记手续的知识产权有效性的诉讼由登记地法院专属管辖等。

2.确立协议管辖优先原则。

协议管辖体现了当事人意思自治的理念,如果各法域均尊重并承认当事人自主选择的管辖法院,平行管辖等问题就能在很大程度上得以避免,因而确立协议管辖优先原则是协调我国区际管辖权冲突最简单有效的方法之一。我国各法域对协议管辖均有所规定,但具体内容及限制条件存在诸多差异,如我国内地的协议管辖仅限于《中华人民共和国民事诉讼法》第34条规定的合同或其他财产权益纠纷,且对当事人的选择施加以"实际联系"、"书面形式"等条件。对于非专属管辖协议,香港法院有自由裁量权,根据当事人举证、案件同所选择的法院的关系、选择的合理性因素决定协议管辖的效力。① 这些限制条件如果过多会影响当事人对纠纷解决的合理预期,也与国际上尽量尊重当事人意思自治的趋势不符,因此,在确立区际协议管辖时应适当扩大协议管辖范围,同时,各法域在解释协议管辖的限制条件时可采用促进管辖协议有效的原则,如对实际联系作广义解释,使当事人协议选择的管辖法院能够符合实际联系原则。

3.确立"一事不再理"原则。

作为国家主权平等原则在国际民事诉讼中的体现,"一事不再理"原则是指,如果同一案件的同一诉求已由某国法院受理或者已作出生效判决,另一国法院就不得对该案的同一诉求再予受理。该原则是防止一事两诉,解决管辖权积极冲突的一项重要原则。值得注意的是,根据我国《民事诉讼法》的相关规定及司法实践,在处理涉外案件时,只要当事人向内地法院起诉,无论该案是否已经由外国法院受理或判决,都不影响我国法院对该案行使管辖权,据此,"一事不再理"原则也不适用

---

① 董立坤主编:《中国内地与香港地区法律的冲突与协调》,法律出版社2001年版,第425页。

于我国内地涉港澳台的区际民商事案件。这可能导致我国区际"一事两诉"的出现,不利于区际管辖权冲突的解决。因此,在内地与港澳台就民商事管辖权问题进行协调时,有必要重视"一事不再理"原则,尊重先受理法院的管辖权,或在当事人于不同法域重复起诉时要求当事人择一行使诉权。

4. 有条件地扩大"不方便法院原则"的适用范围。

不方便法院原则是指在国际民事诉讼中,由于原告可自由选择一国法院提起诉讼,他就可能选择对其有利而对被告不利的法院。该法院虽然对案件具有管辖权,但是如果审理此案将给当事人及司法带来不便,从而无法保障司法公正,使争议得到迅速有效的解决,此时,如果存在对诉讼有同样管辖权的可替代法院,则该法院可以自身为不方便法院为依据,依职权或被告的请求作出自由裁量而拒绝行使管辖权。① 不方便法院原则是英美法系国家处理涉外民商事案件管辖权冲突的重要原则,尤其在规定有巨额惩罚性赔偿的美国,大量国际民商事案件不断涌入美国法院,造成了法院的沉重负担,因此不方便法院原则成为美国用以拒绝管辖避免当事人恣意挑选法院的重要工具。由于不方便法院原则给予法官较大的自由裁量权,因此,该原则的运用须符合特定条件,包括存在审理案件更为公正的替代法院,该法院对案件具有管辖权且与诉讼具有更密切的联系等等。

目前,不方便法院原则在香港的司法实践中得到了广泛的适用,也获得了澳门地区法院的认可,我国内地虽未正式确立不方便法院原则,但司法实践亦有所涉及。如果我国各法域均认可不方便法院原则的适用,面对平行诉讼等问题,法院便能进行灵活处理,有效解决我国区际管辖权冲突问题。

5. 设立必要管辖法院规则。

虽然我国区际管辖权冲突常以各法域均主张管辖权的积极冲突方式出现,但是由于不方便法院原则等存在适用可能,消极的区际管辖权冲突也有可能出现。所谓区际管辖权的消极冲突,是指对同一跨法域民商事争议,各法域法院都没有管辖权或都以对方拥有管辖权为由拒绝行使管辖。消极的管辖权冲突会导致当事人无法获得必要的司法救济及实现应有的法律权利,因此,区际管辖权消极冲突的解

---

① 李双元主编:《中国国际私法通论》,法律出版社2003年版,第535页。

决应予足够关注。必要管辖法院规则的设立是解决消极冲突的有效途径之一。可以参照的是中国国际私法学会2000年制定的《中国国际私法示范法》第52条的规定:当一法域的法院没有管辖权,而当事人在其他法域法院也不能寻求司法救济时,该法域与案件有充足联系的法院即可行使管辖权。

【案例裁决/法律文书摘录】

永升发展公司诉吴学棋案[①]

上诉人(原审被告)永升发展公司为住所地在香港的法人,被上诉人(原审原告)吴学棋系香港特别行政区居民,二者因投资开发房地产项目合同发生纠纷,该项目所在地位于福建省福州市。2009年吴学棋向福州市中级人民法院提起诉讼,永升发展公司在一审中对福州市中级人民法院提出的管辖权异议被驳回,后吴学棋获得一审胜诉判决。

上诉人永升发展公司不服福州市中级人民法院的民事裁定,以福州市中级人民法院无管辖权为由,向福建省高级人民法院提出上诉,诉称:原审将项目所在地和合同履行地混为一谈,仅依据合同指向的目标项目"永辉花园"地处福州就认定本案的合同履行地在福州是错误的。本案中被上诉人要求上诉人返还投资款和分红之诉应向支付和返还投资款及分红的实际履行地即香港法院提起诉讼,被上诉人向原审法院起诉,于法无据。原审法院混淆合同履行地与项目所在地,作出驳回管辖权异议的裁定也是错误的。因此请求依法撤销原裁定并将本案移送至有管辖权的香港法院审理。

1. 法院判决

法院经审查认为,从吴学棋原审提交的形成于1991年7月3日的协议判断,其与永升发展公司之间曾就共同投资开发房地产项目达成合意。因协议双方均为香港当事人,本案属涉港民商事案件,应依照《中华人民共和国民事诉讼法》第241条之规定确定管辖权。协议约定的"永辉花园"项目位于原审法院辖区范围之内,

---

[①] 福建省高级人民法院民事裁定书,(2010)闽民终字第217号。

该房地产项目于协议签订后不久就投入开发,协议已实际履行,故本案项目所在地即为合同履行地,原审法院以合同履行地作为连结点对本案行使管辖权并无不当。上诉人关于原审法院不具有管辖权的主张,缺乏事实与法律依据,不能成立。依据《中华人民共和国民事诉讼法》第154条的规定,裁定如下:驳回上诉,维持原裁定。

2. 案例评析

争议双方当事人一方为香港法人、一方为香港居民,本案属于涉港案件,案件争议焦点在于福州市中级人民法院是否对该涉港案件具有管辖权问题。根据2001年最高人民法院《关于涉外民商事案件诉讼管辖权若干问题的规定》第5条的规定:"涉及香港、澳门特别行政区和台湾地区当事人的民商事纠纷案件的管辖,依照本规定处理。"因此,内地对于涉港民商事案件应比照涉外案件处理。我国内地有关涉外民事诉讼管辖权的规定主要集中于《中华人民共和国民事诉讼法》及最高人民法院《关于适用〈中华人民共和国民事诉讼法〉若干问题的意见》、最高人民法院《关于涉外民商事案件诉讼管辖若干问题的规定》、《海事诉讼特别程序法》以及最高人民法院《关于适用〈中华人民共和国海事诉讼特别程序法〉若干问题的解释》等相关立法和司法解释中。根据我国《民事诉讼法》第259条的规定,我国的涉外民商事案件除了法律的特别规定外,适用我国内地民事诉讼的一般规则。

本案属于涉港合同纠纷,2012年《民事诉讼法》第265条(原《民事诉讼法》第241条)就涉外合同纠纷的管辖权问题进行了特别的规定,"因合同纠纷或者其他财产权益纠纷,对在中华人民共和国领域内没有住所的被告提起的诉讼,如果合同在中华人民共和国领域内签订或者履行,或者诉讼标的物在中华人民共和国领域内,或者被告在中华人民共和国领域内有可供扣押的财产,或者被告在中华人民共和国领域内设有代表机构,可以由合同签订地、合同履行地、诉讼标的物所在地、可供扣押财产所在地、侵权行为地或者代表机构住所地人民法院管辖。"原审被告永升发展公司系香港法人,在内地没有住所地,因此本案的管辖权可适用该条规定予以确立;如果本案的合同签订地、合同履行地、诉讼标的物所在地或者代表机构住所地等诸个地点之一位于内地,内地相关法院可行使管辖权。福州市中级人民法院将合同项目所在地视为合同执行过程中的实际履行地,进而裁定自身具有管辖权,符合法律的规定。

【延伸阅读】

一、案例

张芯私生女抚养费追索案

二、学术论文、专著(权威论著)

1. 黄进主编:《中国的区际法律问题研究》,法律出版社2001年版。
2. 冯霞:《涉港澳台区际私法》,中国政法大学出版社2012年版。
3. 董立坤主编:《中国内地与香港地区法律的冲突与协调》,法律出版社2001年版。

三、网络链接

1. http://www.hcch.net 海牙国际私法会议
2. http://www.court.gov.cn/ 最高法院网

第二节 我国的区际司法协助制度

【知识背景/点】

一、区际司法协助概述

(一)区际司法协助的概念

司法协助,是指一个国家或地区的司法机关应另一个国家或地区的司法机关或者有关当事人的请求,代为履行司法行为或者在司法方面提供其他的协助。[①]根据司法协助性质的不同,司法协助可以分为刑事司法协助与民商事司法协助,前者用于刑事诉讼,后者存在于平等主体之间的民商事诉讼之中。具有涉外因素的司法协助在国家与国家之间进行,称为国际司法协助,而一国国内不同法域之间的司法协助则为区际司法协助。

关于司法协助的范围,即哪些司法行为需要对方司法机关提供协助的问题,国际社会存在"狭义司法协助说"和"广义司法协助说"两种认识。采取"狭义司法协助说"的国家认为司法协助行为仅及于文书送达、代为询问当事人或证人和域外取证,美国、日本、德国、英国等国家在立法或司法实践中采用这种观点;"广义司法协助说"主张除了文书送达和调查取证等行为外,司法协助还应包括对外国法院的判决或仲裁裁决的承认和执行,由于司法协助的最终目的在于维护当事人的权益,而法院判决和仲裁裁决的承认和执行直接关乎当事人的权利是否能够实现,因此广义说得到了大多数国家的认可。

根据《中华人民共和国民事诉讼法》第四编第二十七章关于涉外司法协助的规定,根据我国缔结或参加的国际条约,或者按照互惠原则,人民法院和外国法院可以相互请求代为送达文书、调查取证以及承认和执行法院的判决或仲裁裁决。可见,对于国际民商事司法协助,我国亦采取"广义司法协助说"。尽管我国对区际民商事司法协助没有进行具体的规定,但根据我国相关立法和司法解释,内地与港澳台地区之间的民事诉讼案件参照我国的涉外民事诉讼规则进行,因此,我国的区际民商事司法协助范围也应与国际民商事司法协助的范围相一致,即包括文书送达、调查取证及法院判决和仲裁裁决的承认与执行,内地与港澳台地区签订的相关协议及司法实践也印证了我国实践对"司法协助广义说"的接受。

综上所述,我国的区际民商事司法协助,意指在中华人民共和国统一主权之下,内地与香港特别行政区、澳门特别行政区和台湾地区四个平等的法域之间,就民事、商事案件在文书送达、调查取证以及法院裁判、仲裁裁决的承认与执行等事

---

① 黄风:《"区际司法协助"概念辨析》,载黄进、黄风主编:《区际司法协助研究》,中国政法大学出版社1993年版。

项上展开的司法协助。①

(二)区际司法协助的模式

综观各国的立法与司法实践,国际上处理区际司法协助问题主要存在以下三种模式:②

1. 澳大利亚模式。澳大利亚由最高立法机关制定有关区际司法协助的统一立法以调整各州的司法协助行为,各州法律不得与联邦法律相抵触。根据1992年澳大利亚联邦制定的《诉讼中的送达和执行法》第四编的规定,在判决的承认与执行问题上,胜诉原告可以从作出判决的法官那里取得一份注明判决主要内容的证明,然后向联邦另一州或地区有管辖权的法院出示该证明,据此要求法院予以注册或登记,之后该判决便如同该州法院判决一样具有执行效力。此种统一立法模式简单、迅速、有保障而又不附条件,是区际司法协助的理想方式。

2. 英国模式。英国对于区际司法协助的规定与国际司法协助的规则并无二致,它采取统一法的形式实施有条件的区际司法协助:一方面,要求各法域互相认可对方诉讼程序的效力;另一方面,各法域仍有权按法定条件审查对方的诉讼行为,给予或拒绝司法协助。普通法系的民事诉讼为典型的当事人模式,一般由当事人或律师送达文书、调查取证,最初的法定传票的送达对确定管辖权有关键的作用,故英国的区际司法协助主要是区际判决的承认与执行。英国于1982年颁布的《民事管辖权与判决法》全面而具体地规定了联合王国内各法域间区际司法协助的关系,即不同法域的各级法院判决可在他方高等法院登记,登记法院按不同的登记请求依法进行审查,一经登记,判决即在该法域自动生效。

3. 美国模式。美国以宪法规定各州合作的基本原则为基础,鼓励各州自愿参加统一立法进行协调,以各州单独立法为补充,形成了对于区际司法协助的三级调整模式。首先,《美国宪法》第4条第1款对各州间的区际司法协助问题作出了原则性的规定:"美国各州必须对他州之法律及司法裁判给予充分信任和尊重。"各州

---

① 肖建华主编:《中国区际民事司法协助研究》,中国人民公安大学出版社2006年版,第9页。

② 参见徐昕:《中国区际司法协助方案选择》,载《政治与法律》1996年第1期。

在处理相互之间的区际司法协助关系时,应遵循"充分诚意和信任"原则认可姐妹州诉讼行为的效力,这为各州间实施区际司法协助创造了互惠环境。其次,在美国各州成立了一个半官方的"统一州法委员会全国会议",负责拟订法规草案,草案经全体会议通过后,由全体会议建议各州采用,但各州是否采纳由其自行决定。最后,各州可单独制定自己的区际司法协助规则。此外,美国还存在"示范法"模式,即由非官方的学术组织提出一些仅具建议性的规则草案以帮助立法机关制定法律。例如在美国法律学会的组织下,1971年由美国著名的国际私法学者编撰的《(第二次)冲突法重述》便提出了一整套区际司法协助的原则和程序,对协调美国的区际司法协助产生了重要的影响。

我国国情较为复杂,香港和澳门由于长期处于外国管治之下,形成了与内地截然不同的法律体系,两地回归后基于"一国两制"方针仍然沿用原有法律制度并保有高度自治权,而台湾地区由于政治原因还未实现统一,两岸间的法律协调更为困难。因此,我国区际司法协助简单复制或模仿外国某一模式并不现实,针对我国的特殊国情,学界提出了区际司法协助模式的多种构想,主要包括准国际司法协助模式、区际协议模式、"窗口"模式、"分片中心"模式等。无论选择何种模式,在协调我国区际司法协助时,均应坚持"一国两制"和"一个中国"的原则,既要坚决维护我国主权的统一,也要充分尊重各法域的平等地位,统筹兼顾,循序渐进,注重效率,不断加强各法域间的互利合作关系。

(三)我国区际司法协助的制度现状

目前,我国区际司法协助制度主要采取各法域各自立法的方式,如香港和澳门特别行政区分别在其基本法中对与内地之间的司法协助作出了原则性的规定,而内地制定了相关司法解释以指导涉港澳台的司法协助实践。尽管我国各法域并未就区际司法协助制订统一的法律规范或达成整体的协议,但是各法域近年来强化合作,达成了数项类似于双边协议的"安排",这些安排经由不同法域的相关机构的平等协商,根据各自法律制度和程序以各法域有约束力的规范形式予以体现。在内地,最高人民法院以"某安排"名称颁布相关规则,其效力大抵相当于内地的司法解释,这种"安排"模式[①]已成为现阶段协调我国区际司法协助的主要推动力。

1. 内地与港澳地区之间的司法协助制度

不同法域间实施区际司法协助的依据由相关法律文件予以规定。《中华人民共和国香港特别行政区基本法》第 95 条规定:"香港特别行政区可与全国其他地区的司法机关通过协商依法进行司法方面的联系和相互提供协助。"《中华人民共和国澳门特别行政区基本法》第 93 条规定:"澳门特别行政区可与全国其他地区的司法机关通过协商依法进行司法方面的联系和相互提供协助。"内地的关于司法协助的相关司法解释主要包括:1987 年《关于审理港澳经济纠纷案件若干问题的解答》,2001 年《关于如何确定涉港澳台当事人公告送达期限和答辩、上诉期限的请示的复函》,2002 年《关于涉外民商事案件诉讼管辖权若干问题的规定》,2009 年《关于涉港澳民商事案件司法文书送达问题若干规定》以及 2007 年《全国法院涉港澳商事审判工作座谈会纪要》。

根据港澳基本法的相关规定,经内地最高人民法院与香港、澳门特别行政区代表协商,内地与香港、内地与澳门之间分别达成了数项区际司法协助的"双边安排",如在内地由最高人民法院发布的"安排"包括:《关于内地与香港特别行政区法院相互委托送达民商事司法文书的安排》(1999 年 3 月 30 日起施行)、《关于内地与香港特别行政区相互执行仲裁裁决的安排》(2000 年 1 月 24 日起施行)、《关于内地与香港特别行政区法院相互认可和执行当事人协议管辖的民商事案件判决的安排》(2008 年 8 月 1 日起施行)、《关于内地与澳门特别行政区法院就民商事案件相互委托送达司法文书和调取证据的安排》(2001 年 9 月 15 日起施行)、《内地与澳门特别行政区关于相互认可和执行民商事判决的安排》(2006 年 4 月 1 日起施行)、《关于内地与澳门特别行政区相互认可和执行仲裁裁决的安排》(2008 年 1 月 1 日起施行)。

---

① "安排"模式即先协商一致,后分别立法的模式,是在充分尊重"一国两制"原则的基础上形成的我国目前处理区际司法协助的现有模式。在这种模式下,虽然不同法域就区际司法协助事项经协商达成共识,但是各法域并非直接适用和执行相关共识,而是通过各法域自己的法律程序将之转化为有约束力的规范予以执行。

可见,内地与港澳之间的区际司法协助"安排"采取一对一的"双边"形式,主要针对具体类型的司法协助行为制定规则,调整范围有限,如内地与香港之间并未就调查取证这一司法协助行为达成协议。因此,我国内地与香港、澳门之间的司法协助协调有待进一步完善。

2. 内地与台湾地区之间的司法协助制度

由于内地与台湾长期处于政治上的对立状态,相比较于"一国两制"下的香港和澳门,内地与台湾之间的区际司法协助愈显步履维艰。在实践中,有关两岸的司法协助活动大都是通过两地官方授权的民间途径展开的。为促进两岸地区人民的交流和往来,维护两岸人民的权益,内地和台湾地区通过单向性的法律规范就两岸间的司法协助作出了各自的努力。

台湾地区于1992年正式颁布实施了"两岸人民关系条例",此后还进行了多次修正,该条例就台湾地区对大陆的民商事文书送达以及承认和执行大陆的民商事判决等司法协助行为进行了规定。就内地而言,自1998年以来,大陆最高人民法院相继颁布了《关于人民法院认可台湾地区有关法院民事判决的规定》、《关于人民法院认可台湾地区有关法院民事判决的补充规定》、《关于涉台民事诉讼文书送达的若干规定》以及《办理海峡两岸送达文书和调查取证司法互助的规定》。此外,还提出了《关于台湾当事人持台湾地区有关法院民事调解书或者有关机构出具或确认的调解协议书向人民法院申请认可人民法院应否受理的批复》(1999年)和《关于台湾当事人持台湾地区有关法院支付令向人民法院申请认可人民法院应否受理的批复》(2001年)等涉及两岸间区际司法协助事宜的批复意见。

3. 台湾地区与港澳地区之间的司法协助制度

台湾地区与香港、澳门特别行政区的司法协助法律依据主要在于台湾地区针对涉港澳关系问题作出的规定,即1997年"香港澳门关系条例"和"香港澳门关系条例施行细则"。虽然该条例和施行细则仅对涉港澳文书验证及港澳判决在台湾地区的承认与执行问题作了原则性的规定,并未涵盖全部的司法协助行为,但是"香港澳门关系条例"于附则的第56条规定:"台湾地区与香港或澳门司法之相互协助,得依互惠原则处理。"这为台湾地区与香港、澳门地区的司法协助保留了很大的操作空间。

二、区际送达

(一)区际送达概述

送达是民事诉讼活动中必不可少的重要程序;送达是司法文书发生效力的重要条件,也是法院与当事人或其他诉讼参与人之间诉讼关系确立的前提;对法院而言,只有依法完成了有关文书的送达,才能行使司法管辖权;就当事人而言,只有在收到司法文书并知悉其内容的情况下,才能确定自己如何行使诉讼权利和承担诉讼义务;同时,有效的送达还是正当程序原则的重要内容之一。值得注意的是,区际送达作为一种程序性行为,其主要功能之一在于帮助有关诉讼当事人和诉讼参与人顺利行使自己的诉讼权利,维护自身权益,它并不代表对特定法域的法院行使管辖权的当然认可,也不意味着送达行为本身构成承认外法域司法判决的直接依据。

所谓送达,是指按照法定的程序和方式,将与诉讼相关的文书交付给有关当事人或诉讼参与人,以便有关当事人或其他诉讼参与人参加诉讼的一种行为。区际送达,意指在一个主权国家内部由某一法域的司法机关或有关当事人或其法定代理人依照法律、协议或互惠以直接或间接的方式将需送达的司法文书或司法外文书交送另一法域内的有关当事人或其他法律关系参加者的法律行为。[①]

区际送达的内容主要涉及送达的主体、送达的对象、送达的方式、送达的程序等诸多问题,下面通过我国区际送达的立法与实践对区际送达做简要介绍。

(二)内地与港澳地区之间的送达

目前,我国内地与港澳地区之间的送达主要依据的是相互之间的区际司法协助"安排",即双方经过平等协商就两地相互委托送达民商事司法文书问题达成的共识。就内地与香港特区之间的送达而言,有关共识在香港以1999年第39号法律公告的方式体现在《香港高等法院规则》第11号文件中,在内地则以司法解释的形式对内地产生法律效力,即《关于内地与香港特别行政区法院相互委托送达民商事司法文书的安排》。就内地与澳门特区之间的送达而言,2001年内地最高人民

---

① 黄进主编:《中国的区际法律问题研究》,法律出版社2001年版,第133页。

法院将有关共识以司法解释的方式予以公布,即《关于内地与澳门特别行政区法院就民商事案件相互委托送达司法文书和调取证据的安排》。此外,为解决内地在涉港澳民商事案件司法文书送达中存在的若干问题,最高人民法院于2009年公布了《涉港澳台民商事案件司法文书送达问题的若干规定》,该规定与上述相关安排,一起构成了内地在处理涉港澳民商事案件中文书送达的主要法律依据。

1.《关于内地与香港特别行政区法院相互委托送达民商事司法文书的安排》(以下简称《内地与香港送达安排》)的主要内容

(1)送达主体。送达的主体即依照法律的规定有义务将相关文书交送给相关当事人或其他诉讼参与人的机关或个人。根据《内地与香港送达安排》第1条和第2条的规定,内地与香港之间的送达须通过双方的法院进行,个人不能成为送达的主体。具体而言,内地的主管机关是各高级人民法院及最高人民法院,香港特别行政区的主管机关则是香港特区高等法院。因此,内地与香港之间委托送达司法文书,均应通过内地各高级人民法院和香港特区高等法院之间相互进行:凡内地各基层人民法院、中级人民法院或高级人民法院在审理涉港澳案件并需要向在香港、澳门的诉讼当事人或其他诉讼参与人送达司法文书时,均需通过各省、自治区、直辖市高级人民法院委托香港高等法院和澳门终审法院送达;凡由香港高等法院原讼法庭审理的案件或下级法院(香港各区域法院)审理的涉内地案件需向内地送达的司法文书,均应通过高等法院向内地的各高级人民法院提出委托申请。内地最高人民法院受理案件的送达可以直接由内地最高人民法院向香港特区高等法院提出委托申请。

(2)送达的方式①。由于《内地与香港安排》主要是就内地与香港特区司法机关之间通过积极的司法协助进行送达的规定,因此其仅适用于委托送达的方式,即

---

① 在国际民事诉讼中,域外送达主要通过两种方式进行,即直接送达和间接送达。直接送达是指由内国的送达主体依据国内法律或国际条约的规定直接将需送达的文书交给受送达人,主要包括外交代表或领事送达、邮寄送达、个人送达、公告送达等具体方式;而间接送达是指内国的送达主体依据内国法律或国际条约的规定通过请求书等方式委托对方国家的有关机关或个人代为送达的行为。在我国港澳地区,间接送达又称为"委托送达",而在台湾地区则称为"嘱托送达"。

间接送达,而不适用于直接送达方式。

(3)委托送达的文书范围。在区际司法协助中,一般认为,送达的文书应包括司法文书和司法外文书。司法文书是指在区际民事诉讼案件中法院依法制作的各种书面材料以及诉讼参与人依法提交的各种具有诉讼意义的文件,主要包括起诉状、答辩状、传票、判决书等,而司法外文书则指由国家司法证明机关等非法院机构制作的诉讼程序以外的文书,如公证书、认证书、汇票拒绝书、给付催告书等。《内地与香港送达安排》第9条规定:"本安排中的司法文书在内地包括:起诉状副本、上诉状副本、授权委托书、传票、判决书、调解书、裁定书、决定书、通知书、证明书、送达回证;在香港特别行政区包括:起诉状副本、上诉状副本、传票、状词、誓章、判案书、判决书、裁决书、通知书、法庭命令、送达证明。"可见,我国内地与香港的区际送达并不包括民商事司法外文书的相互送达。

(4)送达委托书的要求。根据《内地与香港送达安排》第3条的规定,委托方请求送达司法文书,须出具盖有其印章的委托书,并须在委托书中说明委托机关的名称、受送达人的姓名或者名称、详细地址及案件的性质;委托书应当以中文文本提出;所附司法文书没有中文文本的,应当提供中文译本。这些文件应一式两份地交予受送达人。另外,受委托方如果认为委托书与规定的要求不符,应当通知委托方,并说明对委托书的异议,必要时还可以要求委托方补充材料。

(5)送达文书的程序。程序性事项具有严格的属地性,因此程序依照程序运作地的法律进行已经成为广为接受的规则。《内地与香港送达安排》第6条亦规定:"送达司法文书,应依照受委托方所在地法律规定的程序进行。"

(6)送达的执行要求。《内地与香港送达安排》第4条和第5条对送达的期限、送达的回执等执行要求作出了具体的规定:委托方应当尽量在合理的期限内提出委托请求,不论司法文书中确定的出庭日期或者期限是否已过,受委托方均应送达;受委托方接到委托书后,应当及时完成送达,最迟不得超过自收到委托书之日起两个月;送达完成的,内地人民法院应当出具送达回证,香港特别行政区出具送达证明书,送达回证和送达证明书都须加盖法院印章。

(7)文书送达的拒绝与无法送达文书时的处理。关于文书送达的拒绝,《内地与香港送达安排》的规定体现了原则上不得拒绝的精神,国家之间适用公共秩序保留原则拒绝送达文书的理由,对中国区际司法文书的送达并不适用。①《内地与香港送达安排》只在第5条第2款中规定了无法送达文书时的处理,即当送达无法完成时,受委托方应当在送达回证或者证明书上注明妨碍送达的原因、拒收事由和日期,并及时退回委托申请书及所附全部文书。

(8)送达文书的费用。《内地与香港送达安排》第8条明确规定:委托送达司法文书费用互免,但委托方在委托书中请求以特定送达方式送达所产生的费用,由委托方负担。

(9)其他规定。《内地与香港送达安排》第10条规定:"本安排在执行过程中遇有问题和修改,应当通过最高人民法院与香港特别行政区高等法院协商解决。"这体现了内地与香港对两个法域之间平等地位的相互尊重,是"一国两制"方针的必然要求。

2.《关于内地与澳门特别行政区法院就民商事案件相互委托送达司法文书和调取证据的安排》(以下简称《内地与澳门送达和取证安排》)的主要内容

《内地与澳门送达和取证安排》与《内地与香港送达安排》关于区际送达的规定大体一致,只在以下两个方面存在差异:

第一,送达主体的不同。内地与香港之间的送达主管机关分别是内地高级人民法院、最高人民法院与香港特别行政区高等法院,而澳门向内地的司法文书送达的主管机关则是澳门特别行政区终审法院。香港特别行政区的终审法院是香港特别行政区最高上诉法院,按照《香港终审法院条例》的规定,该终审法院只负责聆讯高等法院的民事及刑事上诉案件,并不能像内地最高人民法院或澳门特别行政区终审法院一样享有一审权,因此香港特区并未以终审法院作为对外文书送达的主管机关。同时,与内地最高人民法院可以直接向香港特区高等法院进行送达的单向性送达规定不同,根据《内地与澳门送达和取证安排》第2条第2款的规定,内地最高人民法院与澳门特别行政区终审法院之间可以直接相互委托送达。

第二,文书送达拒绝的规定。《内地与香港送达规定》不允许受委托方拒绝文书送达的申请,仅就因客观原因受委托方无法完成送达时的处理进行了规定,而

---

① 李广辉主编:《国际私法学》,厦门大学出版社2012年版,第465页。

《内地与澳门送达和取证安排》尽管也以尽量避免拒绝文书送达委托请求为原则,但也就特殊情况下的拒绝送达进行了灵活的规定,并将"公共秩序保留制度"引入内地与澳门特别行政区的区际送达中。其第8条明确规定:"受委托方法院收到委托书后,不得以其本辖区法律规定对委托方法院审理的该民商事案件享有专属管辖权或不承认对该请求事项提起诉讼的权利为由,不予执行受托事项。受委托方法院在执行受托事项时,如果该事项不属于法院职权范围,或者内地人民法院认为在内地执行该受托事项将违反其基本法律原则或社会公共利益,或者澳门特别行政区法院认为在澳门特别行政区执行该受托事项将违反其基本法律原则或公共秩序的,可以不予执行,但应当及时向委托方法院书面说明不予执行的原因。"

3.《涉港澳民商事案件司法文书送达问题的若干规定》(以下简称《涉港澳送达规定》)的主要内容

(1)适用范围。《涉港澳送达规定》属于内地颁布的单向性的司法解释,因此仅适用于内地人民法院受理的涉港澳民商事案件需向住所地在港澳的受送达人送达司法文书的情况,对于港澳相关机构通过司法协助程序委托内地相关机构送达司法文书的情形暂不涉及。

(2)送达文书的范围。《涉港澳送达规定》排除了司法外文书的送达,仅规定了涉港澳民商事案件的司法文书送达。该规定所称司法文书,是指起诉状副本、上诉状副本、反诉状副本、答辩状副本、传票、判决书、调解书、裁定书、支付令、决定书、通知书、证明书、送达回证等与诉讼相关的文书。

(3)送达的方式。《涉港澳送达规定》就内地向港澳当事人送达民商事司法文书规定了多种方式,除向在内地的自然人或者企业、其他组织的法定代表人、主要负责人以及受送达人的代表机构或诉讼代理人的直接送达外,还包括邮寄送达、电子送达、留置送达以及公告送达。同时,根据第10条的规定,除公告送达方式外,人民法院可以同时采取多种法定方式向受送达人送达,采取多种方式送达的,应当根据最先实现送达的方式确定送达日期。

(4)送达的完成。送达一般需要受送达人对人民法院的送达文书履行签收手续才能够完成并对法院和受送达人产生效力,但是《涉港澳送达规定》第12条规定了例外情形,即在这些情况下即使受送达人未履行签收手续,送达仍被视为已经完成:受送达人向人民法院提及了所送达司法文书的内容;受送达人已经按照所送达司法文书的内容履行;其他可以确认已经送达的情形。

(三)大陆与台湾地区之间的送达

大陆与台湾地区未达成关于区际民商事文书送达的官方性质协议,但在两岸的共同努力下,1993年海峡两岸的授权民间机构——大陆海峡两岸关系协会(简称海协会)和台湾地区的财团法人海峡交流基金会(简称海基会)的最高负责人之间举行了正式会谈,即"汪辜会谈"。会议达成了《汪辜会谈共同协议》、《两岸公证书调查协议》和《两岸挂号函件、补偿事宜协议》三项协议,其中对两岸间的民商事文书送达有所涉及。尽管这些协议仅具有民间性质,其所涵盖的文书范围有限,但协议中规定的方式已成为两岸之间民商事文书送达的重要途径。

同时,两岸都以各自的域内立法或司法解释的方式作出了相关规定:就台湾地区而言,其在制定"两岸人民关系条例"及"两岸关系实施条例"时就已经将文书送达的司法协助问题纳入了考虑范围,并明确要求两岸间的司法协助须通过海基会进行;而在大陆方面,最高人民法院已经通过了《关于涉台民事诉讼文书送达的若干规定》以解决涉台民商事案件中的文书送达问题。虽然这些规定仅具有单方的域内效力,但是可为两岸间文书送达合作产生有益的推动作用。

以下以2008年最高人民法院《关于涉台民事诉讼文书送达的若干规定》(以下简称《送达规定》)为例介绍大陆处理涉台民商事案件时的送达规则:

1.适用的范围和原则。《送达规定》第1条对其适用的范围和原则进行了规定,其适用于人民法院审理涉台案件时向住所地在台湾的当事人送达民事诉讼文书,以及人民法院接受台湾地区有关法院的委托代为向住所地在大陆的当事人送达民事诉讼文书。涉台民事诉讼文书送达事务的处理,应当遵守一个中国原则和法律的基本原则,不得违反社会公共利益。

2.送达主体。根据《送达规定》的规定,无论是大陆向台湾送达文书抑或是大陆接受台湾送达委托申请,主管机关均为人民法院,但关于法院的级别并无具体的规定。

3.送达的文书范围。人民法院送达或者代为送达的民事诉讼文书包括:起诉状副本、上诉状副本、反诉状副本、答辩状副本、授权委托书、传票、判决书、调解书、裁定书、支付令、决定书、通知书、证明书、送达回证以及与民事诉讼有关的其他文书。

4.送达的方式及送达的执行要求。根据《送达规定》第3条至第9条的规定，人民法院向台湾地区的当事人送达民事诉讼文书，可以采用下列方式并遵循以下要求进行：

(1)直接送达和留置送达。受送达人居住在大陆的或者受送达人不在大陆居住，但送达时在大陆的，可以直接送达；受送达人是自然人，本人不在的，可以交其同住成年家属签收；受送达人是法人或者其他组织的，应当由法人的法定代表人、其他组织的主要负责人或者该法人、组织负责收件的人签收；受送达人有指定代收人的，向代收人送达；受送达人在大陆有诉讼代理人的，除非受送达人在授权委托书中明确排除其诉讼代理人的代为接收权，可以向其诉讼代理人送达；受送达人在大陆有代表机构、分支机构、业务代办人的，向其代表机构或者经受送达人明确授权接受送达的分支机构、业务代办人送达。

采用以上方式送达的，由受送达人、诉讼代理人或者有权接受送达的人在送达回证上签收或者盖章，即为送达；拒绝签收或者盖章的，可以依法留置送达。

(2)邮寄送达。受送达人在台湾地区的地址明确的，可以邮寄送达。邮寄送达应当附有送达回证，受送达人未在送达回证上签收但在邮件回执上签收的，视为送达，签收日期为送达日期。自邮寄之日起满三个月，如果未能收到送达与否的证明文件，且根据各种情况不足以认定已经送达的，视为未送达。

(3)电子送达。有明确的传真号码、电子信箱地址的，可以通过传真、电子邮件方式向受送达人送达。电子送达时应当注明人民法院的传真号码或者电子信箱地址，并要求受送达人在收到传真件或者电子邮件后及时予以回复，以能够确认受送达人收悉的日期为送达日期。

(4)按照两岸认可的其他途径送达。如果采用两岸认可的其他方式送达的，应当由有关的高级人民法院出具盖有本院印章的委托函。委托函应当写明案件各方当事人的姓名或者名称、案由、案号；受送达人姓名或者名称、受送达人的详细地址以及需送达的文书种类。

(5)公告送达。如果采用上述方式不能送达或者台湾地区的当事人下落不明的,则公告送达。公告日期为三个月,自公告之日起算,期满后即视为送达,公告内容应当在境内外公开发行的报刊或者权威网站上刊登。

(6)委托送达。人民法院按照两岸认可的有关途径代为送达台湾地区法院的民事诉讼文书的,应当有台湾地区有关法院的委托函。人民法院收到台湾地区有关法院的委托函后,经审查符合条件的,应当在收到委托函之日起两个月内完成送达。民事诉讼文书中确定的出庭日期或者其他期限逾期的,受委托的人民法院亦应予送达。

5.文书送达的拒绝与无法送达文书时的处理。为更好地维护两岸人民的权益,《送达规定》并未规定大陆法院可以拒绝台湾委托文书送达请求的情形,但在第10条中明确了对无法送达文书时的处理原则:"人民法院按照委托函中的受送达人姓名或者名称、地址不能送达的,应当附函写明情况,将委托送达的民事诉讼文书退回。完成送达的送达回证以及未完成送达的委托材料,可以按照原途径退回。"

三、区际调查取证

(一)区际调查取证概述

1.区际调查取证的概念和意义

区际调查取证即在区际民商事案件中进行域外调查或收集与案件有关的证据的制度。调查取证和送达文书一样,是诉讼赖以进行的一项必要程序。因为证据是维护诉讼当事人权益以及查明案件事实真相的根据,证据的提供与收集以及对于证据的判断和分析使用,实际上构成了整个诉讼活动的核心部分,因此,调查取证直接关系到法院对案件审理的结果,在诉讼程序中具有十分重要的意义。

2.区际调查取证的方式

在国际民事诉讼中,域外调查取证主要通过直接和间接两种途径进行,其中直接取证是指受理案件的法院所属国在征得有关国家同意的情况下直接提取有关案件所需的证据;间接取证则是指受理案件的法院所属国通过司法协助途径委托有关国家的主管机关进行取证。区际司法协助中的调查取证可通过两法域有关的主管机关相互委托取证的间接取证方式进行。

3.区际调查取证的法律冲突

在主张"纠问制"诉讼的大陆法系国家,调查取证一般被认为是行使司法权力

的活动,因此取证的主体主要是法院,当事人在取证过程中仅起辅助作用;而在实行"对抗制"诉讼的英美法系国家,法官的作用十分消极,当事人在很大程度上主导着诉讼程序,因此调查取证也成为当事人的义务,法官仅在当事人提供的证据的基础上作出法律判断。此外,由于诉讼程序的不同,大陆法系国家的调查取证大都在法院审理过程中进行而成为诉讼程序的一部分,而英美法系国家的调查取证在"审判前调查"程序中就已经完成,不属于诉讼程序。因此,为获取证据,英美法系国家一般允许除当事人外的其他与诉讼并无紧密联系甚至没有联系的人参与调查取证,如律师、私人侦探等。在涉及不同法系的国际民商事案件中,域外调查取证往往会因为这些差异导致两个国家之间的主权摩擦。

在我国的四大法域中,台湾地区和澳门地区的法制属于大陆法系,我国内地的法制也深受大陆法系和社会主义法系的影响,而香港则保留了普通法系的特点,不同法系的差异使得各法域有关调查取证的具体规定大相径庭。因此,我国的区际调查取证即使不会涉及国家主权问题,也可能会影响到我国各法域间的平等独立性,区际司法协助显得尤为重要。

4. 我国区际调查取证的制度现状

如前所述,我国的区际民事诉讼案件中的域外调查取证,虽然属于程序性事项,但是比区际的域外送达要复杂得多,相关的区际协助难度更大。目前,除内地与澳门特别行政区之间就调查取证达成了相关安排,即《关于内地与澳门特别行政区法院就民商事案件相互委托送达司法文书和调查取证的安排》外,我国其他法域之间关于民商事案件相互委托调查取证方面尚无规则可循,各法域之间既没有达成任何协议,在各自的域内立法中也都没有对此问题进行专门的规定。在实践中,我国内地与台湾之间的调查取证主要通过民间途径进行,这为两地间的进一步合作进行了有益的尝试;内地与香港地区则由于分属不同法系,相互之间调查取证的区际司法协助在制度构建上面临着诸多障碍。

海牙国际私法会议于1970年制定了《关于从国外调取民事或商事证据的公约》(以下简称《海牙取证公约》),目前已有近五十个国家加入了该公约,其中既包括英美法系国家,也包括大陆法系国家。《海牙取证公约》成功协调了不同法系国家间的调查取证规则,现已成为各国域外调查取证的重要法律依据。虽然《海牙取证公约》仅调整主权国家之间的域外调查取证,但是对于我国"三法系四法域"的特殊区际冲突格局,无疑具有很好的借鉴意义。因此,我国学界也多主张以《海牙取证公约》为蓝本构建我国的区际调查取证制度。

(二)内地与澳门特别行政区之间的调查取证

目前,我国的区际调查取证仅在内地与澳门特别行政区之间取得了较好的进展,2001年澳门特别行政区代表与内地最高人民法院就民商事案件达成了相互委托送达和调查取证的总体安排,即《关于内地与澳门特别行政区法院就民商事案件相互委托送达司法文书和调查取证的安排》(以下简称《内地与澳门送达与取证安排》),该安排在内地由最高人民法院以司法解释的方式发布,澳门则将相互委托调查取证的途径与手续在官方网站上进行了公布。这是我国四法域间达成的唯一关于区际民商事调查取证的安排,对我国各法域间的区际调查取证协作具有重要的开创性意义。下面就以《内地与澳门送达与取证安排》的规定为例,对内地与澳门特区之间的调查取证进行介绍。

1.主管机关。根据《内地与澳门送达与取证安排》的规定,与内地和澳门间送达的主管机关相同,两地之间的调查取证一样须通过内地各高级人民法院与澳门终审法院进行,最高人民法院与澳门终审法院之间可以直接相互委托调查取证。该安排如果在执行过程中遇有问题,也应当通过最高人民法院与澳门特别行政区终审法院协商解决。

2.调查取证的方式。《内地与澳门送达与取证安排》主要是对两地相互委托调查取证所做的规定,因此,内地与澳门特区的调查取证主要采取的是间接取证的方式。但是该安排同时也较好地借鉴了1970年《海牙取证公约》的内容,采取了一定条件的直接取证方式。

3.委托方进行"特派员取证"。《内地与澳门送达与取证安排》第19条规定:"受委托方法院在执行委托调取证据时,根据委托方法院的请求,可以允许委托方法院派司法人员出席。必要时,经受委托方允许,委托方法院的司法人员可以向证人、鉴定人等发问。"这种直接取证的方式大幅度简化了程序,对司法协助效率的提高具有积极的意义。

4.委托取证的范围。委托方法院请求调取的证据只能是用于与两地民商事诉讼有关的证据。双方代为调取证据的范围包括：代为询问当事人、证人和鉴定人，代为进行鉴定和司法勘验，调取其他与诉讼有关的证据。

5.委托书的要求。委托书应当以中文文本提出，所附司法文书及其他相关文件没有中文文本的，应当提供中文译本。同时，《内地与澳门送达与取证安排》第16条就委托书应载明的内容进行了规定，双方委托调查取证的证据委托书应当写明：委托法院的名称；当事人及其诉讼代理人的姓名、地址，及其他一切有助于辨别其身份的情况；委托调取证据的原因，以及委托调取证据的具体事项；调取证据需要采用的特殊方式等有助于执行该委托的一切情况。

6.委托调查取证的执行要求。根据《内地与澳门送达与取证安排》第一部分的一般规定，委托方法院应当在合理的期限内提出委托请求，以保证受委托方法院收到委托书后，及时完成受托事项；受委托方法院应优先处理受托事项，完成受托事项的期限最迟不得超过自收到委托书之日起三个月。受委托方法院应当根据本辖区法律规定执行受托事项，委托方法院请求按照特殊方式执行委托事项的，如果受委托方法院认为不违反本辖区的法律规定，可以按照其特殊方式执行。

7.调查取证中的若干程序问题。《内地与澳门送达与取证安排》还规定了执行调查取证委托书时的若干程序性事项：如委托方法院提出要求，受委托方法院应当将取证的时间、地点通知委托方法院，以便有关当事人及其诉讼代理人能够出席；经证人、鉴定人同意后，受委托方可以协助安排其辖区的证人、鉴定人到对方辖区出庭作证，被调查的当事人、证人、鉴定人等的代理人均可以出席。另外，出于对两法域平等地位的尊重，《内地与澳门送达与取证安排》第21条还特别指出，证人或鉴定人在委托方地域内逗留期间享有一定条件的刑事豁免权。

8.委托调查取证的拒绝。委托调查取证的拒绝是基于内地与澳门之间的法域平等原则作出的灵活处理。《内地与澳门送达与取证安排》第8条规定，受委托方只有在以下两种情况下才可以拒绝执行受托事项：第一，受托事项不属于受委托法院职权范围；第二，公共秩序保留，即受托事项违反受委托法院所在法域的基本法律原则或社会公共利益或公共秩序。同时，拒绝执行委托书还受到一定条件的限制，即受委托方法院不得以其本辖区法律规定对委托方法院审理的该民商事案件享有专属管辖权或不承认对该请求事项提起诉讼的权利为由，不予执行受托事项。

因此,两地之间调查取证的委托只有在很有限的条件下才可被拒绝执行,即使受委托方依法不予执行调取证据的委托,也应当及时向委托方法院书面说明不予执行的原因。另外,根据安排第 20 条的规定,当事人和证人也可以根据受委托方的法律规定拒绝作证或推辞提供证言,此时,受委托方法院应当以书面通知委托方法院,并退回委托书及所附全部文件。

9. 调查取证无法完成时的处理。如果受委托方未能按委托方法院的请求全部或部分完成调取证据事项,受委托方法院应当向委托方法院书面说明妨碍调取证据的原因,并及时退回委托书及所附全部文件。

【案例裁决/法律文书摘录】

案例一:

浙江舟山中院协助台湾屏东地方法院送达文书案

(一)请求事项

2013 年 7 月 5 日,浙江省高级人民法院协议联络人收到台湾地区法务主管部门协议联络人送达文书请求书,请求协助送达台湾屏东地方法院 2013 年度家陆许字第 12 号案件司法文书给受送达人大陆居民王某某。

(二)办理情况

台方提供的送达地址位于浙江省舟山群岛本岛西北角的偏远小岛上,但未提供任何联络方式。浙江省高级人民法院将该案转送舟山市中级人民法院办理。舟山市中级人民法院送达人员乘坐汽车、轮渡行程近六个小时到达该岛,经走访调查,发现该送达地址已经长期无人居住。后经向舟山市办证中心查询受送达人户籍信息,确认台方提供地址确系受送达人户籍地址,遂再次上岛搜集受送达人有关信息。经多方走访询问,收集到受送达人多位亲戚朋友的联系方式,再逐一进行联系打听,终于从一位亲友处获得受送达人的联系方式。经与受送达人电话联系确认,舟山市中级人民法院于 2013 年 10 月 31 日找到受送达人现住址,并成功进行了直接送达。

案例二：

湖南永州冷水滩区法院请求台湾法院协助送达文书案

（一）请求事项

2013年11月21日，湖南省高级人民法院协议联络人向台湾地区法务主管部门协议联络人发出送达文书请求书，请求协助向台湾居民张某某送达湖南省永州市冷水滩区人民法院受理的原告黄某某诉被告张某某离婚纠纷一案的应诉通知书、起诉状副本、开庭传票等相关法律文书。

（二）办理结果

大陆法院在请求材料中提供了受送达人在台中市的两个送达地址。台湾台中地方法院不仅针对上述两个地址均予寄存送达，而且查明了受送达人的户籍所在地并再予寄存送达。台方协议联络人于2014年3月27日将有关送达结果完整回复湖南省高级人民法院协议联络人。

【延伸阅读】

一、案例

江苏无锡市中级人民法院协助台湾台北地方法院送达文书案

二、学术论文、专著（权威论著）

1. 黄风：《"区际司法协助"概念辨析》，载黄进、黄风主编：《区际司法协助研究》，中国政法大学出版社1993年版。

2. 肖建华主编：《中国区际民事司法协助研究》，中国人民公安大学出版社2006年版。

3. 徐昕：《中国区际司法协助方案选择》，载《政治与法律》1996年第1期。

4. 李广辉主编：《国际私法学》，厦门大学出版社2012年版。

三、网络链接

http://www.hcch.net 海牙国际私法会议

第三节 区际判决的承认与执行制度

【知识背景/点】

一、区际法院判决的承认与执行概述

(一)区际法院判决承认与执行的概念

区际法院判决的相互承认与执行是区际司法协助中最重要的组成部分,也是诉讼程序的最终归宿,只有法院的判决得到承认与执行,当事人间的权利义务关系才能得到实质性的保障。所谓区际判决的承认与执行,是指一国各法域之间在一定条件下相互承认对方法院判决在本地的效力,并且在必要时按照法定的程序予以强制执行的一种司法协助行为。"承认"是指一法域确认外法域法院的判决与本法域法院的判决具有同等的法律效力,承认可以使得根据一法域的法律确认的当事人的权利义务关系在另一法域内也能够得到有效确立,当事人亦不能就同一争议向承认地的法域再行起诉。"执行"是指在承认外法域法院判决的前提下,依照本法域的规定,强制义务人履行该域外法院判决确定的义务,从而保障胜诉当事人权利的实现。一般而言,承认域外法院的判决是执行该判决的前提,如果没有对外法域法院判决的承认,执行也就失去了基础。但承认域外法院判决并不一定导致执行判决,因为有的判决只需承认而无须执行,如仅涉及夫妻身份关系解除的离婚判决,需要执行的域外法院判决必须是具有执行内容的判决。

(二)区际法院判决承认与执行的条件

区际法院判决承认与执行的条件,作为区际法院判决承认与执行制度中最为重要的内容,是指一法域法院的判决在何种情况下才能在另一法域得到承认与执

行,即一法域法院在决定是否对外法域法院判决予以承认与执行时的审查标准。尽管多法域国家在处理各自区际法院判决的承认与执行问题时存在统一立法模式、区际协议模式等各种不同的立法模式,其规定的判决承认与执行条件主要涉及原审法院的管辖权、判决的确定性及终局性、程序公正以及公共秩序等问题。

在国际民事诉讼中,法院判决具有严格的属地性,一国并无义务接受他国法院判决的约束,因此对域外法院判决承认与执行条件的设置是国家维护自身主权的体现;在区际民事诉讼中,区际法院的判决虽不涉及国家主权问题,但一法域法院的判决也并不当然地对其他法域有效,由于各法域地位平等,尤其是我国不同法域在法律上相对独立,为维护各法域的权益,规定区际法院判决承认与执行的条件确有必要。虽然区际法院判决与国际法院判决都须经过一定的司法审查以决定是否满足承认与执行的条件,但是由于区际法院判决在承认与执行中,各法域均要受制于国家主权统一的现实要求以及各法域共同利益的需要,因此,相对而言,区际法院判决承认与执行的条件较为宽松,如公共秩序条款在区际法院判决的承认与执行中就应受到更多的限制,国家间法院判决承认与执行的抗辩依据并不当然适用于区际法院判决的承认与执行。①

(三)区际法院判决承认与执行的程序

程序问题一般被认为具有公法性质而适用法院地法律,因此,在实践中区际法院判决承认与执行的程序原则上也是依照被请求承认与执行地的法律进行的。区际法院判决的承认与执行程序包括三个阶段,即判决承认与执行请求的提出及受理、对承认与执行外法域判决的审查和判决的实际承认执行或请求裁定后的司法救济。

对于区际法院判决的承认与执行,国际上主要存在三种具体措施:一种是执行令程序,即在承认与执行外法域判决之前,先对该判决进行审查,在认为其符合本法域法律规定的条件时发给执行令,从而赋予该判决在本法域的执行力,德国和法国采取此种方式;另一种是登记程序,主要为英美国家所采用,是指被请求法院对请求承认与执行的外法域判决进行审查后,如该判决符合本法域规定的承认与执

---

① 参见黄进主编:《中国的区际法律问题研究》,法律出版社2001年版,第263~267页。

行条件则予以登记,经法定登记的外法域法院的判决与本法域法院的判决具有同等效力;还有一种是重新审理程序,即法院不直接执行外法域法院的判决,而是把该判决作为一种诉讼证据,经过重新审理后,如该判决与本法域的法律不相抵触,则由本法域法院作出一个与该外法域法院判决内容相似的判决,然后由被请求法院按照本法域的执行程序执行,英美法系国家对于不属于登记程序范畴的外法域法院判决的承认与执行采取此种程序。目前我国还没有专门的区际法院判决承认与执行的立法,不过从我国各法域有关承认与执行外国法院判决的程序来看,中国内地、台湾和澳门地区一般采取执行令程序,而香港地区兼采登记程序和重新审理程序。

二、我国区际法院判决承认与执行的制度现状

现阶段,我国区际法院判决的承认与执行制度相对复杂,除内地与港澳地区达成少数双向安排外,各法域一般按照各自的域内立法解决相互间法院判决的承认与执行问题。

(一)内地与澳门特别行政区相互认可与执行民商事判决的制度

澳门特别行政区的法律制度承袭葡萄牙而带有大陆法系的鲜明印记,内地法制虽属于社会主义法系但也深受大陆法系的影响,较之于我国的其他法域,两地法律制度具有较大的相似性,在司法协助上较易达成共识。根据《澳门基本法》第93条的规定,2006年最高人民法院与澳门特别行政区经协商达成了《内地与澳门特别行政区关于相互认可和执行民商事判决的安排》(以下简称《内地与澳门判决执行安排》),该安排共24条,内容比较全面,改变了先前两地各自立法分别处理民事判决承认与执行问题的模式,成为目前内地与澳门之间相互承认与执行民商事判决的主要法律依据。该安排的主要内容如下:

1.适用的范围。根据《内地与澳门判决执行安排》第1条的规定,该项安排既适用于内地与澳门法院作出的民商事案件,也适用于刑事案件中有关民事损害赔偿的判决、裁定,但不适用于行政案件。在理论上,国际法院判决的承认与执行限于民商事领域,刑事判决和行政判决具有惩罚性或较强的公法性质,不能在他法域

内生效,因此把判决的民商事性质作为承认与执行的前提。① 但在实践中,国际上已就刑事判决的承认与执行开展合作,而各国一般给予区际法院判决承认与执行较国际法院判决的承认与执行更为宽松的条件,因此该条规定将民商事判决的承认与执行范围扩展至刑事案件中有关的民事判决、裁定,不仅顺应了国际发展的趋势,也为内地与澳门特区更为紧密的法律合作奠定了基础。

2. 可予相互认可与执行的判决范围。该安排所称的"判决",在内地包括:判决、裁定、决定、调解书、支付令;在澳门特别行政区包括:裁判、判决、确认和解的裁定、法官的决定或者批示。

3. 管辖法院。就内地而言,有权受理认可和执行判决申请的法院为被申请人住所地、经常居住地或者财产所在地的中级人民法院,两个或者两个以上中级人民法院均有管辖权的,申请人具有选择权;就澳门特别行政区而言,有权受理认可判决申请的法院为中级法院,有权执行的法院为初级法院。

4. 判决认可与执行的程序。《内地与澳门判决执行安排》就判决认可与执行的程序进行了详尽的规定:

第一,程序的法律适用。根据该安排第20条的规定,除该安排对程序的特殊规定外,对民商事判决的认可与执行一般适用被请求方的法律,亦即程序适用被请求承认与执行判决的法院地法,符合国际通行的规则。

第二,判决认可与执行的申请。与区际送达或区际调查取证等主要涉及法院审判活动顺利进行的司法协助行为不同,判决的承认与执行作为审判后续程序并直接关乎当事人权益的实现,因而一般将判决承认与执行的请求权赋予当事人本身。依据安排,判决认可与执行的申请主体为当事人。对于具有给付内容的判决,当事人可向以有管辖权的对方法院同时申请认可与执行;对于没有给付内容或者不需要执行的判决,当事人可单独申请认可,也可以直接将该判决作为证据在对方法院的诉讼程序中使用。同时,对于判决执行的申请,《内地与澳门判决执行安排》第5条还进一步规定:"如果被申请人在内地和澳门特别行政区均有可供执行财产的,申请人可以向一地法院提出执行申请。申请人向一地法院提出执行申请的同

---

① [英]马丁·沃尔夫:《国际私法》,李浩培、汤宗舜译,法律出版社1988年版,第375页。

时,可以向另一地法院申请查封、扣押或者冻结被执行人的财产。待一地法院执行完毕后,可以根据该地法院出具的执行情况证明,就不足部分向另一地法院申请采取处分财产的执行措施。两地法院执行财产的总额,不得超过依据判决和法律规定所确定的数额。"

第三,对认可与执行判决请求的审查。将申请书送达被申请人后,被请求方法院应当尽快审查认可和执行的请求,并作出裁定。关于审查的标准,即被请求方法院认可与执行判决的条件,理论上一般包括:(1)判决须是生效的且是终局性的;(2)判决须是由有管辖权的法院作出的;(3)诉讼程序正当合法;(4)不违反被请求方法院的公共秩序。《内地与澳门判决执行安排》第11条从消极方面进行了规定:"被请求方法院经审查核实存在下列情形之一的,裁定不予认可:根据被请求方的法律,判决所确认的事项属被请求方法院专属管辖;在被请求方法院已存在相同诉讼,该诉讼先于待认可判决的诉讼提起,且被请求方法院具有管辖权;被请求方法院已认可或者执行被请求方法院以外的法院或仲裁机构就相同诉讼作出的判决或仲裁裁决;根据判决作出地的法律规定,败诉的当事人未得到合法传唤,或者无诉讼行为能力人未依法得到代理;根据判决作出地的法律规定,申请认可和执行的判决尚未发生法律效力,或者因再审被裁定中止执行;在内地认可和执行判决将违反内地法律的基本原则或者社会公共利益;在澳门特别行政区认可和执行判决将违反澳门特别行政区法律的基本原则或者公共秩序。"

第四,判决的认可与执行。法院就认可和执行判决的请求作出裁定后,应当及时送达。被认可的判决有给付内容的,当事人可以向该方有管辖权的法院申请执行;被请求方法院不能对判决所确认的所有请求予以认可和执行时,可以认可和执行其中的部分请求。

第五,司法救济措施。根据《内地与澳门判决执行安排》第12条的规定,当事人对认可与否的裁定不服的,在内地可以向上一级人民法院提请复议,在澳门特别行政区可以根据其法律规定提起上诉;对执行中作出的裁定不服的,可以根据被请求方法律的规定,向上级法院寻求救济。

1.获认可判决的法律效力。获得认可的对方法院判决具有同本地判决一样的法律效力,当事人应根据本地法的规定申请强制执行;在被请求方法院受理认可和执行判决的申请期间,或者判决已获认可和执行,当事人再行提起相同诉讼的,被请求方法院不予受理。

2.其他规定。《内地与澳门判决执行安排》还就提交申请书及相关文件的具体要求、执行的期限、相关费用的缴纳及减免等问题作出了规定,在此不便赘述。但值得一提的是,安排第22条规定:"本安排在执行过程中遇有问题或者需要修改,应当由最高人民法院与澳门特别行政区协商解决。"争议的协商解决在我国其他的区际司法协助安排中也有规定,贯彻了我国"一国两制"下各法域相互尊重的精神。

(二)内地与香港特别行政区相互承认与执行民商事判决的制度

在相当长时间内,内地与香港特别行政区之间民事判决的相互承认和执行制度较为滞后,缺乏全面的双向安排,两地各自的域内立法也几乎没有专门的规定。2006年,内地与香港签署了《关于内地与香港特别行政区法院相互认可和执行当事人协议管辖的民商事案件判决的安排》(以下简称《内地与香港判决执行安排》),该安排在内地以司法解释的方式得以落实,香港则通过《内地判决(交互强制执行)条例》(香港法例第597章)予以实施。《内地与香港判决执行安排》是内地与香港就相互承认执行民商事判决司法协助的初步尝试,仅适用于当事人书面协议管辖的民商事案件的判决,其余大量的民商事案件的判决则被排除在该安排适用范围之外,而由两地分别根据各自域内立法作为涉外民商事案件判决进行处理。此外,考虑到离婚判决的特殊性质,内地与香港就域外离婚判决的承认进行了特殊的规定。因此,自2008年《内地与香港判决执行安排》生效后,就内地而言,香港离婚判决可按最高人民法院相关批复的规定予以承认,部分香港民商事判决可按该安排予以承认与执行,其他香港法院民商事判决的承认与执行则按照《中华人民共和国民事诉讼法》的规定进行;就香港而言,部分内地民商事判决可按香港法例第597章予以执行,内地离婚判决可按《婚姻诉讼条例》的相关规定在香港获得承认,内地破产令的承认可按香港的相关成文立法规定进行,其余内地民商事判决的承认与执行则须按照香港的普通法规则进行。[①]

[①] 刘仁山、张美榕:《论内地与香港民商事判决相互承认与执行制度及其完善》,载《中国国际私法与比较法年刊(第十二卷)》,北京大学出版社2009年版。

1.《内地与香港判决执行安排》的内容概要

(1)安排的适用范围。《内地与香港判决执行安排》第1条明确规定,该安排仅仅适用于内地人民法院和香港特别行政区法院在具有书面管辖协议的民商事案件中作出的须支付款项的具有执行力的终审判决。因此,内地与香港根据本安排承认与执行的法院判决必须满足以下条件:判决是法院在民商事案件中作出的;判决是由当事人协议管辖的法院作出的,且存在书面的管辖协议;判决内容须为特定款项的支付;判决是具有执行力的终审判决。

根据《内地与香港判决执行安排》第2条和第3条的进一步解释,具体而言:

本安排所称的"民商事案件",特指当事人之间的民商事合同案件,不包括雇佣合同以及自然人因个人消费、家庭事宜或者其他非商业目的而作为协议一方的合同案件。

本安排所称的"具有执行力的终审判决",在内地包括:①最高人民法院的判决;②高级人民法院、中级人民法院以及经授权管辖第一审涉外、涉港澳台民商事案件的基层人民法院(名单附后)依法不准上诉或者已经超过法定期限没有上诉的第一审判决,第二审判决和依照审判监督程序由上一级人民法院提审后作出的生效判决。在香港特别行政区包括:终审法院、高等法院上诉法庭以及原讼法庭和区域法院作出的生效判决。

本安排所称"书面管辖协议",是指当事人为解决与民商事合同关系有关的已经发生或者可能发生的争议,以书面形式明确约定内地人民法院或者香港特别行政区法院具有唯一管辖权的协议。而此处的"书面形式"包括合同书、信件和数据电文(包括电报、电传、传真、电子数据交换和电子邮件)等可以有形地表现所载内容、可以调取以备日后查用的形式。

(2)可予相互认可与执行的判决范围。两地之间可相互认可与执行的"判决",在内地包括判决书、裁定书、调解书、支付令;在香港特别行政区包括判决书、命令和诉讼费评定证明书。

(3)管辖法院。有权受理判决认可与执行请求的法院,在内地是被申请人住所地、经常居住地或者财产所在地的中级人民法院;在香港特别行政区是香港特别行政区高等法院。

(4)判决认可与执行的程序。《内地与香港判决执行安排》就判决承认与执行的程序进行了如下规定:

第一,程序的法律适用。申请人申请认可和执行内地人民法院或者香港特别行政区法院判决的程序,除本安排的特别规定外,依据执行地法律的规定。

第二,判决认可与执行的申请与受理。被申请人住所地、经常居住地或者财产所在地在内地不同的中级人民法院辖区的,申请人应当选择向其中一个人民法院提出认可和执行的申请,不得分别向两个或者两个以上人民法院提出申请。被申请人的住所地、经常居住地或者财产所在地,既在内地又在香港特别行政区的,申请人可以同时分别向两地法院提出申请,两地法院分别执行判决的总额,不得超过判决确定的数额。已经部分或者全部执行判决的法院应当根据对方法院的要求提供已执行判决的情况。在法院受理当事人申请认可和执行判决期间,当事人依相同事实再行提起诉讼的,法院不予受理。《内地与香港判决执行安排》第6条和第7条还就当事人申请判决的承认与执行应提交的具体文件及申请书的内容要求作了详细的规定。

第三,对认可与执行判决请求的审查。结合《内地与香港判决执行安排》第1条和第9条的规定,内地或香港法院作出的判决要获得对方的承认执行须符合以下审查标准:管辖协议有效,且不违反执行地法院专属管辖的规定;对方法院的判决是具有执行力的终局判决,且该判决尚未完全履行;若执行地法院或者外国、境外地区法院已就相同诉讼请求作出判决,或者有关仲裁机构已作出仲裁裁决,该判决或仲裁裁决也尚未被执行地法院认可或执行;原审法院的审判程序正当;判决不是以欺诈方法取得的;不违反执行地的公共政策或公共利益。

第四,程序的中止及终止。《内地与香港判决执行安排》第10条规定:"对于香港特别行政区法院做出的判决,判决确定的债务人已经提出上诉,或者上诉程序尚未完结的,内地人民法院审查核实后,可以中止认可和执行程序。经上诉,维持全部或者部分原判决的,恢复认可和执行程序;完全改变原判决的,终止认可和执行程序。内地地方人民法院就已经作出的判决按照审判监督程序做出提审裁定,或者最高人民法院作出提起再审裁定的,香港特别行政区法院审查核实后,可以中止认可和执行程序。再审判决维持全部或者部分原判决的,恢复认可和执行程序;再审判决完全改变原判决的,终止认可和执行程序。"

第五,司法救济措施。当事人对认可和执行与否的裁定不服的,在内地可以向上一级人民法院申请复议,在香港特别行政区可以根据其法律规定提出上诉;对于根据本安排第9条规定的审查标准不予认可和执行的判决,申请人不得再行提起认可和执行的申请,但是可以按照执行地的法律依照相同案件事实向执行地法院提起诉讼。

(5)获认可和执行判决的法律效力。根据本安排获认可的判决与执行地法院的判决效力相同。已获认可和执行的判决,基于一事不再理原则,当事人依照相同事实再行提起诉讼的,法院不予受理。

2. 内地与香港相互承认与执行"一般民事判决"[①]的制度

根据《民事诉讼法》第282条的规定,香港法院的"一般民事判决"要在内地获得承认与执行必须满足以下条件:(1)内地与香港之间存在条约关系或互惠关系;(2)该民事判决已经发生法律效力;(3)该民事判决不违反中华人民共和国法律的基本原则或者国家主权、安全和社会公共利益。由于内地与香港之间并不存在任何条约关系及互惠关系,该前提条件无法满足,因此实际上香港法院的民事判决在内地是不能得到承认与执行的,当事人只能根据《最高人民法院关于适用〈中华人民共和国民事诉讼法〉若干问题的意见》第318条的规定向人民法院重新提起诉讼,由有管辖权的人民法院作出判决并予以执行。

按照香港的普通法诉讼制度,内地法院的"一般民事判决"要在香港获得承认与执行也须满足一定的条件,这些条件主要包括:(1)作出判决的法院具有管辖权;(2)该判决是最终的不可推翻的终局判决;(3)判决是特定的支付金钱的判决;(4)承认判决不会违反香港的公共政策等。但由于内地"审判监督制度"的存在,香港并不认可内地的判决的终局性,因此长期以来内地的民事判决在香港也不能被承认执行。

如前所述,在实践中,内地与香港一直都面临着法院的判决得不到彼此承认与

---

① "一般民事判决"在此特指既不属于应适用《内地与香港判决执行安排》的当事人协议管辖的民商事案件的判决,也不属于离婚判决等有相应特殊规定进行规范的其他民事判决。

执行的尴尬局面。在2004年李佑荣诉李瑞群案①中,香港法院首次承认了内地法院判决的终局性,该案是香港承认与执行内地法院判决的先例。理论上有学者便提出可以按照事实上的互惠关系②来处理内地承认与执行香港法院民事判决的问题,只要当事人向内地人民法院提供了李佑荣诉李瑞群案的判决,人民法院便可以认定内地与香港之间的互惠关系,从而就可以适用《民事诉讼法》的相关规定对香港法院的民事判决予以承认与执行。

(三)内地与台湾地区相互承认与执行民商事判决的制度

内地与台湾地区之间相互承认与执行民事判决的制度相比较于内地与港澳地区间的相关法律制度,显得更为捉襟见肘,目前两地仍是按照各自域内立法的方式处理相互之间民商事案件判决的承认与执行问题的。

台湾承认与执行大陆地区法院判决的依据是1992年的"台湾地区与大陆地区人民关系条例"(以下简称"两岸关系条例")。该条例第74条规定:"在大陆地区做成之民事确定判决、民事仲裁判断,不违背台湾地区公共秩序或善良风俗者,得声请法院裁定认可。前项经法院裁定认可之裁判或判断,以给付为内容者,得为执行名义。"1998年5月,台湾地区"行政院"又对"两岸关系条例施行细则"第54条增订了一条款项,使台湾认可和执行内地法院判决的程序更为具体化,即"依本条例(指两岸关系条例)第74条规定声请法院裁定认可之民事确定裁判、民事仲裁判断,应经行政院设立或指定之机构或委托之民事团体验证"。因此,台湾是否承认与执行大陆法院判决的条件实际上只有一个,即大陆地区法院判决不违背台湾的公共秩序。

大陆对于台湾法院民商事案件判决的承认与执行,一般比照涉外民商事案件

---

① 参见李佑荣诉李瑞群案,香港高等法院上诉法庭民事上诉案件2004年第159号。
② 互惠关系有条约互惠、法律互惠和事实互惠三种表现形式。"条约互惠"是指,如果国家之间缔结了关于承认与执行相互判决的条约,那么缔约国法院则应根据条约承认执行对方法院的判决;"法律互惠"是指,在两国不存在条约关系的情况下,各国在本国立法中规定对某外国的民商事判决予以承认与执行;"事实互惠"是指,在两国既不存在条约关系,本国立法中又未规定互惠原则的情况下,一国以外国是否有承认与执行本国法院的判决事实为依据,决定是否承认与执行外国法院的判决。

依据《中华人民共和国民事诉讼法》第四编的相关规定进行处理,但最高人民法院于1998年制定的《关于人民法院认可台湾地区有关法院民事判决的规定》就内地认可台湾地区的民事判决进行了特别的规定。随着两岸间的交流合作的不断扩大,为了维护两岸同胞的合法权益,促进两岸关系的和平发展,2001年最高人民法院还颁布了《关于人民法院认可台湾地区有关法院民事判决的补充规定》对原有的规定进行了补充和完善。除了以上两个司法解释性质的规定外,最高人民法院就某些具体的实际问题的处理进行了批复,主要包括《关于台湾当事人持台湾地区有关法院民事调解书或者有关机构出具或确认的调解协议书向人民法院申请认可人民法院应否受理的批复》和《关于台湾当事人持台湾地区有关法院支付令向人民法院申请认可人民法院应否受理的批复》。

总结最高人民法院《关于人民法院认可台湾地区有关法院民事判决的规定》(以下简称《规定》)及《关于人民法院认可台湾地区有关法院民事判决的补充规定》(以下简称《补充规定》)的主要内容,我国内地关于认可台湾地区民事判决的制度具体如下:

1.适用范围。两个规定均仅适用于当事人申请认可台湾地区有关法院的民事判决,《补充规定》第2条进一步明确:申请认可的台湾地区有关法院民事判决,包括对商事、知识产权、海事等民事纠纷案件作出的判决。而两个规定所称的"判决"包括民事裁定、调解书、支付令。申请人同时提出认可和执行台湾地区有关法院民事判决申请的,人民法院应按规定对认可申请进行审查。被认可的台湾地区有关法院民事判决需要执行的,依照《中华人民共和国民事诉讼法》规定的程序办理。

2.管辖法院。判决认可的申请由申请人住所地、经常居住地或者被执行财产所在地中级人民法院受理。申请人向两个或以上有管辖权的中级人民法院申请认可的,由最先立案的中级人民法院管辖。

3.判决认可的条件。《规定》的第4条明确了"一个中国原则",要求申请人提交申请书须附有不违反一个中国原则的台湾地区有关法院民事判决书正本或经证明无误的副本、证明文件。因此,符合"一个中国原则"是大陆认可台湾地区法院判决的首要条件。同时,《补充规定》第4条还要求判决是真实且效力确定的判决。而《规定》第9条务实地将拒绝认可台湾地区有关法院的判决的情况限制在较小的范围内,从而使判决获得认可的条件宽松化。具体而言,台湾地区有关法院的民事判决具有下列情形之一的,人民法院应裁定不予认可:(1)申请认可的民事判决的效力未确定的;(2)申请认可的民事判决,是在被告缺席又未经合法传唤或者在被告无诉讼行为能力又未得到适当代理的情况下作出的;(3)案件系人民法院专属管辖的;(4)案件的双方当事人订有仲裁协议的;(5)案件系人民法院已作出判决,或者外国、境外地区法院作出判决或境外仲裁机构作出仲裁裁决已为人民法院所承认的;(6)申请认可的民事判决具有违反国家法律的基本原则,或者损害社会公共利益情形的。

4. 判决认可的程序。人民法院收到申请书,经审查,符合《规定》第4条和第5条规定的关于申请材料的要求的,应当在7日内受理,不符合的不予受理,并在7日内通知申请人,同时说明不受理的理由。申请认可台湾地区有关法院民事判决的案件,应根据案件的不同类型,由相关民事审判庭的审判人员组成合议庭进行审理。人民法院受理申请后,对于台湾地区有关法院民事判决是否生效不能确定的,应告知申请人提交作出判决的法院出具的证明文件。《补充规定》的第5条和第6条还就认可程序中的财产保全及其解除进行了具体的规定。

5. 程序保障。《规定》第16条为保障判决认可程序的顺利进行规定,人民法院作出民事判决前,一方当事人申请认可台湾地区有关法院就同一案件事实作出的判决的,应当中止诉讼,对申请进行审查,经审查,对符合认可条件的申请,予以认可,并终结诉讼;对不符合认可条件的,则恢复诉讼。《补充规定》第9条及第10条要求申请认可台湾地区有关法院民事判决的,应当在该判决效力确定后2年内提出,但当事人因不可抗拒的事由或者其他正当理由耽误期限而不能提出认可申请的,在障碍消除后的10日内,可以申请顺延期限;人民法院受理申请人申请后应在6个月内审结。

6. "一事不再理"的灵活规定。《规定》明确了"一事不再理"原则,但该原则的具体运用则较为灵活。《规定》第13条首先保证了当事人选择权利行使方式的自由,对于已经台湾地区有关法院判决的案件,当事人既可以申请人民法院予以认可,也可以不申请认可,而基于同一案件事实向人民法院提起诉讼。而"一事不再理"原则仅在当事人申请认可判决时才发生作用,即人民法院受理认可台湾地区有关法院民事判决的申请后,对当事人就同一案件事实起诉的,不予受理。但同时,申请人也可在人民法院受理认可申请后作出裁定前撤回申请,撤回申请后当事人就可以选择在内地法院重新起诉。

7.司法救济。对人民法院不予认可的民事判决,申请人不得再提出申请,但可以就同一案件事实向人民法院提起诉讼。

【案例裁决/法律文书摘录】

案例:

陆某请求认可澳门法院离婚判决案[①]

本案的复议申请人方某与被申请人陆某均为广东省珠海市居民,二者先前系夫妻关系,夫妻共同财产中涉及一处位于澳门的房产,后方某向澳门特别行政区初级法院提起离婚诉讼,澳门特别行政区初级法院于2010年5月11日作出准予离婚的判决。根据澳门特别行政区初级法院出具的《证明》,该诉判决已于2010年9月9日成为确定性判决。

2012年6月27日,陆某向广东省珠海市中级人民法院提出申请,请求确认澳门特别行政区初级法院于2010年5月11日作出的诉讼离婚案判决。广东省珠海市中级人民法院经审理认为,本案是陆某请求认可澳门特别行政区初级法院的民事判决的案件,《内地与澳门特别行政区关于相互认可和执行民商事判决的安排》第1条第1款规定,内地与澳门特别行政区民商事案件判决的相互认可与执行,适用该安排,故法院确认澳门特别行政区初级法院作出的诉讼离婚案判决属于内地与澳门特别行政区相互认可民商事判决的范围。根据《内地与澳门特别行政区关于相互认可和执行民商事判决的安排》第3条第2款"没有给付内容,或者不需要执行,但需要通过司法程序予以认可的判决,当事人可以向对方法院单独申请认可"与第4条第1款"内地有权受理认可和执行判决申请的法院为被申请人住所地、经常居住地或财产所在地的中级人民法院"的规定,方某的经常居住地为广东

[①] 广东省高级人民法院民事裁定书,(2013)粤高法民一认字第1号。

省珠海市,因此法院有权受理陆某提出的认可上述澳门特别行政区离婚判决的申请。澳门特别行政区初级法院作出的诉讼离婚案判决已于2010年9月9日发生法律效力。经审查,本案不具有《内地与澳门特别行政区关于相互认可和执行民商事判决的安排》第11条所规定的不予认可的情形,珠海市中级人民法院对澳门特别行政区初级法院作出的诉讼离婚案判决予以认可。

综上所述,法院根据《内地与澳门特别行政区关于相互认可和执行民商事判决的安排》第1条第1款、第3条、第4条、第7条、第10条、第12条的规定,于2012年10月9日作出民事裁定,对澳门特别行政区初级法院作出的诉讼离婚案判决予以认可。

方某不服原审裁定,向广东省高级人民法院申请复议,请求撤销原审裁定并驳回陆某提出的在内地认可澳门特别行政区初级法院的诉讼离婚案判决的申请。所依据的事实和理由是:方某与陆某在夫妻关系存续期间育有一子一女,双方已在澳门特别行政区初级法院的规范亲权诉讼中就未成年女儿的亲权行使问题达成了协议,即女儿的亲权由父亲方某行使,母亲陆某无须支付未成年人扶养费。现方某与子女二人一同居住在属于夫妻共同财产的位于珠海的一住所内,但在澳门初级人民法院的离婚诉讼及规范亲权诉讼这两宗诉讼中,陆某均未与方某协商处理该珠海房产。陆某现已向原审法院提起了离婚后财产纠纷之诉,要求分割珠海的房产,而陆某请求原审法院确认澳门初级人民法院的离婚判决正是为该离婚后财产纠纷之诉服务的,其目的在于不给子女居住使用该房屋,这违反了内地婚姻法关于保护未成年子女的基本原则,有悖于《内地与澳门特别行政区关于相互认可和执行民商事判决的安排》第11条第6项的规定。

广东省高级人民法院认为,根据方某申请复议所提出的事实和理由,本案复议阶段的争议焦点是在内地认可澳门特别行政区初级法院作出的诉讼离婚案判决是否违反内地法律的基本原则或者社会公共利益。

方某提出,如果澳门特别行政区初级法院的诉讼离婚案判决一旦被认可,陆某即可依据该判决继续进行已由原审法院受理的离婚后财产纠纷诉讼,请求分割位于广东省珠海市现由方某和两位子女居住的属于夫妻共同共有的房屋,将对两位子女尤其是未成年子女的合法权益造成损害,违反了内地婚姻法关于保护未成年子女的基本原则。对此,本院认为,陆某依据生效离婚判决请求法院对夫妻共同财产进行分割是其合法诉讼权利,应受法律保护。至于在财产分割时如何适用《中华人民共和国婚姻法》关于保护未成年子女合法权益的原则,应由相关法院在审理离婚后财产纠纷之诉时予以考虑。即使陆某在两次澳门诉讼中均未要求分割现由方某及两位子女居住的房屋,亦不妨碍其在内地法院直接提起离婚纠纷之诉或依据澳门法院作出的离婚判决提起离婚后财产纠纷之诉。因此,方某提出的认可澳门特别行政区初级法院的诉讼离婚案判决违反内地婚姻法基本原则的主张不能成立。原审法院以本案不具有《内地与澳门特别行政区关于相互认可和执行民商事判决的安排》第11条规定的不予认可的情形为由,对上述判决予以认可,并无不当,本院予以维持。

综上所述,根据《内地与澳门特别行政区关于相互认可和执行民商事判决的安排》第11条、第12条第2款的规定,裁定驳回方某的复议申请。

案例评析:

本案属于内地认可澳门特别行政区法院民事判决的案件,由于内地与澳门已就民事判决相互承认与执行达成了《内地与澳门特别行政区关于相互认可和执行民商事判决的安排》(以下简称《内地与澳门判决执行安排》),该安排对两地均产生约束力。该安排于2006年生效后,内地承认与执行澳门特别行政区法院民商事判决便有了明确的法律依据,内地法院在处理该问题时不再适用《民事诉讼法》的相关规定。因此,广东省珠海市中级人民法院及广东省高级人民法院根据《内地与澳门判决执行安排》处理本案,在法律适用上是正确的。《内地与澳门判决执行安排》第12条规定:"当事人对认可与否的裁定不服的,在内地可以向上一级人民法院提请复议,在澳门特别行政区可以根据其法律规定提起上诉;对执行中作出的裁定不服的,可以根据被请求方法律的规定,向上级法院寻求救济。"方某不服广东省珠海市中级人民法院予以认可的裁决而向广东省高级人民法院提起复议,是正确的司法救济途径。澳门法院的判决要获得内地的认可与执行须满足一定的审查标准,具体而言,即不违反《内地与澳门判决执行安排》第11条的规定,本案的争议焦点就在于第11条中公共秩序保留条款的运用,即判决不得违反内地法律的基本原则或社会公共利益。对于一项判决是否违反内地法律的基本原则或社会公共利益属于内地法院自由裁量的范畴,而在实践中,由于不涉及国家主权问题,区际司法协助中公共秩序保留条款的运用较之于国际司法协助更为严格。正如广东省高级人民法院所解释的,原审人民法院的裁定合理,方某的复议理由过于牵强,并不能认定澳门初级法院的该离婚判决违背了我国的公共利益,因此原审法院的裁定应予认可。

【延伸阅读】

一、案例

李佑荣诉李瑞群案

二、学术论文、专著(权威论著)

1.[英]马丁·沃尔夫:《国际私法》,李浩培、汤宗舜译,法律出版社1988年版。

2.刘仁山、张美榕:《论内地与香港民商事判决相互承认与执行制度及其完善》,载《中国国际私法与比较法年刊(第十二卷)》,北京大学出版社2009年版。

3.徐宏:《国际民事司法协助》,武汉大学出版社2006年版。

4.杜新丽主编:《国际民事诉讼与国际商事仲裁》,中国政法大学出版社2009年版。

5.丁伟主编:《国际私法学》,上海人民出版社2013年版。

三、网络链接

http://www.judiciary.gov.hk/香港终审法院